北京大学经济学院 教授文库

# 鉴知集

## 传统文化与现代价值

The Collected Works of Referring and Foreseeing

周建波 ◆ 著

北京大学出版社
PEKING UNIVERSITY PRESS

图书在版编目（CIP）数据

鉴知集：传统文化与现代价值/周建波著. —北京：北京大学出版社，2015.10
（北京大学经济学院教授文库）
ISBN 978-7-301-26315-0

Ⅰ. ①鉴…　Ⅱ. ①周…　Ⅲ. ①经济思想史—中国—文集　Ⅳ. ①F092-53

中国版本图书馆 CIP 数据核字（2015）第 229297 号

| | |
|---|---|
| 书　　　名 | 鉴知集——传统文化与现代价值<br>Jianzhi Ji: Chuantong Wenhua yu Xiandai Jiazhi |
| 著作责任者 | 周建波　著 |
| 责 任 编 辑 | 赵学秀 |
| 标 准 书 号 | ISBN 978-7-301-26315-0 |
| 出 版 发 行 | 北京大学出版社 |
| 地　　　址 | 北京市海淀区成府路 205 号　100871 |
| 网　　　址 | http://www.pup.cn |
| 电 子 信 箱 | em@pup.cn　　QQ：552063295 |
| 新 浪 微 博 | @北京大学出版社　@北京大学出版社经管图书 |
| 电　　　话 | 邮购部 62752015　发行部 62750672　编辑部 62752926 |
| 印 刷 者 | 北京宏伟双华印刷有限公司 |
| 经 销 者 | 新华书店 |
| | 730 毫米×1020 毫米　16 开本　20.5 印张　413 千字<br>2015 年 10 月第 1 版　2018 年 4 月第 2 次印刷 |
| 定　　　价 | 52.00 元 |

未经许可，不得以任何方式复制或抄袭本书之部分或全部内容。
**版权所有，侵权必究**
举报电话：010-62752024　电子信箱：fd@pup.pku.edu.cn
图书如有印装质量问题，请与出版部联系，电话：010-62756370

# 代　　序

春意渐浓之时，欣闻周建波教授的《鉴知集——传统文化与现代价值》即将由北京大学出版社付梓，颇有光风霁月之感。无论对于建波教授个人还是北大的中国经济思想史学科，这都是一件值得庆贺的事情。建波教授盛情邀请嘱余作序，思量再三，腆冒提笔，不仅是为了与建波教授之间多年的学谊，也是因着读罢全书之后所生的一些心绪。借此机会，算是交上一份学习的体会和感悟。

中国经济思想史学科素有"四大重镇"的说法，指的是北京大学、中国社会科学院、复旦大学和上海财经大学这四所奠定了当代中国经济思想史研究基础的学术机构。"四大重镇"各有自己的学术传统，彼此又同气连枝，交流频繁。北大和社科院同处京畿，前者有赵靖、石世奇等先生，后者有巫宝三、朱家桢等先生。老一辈学者在学科开创过程中筚路蓝缕，相互砥砺，结下了深厚的友情。我在社科院读博士期间，师承巫宝三、朱家桢两位先生，也时常受到北大两位教授的殷切教诲，"北大学派"在中国经济思想史领域内所做的开创性贡献使我受益匪浅。建波教授是石世奇先生指导的博士，师承北大名门，自2000年在北大经济学院任教至今已经辛勤耕耘了十五年，是目前国内中国经济思想史研究的中坚学者和代表性人物。我们学科每两年开一次年会，中间又有若干次规模不一的学术活动，与建波教授见面的机会很多，对他的研究也始终跟踪关注。这本《鉴知集》的出版，是建波教授多年来笔耕不辍、不懈探索的学术结晶。

建波教授是从北京大学历史系硕士毕业考到经济学院攻读博士学位的，因此在知识结构上既有扎实的文史功底，又接受了严格的经济学训练。先秦经济思想是中国经济思想史学科内较为艰深的一个领域，对研究者的国学基础要求极高。建波教授知难而上，自述"研究兴趣最大的还是在先秦时期"。他的专著《儒墨道法与现代管理》早已在社会上畅销多年，数次被邀登上媒体的名家讲坛，很受各界人士的欢迎。而发表于《北京大学学报》的"孟子'迂远而阔于事情'的经济学解析"、《经济学动态》的"孟子'仁政'思想的经济学分析"以及《经济学》（季刊）的"秦军功爵制的经济学分析"等论文，清晰地表明了建波教授在学术界尤其是在经济学领域内所获得的认可。阳春白雪，下里巴人，建波教授都能游刃有余，这背后当然离不开数十年浸淫于此的学术积累。

建波教授在学术上更广为人知的贡献是他对晋商的专门研究。2012年首届世界晋商大会召开，建波教授是唯一一位在台上做主题演讲的学者代表，其余都是郭台铭、李彦宏等山西籍的著名企业家。这足以说明他在这个领域的权威地位。建波教授的专著《成败晋商》影响广泛，博得了同行专家的高度评价，一系列论文相互补充，在研究的深度和广度上都有新的推进。事实上，今天任何对晋商的后续研究，都不能回避建波教授发表的相关文献。2014年夏天，建波教授在瑞典召开的欧洲中国经济学年会上宣读的关于晋商票号的新研究成果，引起与会者的极大兴趣。在这个意义上来说，建波教授为晋商研究和中国经济思想史学科走出国门更加国际化做了非常有价值的贡献。

这本文集中还有相当一部分文章关注于中国的近现代经济思想。其中8篇洋务运动的论文基本上都出自建波教授的博士论文。这些成果，彰显建波教授的研究功力，成为后人研究洋务运动经济思想的重要文献。建波教授确定以洋务运动经济思想为选题，或多或少地受到了林毅夫教授在课堂上的影响，导师石世奇先生也颇为赞同，并戴上老花镜一页一页地逐条核对文献来源和引文的准确性。

建波教授在研究中有两个突出的优点：第一是勤奋。对于高校的教师而言，科研并不是一件轻松的事情，日常的教学任务颇为繁重，有时还要担任部分行政管理工作和参与不少社会活动。在如此忙碌的环境下，建波教授15年间学术著作和教材10部(6部独著，4部合著)，发表论文100余篇，堪称高产，在国内同行之中也是著述高产者之一。第二是创新。近年来学术界的技术化倾向日趋明显，数理与实证研究成为主流范式。经济思想史作为理论经济学之下的二级学科，自然也受到直接影响。如何在传统研究方法和新的研究方法之间找到结合点，一直困扰着中国经济思想史学科的许多学者。建波教授跟上潮流，对主流经济学的分析工具运用娴熟，很早就将其运用到对古代经济思想的研究中，许多论文发表在国内经济学的顶级期刊上。这种研究态度，对年轻一代人有着积极的引导和榜样作用。

十五年前，也就是在建波教授博士毕业的那一年，中国经济思想史学会编纂出版了学科历史上第一本收录全国范围内学者论文的《集雨窖文丛》。赵靖先生时任学会会长，他在文丛的序中写道："集雨窖集起来的水，数量是有限的，但集雨窖体现的精神，却是中华民族发展、腾飞的事业所绝对不可少的。……中国经济思想史的研究者仍必须长期坚持集雨窖精神，在同'旱象'不断斗争中开拓前进。"时至今日，中国经济思想史这个窖里的水仍然不算丰沛，但是，只要有像建波教授这样的学者不断耕耘下去，有《鉴知集》这样的成果不断涌现出来，我坚信，中国经济思想史学科终会像泉水一样，汩汩涌出，滋润万物。

唐任伍
中国经济思想史学会会长，北京师范大学政府管理研究院院长
2015年5月

# 自　序

　　北大经济学院为鼓励学术创新，与北大出版社合作创办教授文库，遂有了这本集子的问世，算是个人阶段性的、较有代表性的学术成果，也借此机会向各位老师、学界同行们汇报。

　　我是1999年7月取得北大经济学院中国经济思想史专业博士学位的，2000年4月正式从北大历史系调动到经济学院任教，至今已出版学术著作、教材10本，其中独著6本；发表论文100余篇，其中在学界认可的核心刊物发表的有78篇。我从这百余篇文章中，挑出35篇收入个人文集中，其中有关先秦经济思想的9篇，有关明清商帮经营思想的8篇，有关洋务运动时期经济思想的8篇，有关现代经济思想的10篇。敝帚自珍，我简单地介绍一下这些文章。

　　**有关先秦经济思想的9篇论文分别是：**《孔子经济思想简论》《〈中庸〉〈大学〉的经济思想暨与现代西方经济学的耦合》《孟子"仁政"思想的经济学分析——基于委托代理的视角》《孟子"迂远而阔于事情"的经济学解析》《〈老子〉无为思想与西方经济自由主义比较》《范蠡价格思想刍议》《中国封建国家早期干预经济的理论及实践》《先秦社会保障思想及其现实意义》《秦军功爵制的经济学分析》。这9篇论文中，有关儒家的4篇，道家的1篇，法家的1篇，微观商业经营以及宏观国民经济管理思想的2篇，社会保障思想的1篇。也就是说，在先秦儒墨道法诸学派中，只差墨家了。全书之所以将《孔子经济思想简论》作为第一篇，是因为这是中国经济思想的正宗，孔子提出的一系列观念，如见利思义、使民以时、取民有度等，不仅奠定了此后两千多年中国经济思想发展的基础，对中国人思维的形成、行为的规范也产生了极为深远的影响。

　　这9篇论文中，《〈中庸〉〈大学〉的经济思想暨与现代西方经济学的耦合》，将儒家的中庸思想与西方经济学的均衡观念联系起来，从均衡价格、拉弗曲线、帕累托最优原则等方面进行了研究，指出中国传统文化中有契合于西方主流经济学的深邃思想，这是构建中国特色社会主义经济学最为有利的文化根基。《孟子"仁政"思想的经济学分析——基于委托代理的视角》，以及《孟子"迂远而阔于事情"的经济学解析》二文，则认为"人性善"赋予了"仁政"思想远远高于时代的洞察力和思想价值，同时也使孟子不像韩非子那样去研究人的欲望的无限性和资源的有限性发生尖锐矛盾的情况，这就使得"仁政"思想在某些方面不免充满了过分乐观的空想和不可操作性，是战国统治者认为其"迂远而阔于事情"的重要原因。《范蠡的价格思想刍议》《中国封建国家早期干预经济的理论及实践》，以及《先秦社会保障思想及其现实意义》三文，则认为商家学派的思想不仅奠定了商人微观经营的理论基础，也奠定了封建国家进行宏观国民经济管理、协调农工商的理论基础，还为政府开展社会保障提供了资金来源。至于《秦军功爵制的经济学分析》一文，则突破了经济思想学者习惯于文字表达的局限性，既用文字语言也用数学语言，即通过数学模型探讨了商鞅的军功授爵思想，并对秦军功爵制绩效远好于六国现象作了分析。论文认为，产生于生存条件恶劣地区、崇尚功利甚于伦理、素有集权主义传统的落后的秦文化，较之产生于经济发达地区、崇尚伦理甚于功利、素有宗法力量强传统的先进的东方文化，更能顺应这一社会发展潮流，这就是学术界所说的落后的优势，是秦军功爵制绩效远超东方各国的重要原因。

自 2000 年来经济学院任教后，我便接手恩师石世奇教授担任研究生课程"中国古代经济思想"（先秦部分）的教学任务。我本来对春秋战国的历史就非常喜欢，教学的压力又促使自己看了不少书，跟随北大经济学院副院长、北大继续教育部部长郑学益教授（已故）深入中国企业、中国社会调研的过程，更加深了对先秦诸子百家思想的认识。其实，在上述论文发表之前，我已经出版了《管理智慧：儒墨道法与现代管理》（独著，鹭江出版社，2008 年 12 月）、《国学与企业文化》（合著，经济科学出版社，2008 年 11 月）、《先秦诸子与管理》（主编，山东人民出版社，2008 年 11 月）、《中国古代经济思想教程》（合著，主要负责先秦两汉部分，北京大学出版社，2008 年 7 月）等书，对春秋战国时期的生产力发展状况、生产力与生产关系的矛盾、社会发展走势等比较清楚，因而才能够进一步深入研究下去，写出几篇还算有些特色、对得起老师培养的作品。

**有关明清商帮经济思想的 8 篇论文分别是：**《旅蒙晋商明清时代开发蒙古市场研究》《明清商人为城市游民提供金融服务的经验及启示》《明清商人如何为低收入阶层提供信贷服务》《清代账局经营之道暨对我国小额信贷公司的启迪》《晋商票号管理思想及其启示》《晋商股份经营制度刍议》《基于信息经济学的视角浅论山西票号员工的管理及培养》《明清时期的文化消费》。这 8 篇论文中，除 1 篇讲明清的文化产业发展盛况外，剩余的 7 篇全与晋商有关。而在有关晋商经营的 7 篇论文中，除 1 篇谈到晋商如何在经济落后、缺乏硬通货币、人员流动性强的蒙古大草原开展贸易外，剩余的 6 篇谈到的全是晋商最辉煌的产业——金融的发展。依我之见，晋商金融的伟大乃在于在抵押品、担保品不足的情况下，大胆开创了信用放款的新局面，从而有力地支持了实业的发展。在晋商的金融创新中，既有大胆为城市游民进行信用放款的印局，也有为区域中小商户信用放款的账局，还有为长距离贸易的大商号进行汇兑和信用放款的票号。为了调动各方面的力量实现潜在的市场机会并降低市场风险，晋商还发明了股份公司制度，在突破家庭血缘关系限制走向广阔的社会化方面迈出了一大步，在同时代的国内各商帮中绝对领风气之先。

当然，由于其时中国商品经济的社会化程度不高，这使得晋商的股份公司制度没有西方企业的先进，但也有着自身的特色，值得当今正走向世界的中国企业家借鉴。

在全书 4 大部分中，我对明清商帮经济思想的这一部分颇为自信，自感学术的创新价值比较高。第一，下了很大功夫，不仅看了许多资料，更赴晋商大本营——晋中地区实地调查。从 1999 年冬天去山西祁县地税局讲课，第一次近距离接触乔家大院、渠家大院算起，到 2007 年正式出书，中间花了 9 年时间，20 余次带学生去平遥、祁县、太谷、榆次等调查。俗话说，纸上得来终觉浅，绝知此事要躬行。亲赴实地多次调查得来的感受和仅仅看资料，还是有很大不同的。我的体会是：调查一次还不够，必须调查多次，才能慢慢品出感觉来。第二，我从 1996 年起就在郑学益教授的带领下，为企业界讲授"营销学""企业变革""传统文化与现代管理"，并进行战略规划、营销规划等。由于熟悉企业的管理、销售等，因而在同样的文字和调查资料条件下，对晋商企业运营的分析自然更到位，并能看出以往专家看不出来的新问题。第三，这 8 篇论文是在《成败晋商》的书出版三年之后写的。由于先有书再写论文，因而大局观更强，能够直接深入研究主题，所以创新性比较强。第四，《成败晋商》出版后，得到了晋商研究大家如张正明、孔祥毅、刘建生、高春平等学者的高度认可。张正明先生对我说，最初觉得北京的学者研究晋商，肯定是走马观花，堆积资料，后来仔细看了我的书，发现还真是下了功夫，创新处颇多。孔祥毅先生对我说，这本书的最大创新处是对晋商衰败原因的探讨，论述平和中正，能设身处地地思考问题，给人的启迪处最多。孔祥毅先生、刘建生先生多次邀请我赴太原参加晋商研讨会，山西大学晋商研究所、山西财经大学晋商研究院、山西省晋商研究会还聘我为客座教授。2012 年春天，时任山西省省委书记袁纯清召开晋商传统与山西经济发展研讨会时，我与孔祥毅先生、梁小民先生作为特邀嘉宾参加。2012 年首届世界晋商大会召开，我作为唯一的学者代表，与郭台铭、李彦宏等山西籍著名企业家同台演讲。我想，这应该就是学术成果得到社会承认的反映吧！

**有关洋务运动时期经济思想的 8 篇论文分别是：**《洋务现代化发展战略刍议》《晚清政府与洋务现代化》《洋务运动期间的对内融资思想》《洋务运动期间的劳工雇佣与管理》《晚清"官督商办"企业的改革思想及实践》《西方股份公司制度在中国最初的实践和评价》《洋务运动期间社会过剩劳动力转移思想》《洋务运动期间规范证券市场思想》。这 8 篇论文对洋务运动尤其是洋务企业作了比较全面的分析。其中，第一篇谈到了洋务运动的发展战略，一方面以军事工业为中心带动民用工业发展，另一方面"进口替代"与"出口替代"相结合。第二篇谈到了晚清政府与洋务现代化成败的关系，认为只有既具有明确的现代化导向也对社会资源有相当的控制力的政府才能完成推动落后国家实现现代化的使命，晚清政府既不具有明确的现代化导向，对社会资源也缺乏相当的控制力，因而难以完成引导中国实现现代化的使命。第七篇谈到了现代化过程中由于更先进的科学技术——机器的引进，传统的产业结构和区域结构势必发生大变化，这样就产生如何引导过剩人口从已经落魄的传统产业、地区转移到新兴产业、地区的问题。其余的5篇谈到的全是新式工厂——洋务企业自身的发展问题,既有如何在广阔的社会范围内融资的思想,又有来自西方的、较之本国更为规范的股份公司制度如何在中国扎根和改革的思想,还有新式工厂内部员工的雇佣与管理思想,等等。

这8篇论文是在我的博士论文《洋务运动与中国早期现代化思想》的基础上,进一步深入研究后发表的,自我期许甚高。由于四年博士寒窗苦读打下了坚实的基础,再加上导师石世奇教授的耳提面命(石老师说我是他的第一个博士,不会让我轻易毕业的),以及害怕通不过论文拿不到学位的提心吊胆,更重要的是写论文的准备工作充分,一年时间搜集资料,一年时间写作,因此论文写得蛮有质量。论文2001年山东人民出版社出版后,先后获得2002年北京大学第八届科研著作二等奖、北京市优秀科研著作二等奖、中国经济思想史学会一等奖,2008年北京大学改革开放三十年优秀著作提名奖。香港凤凰卫视《开卷8分钟》栏目专门介绍过这本书,不少大学还将其列入近代史研究生必读书目。基于上述原因,上述论文的质量自不待言,当时几乎每发表一篇,就被人民大学复印报刊资料全文转载。

**有关现代经济思想的11篇论文分别是**:《孙中山的节制资本和平均地权思想评议》《孙中山的农业现代化管理思想》《"中国农村派"的土地所有权思想探微》《投资人力资本,重建乡村经济——晏阳初乡建理论的经济学分析》《刘大钧工业化思想述评》《服务社会:陈光甫经营管理思想的核心》《新中国成立后薛暮桥的物价思想探析》《毛泽东的农业合作化思想暨对解决当前三农问题的启迪》《国外有关农业合作化的研究暨对当前发展农业合作组织的启示》《瑞蚨祥的经营之道》《赵靖先生的中国经济思想史研究及学术贡献》。这11篇论文中,有关于宏观国民经济管理思想的探讨,如《孙中山的节制资本和平均地权思想评议》《新中国成立后薛暮桥的物价思想探析》;有中观的产业发展思想,如《毛泽东的农业合作化思想暨对解决当前三农问题的启迪》《"中国农村派"的土地所有权思想探微》《投资人力资本,重建乡村经济——晏阳初乡建理论的经济学分析》《国外有关农业合作化的研究暨对当前发展农业合作组织的启示》,以及《刘大钧工业化思想述评》;有微观的企业经营思想,如《服务社会:陈光甫经营管理思想的核心》《瑞蚨祥的经营之道》。最后,还有对当代著名经济学家、北大经济思想史研究的开创者赵靖先生的中国经济思想史研究和学术贡献的论述。

作为中国经济思想史学科的主要开拓者和奠基人,赵靖先生拓展了中国经济思想史的研究内容,提出了中国经济思想史特有的研究模式,构建了科学的学科研究体系。四卷本的《中国经济思想通史》《经济学志》和《中国经济思想通史续集》三部著作是赵靖先生一生学术成果的总结,无论是研究内容还是理论体系,都达到了20世纪中国经济思想史研究的最高水平。

赵靖先生在学术研究中非常讲求群体奋斗,发挥集体力量和智慧。他认为,要使一门学科迅速发展并走向成熟,只靠几个人单干是不行的,必须群策群力,要有学术队伍,有学派,有争鸣。因此,自 1986 年开始,赵靖先生就组织石世奇教授、陈伟民教授、郑学益教授以及在校、离校的研究生成立写作组,先后出版了《中国经济思想通史》四卷本、《中国经济思想通史续集》(1840—1925),在国内学术界获得了很高的评价。2004 年《中国经济思想通史续集》(1840—1925)出版后,赵靖先生对郑学益教授说,他年龄大了,已无力再承担《中国经济思想通史续集》(1926—1949)的工作,希望郑学益教授继续承担下去。从此以后,中国经济思想史专业指导硕士研究生、博士研究生的方向就转到了民国时期。上述 11 篇论文中,除了《孙中山的节制资本和平均地权思想评议》独自写作外,其他的论文都是与本专业的研究生(如颜敏、曾京、马亦欣、熊维刚、孙淮宁)以及优秀的本科生(如金芙杰、叶溪尹、赵宇恒等)共同写作的。这几年带学生搞科研的经历,使我更加深了对赵靖先生发挥群体的力量搞科研的观点的认识。

作为国内中国经济思想史研究的重镇,北大的中国经济思想史专业有悠久的传统,只是最近几年,由于学科前辈赵靖先生(2007 年)、郑学益教授(2009 年)、石世奇教授(2012 年)先后去世,学科的发展面临严峻挑战,连着数年都无法招收博士生。中国经济思想史学会的前辈,如王同勋教授(北京师范大学),虞祖尧教授(中国人民大学),叶世昌教授(复旦大学),朱家桢教授(中国社会科学院),谈敏教授、赵晓雷教授(上海财经大学),叶坦教授、钱津教授(中国社会科学院),唐任伍教授(北京师范大学),严清华教授(武汉大学),韦苇教授(西北大学),王毅武教授(海南大学)等非常关心北大该学科的发展。好在这几年,前辈支持,后生努力,2012 年之后,北大经济思想史学科重新招收博士生,这一严重危机方得到缓解。在这里,我们对中国经济思想学会同仁的关心和支持表示真诚的感谢!

北大经济学院的历任领导,从陈岱孙教授、胡代光教授、石世奇教授、晏智杰教授、刘伟教授,一直到现任院长孙祁祥教授都非常重视经济史学科的建设和发展,孙祁祥教授还亲自担任北大经济学院社会经济史研究所的所长,为北大经济史学的发展献计献策,殚精竭虑。古人云:鉴往而知来。我相信,随着中国经济的持续发展、民族复兴大业目标的越来越接近,国内外学术界对中国经济史学的关注也必将越来越热烈,这意味着北大经济史学的复兴和繁荣春天的到来,而目前我们所做的一切都是为这个美好目标的到来而做的准备。

谨以这本集子就教于学术界同仁,欢迎大家批评指正!

2015 年 5 月

# 目　　录

## 第一篇　先秦经济思想

孔子经济思想简论 ······················································· 3
《中庸》《大学》的经济思想暨与现代西方经济学的耦合 ······················ 10
孟子"仁政"思想的经济学分析 ············································ 16
孟子"迂远而阔于事情"的经济学解析 ······································ 27
《老子》无为思想与西方经济自由主义比较 ·································· 37
范蠡价格思想刍议 ······················································ 46
中国封建国家早期干预经济的理论及实践 ···································· 55
先秦社会保障思想及其现实意义 ············································ 64
秦军功爵制的经济学分析 ················································ 69

## 第二篇　明清商帮经济思想

旅蒙晋商明清时代开发蒙古市场研究 ········································ 89
明清商人为城市游民提供金融服务的经验及启示 ······························ 97
明清商人如何为低收入阶层提供信贷服务 ···································· 104
清代账局经营之道暨对我国小额信贷公司的启迪 ······························ 111
晋商票号管理思想及其启示 ················································ 124
晋商股份经营制度刍议 ···················································· 132
基于信息经济学的视角浅论山西票号员工的管理及培养 ························ 140
明清时期的文化消费 ···················································· 148

## 第三篇　洋务运动时期经济思想

洋务现代化发展战略刍议 ·················································· 157
晚清政府与洋务现代化 ···················································· 165
洋务运动期间的对内融资思想 ·············································· 169
洋务运动期间的劳工雇佣与管理 ············································ 175

晚清"官督商办"企业的改革思想及实践 …………………………………… 186
西方股份公司制度在中国最初的实践和评价 …………………………… 194
洋务运动期间社会过剩劳动力转移思想 ………………………………… 202
洋务运动期间规范证券市场思想 ………………………………………… 211

## 第四篇　现代经济思想

孙中山的节制资本和平均地权思想评议 ………………………………… 217
孙中山的农业现代化管理思想 …………………………………………… 225
"中国农村派"的土地所有权思想探微 …………………………………… 232
投资人力资本,重建乡村经济 ……………………………………………… 244
刘大钧工业化思想述评 …………………………………………………… 253
服务社会:陈光甫经营管理思想的核心 …………………………………… 264
新中国成立后薛暮桥的物价思想探析 …………………………………… 273
毛泽东的农业合作化思想暨对解决当前三农问题的启迪 ……………… 283
国外有关农业合作化的研究暨对当前发展农业合作组织的启示 ……… 292
瑞蚨祥的经营之道 ………………………………………………………… 301
赵靖先生的中国经济思想史研究及学术贡献 …………………………… 307

# 第一篇　先秦经济思想

# 孔子经济思想简论[*]

孔子生活在春秋末期,那是一个礼坏乐崩、社会正在发生深刻变化的时代。伴随着小农生产方式的发展,旧的上层建筑和意识形态趋于衰落,但与新生产方式相适应的新的上层建筑和意识形态尚未建立起来,社会处在极度失序的状态。孔子的思想体系,包括经济思想在内,都与这种大变革的时代背景紧密联系。孔子主张"克己复礼"(《论语·颜渊》),希望凭借"礼"也就是制度建设来凝聚人心,协调资源的有限性和人的欲望的无限性之间的矛盾;与此同时他又提出以"仁义"作为"礼"的文化基础,力求设计出让社会各利益群体普遍满意的制度安排。

## 一、富民、惠民是孔子经济思想的基础

富民思想是中国经济思想史上的优秀传统之一。这种思想从社会整体出发,要求在发展生产力、发展国民经济的基础上,增加社会财富,改善广大民众的生活状况;它把富民看作富国的基础,认为富国必须建立在富民的基础上才有积极意义,否则只会带来社会的动乱和国家的倾危。富民、惠民的思想,在中国起源很早。周初的许多诰文中,都有关于富民、惠民的论述。如《周书·康诰》:"乃由裕民";《周书·洛诰》:"彼裕我民";《周书·无逸》:"能保惠于庶民""怀保小民,惠鲜鳏寡";《周书·文侯之命》:"惠康小民";《周书·蔡仲之命》:"民心无常,唯惠之怀";等等。西周晚期的《大克鼎》的铭文中亦有"惠于万民"之说。西周统治者所大力宣扬的富民、惠民政策,就其经济内容来说,即要求对于民的物质利益给予某种关心和许诺,这是西周统治者实行德治的重要内容。

到了春秋时代,周室衰微,旧有的统治秩序趋于崩溃,诸侯群起争霸,大夫擅权甚至陪臣执国命。在诸侯之间、国君与大夫之间、大夫与大夫以及与陪臣之间,都充满了争夺与斗争。为了在斗争中取胜,各个统治集团都需要得到人民的支持,因

---

[*] 本文发表于《孔子研究》2010 年第 5 期。

而在春秋时代,统治阶级对于直接争取人民的支持尤为重视。如晏子对叔向谈到当时齐国的情形时说:"公弃其民,而归于陈氏。齐旧四量,豆、区、釜、钟。四升为豆,各自其四,以登于釜。釜十则钟。陈氏三量皆登一焉,钟乃大矣。以家量贷,而以公量收之。山木如市,弗加于山。鱼盐蜃蛤,弗加于海。……民人痛疾,而或燠休之,其爱之如父母,而归之如流水,欲无获民,将焉辟之?"(《左传·昭公三年》)齐国的陈氏采取施财和关心人民疾苦的手段,赢得了人民的支持,终于夺取了齐国的政权。在鲁国,情形也大体相若。《左传·昭公二十七年》记载,"季氏甚得其民",而鲁昭公不得民心,终于被季氏逐出国去。对此,晋国的赵简子问史墨说:"季氏出其君,而民服焉,诸侯与之。君死于外,而莫之或罪也,何故?"史墨回答说:"鲁君世从其失,季氏世修其勤,民忘君矣。虽死于外,其谁矜之?社稷无常奉,君臣无常位,自古以然。"(《左传·昭公三十二年》)可见,得国与失国,取决于民心的向背,在当时已成为公认的道理。而关心和改善民众的物质生活状况则是争取民心最根本的条件,因而在春秋时代,富民的思想逐渐产生并发展起来。但春秋时代的富民思想与西周时代的单纯鼓吹施惠于民的思想不同,它已逐步发展为探讨代表统治阶级的国家与广大被统治阶级的人民之间物质财富的占有和分配关系的理论,着重于探讨一国的财富主要应散藏于民间还是聚敛于国府,即所谓富民或富国的问题。孔子是富民主张的鼓吹者,他的薄敛富民的思想成为儒家学派重要的经济思想之一,在我国长期封建时代的思想界有着深远的影响。

孔子肯定人们追逐财富的合理性,指出:"富与贵,是人之所欲也""贫与贱,是人之所恶也"(《论语·里仁》)。既然人总是喜富恶贫,那么个人求富就是合理的、可以允许的。孔子明确肯定这一点,并且承认自己也是愿意求富的,"富而可求也,虽执鞭之士,吾亦为之"(《论语·述而》)。既然肯定个人求富欲望的合理性,那么一个政权实行富民的政策,自然就是顺应民心的正确政策。孔子的学生子贡问他怎样为政、治国,他回答:"足食,足兵,民信之矣。"(《论语·颜渊》)农业是当时社会生产主要的、决定性的部门,粮食是社会财富最重要的部分,孔子重视民食,而且主张"足食",反映出他的富民主张。如何做到富民、惠民呢?孔子提出的办法主要是:其一,统治者要"使民以时"(《论语·学而》),让百姓有时间多在田野里劳动;其二,统治者要"废山泽之禁"(《孔子家语·五仪解》),向民众开放更多的生产领域;其三,统治者要"省力役,薄赋敛"(《孔子家语·贤君》)。前两条是要求统治者创造条件增加百姓收入,第三条是希望统治者轻徭薄赋、藏富于民。孔子尽管认为喜富恶贫是人的共同心理,却反对让人们在这种心理支配下一味地去追求财富,反对"放于利而行"(《论语·里仁》),而是主张在"义"的约束下求利,即在尊重他人利益的前提下追求自己的利益,做到利人利己。

孔子对违背"义"的行为加以批判,"好勇疾贫,乱也"(《论语·泰伯》),"小人有勇无义而为盗,君子有勇无义而为乱"(《论语·阳货》)。至于"义"的准确定义,孔子虽然没有给出,但在后来儒家著作中有所阐明。《礼记·中庸》曰:"义者,宜也。"也就是合理、适宜。《孟子·告子上》云:"仁,人心也;义,人路也。"这是说,仁即人之所以为人的内在本质,义即人作为人所应走的路,也即人的行为准则。孔子说:"君子义以为质。"(《论语·卫灵公》)又说:"礼以行义,义以生利。"(《左传·成公二年》)这是说,义是人内在的仁的体现,也即符合仁的要求的行为,把这种行为规范化而制定的礼仪制度,就是礼。人的行为符合了礼,也就符合仁义,从而产生利。换言之,利人利己的原则("义")是要靠制度("礼")来体现、贯彻的;只有按照利人利己("义")的原则处理社会矛盾,才能取得民众的拥护,取得长期的利润最大化("利")。换言之,在处理社会矛盾关系时,只有按照利人利己("义")的原则办事,才能取得民众的拥护,取得长期的利润最大化("利")。

由此可见,孔子富民思想的特点是既主张富民、惠民,又主张"见利思义",反对"放于利而行",这体现了中道的原则。《中庸》曰:"执其两端,用其中于民。"朱熹注说:"盖凡物皆有两端,如大小、厚薄之类。于善之中又执其两端,而量度以取中,然后用之,则其择之审而行之至矣。"(《四书章句集注·中庸章句》)孔子对中庸非常推崇,说"中庸之为德也,其至矣乎"(《论语·雍也》)。他把具有不偏不倚、无过无不及思想内涵的中庸哲学观作为常道,即正常的、经常的法则,贯穿于一切事物的发展之中,这一特点在他的生产、分配、交换、消费思想中同样得到了充分的体现。

## 二、孔子的生产、分配、交换和消费思想

1. 生产思想

重视农业生产是先秦各派思想家共有的经济观点。在古代,农业是决定性的生产部门,农业生产的好坏,直接关系到广大人民的生活,也影响到统治秩序的稳定。孔子从富民的思想出发,提出了鼓励农业发展的一系列政策主张:

第一,孔子要求统治阶级重视农业。《论语·宪问》记载:"南宫适问于孔子曰:'羿善射,奡荡舟,俱不得其死然。禹、稷躬稼而有天下。'夫子不答。南宫适出,子曰:'君子哉若人!尚德哉若人!'"《论语·泰伯》还记载:"子曰:'禹,吾无间然矣。菲饮食而致孝乎鬼神,恶衣服而致美乎黻冕,卑宫室而尽力乎沟洫。禹,吾无间然矣。'"可见孔子对于躬稼而有天下、尽力乎沟洫的大禹的推崇。在孔子重视的四个问题中,民和食占据了首要两项:"所重:民、食、丧、祭。"(《论语·尧曰》)这反映了孔子对农业生产的重视。

第二,孔子要求统治者做到"使民以时"。在以农业生产为主的社会生产条件下,要让人们富裕,保证农时非常关键。从历史上看,重视农时的思想在西周时就已经产生。每年秋冬之交,周天子就要把第二年的历书颁发给诸侯,称为"颁告朔",便于贵族适时安排农业生产活动。春秋时期多有士大夫重视遵守农时的记载,单襄公对周定王提出:"周制有之曰:……民无悬耜,野无奥草。不夺民时,不蔑

民功。"(《国语·周语中》)曹刿提出:"动不违时,财不过用,……是以用民无不听,求福无不丰。"(《国语·鲁语上》)管仲也说:"无夺民时,则百姓富。"(《管子·小匡》)这些记载都体现了统治阶级对于农时的高度重视。孔子的"使民以时"思想,正是在继承前人思想的基础上,为解决当时经济生活中存在的问题而提出的。孔子提出"道千乘之国,敬事而信,节用而爱人,使民以时"(《论语·学而》)。在他看来,要使农民的农时得到保证,很重要的一点就是统治者要改变奢靡的风尚,谨慎地使用民力,"使民如承大祭"(《论语·颜渊》)。正像《管子·地数》所讲的,"阳春农事方作,令民毋得筑垣墙,毋得缮冢墓,大夫毋得治宫室,毋得立台榭,北海之众毋得聚庸而煮盐",因为这些事情都与农事争劳力,如果不加禁止,就会耽误农时,影响农业生产。孔子认为,统治者在不违背农时的条件下有节制地役使人民,才能使农业生产得以顺利进行,这样让人民富足的目标也就可以达到了。

第三,孔子希望统治者"废山泽之禁",向民众开放更多的生产领域。在《论语·尧曰》一章,孔子指出"因民之所利而利之,斯不亦惠而不费乎?择可劳而劳之,又谁怨?欲仁而得仁,又焉贪?""因民之所利而利之",可谓打破领主阶级垄断资源、开禁利民的经济主张。这颇有些类似于自由主义经济学,放手让人们自己去选择,充分发挥个人的积极性,反映了孔子要求统治者在财富的生产上因顺民情,让人民自己经营对他们自己有利的事,并从中得到实利的思想。

2. 分配思想

孔子主张"薄赋敛",要求统治者轻徭薄赋,保护人们的生产积极性。他说:"君子之行也,度于礼,施取其厚,事举其中,敛从其薄。"(《左传·哀公十一年》)春秋时代,由于战事频繁和统治阶级日益奢靡,各诸侯国的财政支出普遍急剧地膨胀,苛征暴敛造成民不聊生,以至于"民参其力,二入于公,而衣食其一。公聚朽蠹,而三老冻馁"(《左传·昭公三年》),"布常无艺(意即公布的税令没有准则——引者),征敛无度。宫室日更,淫乐不违。……私欲养求,不给则应。民人苦病,夫妇皆诅"(《左传·昭公二十年》)。在这样的背景下,孔子提出减税主张,旨在解决社会财富分配中的严重不均等问题。《论语·颜渊》记载了孔子的学生有若同鲁哀公的一段对话:"哀公问于有若曰:'年饥,用不足,如之何?'有若曰:'盍彻(周公之典,指十税一——引者)乎!'曰:'二,吾犹不足,如之何其彻也?'对曰:'百姓足,君孰与不足?百姓不足,君孰与足?'"有若要求鲁哀公在凶年首先考虑减轻对人民的赋敛,他是从稳定民心、避免社会动乱的政治高度着眼的,反映出儒家的基本经济主张,这就是:国家对人民的征敛,不能采取竭泽而渔的办法,而是必须建立在培养财源的基础上。《论语·先进》记载:"季氏富于周公,而求也为之聚敛而附益之。子曰:'非吾徒也,小子鸣鼓而攻之,可也。'"王充解释说:"聚敛,季氏不知其恶,不知百姓所共非也。"(《论衡·答佞》)匡亚明在《孔子评传》中解释说:"鲁国季孙氏实行土地负担多于以往一倍的新制'田赋'。孔子对冉求未能阻止季孙氏实行这种加重土地负担(亦即人民负担)的新制'田赋',很不满意。"①所谓"鸣鼓而攻",就是要反对季氏"聚敛",反对加重人民负担而已。《论语·先进》中还记载:"鲁人为长府。闵子骞曰:'仍旧贯,如之何?何必改作?'子曰:'夫人不言,言必有中。'"无疑,这是孔子轻徭薄赋思想的反映。

应当看到,孔子所说的"薄赋敛",并不是认为赋税越轻越好,而是主张轻重适度。孔子批评季康子用田赋时说:"先王制土,籍田以力,而砥其远迩;赋里以入,而量其有无;任力以夫,而议其老幼。于是乎有鳏、寡、孤、疾,有军旅之出则征之,无则已。其岁,收田一井,出稷禾、秉刍、缶米,不是过也。先王以为足。若子季孙欲其法也,则有周公之籍矣;若欲犯法,则苟而赋,又何访焉!"(《国语·鲁语下》)在这里,孔子提出了适度赋敛的标准,即应像周公所规定的那样:农民为贵族耕种公田,公田收入归贵族;商贾则根据其财产和收入的多少征税,徭役以户计数而免除老人和小孩,并照顾到鳏寡孤疾者;每年一井田所缴的赋额是一定的,超过上述规定,就是"不度于礼,而贪冒无厌"(《左传·哀公十一年》)。

3. 交换思想

孔子关于交换即商业流通方面的思想是非常丰富的,可概括为以下两个方面:

第一,孔子鼓励通商政策。孔子坚决反对抑制商业活动的关税征收,主张"关讥市鄽皆不收赋"(《孔子家语·王言解》)。臧文仲曾设立关卡,对过往商人征收重税,孔子强烈反对这种做法:"臧文仲,其不仁者三,……下展禽,置六关,妾织蒲,三不仁也。"(《左传·文公二年》)在春秋末期,征收关税已经比较普遍了,但孔子还是强烈反对这一做法,他上书鲁哀公,提出"弛关市之税"(《孔子家语·五仪解》)。孔子反对贵族领主对自然资源的经营垄断,提出要开禁利民,"入山泽以其时而无征""废山泽之禁"(《孔子家语·王言解》)。另外,"谨权量"(《论语·尧曰》),即统一度量衡的主张也有利于商品的流通。

第二,孔子主张实行适度的宏观调控。孔子从支持商业活动的角度出发,不赞成对商人征重税,却要求商业活动必须符合法度和礼义的要求。孔子极力反对商人进行欺诈经营。为了禁绝商业欺诈,孔子提出要"审法度"(《论语·尧曰》),建立健全有关市场管理和商业经营活动的礼法规范,运用礼法手段规范商业经营活动。《孔子家语·相鲁》记载:"初,鲁之贩羊有沈犹氏者,常朝饮其羊以诈市人。……及孔子之为政也,则沈犹氏不敢朝饮其羊……卖羊豚者不加饰。"为了禁绝当时鲁国商人哄抬物价的现象,孔子制定了严密的市场公平交易规范并付诸实施,整治三个月后成绩斐然,使商品交易能够按照比较公正合理的价格进行,从而端正了商业经营作风,维护了消费者的利益。同时,孔子对于有僭越行为的商业活动也是严厉禁止的。当时,比较富裕的人也可以从市场上买到只有贵族才能享用的东西。对于这种造成僭越、混淆等级的商品交换,孔子显然是不赞成的,因此,对于西周时

---

① 匡亚明:《孔子评传》,南京大学出版社1990年版,第78页。

即规定的不准入市的商品,如礼器、兵器、贵族服饰等,孔子严禁它们进入市场交易,"禁者十有四焉……凡执此禁以齐众者,不赦过也"(《孔子家语·刑政》)。试想,像礼器、兵器、贵族服饰等标志社会身份、地位的产品假若允许自由交易,社会还不大乱!

4. 消费思想

对于消费问题,孔子同样是以礼为准绳来考虑的,认为消费要符合礼的标准,反对奢侈铺张,倡导节俭。在西周,富和贵是连在一起的。一个人的消费一旦超过了自己等级的财富水平,他的经济必定困窘,必定倾向于侵犯他人。作为统治者,更有动力利用手中的权力对百姓巧取豪夺,从而激化社会矛盾。基于此,孔子要求社会各阶层的人尤其是统治阶级一定要守礼,一切行为都要遵从这一规范。对于违背礼的消费,孔子是非常反对的。孔子谓季氏:"八佾舞于庭,是可忍也,孰不可忍也?"(《论语·八佾》)尽管他对于管仲的才能非常赞许,但也指出了他的消费中不合礼制的地方:"邦君树塞门,管氏亦树塞门。邦君为两君之好,有反坫,管氏亦有反坫。管氏而知礼,孰不知礼?"(同上)

孔子坚决反对超越礼所规定的社会等级的消费行为,但在必要的礼仪消费上,他却一丝不苟,不容删减。礼仪消费的总体原则是"盛容饰,繁登降之礼"(《史记·孔子世家》),即讲究形式和程序。一个例子就是孔子对于告朔之饩羊这一礼节的重视。"子贡欲去告朔之饩羊。子曰:'赐也!尔爱其羊,我爱其礼。'"(《论语·八佾》)在周朝,天子在秋冬之交把第二年的历书颁发给诸侯,诸侯接受之后藏于祖庙,每逢初一,杀一只活羊祭于庙中,称为"告朔"。这是传统的礼仪。子贡想节省这只羊而要取消这种仪式,遭到了孔子的反对。

同时,孔子也提出了节用的主张。对于一般性的礼仪消费,孔子认为"礼,与其奢也,宁俭"(《论语·八佾》);在个人消费领域,孔子主张个人消费要同本人的经济状况相一致,反对奢侈浪费,认为"奢则不孙,俭则固。与其不孙也,宁固"(《论语·述而》)。当然,孔子也不主张无限制地节用,而是要求节用到礼所规定的标准。孔子认为,合乎礼才是最好的,节俭只是次优的选择。

# 三、小　　结

任何思想都是与特定的社会环境相联系的,孔子的经济思想也不例外。孔子的民本、富民思想渗透到社会生产各环节中,表现为希望统治者重视农业生产,减轻税负,打破国家垄断,允许私人经营;鼓励商业活动,倡导诚信经营;社会分配时既要适当地拉开差距,又要避免贫富差距过大;在符合礼的前提下适度消费,反对铺张浪费。

孔子的经济思想对孟子、荀子等后世儒家学者有着深远的影响。孟子发展了孔子的富民、惠民思想,提出了"有恒产者有恒心,无恒产者无恒心"(《孟子·滕文公上》)的主张,将人民拥有一定的财产作为施行仁政的基础。具体来说,在山川资源的管理方面,孟子既主张"泽梁无禁"(《孟子·梁惠王下》),与民共之,又主张加强管理,"数罟不入洿池""斧斤以时入山林",如此才能出现"鱼鳖不可胜食,材木不可胜用"(《孟子·梁惠王上》)的局面。在农业生产的管理方面,孟子要求统治者"不违农时"(同上)。他说:"鸡豚狗彘之畜,无失其时,七十者可以食肉矣;百亩之田,勿夺其时,八口之家可以无饥矣。"(同上)在流通领域,孟子继承了孔子的重视商业但又对之有效管理的思想,指出:"关讥而不征,则天下之商皆悦,而愿出于其路矣。"(《孟子·公孙丑上》)在分配领域,孟子继承了孔子的薄税敛思想,主张以"周公之籍"作为税收的标准,认为高于该标准是"大桀小桀",低于该标准是"大貉小貉"(《孟子·告子下》)。

荀子则将孔子的富民、惠民思想进一步发展为富国裕民思想。在生产方面,荀子继承了孔子使民以时的思想,要求封建国家为农业生产提供稳定的社会环境,使得农民能够安心耕作:"五亩宅,百亩田,务其业而勿夺其时,所以富之也。"(《荀子·大略》)在财政方面,荀子继承了孔子藏富于民的思想,指出:"下贫则上贫,下富则上富。故田野县鄙者,财之本也;垣窌仓廪者,财之末也;百姓时和,事业得叙者,货之源也;等赋府库者,货之流也。"(《荀子·富国》)在消费方面,荀子继承了孔子关于消费、分配都应当遵行礼、符合社会等级的主张,指出:"夫两贵之不能相事,两贱之不能相使……《书》曰:'维齐非齐',此之谓也。"(《荀子·王制》)荀子认为,只有这样才能解决资源的有限性和人的欲望的无限性之间的矛盾,达到天下大治。

孔子的经济思想不仅对后世的儒家学者有深刻影响,即使在今天看来也有借鉴意义。孔子重视人民的利益,反对贫富差距过大而造成动荡;他重视农业,赞成符合礼义要求的求利行为和消费行为,努力营造良好和谐的社会环境。孔子经济思想中的这些积极因素,仍然可以作为当代制定经济政策时的重要参考。

# 《中庸》《大学》的经济思想暨与现代西方经济学的耦合*

《大学》与《中庸》虽只是《礼记》中的两篇,却是儒家的重要经典。《大学》相传是孔子弟子曾参所作,《中庸》相传为孔子之孙子思所作。《大学》主要讲政治哲学,探讨怎样为政、利民;《中庸》则是探讨宇宙观、方法论的哲学著作,研究怎样处理生活中的各种纷繁复杂的矛盾。《大学》即大人之学,讲的是修身、齐家、治国、平天下的大道理。《大学》开篇写道:"《大学》之道,在明明德,在亲民,在止于至善。知止而后有定,定而后能静,静而后能安,安而后能虑,虑而后能得。物有本末,事有终始,知所先后,则近道矣。"《中庸》的主要思想,在于论述为人处世的普遍原则,不要太过,也不要不及,应恰到好处,这就是中庸之道。

## 一、《大学》《中庸》中的经济思想

经济学是研究在有限资源的条件下人们如何进行理性选择的学科。儒家承认人追求财富欲望的合理性,认为"富与贵,人之所欲也""贫与贱,人之所恶也"(《论语·里仁》)。但又认为由于人的劳动欲望、能力的差别,以及所从事行业的不同,一定会出现贫富的差别,故孔子曰:"学也,禄在其中,耕也,馁在其中。"(《论语·卫灵公》)尽管儒家承认社会经济生活中出现一定的贫富差别的合理性,但也认为贫富差别太大不好,影响社会的安定。孔子曰,"贫而无怨难"(《论语·宪问》),"好勇疾贫,乱也。人而不仁,疾之已甚,乱也"(《论语·泰伯》)。孔子的分析和现代经济学所说的基尼系数理论可谓一致的。

没有一定程度的贫富分化,社会不正常;贫富分化太大,又影响社会安定。如何解决这一矛盾,儒家的一贯主张是贯彻中庸之道原则。《中庸》记载,"执两用中,用中为常道"。即在生活实践中不要从一个极端跳到另一个极端,而要在矛盾

---

\* 本文发表于《黑龙江社会科学》2010年第1期。

的两端创造性地寻求平衡点,以此来解决社会的各种矛盾。孔子对中庸非常推崇,"中庸之为德乎,其至矣乎"(《论语·雍也》)。将中庸思想贯彻到经济活动中去,要求既顺应人们对利益的追求,又反对一味追求利益,提倡见利思义。《中庸》《大学》在这方面进行了深入的探讨,提出了一系列有价值的经济思想。

1. 德本财末思想

《大学》中记载:"道得众则得国,失众则失国。是故君子先慎乎德。有德此有人,有人此有土,有土此有财,有财此有用。德者本也,财者末也。"《论语》中记载:"子贡问政。子曰:'足食,足兵,民信之矣。'子贡曰:'必不得已而去,于斯三者何先?'曰:'去兵。'子贡曰:'必不得已而去,于斯二者何先?'曰:'去食。自古皆有死,民无信不立。'"(《论语·颜渊》)可见,尽管孔子把"足食"提到很重要的地位,但当"食"与"信"矛盾时,孔子毫不犹豫地选择了"信",即将赢得民众的信赖和拥护放在第一位,因为"民无信不立",统治者如果失去了民众的信任和支持,必然是"失众则失国"。显然,在得众与失众、得国与失国的根本问题上,"得众""得国"高于一切,这决定了"信"重于"食","德"重于"财"。基于此,孔子一再强调"君子怀德"(《论语·里仁》)、"为政以德,譬如北辰,居其所而众星拱之"(《论语·为政》)。这说明,统治者欲巩固政权,必须把德放在首位。何谓德?《礼记·乐记》曰:"德者,得也。"《广雅·释诂》曰:"德,得也。"儒家的"德",涉及政治、经济、思想意识等多个方面。统治者的"德"在经济上具体表现为轻徭薄赋、博施济众、俭于自奉、厚于养民、劝民农桑、重视民生等方面。在政治、思想意识上,要求有与君道相适应的合乎礼制的行为规范,如"君仁臣忠"(《礼记·礼运》)、"君使臣以礼,臣事君以忠"(《论语·八佾》)等。对于财,儒家认为,统治者必须取财有道,要求在满足统治者自身需要与使国家长治久安之间寻找平衡点,反对顾此失彼。因此,在儒家的理论中,凡是涉及德与财的关系,必须是以德为先、为本、为重、为贵,以财为后、为末、为轻、为贱。

2. 财聚民散思想

《大学》记载:"财聚则民散,财散则民聚,是故言悖而出者亦悖而入;货悖而入者,亦悖而出。""仁者以财爱身,不仁者以身发财。"意思是统治者如果贪财聚敛,势必造成民众离散,如果散财以惠民,则民众就会相率来归附。所以仁德之君,采取散财裕民的政策,以争取民心,获得民众的拥戴;而无德之君,则采取搜刮民财的政策,从而招致亡身之祸。《大学》中记载:"与其有聚敛之臣,宁有盗臣。"并把国之务财用者,斥为小人。《中庸》记载:"时使薄敛,所以劝百姓也。"

当然,作为统治者应该散财到什么程度,儒家也是有考虑的,既不能不向百姓散财,又不能无限制地散财,其原则只有一个,就是让统治者的利益和百姓的利益长久地统一起来,这就是儒家的中庸之道思想在统治者散财方面的具体运用。儒家"薄税敛"的标准就是"周公之藉",即什税一。《论语·颜渊》中记载了孔子的学生有若同鲁哀公的一段对话:"哀公问于有若曰:'年饥,用不足,如之何?'有若曰:

'盍彻(周公之典,指十税一)乎?'曰:'二,吾犹不足,如之何其彻也?'对曰:'百姓足,君孰与不足?百姓不足,君孰与足?'"在这里,有若正确地指出富国同富民、国民经济同国家财政的关系,体现了藏富于民的思想。只是,儒家提出的轻税标准是十分取一,这是历史上"周公之典"中"彻法"的主张。《孟子·告心下》中也提出,如果把税率降到比尧舜的十抽一还低,是貉一类国家的做法,即"大貉小貉"。把税率提高到比尧舜为十抽一还高的,是桀一类的君王的做法,即"大桀小桀"。

3. 生众用舒思想

《大学》中记载:"生财有大道:生之者众,食之者寡,为之者疾,用之者舒,则财恒足矣。"所谓"生之者众",即要求直接生产者的数量在全社会的人口总量中所占比重要尽可能大。所谓"食之者寡",即要求全社会人口总量中不从事生产的纯消费者的数量要尽可能少。所谓"为之者疾",即要求生产者尽可能提高劳动效率。所谓"用之者舒",即要求尽可能俭约节用,减少浪费。儒家认为,统治者如能遵循这四条基本原则,就能使整个国民财富不断增加,国家的财政也能充裕。"生众用舒"论还从生产与消费的相互关系中,提出了国民财富增加的两个途径,即绝对量的增长和相对量的增长。"生之者众"和"为之者疾",是使财富绝对量增加的途径;而"食之者寡"和节用俭约,则是使财富相对量增长的途径。《大学》在介绍了"生众用舒"思想之后接着论述道:"仁者以财发身,不仁者以身发财。未有上好仁而下不好义者也,未有好义其事不终者也,未有府库财非其财者也。"这跟有若的"百姓足,君孰与不足?百姓不足,君孰与足"的思想是一致的。

4. 先义后利思想

在个人与群体、个人的长远利益与眼前利益的关系上,儒家一贯的主张是先义后利。《大学》继承了儒家传统的义利观,提出"国不以利为利,以义为利也"的观点。就是说,统治者为政治国不能以敛取财利为利,而必须以义为利。儒家把统治阶级的"利"分为两种,一种是局部的或暂时的财利,另一种是对巩固国家统治具有全局性或长远性的根本利益。所谓"不以利为利",是指统治者不能把敛取局部的或暂时的财利当作自己的首要利益。"以义为利",是指统治者应以全局性的、长远性的利益作为自己的根本利益。所谓义以生利、先义后利、以义制利,实质是以全局性的根本利益为重,统治者必须懂得这种利益划分,把握住轻重主次,处理好它们之间的各种矛盾,巩固统治。

儒家的义利观还包括坚持岗位职责、拒绝外界诱惑。按照儒家的观点,社会所有成员均应按照所处的社会等级去消费,杜绝越位或者不到位的事情发生。《论语·述而》记载孔子云:"奢则不逊,俭则固。"孔子既抨击季氏的贪冒,也抨击晏婴的俭吝,因为前者富于周公,后者啬于国卿,前者过之而后者不及,他们的经济行为都不合乎各自的身份地位。不过,在"奢则不逊,俭则固"之间,孔子曰:"与其不逊也,宁固。"(《论语·述而》)这是因为,在收入一定的情况下,要维持奢侈的生活,必然倾向于侵犯他人,这是儒家坚决反对的。过于节俭的生活固然有对人悭吝、敬重不够的弱点,但并没有侵犯他人。因此,两者尽管都有缺失,但比较起来,固陋病在己,不逊则陵人,故孔子曰:"与其不逊也,宁固。"

《中庸》继承了儒家的这一思想,指出:"君子素其位而行,不愿乎其外。素富贵,行乎富贵,素贫贱,行乎贫贱。"又曰:"在上位不凌下,在下位不援上,正己而不求于人,则无怨。上不怨天,下不尤人。故君子居易以俟命,小人行险以徼幸。"意思是说君子就所处的地位去行事,不羡慕本分以外的东西。处在富贵地位,就按富贵的地位行事;处在贫贱地位,就按贫贱的地位行事。处在上位不欺侮处在下位的人,处在下位不攀附处在上位的人。端正自己而不苛求于别人,就没有什么可怨恨的了。上不怨恨天,下不归咎于别人,所以君子安于平易的地位以应顺天命,小人则要冒险去妄求非分的东西。

## 二、与西方经济学的耦合

当代学者习惯于用西方经济学理论分析我国的社会经济现象。不能否认西方经济学对我国当代产生的深远影响,然而放眼五千年中华文明,在西方经济学理论中同样闪耀着孔子中庸思想的智慧之光。《中庸》云:"不偏之谓中,不易之谓庸,中者天下之正道,庸者天下之定理。""中"是"无过无不及",是与"时"结合的"时中",故《中庸》认为,"君子而时中"。"庸"则是天行有常的定理。中庸阐述了结合天时、地利,在动态均衡条件下无过无不及,守天下之定理而遵循规律的思想,其核心是在过与不及之间选择一个平衡点,并不是简单对折而求中线或中点,是"时中",是与时势最恰当结合的"中"。因此,所谓中庸之道,就是在对立统一矛盾规律作用下的动态均衡,可见中庸包含了朴素的唯物辩证法中的智慧。从哲学角度来看,黑格尔辩证法的度与量关系的转折点,与"中庸"无过无不及、过犹不及何其相似,只是产生于两千多年前文字记载成本很高的"中庸"显得更抽象而已。

在西方经济学中,均衡是一个很重要的概念,被广泛运用。均衡最一般的意义是指经济事物中有关的变量在一定条件的相互作用下所达到的一种相对稳定的状态。经济事物之所以能够处于一种稳定状态,是由于在这样的状态中有关该项经济事物的各方面的力量能够相互制约和相互抵消,也由于在这样的状态中有关该经济事物的各方面的愿望才能都得到相应的满足。正因为如此,西方经济学家认为,经济学的研究往往在于寻找一定条件下使经济事物的变化最终趋于稳定之点的均衡规律。如何探求这种均衡状态,需要用均衡分析的方法。均衡分析法是研究经济变量之间相互关系的方法,常用的是局部均衡分析,指在诸多相关经济变量之中,仅研究其中的两个相关因素,而其他因素是既定的,分析的对象是局部的不是整体的。探究均衡就是观察、研究和把握事物的两个对立面(即"两端"),找到两个对立面恰当统一的关节点。可见均衡是"中"的一种表象,均衡就是"中";而要维持这一均衡状态就要遵循一定的规律,就是孔子所谓的"庸"。如何达到均衡,孔子在《中庸》里形象地论述为"执其两端"。所以均衡类属于中庸之道,均衡被广泛应用可以理解为中庸在经济学中广泛存在。

1. 均衡价格理论

在商品市场的供求关系中,需求和供给是两种相反的力量,供给量大于需求量,商品过剩,价格下降,生产者减少生产;需求量大于供给量,价格上涨,生产者增加生产,或刺激需求或增加供给,二者对立统一于均衡价格。用孔子的智慧解释就是"执需求、供给两端",实现价格的中庸。

2. 拉弗曲线数学模型

经济学中著名的拉弗曲线,其理论是由"供给学派"代表人物、美国南加利福尼亚商学院研究生院教授阿瑟·拉弗提出的。"拉弗曲线"的基本含义是,税收并不是随着税率的增高无限增加,当税率高过一定点后,税收的总额不仅不会增加,反而还会下降。孔子无过无不及的中庸思想在税收中性原则上表现得更具体。税收收入总额过低不能满足政府需要,适度的税额只能无过无不及,遵循中庸规律。拉弗曲线模型体现了税收总量的中庸思想。

3. 帕累托最优原则

现代经济学用帕累托最优原则来衡量经济效率。帕累托效率是指这样一种状态,即资源配置的任何重新调整都已不可能使一些人的境况变好而又不使另一些人的境况变坏,在这种情况下资源配置已使社会效用达到最大,这种不偏不倚的资源配置状态就是资源的最优配置状态,即帕累托最优。在税收领域,帕累托最优主张,作为重要经济杠杆的税收应该采取中性原则,尽量缩小其社会成本,降低其产生的额外负担,使额外收益最大化。主张税收中性、不偏不倚、不多不少,这是西方经济学的"中庸"思想在税收领域的体现。

4. 适度的税收原则

所谓适度,就是税制的建立和税收政策的运用应兼顾征纳双方的需要与可能。"需要"是指财政的需要,"可能"是反映税收负担的可能,税收适度合理,要求税收负担适中,税收收入既能满足正常的财政支出需要,又能与经济基础发展保持协调和同步,做到量能而征取有度。

5. 中性财政政策的选择

财政政策包括紧缩性、扩张性和中性财政政策。中性财政政策又称均衡性财政政策,它是通过财政收支的大体均等,保持社会供求同步增长,维持社会供求基本平衡的政策。其目的在于保持社会总供求的同步增长,以维持社会总供求对比的既定格局,既不扩张,也不收缩,显然是中庸思想的经济政策。

综上所述,中国传统文化与西方经济学并不是完全排斥或对立的。中国传统文化中也有契合于西方主流经济学的深邃思想,这无疑是构建中国特色社会主义经济学最为有利的文化根基。因此,进行现代经济理论的创新应从中国传统经济思想中去吸取理论智慧,汇集中国传统文化中的经典思想与西方经济学中的精要,以再造指导中国市场经济实践的经济学。这既是一个文化融合的过程,也是一个文化创新的过程。中国传统经济思想中有许多宝藏等待我们去发掘,通过古为今用,将其融会到现代经济学理论的发展和创新中来。

# 孟子"仁政"思想的经济学分析
## ——基于委托代理的视角[*]

## 一、引　言

关于孟子的"仁政"思想,学术界研究甚多。任继愈1956年发表在《中国青年》杂志上的文章《孟子》,是新中国成立以后对于孟子及其仁政思想的最早的系统评价,对后来的孟子研究产生了很大的影响。他认为孟子的政治主张,虽然其目的在于减轻人民的痛苦与缓和阶级矛盾,却不符合当时社会矛盾发展的必然趋势,因而不为社会所用。王富仁教授的《孟子国家学说的逻辑构成》则反映了改革开放后学术界对孟子"仁政"思想的普遍认识。王教授认为,孟子思想学说主要讲的是"为王之道",所以孟子的思想学说主要是一种国家学说。它由四个主要部分组成:(1)政治人性论。他的性善论、"三心"论(存心论、求其放心论、尽心论)、知天正命论都是围绕着他对政治君王的思想要求开的。(2)王道论。孟子实际上论述了三种不同的治国方针:王道政治、霸道政治、贼道政治。王道政治是孟子的政治理想。(3)仁政论。"仁政"是孟子在王政治理基础上提出的包括内政、外交等各个方面的政治原则或政治措施。(4)"士论"(知识分子人格论)。恒心论(不动心论)、养勇论、立志论、养气论、知言论都是围绕知识分子自身的修养展开的。

现有的研究中,学者们围绕孟子的"仁政"思想,从时代特点、具体内容、性质、历史作用等方面进行了深入的研究,但其分析所用的方法、思路都基本相似,也很少提出新的研究方向。笔者认为,作为一种有深远影响的国家管理思想,孟子的仁政思想兼顾了统治者和被统治者的利益,认为"劳心者治人,劳力者治于人""无君子莫治小人,无小人莫养君子",并为双方的合作提出了具体的设想,这很像制度经济学中的委托人和代理人的关系。对于委托人而言,如何在信息不对称的情况下选择代理人、监督代理人,以及对代理人的不当行为进行惩戒等,就成为必须思考

---

[*] 本文发表于《经济学动态》2012年第1期,与刘语潇合写。

的问题,而从委托代理角度分析孟子的经济思想更是之前的研究没有涉足过的领域。

本文将以《孟子》一书为基础,参阅相关文献,运用博弈论及委托代理理论,对孟子"仁政"思想中所要处理的君民关系进行论述,既分析百姓如何在信息不对称的情况下选择、监督以及惩戒君王,又分析统治者为何视孟子的仁政思想为"迂远而阔于事情"而不愿采纳,从而更清晰地展现出孟子"仁政"思想的深远意义及其局限性。

## 二、孟子"仁政"思想的提出

### 1. 民众与君王的"委托-代理"关系

历代的国家统治者都宣扬君权受自"天命",西周思想家鉴于夏桀、殷纣暴政亡国的历史教训,提出"天命靡常"的思想,即天命可以更换,只授予能够敬天保民、适合做人民君王的人。《尚书·泰誓》记周武王伐纣的誓词:"天视自我民视,天听自我民听",这个思想后被概括为"民为邦本,本固邦宁"。孔子在此思想基础上创建了以仁、礼为内涵的德治学说,提出了为政者"博施于民而能济众"的政治理想。战国中期的孟子在社会长期战乱、民不聊生、天下盼望统一的情势下,进一步构建了一个包括贵民、重民、保民、得民、富民的民本思想体系。

孟子认为,社会之所以会出现统治者,是由于民间出现了无法解决的问题,如战争、自然灾害等,这样才需要超越家庭、家族之上的强大政治力量介入,以帮助民众完成他们自己无法解决的问题。《孟子·滕文公下》曰:"当尧之时,水逆行,泛滥于中国,蛇龙居之,民无所定,下者为巢,上者为营窟。《书》曰'洚水警余',洚水者洪水也。使禹治之,禹掘地而注之海,驱蛇龙而放之菹,水由地中行,江、淮、河、汉是也。险阻既远,鸟兽之害人者消,然后人得平土而居之。"

《孟子·梁惠王下》中也谈到:"《书》曰:'天降下民,作之君,作之师。惟曰其助上帝宠之四方,有罪无罪惟我在,天下曷敢有越厥志?'"这是说,上天降生下民,为他们造作了君王,造作了师傅,惟有他们才能佑助天帝绥靖四方。换言之,君王的责任是保护人民的安全,为民众谋幸福,"仁义"是君王素质的基本要求。

那么民众如何摆脱委托代理中的信息不对称,而选择到理想的代理人呢?孟子提出了"天与民归"的主张。"天与"指君权神授,"民归"指民众认可。自孔子以来,儒家选择了远神近民的思想路线,即作为最高统治者的"天子"是由上天选择的,而上天选择的人一定是得到民众信任的、最有道德的人。"天与民归"思想成为庶民对抗皇权的一个重要理论,当"天"子无道而导致天下离心离德的时候,民众可以认为上天已经放弃了这个"天子"。

《孟子·万章上》记载,"万章曰:'尧以天下与舜,有诸?'孟子曰:'否。天子不能以天下与人。''然则舜有天下也,孰与之?'曰:'天与之。''天与之者,谆谆然命之乎?'曰:'否。天不言,以行与事示之而已矣。'"又说"尧崩,三年之丧毕,舜避尧之子于南河之南。天下诸侯朝觐者,不之尧之子而之舜;讼狱者,不之尧之子而之舜;讴歌者,不讴歌尧之子而讴歌舜,故曰天也。夫然后之中国,践天子位焉。而居尧之宫,逼尧之子,是篡也,非天与也。太誓曰:'天视自我民视,天听自我民听',此之谓也"。

在这里,"天与"毕竟是由"民归"决定的,这实际上是以"民归"代替了"天与",以民意代替了天意,即"得人心者得天下"。具体到孟子生活的战国中期,他认为能够以最少的人口死亡为代价统一天下的人将为王,即"不嗜杀人者能一之"。当时战争不断,各国试图以武力统一天下。孟子虽主张天下统一,但并不认为可以用武力达到。他说,"以力假仁者霸……以德行仁者王。以力服人者,非心服也,力不赡也。以德服人者,中心悦而诚服也,如七十子之服孔子也"。对于当时各国的争霸战争,孟子批评说,"争地以战,杀人盈野;争城以战,杀人盈城。此所谓率土地而食人肉,罪不容于死"。在人民对于战争已经疲惫不堪,期盼着这种局面早日结束的情况下,孟子认为如果有一个君王能够不发动战争,不嗜杀人,那么他就可以使得天下归顺。《孟子·梁惠王上》说,"得道多助,失道寡助。多助之至,天下顺之;寡助之至,天下畔之。以天下之所顺,攻亲戚之所畔;故君子有不战,战必胜矣"。又说,"保民而王,莫之能御也"。

在孟子看来,君王是作为"上帝"抑或以民间百姓的"代理人"的身份出现。人民能选择君王,人民也能废弃君王。人民作为"委托人",则不可更换。《孟子·尽心下》曰:"民为贵,社稷次之,君为轻。是故得乎丘民而为天子,得乎天子为诸侯,得乎诸侯为大夫,诸侯危社稷,则变置;牺牲既成,粢盛既洁,祭祀以时,然而旱干水溢,则变置社稷。"这是说,设立君王的目的是保护人民的利益,如果君王危害了人民的根本利益,人民可以更换君王。同样,设立社稷祭祀土谷之神的目的是祈愿风调雨顺,造福黎民,如果实现不了这个愿望,反而造成灾难,这样的社稷也应该更换。

"民贵君轻"表明,在价值上百姓高于君王。百姓的价值在于它自身就是目的,君王则是为百姓办事的工具。正因为如此,百姓有权利选拔和罢黜君王。所以,君王必须得到百姓的拥护,并好好地运用国家政权去实现百姓的心意。

2. 信息不对称情况下民众对君王的约束

如何摆脱委托代理关系中的道德风险,使业已选择的君王更好地为民众服务呢?

孟子指出:"域民不以封疆之界,固国不以山溪之险,威天下不以兵革之利。得道者多助,失道者寡助。"这就是说,百姓是不能够依靠地域来限制的,国家是不能够靠地势来保护的,天下是不能够靠强壮的兵力去征服的,君王只有"得道",即得民心,赢得民众的信赖才能得天下。

孟子又说,"有人不得则非其上矣。不得而非其上者非也,为民上而不与民同乐者,亦非也"。乐民之孟子不反对君王获得安逸和快乐,但不能仅仅追求个人的安乐,要做到与民同乐。孟子告诫君王,百姓应有的快乐如果得不到保证,他们就会对君王产生不满的情绪,这对于君王统治国家来讲是很危险的。

对于没有做到"为君之道"的君王,孟子认为他必将遭到民众程度不同的反应。《孟子·梁惠王下》记载:"邹与鲁哄。穆公问曰:'吾有司死者三十三人,而民莫之死也。诛之,则不可胜诛;不诛,则疾视其长上之死而不救,如之何则可也?'"孟子评论说:邹国的君王向来不关心老百姓的生活,"夫民今而后得反之也"。

如果说此例还是民众用"文"的方式对君王的不仁行为进行回应的话,那么当君王的不仁行为让民众忍无可忍时,他们就会选择"武"的形式进行报复。齐宣王问孟子:"臣弑其君,可乎?"孟子回答说:"贼仁者谓之贼,贼义者谓之残,残贼之人谓之一夫。闻诛一夫纣矣,未闻弑君也。"在孟子看来,君如若不君,臣就可以不承认其为君。因此,他认为商朝的开创者汤讨伐夏朝的暴君桀,"非富天下也,为匹夫匹妇复仇也"。周朝的开创者武王讨伐商朝的暴君纣,是"救民于水火之中"。孟子把这种杀死无道昏君的政权转移方式叫做"征诛",称这样的战争为"义战"。这说明,统治者尽管拥有权力,但百姓给他的权力定了一个极限,过了这个极限,他就要受到"征诛"的惩罚。"得乎丘民为天子",天子之所以为天子,因为他得到百姓的拥护。如果他的行为不合"为君之道",百姓就要对他进行"征诛",将他废掉。

孟子总结历史上国家政权兴废存亡的经验,得出了"得民心者得天下,失民心者失天下"的结论。得民心,并不是一句口号,要靠实际行动,也不是一朝一夕之事,要靠长期的实践,正如孟子所言"七年之病,求三年之艾,苟为不畜,终身不得"。所以,君王在提出政策之前,要从百姓的角度来考虑,认识到自己是百姓的"代理人"。而百姓知道君王所希望得到的最大的利益是民众的归顺,所以百姓会以其归顺君王作为条件,使得尽管在信息不对称的情况下,依然可以激励他们所"委托"的君王,达到生活安定的目的。

## 三、君王的责任
### ——孟子"仁政"思想的具体内容

按照委托代理理论,委托人(民众)对所期待的合格代理人(君王)的职责、行为规范是有一系列要求的,这些要求应尽可能地用详细的文字写进合约当中,以便代理人明确自己的职责,使得君王、百姓的利益相协调,以减弱道德风险问题。孟子从委托人(民众)的立场出发,认为君王作为人民的"代理人",应该以民为本,为人民谋利益,完成使"委托人"安居乐业的任务,为此他设计了一系列的对代理人(君王)的要求。具体而言,首先要解决人民的"恒产"问题;其次要减轻人民的税务负担,控制税收比例;再次要招商工之民,发展经济;最后要搞好公共资源的管理。孟子认为,只有这样,作为"代理人"的君王才能在让民众满意的基础上,实现自己"好货""好色""好乐"乃至"王天下"的利益追求,亦即利人利己。

### 1. 制民之产

"制民之产"是一种经济行为,指的是以土地制度的改革来实现社会利益关系的调整。战国时期,以集体劳作为特征的封建领主农奴制在剧烈地崩溃,一家一户、耕织结合的小农家庭生产方式正在形成过程中。孟子顺应社会生产力发展的趋势,主张通过对农民授田,变封建领主制生产方式为小农家庭生产方式。至于授田的原则,则是"五亩之宅""百亩之田"的"恒产"。

孟子认为,百姓有了自己的土地,温饱问题解决后,必然努力生产,提高生活质量,并且遵纪守法。反之,百姓若"无恒产",由于做违法事情的预期收益远大于其最大损失,自然容易铤而走险,这样就会对君王的统治构成威胁,而君王为了巩固统治,往往"乐民之乐者,民亦乐其乐;忧民之忧者,民亦忧其忧。乐以天下,忧以天下,然而不王者,未之有也"。这段话反映出孟子治国思想中很重要的一个原——"与民同乐"。"(等人民)及陷于罪,然后从而刑之。是罔民也。有仁人在位,罔民而可为也?"所以,孟子认为,"是故明君制民之产,必使仰足以事父母,俯足以蓄妻子,乐岁终身饱,凶年免于死亡,然后驱而之善,故民之从之也轻"。具体办法则是国家应通过衣食住行资料上的合理搭配,首先使人民自给自足,生活无忧,然后再辅之以学校教育的加强,这样才能建立和谐的社会。

为了保证农民切切实实拥有"恒产",孟子提出了"正经界"的思想。《孟子·滕文公上》记载,"夫仁政,必自经界始。经界不正,井底不钧,谷禄不平。是故暴君污吏必慢其经界。经界既正,分田制禄可坐而定也"。这是说,行仁政,一定要从划分、确定田界开始。田界不正,公(田)私(田)不分,那么以私侵公,因私废公,以私侵私、暴污横生的现象就会发生。

为了保证小农长久保有"恒产",避免因天灾人祸而分化,孟子提出了实行劳役地租的主张。他说,"方里而井,井九百亩,其中为公田;八家皆私百亩,同养公田;公事毕,然后敢治私事"。这是说,农民通过劳役地租的形式,将中间"公田"的收入全部上缴国家作为王公及公职人员的俸禄和国家的其他用度,国家不再向他们另行征收税赋。

孟子比较了夏商周三代的农业税制度,指出,"夏后氏五十而贡(定额实物地租),殷人七十而助(劳役地租),周人百亩而彻(分成实物地租),其实皆什一也"。他借用龙子的话指出,"治地莫善于助,莫不善于贡"。这是因为,一旦实行实物地租,无论是分成地租("彻")还是定额地租("贡"),严重靠天吃饭的个体农民为了凑够应给国家上缴的数量,自然要变卖家庭动产乃至不动产——土地,这样就会导致小农家庭的分化,带来社会秩序的严重不稳定。而实行劳役地租可保证农民不会因为天气或其他外界原因导致的收成减少而加重对国家的负担,这有利于农民生活的稳定和社会秩序的维持。当然,在分成地租("彻")和定额地租("贡")间,孟子倾向于分成地租("彻")。原因是"贡者,挍数岁之中以为常。乐岁,粒米狼戾,多取之而不为虐,则寡取之;凶年,粪其田而不足,则必取盈焉。为民父母,使民盻然,将终岁勤动,不得以养其父母,又称贷而益之,使老稚转乎沟壑,恶在其为民父母也?"可见,孟子是从小农经济稳定的立场出发来评判历代税收制度的优劣的。

2. 轻税薄敛

在"恒产"问题解决后,孟子还主张轻税薄敛,即统治者对百姓征收赋税要有一定的限度。《孟子·尽心下》说,"有布缕之征,粟米之征,力役之征。君子有其一,缓其二。用其二而民有殍,用其三而父子离"。这是说,君王在征收赋税时,在布帛、粟米和徭役之间,应用其中一种而缓征其他两种。如果同时用两种,那百姓中就会有饿死的;如果三种并用,那么父子之间也将无法相互照应了。又说,"易其田畴,薄其税敛,民可使富也。食之以时,用之以礼,财不可胜用也"。这是说,整治好田亩,减轻赋税,就能使百姓富裕,按时节食用,按礼仪消费,财物就用也用不完了。反之,如果赋敛过重,便会侵害百姓利益,导致百姓怨声载道,民不聊生,这样就会使得社会不安定,不利于君王的统治。

孟子把税收看成一种"损有余而补不足"的调节工具。他说:"市,廛而不征,法而不廛,则天下之商皆悦,而愿藏于其市矣;关,讥而不征,则天下之旅皆悦,而愿出于其路矣;耕者,助而不税,则天下之农皆悦,而愿耕于其野矣;廛,无夫里之布,则天下之民皆悦,而愿为之氓矣。"这是说,对于商人在市场上储存的货物不征税,如果出现了滞销的情况,政府应对其进行收购,以免积压。而关卡对于来往的客人只检查不收税。农民只需要耕种私田的基础上再耕种公田,不需要交税。对于不能出劳役的家庭,不征收雇役费。

孟子认为"欲轻之于尧舜之道者,大貉小貉也,欲重之于尧舜之道者,大桀小桀也"。可以看出,他既不主张道家的完全免除赋税,或税率过低而不敷国家的用度,又极力反对法家的取民过度,使人民不得奉养父母,从而饥馑遍野,率兽食人。孟子主张"周公之籍",即"什一税"。他认为,赋税超过民众总收入的"什一",就是取民过度。

3. 支持工商业的发展

孟子顺应春秋战国商品经济发展的趋势,将宽商惠商看作"仁政"的重要内容之一,积极倡导与支持工商业的发展。

《孟子·梁惠王下》说:"古之为市也,以其所有,易其所无者。"这是说,工商业的作用在于互通有无,改善人民的生活质量,因此作为百姓的"代理人"的君王应大力支持和发展工商业。而当时各国统治者大都利用关卡对商人进行横征暴敛,孟子对此表示强烈的反对。他指责说:"古之为关也,将以御暴,今之为关也,将以为暴。"他认为对商人的横征暴敛将加重经营成本,既不利于商业的发展,更因无法为耕织结合的小农经济提供物美价廉的铁制生产、生活用具而阻碍农业生产的发展,最后导致整个国民经济的萧条。

当然,工商业发展的过程中,也会出现一些利欲熏心的人。他们垄断市场,哄抬物价,以谋私利。孟子在呼吁大量发展工商业的同时,也提出要谨防市场上的垄断者。他说:"古之为市也,以其所有,易其所无者,有司者治之耳。有贱丈夫焉,必求龙断而登之,以左右望,而罔市利。人皆以为贱,故从而征之。征商,自此贱丈夫始矣。"这就是说,对欺行霸市、垄断市场的行为,就要征收重税,才能保证市场的正常交易,繁荣经济。孟子认为,维持稳定的社会秩序,是统治者的基本使命,也是保持社会稳定的基本条件。

### 4. 公共资源的管理

孟子顺应生产力发展的趋势,主张凡是小农家庭能够经营得好的资源统统都分下去,但对于一些不可分的资源,如山林、川泽,则应加强管理,避免出现"公地"的悲剧。他说:"不违农时,谷不可胜食也;数罟不入洿池,鱼鳖不可胜食也;斧斤以时入山林,材木不可胜用也。谷与鱼鳖不可胜食,材木不可胜用,是使民养生丧死无憾也。养生丧死无憾,王道之始也。"这是说,不允许用太密的渔网捞鱼虾,禁止乱砍滥伐,将有利于保护经济、自然资源,发展社会生产,稳定社会秩序。

为了强化公共资源管理的力量,孟子反对低税政策,认为"欲轻之于尧舜之道者,大貉小貉也",目的就是以稳定、足量的税收保证公共机构秩序的维持。

## 四、孟子"仁政"思想中所提到的君王的权利

在《孟子·梁惠王下》中有齐宣王向孟子讲自己"好乐""好色""好货""好勇"等记载。从齐宣王和孟子的对答中可以看出,"代理人"的追求完全符合马斯洛学说的精神,既有衣食住行的生理需求,也有避免亡国的安全需求,还有追求音乐、舞蹈的精神生活需求,更有开拓疆土,使他国臣服而称王的地位、荣誉的追求。俗话说"物以稀为贵"。对统治者而言,生理需求的满足,音乐、舞蹈等精神生活的满足是非常容易的,在这种情况下,他们自然更追求开疆拓土,迫使他国臣服而称王的地位、荣誉等精神生活的需求。

孟子肯定人的欲望的合理性,指出"欲贵者,人之同心也"。又说,一个人的各种欲望,既是变化的,又是长久的。"人少,则慕父母;知好色,则慕少艾;有妻子,则慕妻子;仕则慕君,不得于君则热中。"不过,鉴于资源的有限性与人的欲望的无限性的矛盾,孟子反对只管自己不管他人的见利忘义行为,而倡导既管自己也管他人的见利思义行为。他说:"苟不志于仁,终身忧辱,以陷于死亡。"基于此,孟子认为当时各国统治者的所作所为相比于其追求目标来说,无异于缘木求鱼。对于那些土地面积小、实力较弱的国家来说,统治者频频地发动战争更会对人民的生产、生活带来极大的祸患,这不仅得不到人民的支持,反而会受到人民的唾弃。

孟子虽然认为君王作为百姓的"代理人",应该为人民谋利益,但他也不反对

在百姓安居乐业的基础上,君王实现"好货""好色""好乐"甚至"王天下"等目标追求。孟子认为,君王只有"与民同乐",才能实现使天下归顺,从而"王天下"的目标。"乐民之乐者,民亦乐其乐;忧民之忧者,民亦忧其忧。乐以天下,忧以天下,然而不王者,未之有也。"

综上,尽管君王拥有比百姓大得多的权力和信息,尽管百姓在委托-代理关系中处于劣势,但依然可以达到委托君王治理国家、社会的目的。这是因为,君王在采取能够达到自己利益最大化的政策的同时,也是实现了百姓利益的最大化。

## 五、孟子"仁政"思想的不足

孟子的"仁政"思想在社会中产生了巨大的影响,以致周游列国均被待如上宾,但他的"仁政"思想却被各国统治者视为"迂远而阔于事情"而不予采纳,这是什么原因呢?

从委托代理的观点来看,孟子的"仁政"思想对君王的"道德风险"(Moral-Hazard)问题考虑比较多,设计出了文武之道的规范方案,但对现实生活中的其他"道德风险",如作为"委托人"的民众的道德风险问题,君王的代理人——官员的道德风险问题等很少考虑,这就使得最终的结果并没有按照孟子所设想的那样达到一个稳定的互利的均衡状态。

(1)孟子的"仁政"思想虽对君王的需求和担忧进行了分析,但对需求一面的分析比较充分,而对担忧一面的分析则很简略,只是笼统地说君王担心得不到民众的归顺。其实,君王的担心不只这一个,诸如害怕被外部的竞争对手打败,国破家灭;忧虑其代理人——官员队伍损公肥私、滥用职权,等等。

首先,从当时的局势上看,面对一个战乱不断、多方博弈、国家经常处于生死存亡边缘的局面,无论他国采取什么措施,本国采取充实国库、加强兵力都是上策,这就是各国为何实行富国强兵政策的原因。而实行薄赋敛、轻徭役的政策,将会造成一国短期内军事实力的迅速下滑,这对各国的实力消长会产生很大的影响,甚至有亡国危险。在这种情况下,坚持以"仁政"得天下,主张各方协调使博弈结果实现帕累托最优的孟子,自然要被各国统治者讥讽为"迂远而阔于事情",而不肯实行了。

其次,孟子的仁政思想尽管也提到了作为"代理人"的君王的追求,如"好货""好色""好乐""好勇"及"王天下"等,但对"代理人"的痛苦、烦恼等问题甚少涉及,而这在"代理人"的利益保障中是非常重要的。

君王要承担起对民众的责任,诸如国防、社会治安、公共工程、教育等,就必须建立一支专业的官员队伍,这样在君王和官员队伍之间也形成了委托-代理关系。正如人民担心君王的"道德风险"一样,君王也担心官员的"道德风险"。孟子对君王的显性成本——薪水支出,考虑得比较多,主张通过必要的税收来解决,但对君王的隐性成本,即官员的"道德风险"问题则基本没有考虑。而在春秋以降君权旁落的情况下,君王的这一忧虑是很强烈的。孟子"仁政思想"的这一重大遗漏,显然不能让各国君王满意。

再次,孟子在探讨统治者管理人民的手段时,更多地考虑物质手段、教育手段的作用,这无疑是正确的,对统治者也是有力的约束。但仅仅对统治者实行有效的约束是不够的,还要给他完成岗位职责所需要的足够的权力,包括迫不得已时的暴力惩戒。战国初年,李悝制定了旨在保护私有财产、维护社会秩序的良性运转的《法经》六篇,即盗、贼、网、捕、杂、具等法令,并将盗法、贼法置于头等重要的地位,"以为王者之政,莫急于盗贼,故其律始于盗贼",就是小农经济的脆弱性导致社会秩序不宁,要求发挥国家暴力作用的社会现实的反映。

当然,孟子的"仁政"思想中不也不乏暴力的色彩。他曾提到过用刑罚来惩罚社会的恶势力(当然,前提是先教后刑,反对严刑峻法,要求省刑罚),在问到"御人于国门之外者"时还说"是不待教而诛者也";在谈到政府应为工商业提供自由的发展环境时,也说过要对"垄断"行为征税,但孟子对于动用暴力手段处理迫在眉睫的各种现实社会利益冲突问题确实关注不多,既不如他之前的李悝、吴起,也不如与他同时代的商鞅。换言之,孟子提出了对代理人的很多的要求,但是在政策执行方面,又不允许代理人采取强硬手段,造成代理人职权不协调。因此孟子的理论过于理想化,在现实执行中问题多多,难怪要被各国统治者讥讽为"迂远而阔于事情",而不肯实行了。

(2) 孟子的"仁政"思想对"委托人"——民众的需求和担忧分析得非常详细、透彻,但对他们之间存在的争夺资源的矛盾分析不够。另外,孟子从保护小农经济稳定的立场考虑问题,还存在对科学技术的发展对于劳动力时间成本的影响,时间的变化对于资源与人的矛盾的影响等考虑不够的缺陷。所有这些,都影响了"仁政"思想的可操作性。

首先,孟子虽把民众分成农工商各类,但他更多地看到了工商业发展对促进农业发展的积极作用,而对工商业对农业发展的破坏作用考虑不多。

马克思指出,"在商业资本作为媒介,使某些不发达的公社得进行产品交换时,商业利润就不仅会表现为侵占和欺诈,并且大部分也确实是这样发生的"。在技术落后、信息传播速度慢的古代社会,以买贱卖贵为特征的商人囤积居奇、哄抬物价的现象无疑更为严重。许行学派正是看到了商品交换中的这种不等价行为,才提出了"市贾不贰"的主张,要求依靠国家的大规模组织的力量强制统一价格。孟子对这种主张进行了严厉的批判,指出:"夫物之不齐,物之情也;或相倍蓰,或相什百,或相千万。子比而同之,是乱天下也。巨屦小屦同贾,人岂为之哉?从许子之道,相率而为伪者也,恶能治国家?"孟子对许行学派的批评确实点中了要害,但对于许行学派提出的如何处理商品经济的发展和小农经济稳定的矛盾并没有提出可行的解决办法。事实上,造成小农经济不稳的一个重要原因正是商品经济的发展。

后者买贱卖贵的经营方式,对小农经济的稳定确实构成了极大的破坏。面对"籴甚贵伤民,甚贱伤农。民伤则离散,农伤则国贫"的矛盾,李悝、许行学派看到了市场调节的缓慢、不可靠性,都主张依靠国家的强有力干预来解决这一矛盾。所不同的是,李悝希望封建国家采取经济的手段,通过实行"平籴法"来解决这一矛盾,做到"使民毋伤而农益劝"。即粮食丰收、价格低时,由国家收购以提高粮价,保护农民利益;粮食歉收、价格高时,再由国家对外发售业已收购的粮食以平抑粮价,保护市民利益。许行学派则希望封建国家采取行政的手段,即实行统一价格的政策,来加以解决。其实,这正是战国初期以来商品经济的发展动摇小农家庭经济稳定的社会现实的反映,也是商鞅、荀子、韩非子等提出重农抑商政策的原因。对小农经济的稳定与商品经济发展之间的矛盾考虑不够,也影响了孟子"仁政"思想的可操作性。

其次,孟子从保护小农经济稳定,避免小农经济分化,长期保有"百亩田""五亩宅"的恒产的立场出发,在土地制度的设计上主张国家拥有土地的所有权,农民拥有经营权,国家定期根据人口的变化向农民授田,反对土地的自由买卖;在农业税收制度的设计上主张劳役地租,避免农民受天灾人祸的影响而破产。孟子的出发点好则好矣,但忽略了科学技术的发展对劳动力时间成本的影响,忽略了时间的变化对于资源与人的矛盾的影响,因而没法在现实生活中贯彻。

以孟子的税收思想为例,其劳役地租主张虽有利于保护小农经济的稳定,但有违时代发展趋势。这是因为,铁制农具的发明、牛耕的出现,大大提高了劳动者的生产效率,这意味着劳动者时间成本的提高,导致他们愿意选择实物地租而不是劳役地租。《管子·乘马》指出,自从对公有土地进行"均地分力""与之分货"的改革,即将国有土地分给家庭经营,并与其按一定比例对收获物进行分成后,农民的积极性大大提高。

综上,孟子"仁政"思想的伟大在于设计了统治者和被统治者合作方案的框架。他既想到了统治者的需求,也想到了百姓的需求,这样的思维正是儒家中庸之道的体现,因而才在当时和后世产生了巨大的影响,引发后人不断地思考、修改和完善。孟子"仁政"思想的不足有二:一是强烈的民本色彩使其对君王的"道德风险"问题考虑比较多,而对现实生活中的其他"道德风险",如民众的"道德风险"问题,君王的代理人——官员的"道德风险"等考虑比较少,这就使得最终的结果并没有按照孟子所设想的那样达到一个稳定的互利的均衡状态。二是强烈的民本色彩使其更注重民众之间的统一性,而对彼此间存在的争夺资源的矛盾分析不够。另外,孟子更多地从保护小农经济稳定的立场考虑问题,对科学技术的发展对劳动力时间成本的影响、时间的变化对于资源与人的矛盾的影响等考虑不够,这也影响了"仁政"思想的可操作性。

**参考文献**

[1] 冯友兰.中国哲学史新编(上).人民出版社,2007.
[2] 赵岐注,孙奭疏.孟子注疏.北京大学出版社,1999.
[3] 道格拉斯·C.诺斯.经济史中的结构与变迁.上海人民出版社,1999.
[4] 张维迎.博弈论与信息经济学.上海人民出版社,2007.
[5] 夏传才.孟子讲座.清华大学出版社,2008.
[6] 蒙培元.蒙培元讲孟子.北京大学出版社,2006.
[7] 金良年.孟子译注.上海古籍出版社,2004.
[8] 李泽厚.中国古代思想史论.人民出版社,1985.
[9] 万光军.孟子仁义思想研究.山东大学出版社,2009.
[10] 董洪利.孟子研究.江苏古籍出版社,1997.
[11] 徐洪兴.孟子直解.复旦大学出版社,2004.
[12] 李峻岫.汉唐孟子学论述.齐鲁书社,2010.
[13] 刘瑾辉.清代《孟子》学研究.社会科学文献出版社,2007.
[14] 王富仁.孟子国家学说的逻辑构成:从孔子到孟子(一)—(四).西南民族大学学报(人文社科版),2006(5—8).
[15] 刘瑾辉.清代《孟子》考据学综论.北京大学学报(哲学社会科学版),2006(6).
[16] 张立环.《孟子》的民本、仁政思想及其启示.当代财经,2002(5).
[17] 邓天雄.孟子关于君民关系的学说及评价.财经科学(增刊),2004.
[18] 黄朴民.略论孟子政治思想的历史地位.杭州大学学报,1986(3).
[19] 黄朴民.孟子"仁政"思想新探.杭州大学学报,1984(6).
[20] 刘甲朋,尹兴宽,崔嵬.孟子的商业经济思想探析.北京工商大学学报,2003(9).

# 孟子"迂远而阔于事情"的经济学解析*

讲孟子"迂远而阔于事情",最先见之于司马迁的《史记·孟子荀卿列传》:"孟轲,驺人也。受业子思之门人。道既通,游事齐宣王,宣王不能用。适梁,梁惠王不果所言,则见以为迂远而阔于事情。"

所谓"迂远而阔于事情",是说孟子的学说虽然理想高远,但可操作性不强,难于在社会生活中贯彻,故不被战国统治者接受。"当是之时,秦用商君,富国强兵;楚、魏用吴起,战胜弱敌;齐威王、宣王用孙子、田忌之徒,而诸侯东面朝齐。天下方务于合从连衡,以攻伐为贤,而孟轲乃述唐、虞、三代之德,是以所如者不合。退而与万章之徒序诗书,述仲尼之意,作孟子七篇。"

孟子思想的核心是"仁政"学说。① 他继承了孔子"为政以德"的思想,提出了著名的"民本""仁政""王道"思想。他说:"以力假仁者霸,霸必有大国;以德行仁者王,王不待大——汤以七十里,文王以百里。以力服人者,非心服也,力不赡也;以德服人者,中心悦而诚服也,如七十子之服孔子也。"②

为了实现平治天下的抱负,孟子和孔子一样,周游列国、宣扬仁政,力劝当时的当权者施行仁义之道、平治国家、安定百姓。为了使各诸侯的国君能够接受自己的政治主张,孟子极力强调施行仁政的美好前景:"王如施仁政于民,省刑罚,薄税敛,深耕易耨。壮者以暇日修其孝悌忠信,入以事其父兄,出以事其长上,可使制梃以挞秦楚之坚甲利兵矣"③"犹水之就下,沛然谁能御之"④"以不忍人之心,行不忍人

---

\* 本文发表于《北京大学学报》2011年第4期。
① 关于"仁政"思想的具体内容,学术界已经做了很多的研究。比较有代表性的是刘泽华在《先秦政治思想史》一书中所总结的五个方面,即"给民以恒产""赋税徭役有定制""轻刑罚""救济穷人""保护工商",目前大多数学者都采用这一观点,尽管语句的表达上有所不同,但都从各自的学科领域,如经济思想史、政治思想史、哲学史等为研究孟子的仁政思想做出了贡献。
② 赵岐注、孙奭疏:《十三经注疏·孟子注疏·公孙丑章句上》(标点本),北京大学出版社2000年版,第87页。
③ 同上书,第15页。
④ 同上书,第17页。

之政,治天下可运之掌上。"①

然而孟子宏大的政治理想并没有最终打动诸侯,以致"所如者不合",被看作"迂远而阔于事情"。是"仁政"思想自身存在逻辑漏洞,还是存在未考虑到的致命伤,抑或是时不我予?本文尝试从经济学的视角出发,为这一问题提供新的解释思路。

## 一、"仁政"思想自身的不足
### ——对社会经济运行过程中的矛盾冲突缺乏足够的估计

作为一个从经济方面入手的政策体系,孟子"仁政"思想最大的不足是对资源有限性问题缺乏充分的认识,认为土地、资金等可以克服人类技术的限制而无限地扩大,即"圣人治天下,使有菽粟如水火。菽粟如水火,而民焉有不仁者乎"②。这种强烈的"唯制度论"色彩,使他对社会利益冲突问题过于乐观,而没有提出维护现实经济秩序、解决迫在眉睫的社会问题的具体的方法,这是造成战国统治者对孟子敬而远之,认为其"迂远而阔于事情"的重要原因。

比较之下,作为法家的韩非子则要现实得多。他说:"今人有五子不为多,子又有五子,大父未死而有二十五孙,以人民众而货财寡,事力劳而供养薄,故民争,虽倍赏累罚而不免于乱。"③正是由于看到了资源的有限性和人的欲望的无限性之间的尖锐的矛盾(这也正是孟子所说的"无恒产者无恒心"),韩非子才主张以严刑峻法的暴力手段稳定社会秩序。当然,韩非子的问题在于将这种特殊时期的矛盾普遍化。事实上,人口规模与既定资源(当时主要是土地)的关系可分为人口极端不足、人口不足、人口适度、人口过剩、人口极端过剩等多种状态,韩非子只讲其中人口过剩、人口极端过剩这两种状态,侧重于动态的视角看问题;孟子更多地讲人口极端不足、人口不足、人口适度这三种状态,侧重于静态的视角看问题,显然都有以偏概全的不足。

由于对特定技术状况下的资源的有限性缺乏充分的估计,遂使得孟子的"仁政"思想存在如下缺陷:

1. 土地制度设计上的不足

孟子主张对公有土地进行改革,将土地分给农民,建立小农经济生产方式。他的"恒产论"最核心的内容就是主张由国家实行"制民之产",使农民能够长期保有"百亩田""五亩宅"的恒产,以建立社会安定的基础,无疑这是正确的主张。孟子思想的不合理性在于:从保护小农经济的安全性出发,反对土地的自由买卖。孟子

---

① 赵岐注、孙奭疏:《十三经注疏·孟子注疏·公孙丑章句上》(标点本),第93页。
② 同上书,第365页。
③ 张觉等:《韩非子译注·五蠹》,上海古籍出版社2007年版,第675页。

设计的土地制度的特点是国家拥有土地的所有权,农民拥有经营权,农民实际上成了国家的佃客。这一制度在一段时间是符合生产力发展要求的,但从动态的视角看,最终一定会向私有土地制度,即农民既拥有土地的所有权,也拥有土地的经营权的方向转变。原因是:

第一,土地既然作为"恒产"分了下去,小农就有着对它的长期的经营权:三十年、五十年、一百年……到这个时候,已经与私人所有权没有多少区别了。

第二,随着人口的增多,必定出现土地资源和人口之间尖锐的矛盾,当国家无地可分的时候,只能废止土地国有的政策,承认土地农民对土地的所有权。

第三,个体小农由于资产规模小,经常受不住天灾人祸的打击而陷于贫困。小农家庭分化现象的存在,预示着土地买卖的必然性。商鞅"除井田、废阡陌",承认土地的私有权,允许土地自由买卖的政策,就是这一逻辑的自然展开。

尽管孟子的土地制度思想由于缺乏动态的视角而存在不少的缺陷,但他对土地自由买卖导致小农家庭分化的担心,到了西汉中期竟变成了活生生的社会现实。《汉书·食货志》说:"秦用商鞅之法,改帝王之制,除井田,民得卖买。富者田连阡陌,贫者无立锥之地。邑有人君之尊,里有公侯之富,或耕豪民之田,见税十五。故贫民常衣牛马之衣,而食犬彘之食。"[1]以后,每逢王朝末世,面对土地问题非常突出的现状,那些志在救世的政治家、思想家,如东汉的何休、仲长统,唐朝的白居易,宋朝的张载,明朝的方孝孺,清朝的黄宗羲、颜元等,就搬出孟子的"恒产""井田"主张,把它当成解决土地兼并问题的灵丹妙药。

2. 税收制度设计上的不足

孟子的"恒产"思想在税收上的表现就是薄税敛。他系统地论述了夏、商、周三代的税收制度——贡、助、彻,指出"助"是最好的税收制度,"贡"是最坏的税收制度。他说:"夏后氏五十而贡,殷人七十而助,周人百亩而彻,其实皆什一也。彻者,彻也;助者,藉也。龙子曰:'治地莫善于助,莫不善于贡'。贡者,数岁之中以为常。乐岁,粒米狼戾,多取之而不为虐,则寡取之;凶年,粪其田而不足,则必取盈焉。为民父母,使民盻盻然,将终岁勤动,不得以养其父母,又称贷而益之,使老稚转乎沟壑,恶在其为民父母也?"[2]

这是说,夏代以每家五十亩地为单位实行"贡"法,商代以每家七十亩地为单位而实行"助"法,西周以每家一百亩地为单位实行"彻"法。这三种税收制度的税率实际上都是十取一,只是"彻"指每年从收获量中征取十分之一的税收,相当于分成(实物)地租;"助"指把土地分成公田、私田,"公事毕,然后敢治私事"[3],指抽取农民的劳役地租;"贡"是核定几年收成的平均数作为常度,不管丰年或灾年,均

---

[1] 班固撰:《汉书·食货志》,中华书局2007年版,第162页。
[2] 赵岐注、孙奭疏:《十三经注疏·孟子注疏·滕文公章句上》(标点本),第134—135页。
[3] 同上书,第138页。

要按这个常度收取田税,相当于定额(实物)地租。

孟子认为在在农业税收上,"助"是最好的税收制度。原因是农民不上缴实物地租,只是在统治者的土地,即公田上提供一定的服务,无论发生何种自然灾害,对农民的损害都是最小的,这有利于保护小农经济的稳定。"贡"是最坏的税收制度。原因是丰年,多征收一点不算暴虐,却不多收;灾年,老百姓连吃的都解决不了,却还要按既定的常规来收取,无疑是破坏小农经济的基础。至于"彻"法,最大的弱点是没有给农民提供最低限度的安全感的保证。

孟子从保护小农稳定的立场出发,提出劳役地租的主张,这是有违时代发展趋势的。从统治者的角度看,劳务系看不见、摸不着的无形产品,其质量、程度难以考察,需要付出很大的监督成本,因而愿意选择看得见、摸得着的实物地租。对广大民众来讲,铁制农具的发明、牛耕的出现,大大提高了劳动的生产效率,这意味着劳动者时间成本的提高,因而也愿意选择实物地租。《管子·乘马》篇指出,自从对公有土地进行"均地分力""与之分货"的改革,即将国有土地分给家庭经营,并与其按一定比例对收获物进行分成后,农民的积极性大大提高,不像过去实行劳役地租时,"不告之以时而民不知,不道之以事而民不为",而是"夜寝早起,父子兄弟不忘其功,为而不倦,民不惮劳苦"①。这是因为按照"与之分货"的办法,农民在按规定数量或比例交付统治者之后,剩余的可以全归自己所有。由于有了剩余产品的索取权,劳动者的积极性自然大大提高。

3. 对农工商之间的矛盾考虑不足

孟子的"仁政"思想体系中,更多地看到了工商业发展对促进农业发展的积极作用,而对工商业对农业发展的破坏作用考虑不多。

许行学派认为,农民和手工业者之间的商品交换会损害农民的利益。孟子尖锐地批判了这一观点。他说:"以粟易(交换)械器者,不为厉陶冶,陶冶亦以械器易粟者,岂为厉农夫哉!"这里所谓"厉",是指交换中一方占另一方的便宜,使另一方吃亏的情况,涉及的是商品交换是否等价的问题。孟子把农民和手工业者放在完全平等的地位上来考察他们的交换活动,认为二者的交换从农民方面看是"以粟易械器",从手工业者方面看则是"以械器易粟",交换活动的性质对双方完全是一样的,因此农民和手工业者之间的商品交换谁也没有"厉"谁,不可能对一方有利而对另一方有害。其实,孟子的观点有失偏颇。由于市场交易双方信息的不对称性,在掌握信息方面占优势的一方有动力侵犯对方,民间称这种现象为"买的没有卖的精",经济学称之为市场失灵。

马克思指出:"在商业资本作为媒介,使某些不发达的公社进行产品交换时,商业利润就不仅会表现为侵占和欺诈,并且大部分也确实是这样发生的。"②在技

---

① 刘柯、李克和:《管子译注.乘马》,黑龙江人民出版社2003年版,第30页。
② 卡尔·马克思:《资本论》第3卷,人民出版社1963年版,第370页。

落后、信息传播速度很慢的古代社会,奸商囤积居奇、哄抬物价的现象无疑更为严重。许行学派正是看到了商品交换中的这种不等价行为,才提出了"市贾不贰"的主张,即依靠国家的大规模组织的力量强制统一价格,严厉打击奸商操纵物价的不法行为。他们提出:"从许子之道,则市贾不贰,国中无伪,虽使五尺之童适市,莫之或欺。布帛长短同,则贾相若;麻缕丝絮轻重同,则贾相若;五谷多寡同,则贾相若;屦大小同,则贾相若。"①孟子对这种主张进行了严厉的批判。他说:"夫物之不齐,物之情也;或相倍蓰,或相什百,或相千万。子比而同之,是乱天下也。巨屦小屦同贾,人岂为之哉?从许子之道,相率而为伪者也,恶能治国家?"②孟子对许行学派的批评确实点中了要害,但对于许行学派提出的问题并没有作正面的回答,对如何处理商品经济的发展和小农经济稳定的矛盾,也没有提出可行的操作办法。事实上,造成小农经济不稳的一个重要原因正是商品经济的发展。后者买贱卖贵的经营方式,即在夏收、秋收时低价收购,在春夏之交的青黄不接时高价出售,对小农经济的稳定确实构成了极大的破坏。在这一点上,许行学派的担心不是空穴来风,尽管方法不可取,但提出的问题是发人深省的。

孟子在论述"王道之治"时,曾反复提起经济的发达对于社会精神生活建设的意义。他说:"民非水火不生活,昏暮叩人之门户,求水火,无弗与者,至足矣。圣人治天下,使有菽粟如水火。菽粟如水火,而民焉有不仁者乎。"③然而,从经济学的角度看,粮食的高产一定会导致粮价的下跌,这样李悝所担心的"籴甚贵伤民,甚贱伤农。民伤则离散,农伤则国贫"④的现象就会出现。鉴于市场调节的缓慢、不完全可靠性,李悝、许行学派都主张依靠国家的强有力干预来解决这一矛盾。所不同的是,李悝希望封建国家采取经济的手段,通过实行"平籴法"来解决这一矛盾,做到"使民毋伤而农益劝"⑤。即粮食丰收、价格低时,由国家收购以提高粮价,保护农民利益;粮食歉收、价格高时,再由国家对外发售业已收购的粮食以平抑粮价,保护市民利益。许行学派则希望封建国家采取行政的手段,即实行统一价格的政策,来加以解决。其实,这正是战国初期以来商品经济的发展动摇小农家庭经济稳定的社会现实的反映,也是战国后期的思想家,如荀子、韩非子等提出重农抑商政策的原因。对小农经济的稳定与商品经济发展的矛盾论述不足,构成孟子"仁政"思想体系的一个重大不足。

4. 对用强制性方法解决社会矛盾的必要性认识不够

儒家解决社会冲突,规范人类行为的办法是文武之道,即以文为主,不到十二万分绝不动武,倘使不幸而动武,也要做到文中有武,尽量将负面作用降低到最低。

---

① 赵岐注、孙奭疏:《十三经注疏·孟子注疏·滕文公章句上》(标点本),第149页。
② 同上书,第149—150页。
③ 赵岐注、孙奭疏:《十三经注疏·孟子注疏·尽心章句上》(标点本),第365页。
④ 班固撰:《汉书·食货志》,第159页。
⑤ 同上。

作为孔子的后学,孟子的"仁政"思想中不乏暴力的色彩。例如,他提到过用刑罚来惩罚社会的恶势力(当然,前提是先教后刑,反对严刑峻法,要求省刑罚),在问到"御人于国门之外者"时还说"是不待教而诛者也"①;在谈到政府应为工商业提供自由的发展环境时,也说过要对"龙(垄)断"②行为征税,但对资源有限性缺乏充分的估计使他甚少考虑人和人之间因争夺资源而发生尖锐矛盾的情况,在这方面,孟子既不如他之前的李悝、吴起,也不如与他同时代的商鞅,还不如晚于他的荀子、韩非等。

其实,建立在家庭经济基础上的农工商各业,由于资产规模的弱小,很难顶得住天灾人祸的打击,这样就产生了为求生存而不得不进行恶性竞争的问题,封建国家维护经济秩序的重要性由此产生。战国初年,李悝制定了旨在保护私有财产,维护社会秩序的良性运转的《法经》六篇,即盗、贼、网、捕、杂、具等法令,并将盗法、贼法置于头等重要的地位,"以为王者之政,莫急于盗贼,故其律始于盗贼",就是小农经济的脆弱性要求封建国家在安定社会秩序的过程中发挥巨大作用的反映。对如何处理迫在眉睫的现实社会利益冲突问题关注不多,构成了孟子"仁政"思想体系的又一重大不足。

## 二、"仁政"思想缺乏在当时社会中推行的动力
### ——对君主的激励不足

作为一种从经济层面入手的政策体系,"仁政"思想除了自身存在问题外,还缺乏在现实社会中推行的动力,这主要表现在对君主的激励不足,即对统治者精神激励、长远利益激励的一面论述颇详,却不能解决统治者迫切要求解决的"富国强兵"问题、政权安全问题、天下统一问题等,这是造成统治者对孟子敬而远之,认为其"迂远而阔于事情"的又一个重要原因。

1. "仁政"无法满足各国君主当期富国强兵、解决生存问题的需要

"仁政"作为孟子的政治理想,首先表现在以实现天下统一、结束战乱为目标,途径就是以德服人,而非当时各国诸侯所通用的以力服人。但孟子所处的战国中期恰是"天下方务于合从连衡,以攻伐为贤"。其时,"秦用商君,富国强兵;楚、魏用吴起,战胜弱敌;齐威王、宣王用孙子、田忌之徒,而诸侯东面朝齐"③。

面对这样一个多方博弈的局面,各国争相发展经济,开展军备竞赛、不断进行兼并战争,最终必然是"囚徒困境"的结局。在这种天下大乱、成王败寇、各国的生存面临威胁的情况下,诸侯国的当务之急只能是富国强兵。如果实行薄赋敛、轻徭

---

① 赵岐注、孙奭疏:《十三经注疏·孟子注疏·万章章句下》(标点本),第279页。
② 赵岐注、孙奭疏:《十三经注疏·孟子注疏·公孙丑章句下》(标点本),第120页。
③ 司马迁:《史记·孟子荀卿列传》,长沙:岳麓书社2001年版,第448页。

役的王道,将意味着短期内军事实力的迅速下滑,不消说小国,即便大国也将面临极大的亡国风险。这样真正受到重用的只能是那些怀揣"太公阴符之谋",口衔"强国之术"的苏秦、商鞅之流,而坚持"以德行"而"王"天下,主张各方协调实现集体博弈结果最优的孟子,其不受重用也就不足为怪了。

《史记·商君列传》记载,商鞅在魏国不被梁惠王任用,闻秦孝公求贤,乃西入秦。第一次,他以"帝道"说秦孝公,但"语事良久,孝公时时睡,弗听";五天后,他再次求见秦孝公,以"王道"说之。这次的情形是"益愈,但未中旨";第三次,商鞅以"霸道"说之,"公与语,不自知膝之前于席也。语数日不厌"。商鞅前后三次以不同的政治方略游说秦孝公,但惟有以"强国之术说君",君才"大悦之"①。这一颇具戏剧性的经历深刻地反映了当时的政治现实和诸侯的心理。

对于"仁政学说"不遇的这种结果,孟子早有认识。他说:"仁之胜不仁也,犹水胜火。今之为仁者,犹以一杯水,救一车薪之火也;不熄,则谓之水不胜火,此又与于不仁之甚者也,亦终必亡而已矣。"②对于不行"王政",仅仅凭借军事力量取得天下的大国,孟子认为其势必不能长久。"君不乡道,不志于仁,而求为之强战,是辅桀也。由今之道,无变今之俗,虽与之天下,不能一朝居也。"③在某种意义上,秦二世而亡是这句话最好的注脚。总之,孟子看到了各个诸侯国博弈之中集体利益最大化的策略选择,即削减军备、停止战争,但各个诸侯国之间博弈中因集体利益、个别利益对立,形成囚徒困境,造成最优结果难以实现。由此观之,孟子并不是因为缺乏对现实的了解,才一味地销售自己的主张的,而是"知其不可而为之",这正是作为伟大的思想家的孟子在黑暗中看到了光明,在混乱中看到了秩序的萌芽,并积极创造条件加以实现的反映,也是孟子的"人性善"④思想充满魅力的原因所在。

2. "仁政"民贵君轻的思想对君主的统治造成威胁,构成负向激励

虽然孟子的"仁政"思想旨在维护和巩固新兴封建地主阶级的统治和国家利益,但他肯定了人民在国家中的至关重要的作用,明确提出了民贵君轻的思想。"民为贵,社稷次之,君为轻。是故得乎丘民而为天子,得乎天子为诸侯,得乎诸侯为大夫。"⑤孟子认为,得失天下的关键在于是否得到人民的支持。"桀纣之失天下也,失其民也,失其民者,失其心也。得天下有道:得其民,斯得天下矣;得其民有道:得其心,斯得民矣;得其心有道:所欲与之聚之,所恶勿施尔也。民之归仁也,犹水之就下、兽之走圹也。"⑥

---

① 司马迁:《史记·商君列传》,第412页。
② 赵岐注、孙奭疏:《十三经注疏·孟子注疏·告子章句上》(标点本),第317页。
③ 赵岐注、孙奭疏:《十三经注疏·孟子注疏·告子章句下》(标点本),第340页。
④ 所谓人性,是相对于动物性而言的,指人所特有的道德性。孟子把仁义礼智看作人与动物的区别,指出"仁、义、礼、智,非由外铄我,我固有之也"。又说,"人之异于禽兽者几希。庶民去之,君子存之"。"饱食暖衣,逸居而无教,则近于禽兽"。
⑤ 赵岐注、孙奭疏:《十三经注疏·孟子注疏·尽心章句下》(标点本),第387—388页。
⑥ 赵岐注、孙奭疏:《十三经注疏·孟子注疏·离娄章句上》(标点本),第198页。

孟子在肯定人民的基础上进一步提出了"暴君放伐论"。他认为,以民为贵者必须仁爱人民,对民不仁者必须予以惩治。当齐宣王以汤放桀、武王伐纣为例问"臣弑其君,可乎"时,孟子答曰"贼仁者谓之贼;贼义者谓之残,残贼之人,谓之一夫。闻诛一夫纣矣,未闻弑君也"①。不仅如此,孟子也不主张臣对君的绝对的、无条件的顺从,而认为当君王有害于社稷时,贵戚之卿可取而代之。"齐宣王问卿。孟子曰'王何卿之问也?'王曰'卿不同乎?'曰'不同。有贵戚之卿,有异姓之卿。'王曰'请问贵戚之卿。'曰'君有大过则谏。反复之而不听,则易位。'王勃然变乎色……王色定,然后请问异姓之卿。曰'君有过则谏。反复之而不听则去'"②。

对以齐宣王为代表的战国统治者而言,孟子的"暴君放伐论"不啻是对自己的警告,可谓实施"仁政"的潜在巨大危险。孟子将君主的地位置于民和社稷之下,认为当权者应以顺从民意作为为政的最高标准,国民和臣子有权在国君为政不利于臣民和社稷时推翻王位,取而代之。显然,这是一种民本思想,在肯定统治阶级利益的前提下大大限制了君权。当然,这也是一种民主思想,将民意作为决定统治权归属的标准。由此看来,孟子"仁政"思想的推行,对君主来说,就是一种自上而下的从专制到民主、放权让利的政治改革,这不是追求利益最大化的统治阶级所情愿进行的,只有在极大的社会压力下,统治阶级出于巩固政权的需要,才不得不进行这样的改革。而从战国时期的客观形势来说,只有保障和扩大君权以集中社会资源实现富国强兵的目标才是各诸侯国最重要的工作,任何削弱君权的改革在当时都是行不通的,这意味着孟子的"仁政"思想只能在:(1)大一统的封建国家建立,社会成员倾向于看长远利益;(2)依靠暴政统一天下的旧政权被民众推翻,由人民革命中上台的新政权加以实施。这样说来,孟子的"仁政"思想不被战国统治者所接受,被视为"迂远而阔于事情",就不足为怪了。

## 三、评　述

在孟子"仁政"思想的形成方面,"人性善"所导致的对于改变人的行为的乐观态度,使孟子侧重于论述如何通过"仁政"实现天下大治,这赋予了"仁政"思想远远高于时代的洞察力和思想价值,同时也使孟子不像韩非子那样去研究人的欲望的无限性和资源的有限性发生尖锐矛盾的情况,这就使得"仁政"思想在某些方面不免充满了过分乐观的空想和不可操作性,这是战国统治者不愿接受孟子"仁政"思想,认为其"迂远而阔于事情"的重要原因。

孟子曰:"有恒产者有恒心,无恒产者无恒心。"③一方面,他看到了资源的有限

---

① 赵岐注、孙奭疏:《十三经注疏·孟子注疏·梁惠王章句下》(标点本),第53页。
② 赵岐注、孙奭疏:《十三经注疏·孟子注疏·万章章句下》(标点本),第291—292页。
③ 赵岐注、孙奭疏:《十三经注疏·孟子注疏·滕文公章句上》(标点本),第134页。

性对人类行为的影响,因而才致力于通过在生产方面扩大衣食之源,在消费方面确立等级分配制度等解决社会成员争夺资源的矛盾,实现社会和谐。另一方面,他对资源有限性的坚持是不彻底的,一者他更多地采用静态而不是动态的视角看问题,没有认识到随着时间的变化,人口的增多和资源有限性的矛盾的激化。二者他有强烈的"唯制度论"的色彩,对"仁政"制度下人类扩大衣食资源的能力过分充满信心,而没有看到技术条件对人类开发自然能力的限制,由此造成"仁政"思想本身存在诸多缺陷,这主要表现在土地制度的设计上由国家实行"制民之产",反对土地的自由买卖;税收制度上主张劳役地租,反对实物地租;农工商的关系上要求主张自由价格,反对国家力量的介入;等等。凡此种种,使得即使在社会的正常时期,对孟子的"仁政"思想也只能"师其意"而行,绝没有办法照抄照搬,更别说兵荒马乱,只有用非常手段才能维持社会秩序的战国时期了,这构成了战国统治者不愿意实施孟子"仁政"思想的第一方面的负动力。

其次,孟子的仁政思想更讲如何"得民心",很少讲如何"用民心"。综观《孟子》一书中,谈论具体治国的"仁政"措施较多,而对实行"仁政"之后如何王天下,即统一天下的战略、战术的探讨,包括军队的组成、训练、奖赏以及军事和生产、军人和其他社会阶层的关系等相对较少,这是无法满足战国时期致力于整军备武、不断进行兼并战争各国诸侯的需要的,构成了战国统治者不愿意实施孟子"仁政"思想的第二方面的负动力。

最后,孟子从对夏、商、周三代历史的研究中总结出来的"民贵君轻""暴君放伐"等观点,虽有利于统治者的长远利益,但并不符合战国时期集中君权以动员全社会资源赢得统一战争胜利的特殊时期的眼前需要,这构成了战国统治者不愿意施孟子"仁政"思想的第三方面的负动力。

不过,孟子的"仁政"思想尽管没有在当时的社会中推行,却对后世产生了巨大的影响。康有为《孟子微·仁政》云:"孟子之时,虽未能行,而后儒日据省刑薄赋之义,以为民请命……皆孟子垂训之功也。"个中原因,不外有三:

一是自秦始皇一统天下之后,统一取代分裂成为社会的常态,人们也由以前的注重眼前利益转向注重长远利益,这就使得主张文武之道、强调尽量以和平方式解决社会问题的"仁政"思想有了发挥作用的广阔空间。

二是王朝更替,民众起义对统治者的警惧作用,使他们出于追求政权长治久安的需要,能够一定程度地克制自己,并致力于发展经济,轻徭薄赋,竭力避免民不聊生的状况的出现,因而有实践"仁政"思想的强烈动力,这就是秦以后历代统治者无不把儒家思想其中包括孟子思想作为社会管理指导思想和处理政事的理论根据的原因。

三是后世的统治者只是借鉴了孟子思想的精神,如制民之产、轻徭薄赋、民贵君轻以及谨庠序之教、养浩然正气等,而没有照搬其具体办法,如井田制、完全的自由价格等,这是我们在评价孟子的"仁政"思想对后世的影响时必须要指出的。

综上所述,孟子的伟大在于高扬人性的价值,提出了人类到达和谐社会的可能性及其途径,其不足在于对资源的有限性缺乏充分的估计,这就使得"仁政"思想确实存在某些比较明显的弱点,是战国统治者没有接受以孟子为代表的儒家却接受了商鞅、吴起等法家的重要原因。不过孟子"仁政"思想的精神——"民贵君轻""暴君可诛"给统治者以巨大的警策、戒惧的作用,这有利于民生的改善,社会的稳定;至于"仁政思想"的具体内容,如制民之产、轻徭薄赋、民贵君轻以及谨痒序之教、养浩然正气等,则为统治者改善民生,维护社会稳定指明了方向,提供了发展路径,这就是为什么被战国统治者认为"迂远而阔于事情"的"仁政"思想在后世发生巨大作用的原因,也是统治者对孟子前倨后恭的原因。

# 《老子》无为思想与西方经济自由主义比较[*]

作为先秦最为重要的哲学经典之一,《老子》不仅在哲学思想方面具有重要的价值,其蕴含的丰富的经济思想也十分值得我们研究。本文试图将《老子》的无为思想与西方经济学中的经济自由主义进行一番比较分析,从思想核心、理论假设、基于理论的政府管理等方面讨论《老子》的无为思想与西方自由主义经济理论的异同。

## 一、无为而治思想与自由主义经济思想有相近的思想核心

《老子》哲学的最高范畴是"道",道不仅是其宇宙自然观,也是其社会人生观和经济思想的理论前提和基础。道主要包括以下几个层次:第一,道是宇宙的本源。"有物混成先天地生。寂兮寥兮独立不改,周行而不殆,可以为天下母。吾不知其名,强字之曰道。"[1]"道冲,而用之,或不盈。渊兮似万物之宗。解其纷,和其光,同其尘,湛兮似或存。吾不知谁之子,象帝之先。"[1]71可见《老子》的思想体系中,道是万物之源。第二,道是不断运动着的,宇宙间的万事万物都是由道的不断运动而产生的。"道生一,一生二,二生三,三生万物。"[1]225第三,道的运动形式是相互转化。道的运动形式使事物各自向其反面转化。"反者道之动。"[1]217"故有无相生,难易相成,长短相形,高下相倾,音声相和,前后相随。"[1]60然而道这个"万物之宗"并不是有意识地创造万物,而是"自然",是本来的样子。"人法地,地法天,天法道,道法自然。"[1]159

由道这一范畴,《老子》认为人们的行为应遵从"无为",即遵循自然规律的原则。这是因为,既然一切事物的变化生灭都是道之自然,这就意味着任何人进行人为的干预,想让事物按自己的主观意愿来变化发展都是无济于事的,所以人的行为

---

[*] 原文发表于《贵州财经学院学报》2010 年第 5 期,与冯婧玉合写。

应以"无为"为原则。"是以圣人处无为之事,行不言之教。万物作焉而不辞。生而不有,为而不恃,功成而弗居。夫唯弗居,是以不去。"[1]60 从《老子》"无为"的概念中确实可以推衍出人类消极无作为、一切听凭大自然调节的结论,这是《老子》的后学庄子的思想。但是《老子》的无为并不是彻底消极地让人们无所作为,而是主张人的活动顺应道之自然,这样就能因道之力而有所作为,取得最圆满的效果。依《老子》之见,当政府在不得已而干预经济时,也应顺应自然规律,坚持"无为"原则,而不应该任凭自己的主观意志恣意妄为。《老子》认为,主观上的"无为",客观效果反而达到了"有为"。"是以圣人无为故无败,无执故无失。"[1]296 "为无为,则无不治。"[1]67

  法国重农学派作为西方自由主义经济思想的先驱,和《老子》的经济思想有着相近的核心。重农主义体系的精髓就在于它的"自然秩序"的概念。重农学派认为人类社会与自然界都存在内在的发展规律即"自然秩序"。以重农学派代表魁奈的定义来看,自然秩序即自然法(Toi Naturelle),由物体的规律和自然的规律相结合而成。"其中物体的规律为明显地从对人类最有利的自然秩序所产生的一切实际事件的运行规则;道德的秩序则可以理解为明显地适应对人类最有利的实际秩序的道德秩序所产生的一切人类行为的规律。所有的人,以及一切人类的权力,都必须遵守这个由神所制定的最高规律。这些规律是坚定不移的、不可破坏的,而且一般来说都是最优良的,因此可以作为最完全统治的基本规律,可以作为所有实在法的基本规律。因为实在法,很明白地不过是对于人类最有利的、有关自然秩序的管理的规律……实在的立法,只有在宣示它是对结合成社会的人们最有利的秩序所依据的自然法时才能成立。所谓实在法,是最高权力所制定的公正的规律,目的在于规定行政和统治的秩序,保证社会的防卫,认真地遵守自然法,改善和维持存在于国民中的风俗习惯,根据各种情况调整国民个人的权利。在由于舆论和看法不同对于某些情况发生疑问时决定实在的秩序,以及确立起分配的正义。"[2]

  作为经济自由主义的代表人物,亚当·斯密对自然秩序有着新的理解:第一,整个社会是有着自然秩序的。第二,自然秩序不需要人为干预,能够自发进行调节。"在各事物都听任其自然发展的社会,即在一切都听其自由,各个人都能自由选择自己认为适当的职业,并能随时自由改业的社会,情况确是如此。各人的利害关系必然会促使他寻求有利的用途,避开不利的用途。"[3] 而国家应当采取自由放任的政策,让每个人在平等、自由和公平的制度下,最大限度地谋求各自的利益,使其劳动和资本得到充分利用,从而增长社会财富。但亚当·斯密的自然秩序并不意味着国家和政府完全不参与社会活动,对人民放任不管,在斯密看来,在自然的经济秩序下,国家只起"守夜人"的作用。它的职能是:"第一,保护社会,使其不受其他独立社会的侵犯。第二,尽可能保护社会上各个人,使其不受社会上任何其他人的侵害或压迫,这就是说,要设立严正的司法机关。第三,建设并维持某些公共事业及某些公共设施。"

可以看出,不管是老子"道"的思想,还是西方经济自由主义思想,都认为社会和经济的运行存在不依赖于人主观意志的规律,只有人类的行为和制定的相关法则符合这一规律,社会和经济才能健康有效率地运行。反之,社会将陷于低效率状态甚至倒退。总而言之,不管是老子还是西方经济自由主义,都认为社会在"自然法则"的支配下运作将达到最优状态,两者思想核心"道"和"自然秩序"的概念都体现了要经济自我发展、演化,实现自身优化的思想。但是,"道"和"自然秩序"并不意味着国家完全不干预社会经济运行,而是在符合客观规律的基础上,适当地参与社会经济运行过程,从老子的观点看,是坚持无为原则;从魁奈的观点,是要以自然法为基础制定管理社会的实在法;从亚当·斯密的观点来看,则是国家保证个人权利、社会秩序和健全的公共设施,以保证经济的有效运行。

## 二、无为而治思想与自由主义经济思想有相近的理论假设

### (一) 经济自由主义思想的理论假设

经济自由主义者认为经济学是以社会经济活动中的人作为其研究的出发点和归宿的,因此经济学研究中应充分尊重人的主体性,充分理解人的动机、能力、人类行为以及人与人关系的复杂性。他们认为经济学对人的解说归根结底便是对"经济人假说"的阐述,这一假说是经济自由主义理论的基础。"经济人假说"主要是自利人和理性人的假说。

1. 自利人假说

亚当·斯密在《国民财富的性质和原因的研究》一书中,系统地提出了人们行为动机的自利原则,并把它引入经济学理论体系之中。他指出:"每个人都努力使其生产物的价值能达到最高程度——他通常既不打算促进公共的利益,也不知道他自己是在什么程度上促进那种利益,他只是盘算他自己的安全;由于他管理产业的方式目的在于使其生产物的价值能达到最大化,他所盘算的也只是他自己的利益。"在斯密的经济学理论体系中,个人对自身利益的追求是社会发展的最原始动力,不仅个人的经济行为由此得到解释,而且社会的发展也最终来自这种经济的"第一推动力"。而斯密"看不见的手"理论也正是基于此假设。通过分工和交换,每个人追求自己的利益会促进社会总利益的实现,个人在为他人利益服务的情况下才可能实现自己的私利。"……他所盘算的也只是他自己的利益。在这种场合,像在其他许多场合一样,他受着一只看不见的手的指导,去尽力达到一个并非他本意想要达到的目的。也并不因为事非出于本意,就对社会有害。他追求自己的利益往往使他能比在真正出于本意的情况下更有效地促进社会的利益。"[4]27在他看

来,这只看不见的手就是市场,是一种自发的秩序,市场体系的自我调节特征并不是设计的产物,而是价格机制的一种自发结果。在恰当的竞争和公正的制度下,自利心会导向社会整体利益的最大化。市场要素的相互影响和相互作用带来了市场的自发秩序,任何对这一秩序的干预都是会走向失败的。

2. 理性人假说

在魁奈的著作中,所谓理性,"在最初不过是使人能够获得自己所必要的知识,并依赖这项知识,把握作为人的存在的本性所不可缺少的实际的善和道德的善所必要的能力和才能。……因此,只有理性,人并不能很好地控制自己的行动,人必须依靠理性获得自己所必要的知识,并运用这些知识来正确地行动,并获得自己所必要的财货"。但是作为有了一定发展的理性,即"对于自然法的过程有一定程度明确认识的、知识渊博的、发展完成的理性,是可能的最好统治所必不可缺的条件;由于遵守最高规律,可以使维持人类的生存和监护权威所必要的财富充分地增加,而且由于监护权威的庇护,可以使结合成社会的人的财富所有权和身体安全受到保证。因此,很明白的,每一个人的自然权利是与结合成社会的人,对于构成最有利秩序的可能最好的法的缺失遵守程度而成比例的伸展的"[2]307。可见理性是人生存的基础,并且对理性加以运用才能获得自己必要的物质条件。同时,理性也是有层次的,对于自然规律有明确认识的理性,即发展完成的理性,才能保证人类财富的增长和人身的安全。越是发展到高层次的理性,越有助于保障社会中每个人的自然权利。魁奈的理性主要是针对人的自然权利,虽然在表述过程中也提到了个人财货的获得,但是仍然相对抽象。

在斯密那里,经济理性表现为:人们在市场活动中,出于个人私利的考虑,对得失和盈亏进行精密计算。如在《国富论》的第二篇"论资产的性质、积累和使用"中,在分析资本的运用领域时,斯密谈到:"对个人私利的考虑,是决定任何资本所有者是将资本投在农业、制造业还是投在批发或者零售贸易中的某一具体部门的唯一动机。资本投入这些不同用途所推动的生产性劳动数量的不同以及所增加的社会土地和劳动年产值的不同,从来不是资本所有者所考虑的。"[4]204可见以资本所有者为代表的市场参与者,出于私利的考虑,在对各个行业的利润率加以考察比较之后才会做出资本使用的决定。斯密之后的古典经济学家基本继承了斯密这种对经济理性的理解。到了马歇尔新古典经济学那里,经济理性被视为与自身利益最大化等同,理性经济人是效用最大化的追求者。上面的两种理性观,被后来的经济学家概括为三条基本含义:目标的一致性、手段与目标的一致性以及收益最大化。随着博弈论引入经济学,经济理性的外延被进一步放宽,"理性经济人"被理解为每一个人的自利行为与群体内其他人的自利行为之间的一致性假设,即每个人判断利益的标准并以此标准实现自己利益的行为是一致的。可以看出,理性人假说作为西方经济自由主义的基本假设之一,其内涵也在不断地发展,经济理性的外延逐渐放宽,越来越具有普适性。

(二) 无为而治思想的理论假设

1. 无为而治思想的"有私"假设

和经济自由主义的自利人假设相对应,"道法自然"思想的理论假设是"有私"。《老子》第七章中写道:"是以圣人后其身而身先,外其身而身存。非以其无私邪!故能成其私。"[1]83 圣人通过无私的行为方式而最终成为众人的领袖——身先;同时实现常保自身安然无忧——身存。虽然这里没有明确阐释,但不难看出,人的行为是要追求自己的利益的,是"有私"的。

"天之道其犹张弓与。高者抑之,下者举之。有馀者损之,不足者补之。天之道,损有馀而补不足。人之道,则不然,损不足以奉有馀。孰能有馀以奉天下,唯有道者。"[1]334《老子》奉劝统治者不要再压榨百姓来增加自己已经有余的财富,而是要自觉地"损有余而补不足",这样不仅不会损害他们的财富,还会有利于保全自己的财富,达到长远的财富。"既以为人己愈有。既以与人己愈多。"[1]348 可见《老子》在这里阐述的仍然是一种个人只有在为他人利益服务的情况下才可能实现自己的私利的思想。不同的是,西方经济学中强调的是通过市场要素的组合与人的自利心相结合来实现别人和自己的利益,而老子则强调通过符合"道"的行为,即有意识地约束自己对利益的追求,实现"既以为人己愈有,既以与人己愈多"的效果。

2. 无为而治思想的"不知足"假设

《老子》第四十六章中提到:"祸莫大于不知足,咎莫大于欲得。故知足之足常足矣。"[1]238 在这里,《老子》试图说明私和欲是同道本身的朴素纯真相抵牾的。在《老子》看来,过多的积累私人财产就破坏了道,违反了自然,原因是统治者过多的积累财富会导致被统治者、被剥削者用暴力反抗,而使统治者积累的财富连同社会势力本身都无法保全,但这也恰恰反映了人的基本行为动机是追求自己的利益最大化。从"服文彩,带利剑,厌饮食,财货有馀"[1]262 这段对统治者贪得无厌表现的具体描述中,更可以看出人的欲望的无限性。这一理论假设与经济自由主义的理性人假设有异曲同工之处。不同的是,西方经济学在利用数学工具解决利益最大化问题时,每个理性人都面对一定的预算约束,而《老子》并没有明确这一点,它更强调统治者要约束自己无限的欲望,减轻人民负担,从而实现自己统治的长久和稳定。显然,《老子》是把统治的长久、稳定看作对统治者的一种特殊的"预算约束"的。

由此可以看出,《老子》的道法自然、无为而治思想与自由主义经济思想有相近的理论假设,即对人的追求自身利益的假设和在一定约束下实现自身利益最大化的假设。其实,双方有这一相似点并不足为奇,《老子》和西方经济自由主义尽管所处时代不同,经济社会发展的程度不同,但是人的属性、行为准则并没有因为外在条件的不同而产生根本的差异,它们都看到了人性之"私"所带来的弱点——

必然导致对物质利益的争夺,而在争夺利益的过程中,道德、礼仪、友爱等品德方面难免缺失,社会的不稳定随之产生。然而,《老子》和西方经济自由主义在解决矛盾的方法上确实存在一定的差别。西方经济自由主义强调通过市场要素的组合与人的自利心相结合来实现别人和自己的利益,着眼于来自市场的外部压力,《老子》则着重于人内在的自我克制;西方经济自由主义着眼于眼前利益、物质利益,《老子》则着重于长远利益以及政权稳定等非物质利益。

双方之所以产生这些不同,是与各自理论产生的时代背景息息相关的。《老子》产生于自给自足经济为特征的小农社会,除了家庭和宗族成员外,人和人之间的联系非常弱,这使其无法通过现实外部约束有效地规范人的行为。但另一方面,人口流动性弱也使得人和人之间构成了类似于长期博弈的关系,驱动着人看长远利益,这又为通过自我约束规范人的行为创造了条件。

西方经济自由主义产生于工业革命前夕,这时资本主义生产方式处在持续强劲的发展过程中。生产力的发展,交通、通信的进步,导致人口流动性加强,人和人之间的关系由传统的长期博弈转变到了短期博弈乃至一次性博弈,这驱动着人们看眼前利益,在这种自我约束能力下降的情况下,只能依靠外部的市场压力,即用脚、用手投票的办法来规范人们的行为。而人与人流动性的加强,也使这种用脚、用手投票的办法成为可能。加之人和人之间通过交换和契约紧密联系,人们为了维护自身的利益,也有动力约束别人,这就保证了来自外部市场约束的切实可行。

## 三、"无为而治"与经济自由主义下的政府管理思想

基于相似的人性假设,《老子》认为对社会、经济的管理要清静无为,顺其自然。"大道氾兮,其可左右。万物恃之以生而弗辞;成功遂事而弗名有。衣被万物,而弗为主。"[1]194 "我无为而民自化。我好静而民自正。我无事而民自富。我无欲而民自朴"(五十七章)[1]275。统治者如若能"处无为之事,行不言之教"[1]60,很少干预民众生活,让经济自动运行,做到"太上,下知有之"[1]128,即民众仅仅知道有这么一个君主存在,但不会感受到君主对人民经济生活的过多干预,这样民众将"自化""自正""自朴",这反映了《老子》的尽量不干预社会,让民间自动调节的思想。

同时《老子》并不反对那种顺应"道"的"有为"。鉴于生活中总有民众办不成、办不好的事情,因此总免不了国家进行一定的干预,因此《老子》并不一味反对"有为",只是这一"有为"仍应建立在顺应"道"的基础上。刘安在《淮南子·原道篇》中指出,"体道者逸而不穷,任数者劳而无功"。这是说,统治者对社会经济的管理若能理解"道"顺应"道",可以轻松达到"不穷"的目的,否则就会出现"劳而无功"的局面。如若在恰当的时间适当而"为",便可"为万物主";如能依据客观规律顺道为之,因势利导,便可以"辅万物之自然"。从而达到"为之于未有,治之于未

乱"[1]296的效果。可见《老子》是倾向于自由的,但《老子》的"自由"是与"道"完美结合的自由。这也体现了《老子》哲学上的终极追求"天人合一"。在《老子》看来,"无为"是管理方法,"有为"是最终目的。管理者若要"有所为",须以"无为"为前提,预处理应作之事必以"无事"为指南。"无为而无所不为"是《老子》的方法论。"无所不为"是政府的终极目标,通过"无为"最终达到"无所不为"。

《老子》这种崇尚清静无为、顺其自然,让经济自然演化的"无为"思想与西方经济自由主义从本质上如出一辙。魁奈认为人类社会与自然界都存在内在的发展规律即"自然秩序",认为政府应尊重体现自然秩序的人的自然权利,鼓励自由竞争、择业,充分发挥各人的创造能力,以保证人民能够实现他们的利益和意愿。

经济自由主义的学说本身在不断发展,但"不干预"始终是其核心理念。他们认为在一定条件下,社会能够自发地达到一种均衡、高效的状态。正如亚当·斯密在《国富论》中所说:"自由放任;听之任之;不要干涉。利己的润滑油将使经济齿轮几乎以奇迹般方式来运转。不需要计划,不需要国家元首统治。市场会解决一切问题。"但不干预并不等于什么都不管,而是一种管理原则:能不管的尽量不管,不得不管的则坚决要加以管理。他们认为政府的作用不是去直接干预经济运作,是要给予经济主体以自由,是要更多创造最有利的条件,如民主自由的法律体系、政治制度等来服务于社会和经济。用亚当·斯密的话来讲,国家只起"守夜人"的作用。它的职能是:"第一,保护社会,使其不受其他独立社会的侵犯。第二,尽可能保护社会上各个人,使其不受社会上任何其他人的侵害或压迫,这就是说,要设立严正的司法机关。第三,建设并维持某些公共事业及某些公共设施。"[4]253

## 四、总　　结

由以上的分析可以看出,《老子》的无为而治思想与经济自由主义有着相似的思想核心和理论假设,这决定了它们在经济管理思想上也有以下相似之处:一是最终目的相同。通过无为或不干预,最终达到"无所不为"和利益的实现。二是都认为人民利益的实现对社会总体经济运行和秩序有序运转的作用重大。

《老子》的无为而治思想与经济自由主义的差异主要表现在:

(1) 不干预的立场不同。《老子》认为人民利益实现对社会总体经济运行及秩序有重大的作用,是从实现统治者政权的长久和稳定的立场出发的。"民之饥以其上食税之多,是以饥。民之难治以其上之有为,是以难治。民之轻死以其求生之厚,是以轻死。"[1]327《老子》认为,统治者用压榨民众得来的财富来丰厚自己的生活,必然会使民众失去生计而冒死抗争,这样的统治必然不会稳定持久。西方经济自由主义关于人民利益实现的思想是从民众的立场出发的,看重人民实现自己创造能力的权利及自我实现所带来的满足感。西方经济自由主义认为政府应尊重体现自然秩序的人的自然权利,充分发挥个人的创造能力,人民应该而且能够实现他们的利益和意愿。

(2) 不干预的方式不同。《老子》的无为是通过统治者的示范作用实现的。"故圣人云我无为而民自化。我好静而民自正。我无事而民自富。我无欲而民自朴。"[1]275《老子》寄希望于领导者个人魅力的同时,却没有提出有效的限制统治者权力的方法;《老子》对统治者有节用崇俭的要求,这对于过惯了奢侈生活的统治者来说明显是缺乏吸引力的,这就使《老子》的思想处于对内统治者无激励,对外无制度约束的尴尬状态,《老子》只能或者不得不寄希望于统治者的德行和自律来实现心目中的理想政治,而这种要求是很难实现的,这就是《老子》思想的历史局限性。

西方经济自由主义的不干预则要求政府提供诸如民主的法律体系、政治制度等,为市场的自我约束、经济的有序运行创造条件,它是建立在民众有力量通过立法、司法约束统治者的基础上的。当时资本主义生产方式最发达的英国通过光荣革命和人权法案已经确立了君主立宪的政治体制——君主尽管存在,但没有了实权,必须受到议会的约束。新兴的资产阶级随着自身力量的成长,日益认识到重商主义所采取的国家干预对经济发展的危害,开始利用立法等形式压迫政府退出经济的主战场,成为提供保证市场有效运行所需的民主自由的法律体系、完善的公共设施等的"守夜人"。

相对于《老子》的统治者自我约束的方法,西方经济自由主义无疑具有更强的可操作性,显然这是生产力更加发展、社会进步不断加快、民众力量茁壮成长的反应。不过经济自由主义仅靠市场自我约束的弱点也是明显的,1929—1933年的大萧条充分说明经济自由主义理论的局限性。凯恩斯在《就业、利息和货币通论》一书中指出,完全依靠资本主义经济体系自身并不能完全解决资本主义由于"有效需求"不足所产生的就业和衰退的问题,资本主义国家的政府应当把经济增长、就业和经济稳定作为政府经济管理的责任与义务,并运用财政政策和货币政策的手段对经济活动进行干预。可见,国家有不干预经济的时候,就一定有干预经济的时候;有不干预经济的领域,就一定有要干预经济的领域,这就是矛盾的辩证法,也是《老子》"有无相生,难易相成,长短相形,高下相倾,音声相和,前后相随"[1]60的哲学思想所告诉我们的。尽管《老子》的无为思想和西方经济自由主义都不完全否定国家干预,也主张国家在社会经济生活中要发挥应有的作用,但它们对国家干预的总的倾向是否定的,这是我们在评价《老子》的无为思想和西方经济自由主义时必须要指出的。

**参考文献**

[1] 陈鼓应. 老子注释及评价. 中华书局. 2009.
[2] 魁奈. 魁奈经济著作选集. 吴斐丹, 张草纫译. 商务印书馆, 1979.
[3] 亚当·斯密. 国富论(上卷). 郭大力译. 商务印书馆, 1997.
[4] 亚当·斯密. 国富论(下卷). 郭大力译. 商务印书馆, 1997.
[5] 刘安. 淮南子(下卷). 时代文艺出版社. 2001.

# 范蠡价格思想刍议*

范蠡（约公元前536—前448年），字少伯，春秋末楚国宛（今河南省南阳市）三户人。相传范蠡出身贫寒，家无"世禄"，当时正任宛令的文种发现他才略非凡，认定是个有用之才，于是引荐范蠡一起来到越国，受到越王勾践的重用，二人后来都成了越国的知名大夫。范蠡到越国时，正当吴、越争霸之际。先是吴国打败越国，后来越王勾践在范蠡等人的帮助下，经过十年生聚，十年教训，最后灭掉吴国，称霸中原，范蠡也被称为上将军。

范蠡辅佐越王勾践二十余年（约公元前496—前473年，自勾践即位至越灭吴止），为越国称霸立下汗马功劳。越灭吴后，范蠡决计离开越国，从此开始了弃政从商的后半世生涯。他先来到齐国，易名为鸱夷子皮，耕于海边，苦心经营，致产达数十万。齐人闻其贤明，任为其相。范蠡又辞归相印，尽散家财，到了当时处于交通中心的商业城市陶邑（今山东省定陶），复改称陶朱公，在那里候时转物，逐什一之利，十九年中三致千金，成为有名的大富翁。尽管范蠡的陶朱公称号及传奇般的事迹在历史上流传了两千多年，但在过去长时期中，人们只知道他经商得法，擅长贱买贵卖，却不知道指导其致富的源泉在于他对商品价格波动规律的科学认识，以及自觉地运用这一规律来指导个人的商业实践和国家的宏观经济管理。从目前保留下来的有关范蠡的点滴史料来看，范蠡对商品价格运动规律的论述，确实精辟独到，绝不输于现代西方经济学对商品价格运动规律的认识，即使在今天看来，仍不乏借鉴之意，既有利于指导现代企业的健康发展，也有利于指导国家更好地实现宏观调控。

本文首先论述范蠡的价格思想，然后论述范蠡是如何运用这一思想管理社会经济活动的，最后谈谈范蠡价格思想形成的原因及其局限性。

---

\* 原文发表于《贵州财经学院学报》2009年第3期。

## 一、范蠡价格思想的主要内容

范蠡生活的春秋后期正是社会生产方式大变革的时期。随着农业生产力的发展,城市工商业日趋活跃,传统的"工商食官"的局面被突破,自由的私商纷纷出现。他们中的有些人成了富商大贾,不仅金玉其车,文错其服,而且交错诸侯,与问政事。商人势力在逐渐增长,地位在逐渐提高,他们已开始形成一个社会阶层。范蠡正是这个新兴商人阶层的代表人物。商人阶层依靠买贱卖贵为生,因而价格问题成为以范蠡为首的商人阶层思考的重要内容。范蠡曾说过:"计然之策七,越用其五而得意。既已施于国,吾欲用之家。"关于计然,又作计倪、计砚、计研。《史记·集解》曰:"徐广曰:计然者,范蠡之师也,名研,故谚曰:研、桑心算。驷案:《范子曰》:'计然者,葵丘濮上人,姓辛氏,字文子,其先晋国亡公子也,尝南游于越,范蠡师事之。'"《汉书·货殖传》颜师古《注》引蔡谟曰:"《计然》者,范蠡所著书篇名耳,非人也。谓之计然者,所计而然也。群书所称勾践之贤佐,种、蠡为首,岂闻复有姓计名然者乎?若有此人,越但用半策便以致霸,是功重于范蠡,蠡之师也,焉有如此而越国不记其事,书籍不见其名,史迁不述其传乎?"钱穆《先秦诸子系年考辨·计然乃范蠡著书篇名非人名辨》还举出十个理由支持蔡谟之说。但不管怎么说,都承认计然之策是对当时经济活动规律的总结,对范蠡有很大的影响。范蠡运用计然之策,先在越国推行生聚政策,从培养国力入手,使越国得以富强。后又运用计然之策于个人经商活动,使自己成了大富商。鉴于此,学术界在研究范蠡时,往往将《史记》中有关范蠡的资料和《越绝书·计倪内经》中计然答越王问的资料等同看待,本文也将尊重这一学术传统。

范蠡的价格思想主要包含三大内容。一是商品价格形成的基础在于商品供给和需求的相互影响。范蠡指出,"论其有余不足,则知贵贱"[1]。这是说,如果某种商品有余则供给大于需求,价格就低;如果某种商品不足则供给小于需求,价格就高。

二是商品价格是变动的,变动的规律是"贵上极则反贱,贱下极则反贵"[1]。这是说,某种商品的价格上升到了极限,就会向低转化,由贵到贱;下跌到最低点后,又会上涨,由贱到贵。这是因为,商品的供求会影响价格的高低,而价格的高低反过来又会影响商品进一步的供求。当商品的价格升高时,生产者出于谋利的动机会增加商品的供应,消费者出于效用的动机会压缩购买,这样自然促使价格向低转化。当商品的价格降低到一定程度时,生产者出于谋利的动机会减少商品的生产,消费者出于效用的动机则会增加购买,这样又会促进价格的上升。

在这方面,范蠡的论述和西方经济学是一致的,可谓异曲同工。

三是影响价格波动的原因主要是供给。范蠡生活于科学技术水平很低的古代社会,农业作为当时社会最重要的生产部门,受气候和自然条件的影响很大,农作物收获状况尤其突出地带有靠天吃饭的特点:风调雨顺,则农作物丰收;反之,则歉收甚至颗粒不收。在这种情况下,思想家思考的重点自然要更多地放在供给上,这跟现代西方经济学提倡刺激需求是不一样的。

作为先秦有名的政治家,范蠡自然摆脱不了当时生产力发展水平和时代思潮的影响。他认为,气候的变化是有规律的,呈现出周期性循环的特点,因此农业收成也是不稳定的,同样呈现出周期性循环的特点。范蠡对农作物收获周期性循环的看法,主要体现在以下两段文字中:

"故岁在金,穰;水,毁;木,饥;火,旱……六岁穰,六岁旱,十二岁一大饥。"[1]
"太阴三岁处金则穰,三岁处水则毁,三岁处木则康,三岁处火则旱。故散有时积,敛有时领,决万物不过三岁而发矣……天下六岁一穰,六岁一康,凡十二一饥。"[2]

在古代社会,由于农业生产的需要,天文学是最重要的科学。到春秋战国时,古人已发现木星十二年绕天空一周。木星又称岁星、太阴、岁阴,或径称岁。另外,这时具有朴素唯物主义的五行(金、木、水、火、土)思想已普遍流行。古人一方面运用五行相生相克的原理说明事物发生发展和变化的原因,另一方面也把五行的属性赋予纪年上,用五行来表示不同的年份。

上面这段话是说,当太阴每十二年为周期进行周期性循环时,大地上的事物也会相应地发生变化。太阴运行到"金"的三年中,是"穰",即大丰年;运行到"水"的三年中,是"毁",即大荒年;运行到"木"的三年中,是"康",即小丰年;运行到"火"的三年中,是"旱",即旱灾。这样太阴绕天的一个周期恰是农业收获由丰年经平年到灾年的一个周期,即"十二岁一大饥"。在这个大周期内又包括两个小周期,即"六岁穰,六岁旱",六年一循环的中周期,和"三岁处金则穰"的三年一循环的小周期。既然农作物收成具有周期性循环的特点,因此作为国家和个人理所当然地就要重视储备,这就是为什么民间常说"手中有粮,心中不慌"的原因。范蠡高度重视"修备"问题,并把它作为从政经商活动的第一位的工作来抓。他在向越王勾践献富强之策时,开宗明义就说道:"知斗则修备。"[1]所谓"修备",是指建立粮食和财务的储备,以便应付可能到来的灾难,包括天灾和人祸——战争。面对当时战火频仍、征伐不息的形势,范蠡认为,国家与国家之间的矛盾和斗争是客观存在的,战争是不可避免的,因而政府应当做好战备,以防不测。他说"兴师者,必先蓄积粟钱布帛",否则一旦爆发战争,"士卒数饥,饥则易伤,重迟不可战"[2]94。范蠡还认为,不但国家应建立储备,即使个人在日常生活中也需要建立储备,这样才能做到生葬都有依所。他说:"人之生无几,必先优积蓄,以备妖祥。凡人生,或老或弱,或强或怯,不早备生,不能相葬。"[2]96至于个人有了储备,则生葬都有依所。

范蠡的价格思想是对中国古代劳动人民长期农业劳作实践的总结,反映了古人想掌握农业生产丰歉的规律,以便趋利避害,达到国富民足的追求,对于管理社会经济活动有特别的指导意义。第一,范蠡生活于农业是整个古代世界的决定性的生产部门这样一个时代,他从分析农作物收获的变动入手,去寻求整个社会经济变动的根源和规律,这就抓住了观察事物变动的主要矛盾,同时并承认事物变动存在一定的规律性。第二,范蠡提出农作物收获循环论,主要目的在于试图通过生产过程去考察流通领域的问题,这就抓住了认识事物的大本大源,这也正是范蠡的农作物收获循环思想在历史上影响巨大的原因。

当然,从严格的科学角度看,范蠡的农作物收获周期性循环思想也存在不少的漏洞。首先,农业收成的好坏,确实与天时的变动有密切的关系。但是这种天时的变动主要是太阳的作用,如太阳辐射、风气旋、雨量等引起的,它与木星的运行根本没有关系。其次,丰年灾年出现的先后,很难表现为一种固定的顺序,只能说它大致呈现出这方面的变化趋势。比如,如果第一年是丰年,就认定第二年是平年,第三年是灾年等,这肯定是机械的比附,反映了古代朴素唯物主义思想的不足——有浓厚的机械唯物主义倾向。这要求我们在研究古人的思想时,要采取求大略、不求甚解的态度,着重把握其思想的总体框架,而不能纠缠于某些具体的数字或结论。

## 二、范蠡价格思想在经济活动中的应用

将范蠡的价格思想运用到社会经济活动中去,就出现了指导商家经营管理的积著之理和指导国家进行宏观调控的平粜理论。

1. 积著之理

范蠡的积著之理,从狭义上来说,是通过商品的流通和交换、猎取暴利的一种理论。从广义上来说,可以看作有关经营管理商业的一些原则和办法。这一理论是在农作物收获循环论的基础上形成的,要求商家树立变化意识,充满危机感、紧迫感。

依据农作物收获循环理论,由于天时的有规律变动,商品会出现有余和不足。由于这种有余和不足必然引起物价的涨跌,即所谓"论其有余不足,则知贵贱"。而且这种变动每隔三年就出现一次。如何遵循这一规律去获取利润呢?范蠡提出的办法是"旱则资舟,水则资车"[1]。所谓"旱则资舟,水则资车",意思是说,当天旱时,要多购置船舶,因为天旱过后,大水来临,船舶需要量大增而供不应求,船舶的价格必将上涨,到那时再将所购的船舶抛出,一定会获得厚利。相反,当水灾来临时,要多购置车辆,待水灾过后再抛出车辆,同样也会获得厚利。《国语·越语上》也有类似的记载:"臣闻之贾人,夏则资皮,冬则资绤(chī),旱则资舟,水则资车,以待乏也。"[3]"旱则资舟""夏则资皮",等等,只是商品交易的一种原则,目的是树立最大的竞争优势,不给消费者制造"货比三家"的空间。它告诉人们,要在预测商情的基础上,利用商品将出现缺乏的时机以赚取利润。所以这种经营方法又称"待乏"原则。

除了提出"待乏"原则,范蠡还依据"贵上极则反贱,贱下极则反贵"的价格变化思想,提出了另外一个商业经营原则,这就是"贵出如粪土,贱取如珠玉"。意思

是说,当商品价格上涨时,不要把高价的商品当作奇货而舍不得脱手,应该将这种商品像粪土一样抛售出去。因为商品价格不会是一成不变的现象,当商品价格昂贵时,恰恰预示着将要下跌,只有毫不吝惜地迅速出售,才能不会错过实现较高商业利润的大好时机。这是因为,价格的昂贵,预示着购买量的减少和供应量的增加,当商品出现了供过于求的趋势时,价格的下跌是必然的。反之,当商品价格下跌时,不要随大流而竞相抛出,应看准有利时机,把降价的商品像珠玉一样大量收购进来。这是因为商品价格的下跌,预示着供应量的减少和需求量的增多,因此价格不可能一直下跌,当产品出现了供不应求的趋势时,价格的提高就是必然的。因此,只有在商品价格最低时多买,价格最高时多卖,才能获取最大的商业利润。

"旱则资舟,水则资车",是从经营战略、产品结构的角度去讲的;"贵出如粪土,贱取如珠玉"是从经营战术、竞争策略的角度去讲的。其最终目的是一样的,都是树立最大的竞争优势,获取最大的商业利润。

在"积著之理"中,范蠡还提出了"务完物,无息币。以物相贸易,易腐败而食之货勿留……财币欲其行如流水"[1]的商业原则。所谓"务完物",就是要求手中所持有的商品质量要好。对任何商人来说,他们所关心的只是货币财富的增值,而不是商品本身。商品只不过是增加货币财富的手段。但是商品质量不高,就会降低竞争能力。2008年三鹿奶粉事件对乳业的巨大影响就是最典型的例证。所谓"易腐败而食之货勿留",是说对于容易腐败变质的农副产品,如水果、蔬菜、水产品等不要长期储存,要赶快出手,这是因为任何产品都有自己的保质周期(农、水产品更突出),一旦产品过了保鲜期(保质期),白送都没人要。所谓"无息币",是说不要使货币资本长期停滞在手中,要让它像流水一样川流不息地周转。从这里可以看到,范蠡已充分认识"快"对于经商理财的重要性。无论商品或货币,只有快进快销,加速周转,才能加快财富的增殖。"贵出如粪土,贱取如珠玉""无敢居贵"等都体现了这一要求。

2. 平粜理论

将范蠡的价格思想运用到国家宏观管理经济方面,就是调节物价,把物价控制在社会能接受的限度内的平粜理论。

依据农作物收获周期性循环理论,既然农作物收成的好坏受天时的影响呈现出有规律的变化趋势,那么谷物的价格也必然表现为有规律的变化。所以"八谷亦一贱一贵,极而复反"[4]。进一步看,既然农业收成的好坏每三年要变动一次,则谷物的价格也要每三年变动一次。又因为谷价的变动必然会影响到其他商品的价格,因此,社会上的物价每隔三年就要普遍发生一次变动。这就是"决万物不过三年而发"[2]99的意思。

对于谷价的这种有规律变动是否应任其自由涨落呢?范蠡认为不可以。他指出,如果任凭谷价自由波动,必将损害农工商的利益,从而使整个社会经济发生困难。因此,他主张国家应当管理谷物价格,把它限制在一个合理的范围内。这就是我国历史上最早的有名的谷物平粜思想。

范蠡指出:"夫粜,二十病农,九十病末。末病则财不出,农病则草不辟矣。上不过八十,下不减三十,则农末俱利。平粜齐物,关市不乏,治国之道也。"[1]这里所说的二十、九十,是指每石粮的价格。据《越绝书·计倪内经第五》云:"粜石二十则伤农,九十则病末。"[2]98-99 说明当时是以石为单位表示粮食价格的。这是说:谷价太高会损害农民的利益,农民的利益受到损害就不愿努力生产,从而影响农产品的供应;谷价太高,又会损害工商业者的利益,工商业者的利益受到损害,就不愿意从事财货增值的活动。如果将谷价的波动限制在每石三十钱至八十钱的幅度内,则对农工商都有利益。办法是实行平粜。当谷价过高时,以低于市场的价格出售粮食;谷价过低时,则以高于市场的价格收购粮食。这样一来,物价趋于平稳,工商业者和农民两利,社会的生活趋于正常,这就是"治国之道"。

总之,范蠡既反对以行政措施固定粮食价格,如像西周那样,市场商品价格完全由贾师决定,强制性地让价格固定在某个水平上,而是主张顺应经济规律,由市场的供给、需求来决定产品的价格。同时,他也反对价格的任意波动,认为这会影响社会的根本利益,要求国家采取经济措施,"平粜齐物",以控制粮食价格的波动幅度,使之处于"农商俱利"的状态。这说明,范蠡是从经济活动的全过程出发,来考虑如何巩固发展封建国家的经济基础的,这就是平粜思想为什么对后世影响很大的原因。当然,这也反映了封建社会早期生产力发展程度不高,封建生产方式内部农业和工商业之间的矛盾还不突出,以至于思想家对这一问题很少考虑的事实。

范蠡的平粜理论是中国历史上最早出现的国家管理、调节物价的思想主张,开了封建国家直接从事商业经营的先河。

## 三、范蠡价格思想的评价

透过范蠡的价格思想,以及无论作为个人还是国家的经济实践活动,都可以看出其中浸透出来的朴素的唯物观和强烈的辩证思维意识,这是与春秋战国时期思想界进步的社会思潮,尤其是楚文化"道法自然"的思想分不开的。

中国先秦的天道观,即对于人和自然关系的认识,经历了神学决定论、道德决定论向自然决定论的转变。在殷商统治者那里,天命被用来解释现存政权及君主权力存在的合法性,属于典型的神学决定论,但商朝统治者对鬼神虔诚的信仰并没有挽救商朝的灭亡,这给继商而起的周朝统治者以极大的震动。他们认为商王朝虽祭祀天帝非常殷勤、周到,但由于不讲德行,对百姓滥施刑罚,终于引起了上天的恼怒,最终遭到天帝的抛弃。西周虽然是一个小部落,但讲德行,对百姓施仁义,最终得到了上天的眷顾,上天将领导大下的使命交付于它。由于这个原因,西周的天道观在继承商王朝的基础上,加进了"尚德"的内容。他们认为,商王因失德而失天命,周王修德而受天命,可见天命并不是永恒不变的,所以说"天命靡常"[5]"皇天无亲,惟德是辅"[6]。西周末年以来,建立在农村公社基础上的贵族领主政治出现了瓦解的趋势,史载:春秋二百四十二年中"弑君三十六,亡国七十二,诸侯奔走不得保其社稷者不可胜数"[1]742。"高岸为谷,深谷为陵"的社会现实,说明那些虔诚地祭祀上天、仁民爱物的人未必能够得到上天的保佑;那些为非作歹、欺凌百姓的人未必能够受到上天的惩罚,这样就使传统的天道观面临巨大的挑战,社会上出现了一股恨天、骂天的思潮。例如,《大雅·云汉》:"昊天上帝,则不我遗!"意思是说:苍天呀,上帝呀,竟然忍心不给我饭吃呀!《小雅·节南山》:"昊天不惠!"意思是说:苍天呀,你太寡挈! 在这种情况下,春秋时期的思想家不得不重新反思西周的天道观,而向自然天道观转变。

一部分思想家发展了西周的敬天保民思想,在神、人之间,进一步把神降为民的附属,视"民"为主体。如(随)季梁、(宋)司马子鱼均曰:"夫民,神之主也。"[7]这是说,上天是代表民众的意志的,那些仁民爱物的人可能一段时间内会穷愁潦倒,但终究会赢得社会的信赖;那些为非作歹的人一段时间内可能会骄狂得志,但"多行不义必自毙",终究会受到社会的处罚。这就是以孔子为代表的儒家产生的背景,它主要活动于经济开发较早、深受西周礼乐文化影响、产权意识强烈的黄河流域,也就是周文化圈。

还有一部分思想家转向了对大自然社会运动规律的探讨。他们认为大自然有自己的运动规律,这就是"道"。"道"由既相互统一又相互对立的两方面构成,故曰:"祸兮福之所倚,福兮祸之所伏。"[8]事物发展到一定程度,必然要转向它的反面,而且这种转化永远没有穷尽,这就是"反者道之动"[9]。人类作为大自然的一部分,必须按道行事,而不能违背客观规律地恣意妄为,这就是"道法自然",这就是以老庄为代表的道家产生的背景。它主要活动于经济开发较晚、受西周礼乐文化影响不深、还保存有浓厚的原始公有制遗风、产权意识不强的江淮流域,也就是楚文化圈。

范蠡出生于楚地,长期活动于江淮流域,在辅佐越王勾践完成灭吴大业、称霸中原后,又隐姓埋名来到齐地,完成了由官员到平民的转变。这种特殊的人生阅历,使范蠡的身上既有着楚文化浓厚的"道法自然"思想的影响,也有着深刻的中原德治文化的影响。中原德治文化对范蠡的影响主要体现在敬民、爱民、主张"农末俱利"的施政方针上,以及经商"三致千金"后,仗义疏财、全部"分散与贫交疏远兄弟"[1]上。楚文化"道法自然"思想对范蠡的影响主要体现在范蠡的认知行为上。范蠡在观察问题时,十分注意对事物运动的规律性的研究,特别强调事物的变化性,要求顺应自然规律来治国、经商、养生。他指出:"夫人事必将与天地相参,然后乃可以成功。"所以必须先了解"天地之恒制",即永恒的自然规律,"乃可以有天下之成利"。他还说:"时不至,不可强生;事不究,不可强成。"这是说,时令没有来到,不可勉强使它生殖;人事没有尽到,不能勉强使它成功。无疑,这是楚文化"道法自然"思想的体现。

当然,范蠡价格思想指导下的商家积著之理和国家平粜理论之间也存在矛盾。根据积著之理,商人应该顺应价格波动的趋势从中谋利;可是根据平粜理论,国家又不能任由价格的任意波动,主张使价格控制在社会各阶层都能够承受的限度内,这样一来势必要损害依托价格的波动从中渔利的商人的利益。从这里也可以看出后来封建政府重农抑商政策的影子。

农作物收成靠天吃饭的特点决定了农业经济活动自身的不稳定性,必定造成物价的大起大落,这就提出了国家干预经济,使其恢复到正常状态的问题。而私商贱买贵卖,"贵出如粪土,贱取如珠玉"的经营方式,在改善民生、搞活经济的同时,也会加剧社会经济活动的这种不稳定性,从而进一步提出了国家干预经济的问题,这是封建国家直接从事商品经营活动的合理性所在,也说明了封建经济运行的规则是:私人经营是基础,国家经营是补充。只是封建国家一旦直接从事商业经营,就要贱买贵卖,按照"贵出如粪土,贱取如珠玉"的商业原则办事。由于国家实力更强,资产规模更大,很容易在与私商的竞争中取得市场垄断地位,这就严重影响了封建工商业的基础——私商的利益,意味着平粜理论在实行过程中必然会带有压抑私商、与民争利等缺点,从而提出了如何评价私商、官商在经济活动中的作用,以及官商的定位、经营领域、发挥作用的方式和限制条件等问题。

由此看来,范蠡平粜理论的最大缺陷是对政府干预经济的负面作用,即交易成本考虑不够。根据制度经济学的观点,国家也是一个追求利润最大化的组织,它在追求政权巩固最大化(这是它的长远利益所在)的同时,也追求物质收益、享受的最大化(这是它的眼前利益所在)。在两者之间的矛盾中,只有在政权危机的情况下,统治者才会舍弃自己对物质利益的过分的贪求。这意味着,第一,政府一旦进入工商领域,尝到甜头后,就会依靠政府财政巨大的规模优势,与民争利,从而压抑民间商业的发展。第二,政府经商还会由于具有垄断市场的力量而沾上管理效率低下、经营作风霸道、强买强卖、产品质量差、价格昂贵等弱点。政府经商的上述不足,在汉武帝"官山海"、全面发展官营经济期间,得到了充分的暴露。史载,汉武帝时期,"民偷甘食好衣,不事蓄藏之产业",这是官营经济压迫民营经济的必然结果。

作为汉武帝的同时代人,司马迁既看到了民间工商业的贱买贵卖对社会生产尤其是农业生产造成的破坏,更感受到了官营工商业"不便于民",甚至"与民争利"、阻碍社会生产发展的种种弱点,因而虽赞成由政府弥补民间经济的不足,但又主张将政府干预国家管理经济的副作用,即交易成本降低到最低点。他提出的国家干预经济的办法是:"善者因之,其次利导之,其次教诲之,其次整齐之,最下者与之争。"这是司马迁基于对政府干预经济的必要性和负面作用的认识,根据经济秩序的不同要求而提出的循序渐进的办法,可谓对政府干预经济的限制。

总之,范蠡价格思想中最伟大之处是其中反映出来的自然哲学思想,这不仅对企业经营,而且对政府管理物价也是很有帮助的。其不足之处在于对农业和商业的矛盾、私商和官商的矛盾考虑不多,这是当时社会生产力发展程度不高、封建生产方式内部的各种矛盾还没有表现出来的反映,对此我们是不能苛求于范蠡的。

**参考文献**

[1](西汉)司马迁.史记·货殖列传.岳麓书社,2005.

[2](东汉)袁康、吴平.越绝书·计倪内经第五.贵州人民出版社,1996.

[3](春秋)左丘明.国语·越语上.江西高校出版社,1998.

[4](东汉)袁康、吴平.越绝书外传·枕中第十六.贵州人民出版社,1996.

[5]诗经·大雅·文王.远方出版社,2007.

[6]尚书·周书·蔡仲之命.远方出版社,2007.

[7](春秋)左丘明.左传.山西古籍出版社,2004.

[8]老子·第五十八章.远方出版社,2007.

[9]老子·第四十章.远方出版社,2007.

# 中国封建国家早期干预经济的理论及实践
## ——以范蠡的平粜思想及其运用为中心*

## 一、引　言

　　封建社会是建立在生产力不发达、以自给自足为特征的农业经济基础上的。受特定地区自然禀赋的数量、质量的限制，个体小农没有办法生产所需要的全部生产、生活工具，诸如铁犁、铁耙、铁锅、铁剪刀、铁针、食盐等，这就提出了对制造业、流通业发展的要求，因此封建社会总是存在一定的工商业的。尽管农业和工商业之间有统一性、互相依赖的一面，但也存在对立性、相互争夺劳动力和资金的一面。在生产力较为落后的封建社会早期，这一矛盾还相当突出。

　　第一，农业生产受自然气候的影响非常大，俗称"靠天吃饭"，是典型的弱质产业。工商业生产尽管也受到自然气候的影响，但属于间接影响，这就是当时社会为什么有"农贫而商富"①说法的原因。如果任由市场自然调节，人们出于趋利避害的动机肯定要弃农就商，而农业又是社会生产力发展的基础，失去了农业的支持，工商业也是发展不起来的。基于此，新兴地主阶级政权总是采用各种政治、经济手段干预社会经济生活，以便驱使更多的人回归农田。春秋早期的管子提出"四民分业"思想，主张"士之子恒为士""农之子恒为农""工之子恒为工""商之子恒为商"②，并通过提高农民收入，做到"四民得均"，即使士农工商各阶层的收入差不多的办法解决弃农就商问题。战国中期的商鞅主张"僇力本业，耕织致粟帛多者复其身。事末利及怠而贫者，举以为收孥"③，要求通过政治上歧视、经济上加重对商人赋税、徭役的征发等手段，"令民归心于农"④，解决社会弃农就商的问题。显然，在

---

\* 原文发表于《河北经贸大学学报》2010年第3期。
① 商鞅：《商君书全译·外内》，贵州人民出版社1993年版，第234页。
② 左丘明：《国语译注·齐语》，吉林文史出版社1996年版，第254页。
③ 司马迁：《史记·商君列传》，岳麓书社2005年版，第413页。
④ 商鞅：《商君书全译·农战》，贵州人民出版社1993年版，第43页。

农业生产技术落后,严重"靠天吃饭"的情况下,管子的"四民得均"主张很难实现,商鞅的办法则更具可操作性。

第二,工商业买贱卖贵的经营模式不利于农业的发展,甚至会破坏农业发展的基础。工商业买贱卖贵的经营模式要求在夏收、秋收时低价收购,春夏之交青黄不接时高价出售,这自然要影响小农家庭的生活,若碰到严重的自然灾害,还会出现大面积的"家破人亡"现象,从而严重影响社会的稳定和封建政权的巩固,这就是新兴地主阶级政权为什么奉行"重农抑商"政策的又一个重要原因。这里需要特别指出的是,"抑商"不是取消商业,而是要把商业控制到不危害小农经济发展、不影响封建政权巩固的程度。而要避免商人的囤积居奇所造成的粮价的严重波动,就不能不由国家直接从事工商业,利用大规模组织经济的力量打压商人,这样才能做到"虽遇饥馑、水旱,籴不贵而民不散,取有余以补不足也"①"农末俱利"②,这就是国有经济存在的合理性所在。

国家欲直接从事工商业,一是要遵循商业经营的规律,二是要将国家大规模组织经济的力量发挥出来,这就不能不谈到范蠡的平粜思想。提起范蠡,人们往往想到他的陶朱公称号及传奇般的事迹,只知道他经商得法,被尊为经商鼻祖,却不知道他还是我国封建社会提出政府宏观调控物价的第一人。他提出的平粜思想奠定了我国封建社会国家宏观调控经济的理论基础,此后战国的李悝变法、西汉的桑弘羊的盐铁官营、唐代的刘晏改革、北宋的王安石变法等都不同程度地应用了范蠡的平粜思想。只是国家从事工商业,在依靠其巨大的规模经济力量打破富商大贾垄断的同时,又建立了更大、更坏的官商的垄断,这不仅使其产品价高质次,也使其囤积居奇,严重危害社会民生的负面作用远远超过私商,这恐怕是范蠡始料未及的。

在社会主义市场经济体制建设的过程中,如何处理国有经济、民营经济的关系仍然是社会关注的热点问题。2009 年,围绕"国进民退"以及房地产商捂盘惜售、人为推动房价提高等问题,社会各界展开了激烈的争论就是明证。其实,关于为什么要有国有工商业,国有工商业如何定位以及如何处理与民营工商业的关系等问题,中国早期封建政权的思想家自春秋战国一直争论到西汉后期的盐铁会议。显然,对这一问题的研究,不仅有重要的学术价值,也有重要的现实意义。本文试以封建国家从事工商业的理论基础——范蠡的平粜思想为中心,以封建国家早期从事工商业的实践——战国初期的李悝变法和西汉桑弘羊的盐铁官营为例,研讨国有经济的合理性、局限性、支持条件等,希望对当前的宏观经济管理以及国有企业的建设等有所启迪和帮助。

---

① 班固:《汉书·食货志》,中华书局 2008 年版,第 159、15、168、168 页。
② 司马迁:《史记·货殖列传》,岳麓书社 2005 年版,第 733 页。

## 二、国家干预经济的理论武器:范蠡的平粜思想

范蠡(约公元前536—前448年),字少伯,春秋末期楚国宛(今河南省南阳市)人。范蠡先是辅佐越王勾践经过十年生聚、十年教训灭掉吴国,称霸中原,之后又离开越国,隐姓埋名来到了当时处于交通中心的商业城市陶邑(今山东省定陶),改称陶朱公,在那里候时转物,逐什一之利,十九年中三致千金,成为有名的大富翁。

范蠡生活的春秋后期正是农业生产力发展,城市工商业日趋活跃,传统的"工商食官"的局面被突破,自由私商纷纷出现的时代,范蠡正是这个新兴商人阶层的代表人物。商人阶层依靠买贱卖贵为生,价格问题自然成为范蠡思考的重要内容。范蠡的价格思想主要包含三大内容:

一是价格形成的基础在于商品供给和需求的相互影响。"论其有余不足,则知贵贱。"①这是说,如果某种商品供给大于需求,价格就低;反之,价格就高。

二是商品价格一旦形成,还会不断变化:"贵上极则反贱,贱下极则反贵。"②这是说,价格高到极点向低转化,价格低到极点向高转化。原因是当某种商品的价格升高时,生产者出于谋利的动机会增加商品的供应,消费者出于效用的动机会压缩购买,这样自然促使价格向低转化。反之,当商品的价格降低到一定程度时,生产者出于谋利的动机会减少商品的生产,消费者出于效用的动机会增加购买,这样又会促进价格的上升。

三是影响价格波动的因素主要是供给。范蠡生活于科学技术水平低的古代社会,农业的收成受气候和自然条件的影响非常大,范蠡通过对气候的研究总结出了农作物收获周期性循环理论。他说:"故岁在金,穰;水,毁;木,饥;火,旱。……六岁穰,六岁旱,十二岁一大饥。"③这是说,当太阴每十二年为周期进行周期性循环时,大地上的事物也会相应发生变化。太阴运行到"金"的三年中,是"穰",即大丰年;运行到"水"的三年中,是"毁",即大荒年;运行到"木"的三年中,是"康",即小丰年;运行到"火"的三年中,是"旱",即旱灾,这样太阴绕天的一个周期恰是农业收获由丰年经平年到灾年的一个周期,即"十二太岁一大饥"。在这个大周期内又包括两个小周期,即"六岁穰,六岁旱",六年一循环的中周期,和"三岁处金则穰"的三年一循环的小周期。

范蠡建立在农作物收获周期性循环基础上的价格理论是对中国古代劳动人民长期农业劳作实践的总结,对于管理社会经济活动有特别的指导意义。将其运用

---

① 司马迁:《史记·货殖列传》,岳麓书社2005年版,第733页。
② 同上。
③ 同上。

到微观商业实践中去,就出现了指导商家进行经营管理的积著之理:一方面,要根据"旱则资舟,水则资车"①的原则确立产业、产品结构,这是从经营战略的角度去讲的;另一方面,又要根据"贵出如粪土,贱取如珠玉"②的原则抓住机遇,树立最大的竞争优势,这是从竞争策略的角度去讲的。

将其运用到宏观国民经济管理中,就出现了指导国家进行宏观调控,或者说指导国家从事工商业实践的平粜思想,也称平粜法。范蠡认为,农作物收成的好坏因受天时的影响本来就呈现出有规律的变化趋势,"八谷亦一贱一贵,极而复反"③。如果再加上私商囤积居奇的因素,粮价的波动就会非常厉害,从而严重影响社会再生产的正常进行。他说:"夫粜,二十病农,九十病末。末病则财不出,农病则草不辟矣。"④这里所说的二十、九十,是指每石粮的价格。这是说,谷价太低会损害农民的利益,使得他们不愿继续从事农业生产;谷价太高,会损害工商业者的利益,使得他们不愿意继续从事财货的增值。基于此,范蠡主张国家必须投入一定的资本进入到工商业领域,依靠大组织规模经济的力量影响粮价的波动,从而把它限制在一个合理的范围内。范蠡指出,"上不过八十,下不减三十,则农末俱利。平粜齐物,关市不乏,治国之道也"⑤。这是说,根据当时社会生产力发展的情况,将谷价的波动限制在每石三十钱至八十钱的幅度内,就是国家从事工商业、干预经济的目标。办法就是实行平粜,即封建国家在谷价过低时,以高于市场的价格收购粮食,在谷价过高时,又以低于市场的价格出售粮食,这样一来,物价就会趋向平稳,工商业者和农民两利,社会的生活趋于正常,这就是我国历史上最早出现的国家管理、调节物价的思想主张。它一方面反对像西周那样以行政力量固定粮食价格,要求顺应经济规律,由市场的供给、需求来决定产品的价格;另一方面,也反对价格的任意波动,认为这会影响社会的根本利益,要求国家"平粜齐物",以控制粮食价格的波动幅度,使之处于"农商俱利"的状态。

范蠡的平粜思想开了封建国家直接从事工商业的先河。由于所遗资料有限,我们并不能确切知道范蠡平粜思想的具体实践情况,但根据勾践"十年生聚,十年教训",成功伐吴的结果,可以间接说明这一政策对稳定物价,促进生产的健康发展是起了很大作用的。

总之,农作物收成靠天吃饭的特点决定了社会经济活动自身的不稳定性,私商贱买贵卖、"贵出如粪土,贱取如珠玉"的经营方式,更加剧了这种不稳定性,这就提出了国家干预经济,使其恢复到正常状态的问题。这是封建国家直接从事商品经营活动的合理性所在,也是范蠡平粜思想产生的原因,同时也说明了封建经济运

---

① 司马迁:《史记·货殖列传》,岳麓书社 2005 年版,第 733 页。
② 同上。
③ 袁康,吴平:《越绝书·枕中》,贵州人民出版社 1996 年版,第 251 页。
④ 司马迁:《史记·货殖列传》,岳麓书社 2005 年版,第 733 页。
⑤ 同上。

行的规则是,私人经营是基础,国家经营是对私人经营的补充。不过,正如任何事物都有自己的优缺点一样,国有经济在有利于稳定社会经济活动的同时,也因实力更强、资产规模更大,在与私商的竞争中容易取得市场垄断地位,从而沾染上管理效率低下、经营作风霸道、产品质次价高等弱点,从而严重侵犯损害民众的利益。此外,国有经济还有充实、增加政府财政收入的功能。试想,国家在丰收年景低价收购余粮,在灾荒年景高价发售粮食,这一反一正的差价,还不转化为国家的财政收入?尽管从目前保存下来的有关范蠡平粜思想的资料来看,还没有发现这方面的论述,说明范蠡平粜思想的主要目的是稳定物价,促进社会生产和流通的正常进行。不过,平粜思想所具有的充实政府财政收入的功能意味着,一旦封建国家遇到财政危机,必定倾向于利用国家规模经济的力量介入经济过程,以官代商,为政府敛财。西汉桑弘羊的盐铁国营、北宋王安石的变法,就是在这种政府严重财政危机的情况下出台的。它非但没有协调各社会生产部门之间的矛盾,反而严重影响了社会再生产的正常进行,自然会受到社会舆论"与民争利"的尖锐批评。

对于国有工商业的上述不足,范蠡的平粜思想几乎没有阐述。显然,这是范蠡平粜思想产生于封建经济早期,官商、私商之间的矛盾不突出的反映。随着平粜思想在封建国家管理国民经济中的不断实践,国家直接从事工商业的负面作用也在不断暴露,这就提出了国家如何正确干预社会经济发展,将负面作用降低到最低的问题。下面将通过封建社会早期两个有名的国家干预经济的实践探讨搞好国有经济的条件。

## 三、封建社会早期国家干预经济的具体实践

1. 李悝的"平籴法"

范蠡之后谈及封建国家大规模干预经济、稳定粮价的,必先讲到李悝。李悝(约公元前450—前390年),一作李克,魏国人,曾先后担任魏文侯和魏武侯的国相,是战国时期法家的始祖。

李悝非常重视对封建国家干预经济所需要的信息的统计。《汉书·食货志》记载:"是时,李悝为魏文侯作尽地力之教,以为地方百里,提封九百顷,除山泽、邑居参分去一,为田六百万亩,治田勤谨则亩益三升,不勤则损亦如之。地方百里之增减,辄为粟百八十万石矣。又曰:籴甚贵伤民,甚贱伤农。民伤则离散,农伤则国贫,故甚贵与甚贱,其伤一也。善为国者,使民毋伤而农益劝。今一夫挟五口,治田百亩,岁收亩一石半,为粟百五十石,除十一之税十五石,余百三十五石。食,人月一石半,五人终岁为粟九十石,余有四十五石。石三十,为钱千三百五十,除社闾尝新、春秋之祠,用钱三百,余千五十。衣,人率用钱三百,五人终岁用千五百,不足四百五十。不幸疾病死丧之费,及上赋敛,又未与此。此农夫所以常困,有不劝耕之心,而令籴至于甚贵者也。是故善平籴者,必谨观岁有上、中、下孰。上孰其收自

四,余四百石;中孰自三,余三百石;下孰自倍,余百石。小饥则收百石,中饥七十石,大饥三十石,故大孰则上籴三而舍一,中孰则籴二,下孰则籴一,使民适足,贾平则止。小饥则发小孰之所敛、中饥则发中孰之所敛、大饥则发大孰之所敛而粜之。故虽遇饥馑、水旱,籴不贵而民不散,取有余以补不足也。行之魏国,国以富强。"①

这段文字在数字意识不太强的中国文献史上的地位是非常重要的,是李悝制定国家干预经济计划的信息基础,它说明国家干预经济必须建立在对经济情况准确把握的基础上。

相比于范蠡的平粜思想,李悝的"平籴法"无疑更具体,富于操作性。它是根据农业丰歉推断粮价的变化,把丰收的情况分为上熟、中熟、下熟三等,把歉收分为小饥、中饥、大饥三等。在大熟时由国家收购余粮的四分之三,中熟时收购三分之二,下熟时收购一半。国家的大规模收购使得私商无法压低粮价,从而保证了市场粮价的平稳,做到了"贾平而止",避免了"甚贵伤民,甚贱伤农"现象的发生。

国家直接从事工商业,自然需要大量的代理人——官员,如果不能搞好对从事经济工作的官员的考核、监督,那么国有工商业的交易成本(贪污腐败)、产品质次价高、服务态度恶劣等弱点就会大量凸显,从而严重侵犯损害民众的利益。为了保证"平籴法"的顺利进行,避免政策执行过程中偏离正轨,李悝非常重视对从事经济工作的官员的素质的考察以及所从事工作的业绩的考核。他主张废止世袭贵族特权,要求按能力选拔官员,以为"为国之道,食有劳而禄有功,使有能而赏必行,罚必当"②。为了打击社会的违法乱纪,包括官员的贪污腐败现象,李悝还"撰次诸国法",修订出成为中国封建社会法律基础的《法经》六篇,包括盗、贼、囚、捕、杂、具。由于李悝选贤任能,赏罚分明,因此他的经济政策能够有效地贯彻下去。

考核李悝的"平籴法",可以发现李悝对范蠡平粜思想的贡献有三:一是深化、发展了范蠡的平粜思想,使其更加具体、周密,富于操作性;二是提出了信息,包括现时经济状况的信息和官员执行政策状况的信息,在国家干预经济工作中的极端重要性;三是提出了官员队伍建设对搞好国有经济的意义。此外,李悝坚持了范蠡的国家干预经济是为了协调各社会生产部门之间的矛盾而非增加财政收入的理念。上述几点,应该是李悝创办的国有工商业能够取得巨大成效的原因。

2. 桑弘羊的"盐铁官营"

桑弘羊(公元前152—前80),洛阳人,商人家庭出身。他13岁入宫为侍中,善"以心计","言利事,析秋毫"③而深得汉武帝宠幸。元鼎二年(公元前115)出任大农丞,掌管岁计事务。元封元年(公元前110)升任治粟都尉,后任大司农、御史大夫,长期执掌西汉中央财政大权,是我国历史上一个著名的理财家,也是盐铁官营

---

① 班固:《汉书·食货志》,中华书局2008年版,第159、15、168、168页。
② 刘向:《说苑校证·政理》,中华书局1992年版,第165—166页。
③ 班固:《汉书·食货志》,中华书局2008年版,第159、15、168、168页。

等对后世有重大影响的经济政策的创始人。

桑弘羊执掌西汉王朝的中央财政时,开疆拓土的汉王朝正陷入不断加剧的财政危机和严重的社会矛盾之中:一方面,战争使国库空虚;另一方面,富商大贾"财或累万金而不佐公家之急"①,并利用广大农民承担着繁重的兵役、徭役,生计遇到严重困难之际大量兼并土地。出于为长期战争筹措军费以及缓和社会矛盾的需要,汉武帝决定在重用"兴兵之臣"的同时,起用一批"兴利之臣"。"言利事,析秋毫"的商人子弟桑弘羊就是在这种情况下走上时代舞台,主持全国的财经工作的。桑弘羊通过制定并推行盐铁官营、均输、平准等财政经济政策,使原本藏于富商大贾手中的巨额财富转到国家手中,有力地支持了汉武帝对匈奴的长期战争。《史记·平准书》说汉武帝"北至朔方,东到泰山,巡海上,并北边以归。所过赏赐,用帛百余万匹,钱金以巨万计,皆取足大农"②。《汉书·食货志》说"孝武时国用饶给而民不益赋"。于此可以想见桑弘羊改革对西汉王朝解决财政危机,实现开疆拓土目标做出的巨大贡献。

不过,国家大规模从事工商业也给民众的生活带来了不少的弊端。第一,从事经济工作的官员将国家行政命令的作风带进了经济活动中,造成经营作风霸道,强买强卖,"铁官卖器不售,或颇赋于民"③"郡国多不便县官作盐铁,铁器苦恶,贾贵,或疆令民卖买之"④。第二,政府依靠规模经济优势建立起市场垄断地位,出现了管理效率低下、产品质差价高且不合民用等现象。"县官鼓铸铁器,大抵多为大器,务应员程,不给民用。民用钝弊,割草不痛。是以农夫作剧,得获者少,百姓苦之矣。"⑤

上述弊政是任何社会国有经济的通病,只不过表现程度有所差异而已。李悝变法时,国家干预经济的目标是协调不同生产部门之间的矛盾而非增加财政收入,私人工商业仍发挥重要作用,国有经济的弊端暴露不明显。桑弘羊则将增加财政收入视为国家干预经济的主要目标,因而对商人排斥、压制很厉害,"商贾中家以上大率破,民偷甘食好衣,不事储藏之产业"⑥。对于国有工商业出现的上述问题,桑弘羊是有所认识的,但他认为这主要是吏治不良的原因,解决该问题的最好办法就是严刑峻法。他说,"礼让不足禁邪,而刑法可以止暴,明君据法,故能长制群下,而久守其国也"。这可以相当程度上解释汉武帝何以一方面对广大百姓宣扬儒道以示怀柔,另一方面又施以严酷的刑法来约束官员的原因,目的就是以官员的高效、廉洁推动国家干预经济政策的执行,保证开疆拓土战略目标的实现。

---

① 班固:《汉书·食货志》,中华书局 2008 年版,第 159、15、168、168 页。
② 司马迁:《史记·平准书》,岳麓书社 2005 年版,第 184、184、183 页。
③ 桓宽:《盐铁论译注·水旱》,吉林文史出版社 1996 年版,第 331 页。
④ 司马迁:《史记·平准书》,岳麓书社 2005 年版,第 184、184、183 页。
⑤ 桓宽:《盐铁论译注·诏圣》,吉林文史出版社 1996 年版,第 329、506 页。
⑥ 司马迁:《史记·平准书》,岳麓书社 2005 年版,第 184、184、183 页。

桑弘羊的议论事实上是对政府大规模干预经济所需信息掌握不足的承认。在交通、通信不发达的古代社会,空间距离的遥远严重影响了国家搜集、判断信息的效率,大大提高了国家管理经济的交易成本。例如,从某地某项物资过剩的信息报到中央,到中央下令大量收购,在交通落后的古代往往需要三个月,而这时过剩的现象消失,命令却不曾撤销,于是变成病民之政。此外,空间距离的遥远,交通、通信技术的落后,导致对从事经济工作的官员难以考核,这使得虽有中央政府的严刑峻法,但官员的营私舞弊活动仍屡禁不止,进一步加剧了国有工商业的弊政。鉴于长时期、大规模的国有经济严重破坏了社会不同生产部门之间关系的协调,西汉王朝的经济越来越难以为继,社会矛盾也开始激化,汉武帝只好转变对外对内政策,于公元前89年发布"罢轮台诏",宣布与民休息。汉昭帝六年的盐铁会议后,国有工商业更是大幅度收缩,民间工商业重新恢复了在国民经济中的主导作用的角色。

## 四、结　语

无论是李悝的平籴法还是桑弘羊的盐铁官营,其理论根源都来自范蠡的平粜思想,但最后的效果却不尽相同,原因者何?这里试图通过信息经济学的视角简略地回答这一问题。

李悝变法时的魏国领土范围非常狭小,这决定了开展国有工商业所需信息(包括经济状况的信息,官员工作状况的信息等)的较易获得性和相对完整性,使得李悝能够对魏国的山川、耕地面积、民众的生产和消费情况了如指掌,从而做出正确的决策。桑弘羊的盐铁官营则是在广阔的大一统国家范围内实施的,空间距离的遥远大大提高了开展国有工商业所需信息(包括经济状况的信息、官员工作状况的信息等)的成本,造成国有经济效率的下降。若再把增加财政收入这一因素加进去,国有经济的弊端无疑将更加明显。

总之,范蠡的平粜思想为封建国家进行宏观调控提供了思想武器,李悝变法、桑弘羊改革则发展了范蠡的平粜思想,进一步充实了封建国家干预经济的理论。

(1)农作物收成靠天吃饭的特点决定了社会经济活动自身的不稳定性,私商贱买贵卖,"贵出如粪土,贱取如珠玉"的经营方式,加剧了这种不稳定性,这是国家干预经济的合理性、必要性所在。

(2)就国家干预经济的目标来看,一是协调不同生产部门之间的矛盾,促进社会生产力的长期发展;二是增加财政收入,为政府开辟新财源。无疑,李悝变法属于第一种情况,它通常发生在农工商的关系严重失衡、社会生产力受到严重破坏、亟须恢复经济的情况下。桑弘羊的盐铁官营属于第二种情况,它通常发生在一国面临强大的外敌压力、亟须增加军费、富商大贾却"不佐公家之急"的情况下。

（3）就国家干预经济的负面作用来看，一是垄断。国有经济依靠其巨大的规模经济力量打破富商大贾垄断的同时，又建立了更大、更坏的官商的垄断，危害社会民生的负面作用远远超过私商。二是强制。国家作为一个社会唯一的合法的暴力组织的角色，决定了它在从事经济活动时倾向于发挥手中独特的暴力工具的作用，造成经营作风霸道，强买强卖，不按经济规律办事。

（4）就政府干预经济的条件来看，一是必须高度重视对从事经济工作的官员的选拔和考核，这有利于降低国有工商业的管理成本；二是必须高度重视国家开展经济工作所必需的有关信息的搜集、判断与传送（包括经济状况的信息、官员工作状况的信息等），这有利于降低国有工商业的交易成本。在交通、通信落后的古代，空间距离成为影响国营工商业交易成本、管理成本降低的至关重要的因素，决定了国营工商业的边界。

考虑到国家干预经济所需信息花费代价的巨大，以及虽付出了很大代价却仍然难以完全获得有效信息的情况，任何社会国有经济和民间经济都应该是：民间经济是基础，国有经济是对民间经济的补充。即使处在战争时期，国家受到巨额军费开支的压力，不得不加大国有经济比重的情况下，也要想到国有经济的弱点，不能无限制地扩张。一旦战争的使命完成，就要坚定地进行政策的转变，使发展经济的主角重新转向民间。汉武帝的"罢轮台诏"，可谓政府进行政策转轨的明证。

# 先秦社会保障思想及其现实意义*

## 一、引　言

改革开放以来,随着社会主义市场经济体制的逐步建立,优胜劣汰局面开始形成,并出现了贫富分化加剧的趋势。据统计,进入20世纪后我国基尼系数出现了持续增高的趋势,2000年为0.4089,2003年为0.4386,2006年为0.496,2008年为0.469。2012年12月初,西南财经大学中国家庭金融调查在京发布的报告则显示,2010年中国家庭的基尼系数为0.61。尽管对这一统计数字社会各界存在不同意见,但公认目前的基尼系数已经超过了0.5,大大高于0.44的全球平均水平。

贫富分化过大,必将引发一系列社会问题,进而造成社会动荡,危及政权。早在两千年前,孔子就看到了这一点,指出"贫而无怨难"(《论语·宪问》),"君子固穷,小人穷斯滥矣",要求当政者高度重视分配问题,"丘也闻有国有家者,不患寡而患不均,不患贫而患不安"(《论语·季氏》)。而在刚刚结束的党的十八大上,胡锦涛同志在《坚定不移沿着中国特色社会主义道路前进,为全面建成小康社会而奋斗》的报告中也指出,"全党一定要牢记人民信任和重托,更加奋发有为、兢兢业业地工作,继续推动科学发展、促进社会和谐,继续改善人民生活、增进人民福祉,完成时代赋予的光荣而艰巨的任务"。整个报告中,"人民"提到了141次,"社会保障"提到了15次,"民生"提到了9次。这表明贫富分化问题引起了党中央的高度重视,社会保障制度建设提到了党和国家的议事日程上来。

社会保障是国家通过立法,积极动员社会各方面资源,通过社会保险、社会救济、社会福利、优抚安置等途径,保证无收入、低收入以及遭受各种意外灾害的公民能够维持生存,保证劳动者在年老、失业、患病、工伤、生育时的基本生活不受影响,同时根据经济和社会发展状况,逐步增进公共福利水平,提高国民生活质量。在进行社会保障制度建设方面,先秦的社会保障思想,尤其是《管子·入国》篇可给我

---

\* 本文发表于《北京大学校报》2013年1月5号,第1307期。

们提供很多有益的借鉴。

## 二、以《管子·入国》为中心探讨先秦社会保障思想

春秋战国(公元前770—前221年)是中国历史上少有的社会大变革时代,随着社会生产力的发展,出现了集体经济向家庭经济转变、分封制向郡县制转变的趋势。小农家庭规模小的弱点使其抵御不了天灾人祸的打击,很容易破产;无数小农自由竞争的结果必定会出现优胜劣汰的局面,而走向大一统中央集权过程中的战争频仍更加剧了这一贫富分化的局面。无论是出于保护小农经济、安定社会的考虑,还是调动国民积极性、取得统一战争胜利的考虑,都必须考虑社会保障问题,先秦的社会保障思想就是在这种情况下形成的。

第一,先秦思想家普遍认为,社会保障效果的好坏直接影响社会的稳定、政权的巩固。《管子·牧民》篇指出,"政之所行,在顺民心;政之所废,在逆民心""民恶忧劳,我佚乐之;民恶贫贱,我富贵之;民恶危坠,我存安之;民恶灭绝,我生育之"。《荀子·王制》篇指出,"马骇舆,则君子不安舆;庶人骇政,则君子不安位。马骇舆,则莫若静之,庶人骇政,则莫若惠之。……庶人安政,然后君子安位"。《孟子·万章》篇则断言,"乐民之乐者,民亦乐其乐;忧民之忧者,民亦忧其忧。乐以天下,忧以天下,然而不王者,未之有也"。

第二,个别思想家,如墨子甚至谈到了如果社会发生严重旱涝灾害时,政府应采取的具体措施。墨子把不好的年景分为五等,即馑年、旱年、凶年、馈(匮)年、饥年。若遇到这类年景,他认为,官吏的俸禄就应递减。《墨子·七患》指出:"一谷不收谓之馑,二谷不收谓之旱,三谷不收谓之凶,四谷不收谓之馈(匮),五谷不收谓之饥。岁馑,则仕者大夫以下,皆损禄五分之一;旱,则损五分之二;凶,则损五分之三;馈,则损五分之四;饥,则尽无禄,察食而已矣。"

《管子·侈靡》则提出,当社会遇到严重的旱涝灾害时,富人必须帮助穷人,不过它主张的不是劫富济贫式的强制财富转移法,而是自由交换的市场法则。"饮食者也,侈乐者也,民之所愿也。足其所欲,赡其所愿,则能用之耳。……故尝至味而,罢至乐而,雕卵然后瀹之,雕橑然后爨之。……富者靡之,贫者为之,此百姓之怠生,百振而食,非独自为也,为之畜化。"这是说,富人的奢侈恰恰能为穷人提供就业机会,从而帮助其渡过危机,因而当大灾荒到来时,《管子·侈靡》甚至主张富人"巨瘗培(挖掘高大的墓室),所以使贫民也。美垄墓,所以使文萌(画匠雕工)也。巨棺椁,所以起木工也。多衣衾,所以起女工也。犹不尽,故有次浮也,有差樊,有瘗藏(次浮、差樊、瘗藏,指各种随葬用品)。作此相食,然后民相利,守战之备合矣"。

不过上述只是先秦思想家关于社会保障的零星的断想,《管子·入国》则提出了全面的社会保障体系构想,可谓先秦社会保障的专篇。

《管子·入国》篇开头即说,管子"入国四旬,五行九惠之教(九种惠民的政教)。一曰老老,二曰慈幼,三曰恤孤,四曰养疾,五曰合独,六曰问病,七曰通穷,八曰振困,九曰接绝。"这是说,管子在齐国刚刚执政的四十天里,五次发布九种惠民的政教,涉及敬重老人、保护儿童、恤怜孤儿、养育残疾、婚配独身、慰问病人、通报贫穷、赈济困难、祭奠英灵等多个方面。

第一是"老老"。"所谓老老者,凡国(中央政府所在地)、都(地方政府所在地)皆有掌老,年七十以上,一子无征,三月有馈肉;八十以上,二子无征,月有馈肉;九十以上,尽家无征,日有酒肉。死,上共棺椁。劝子弟:精膳食,问所欲,求所嗜。此之谓老老。"这是说,国家应在国、都设置"掌老"的官员,对年龄70岁以上的老人,一个儿子免除征役,三个月送给一次肉食;八十岁以上的老人,两个儿子免除征役,每个月送给肉食;九十岁以上的老人,全家免除征役,为老人精制膳食,询问老人的要求,了解老人的嗜好,这就是敬老。可以看出,《管子》的养老是国家和民间结合,即国家出台相关政策(给予一定免役待遇,并提供诸如肉食、丧葬费等补贴),民间具体实施。

第二是"慈幼"。"所谓慈幼者,凡国、都皆有掌幼,士民有子,子有幼弱不胜养为累者,有三幼者无妇征,四幼者尽家无征,五幼又予之葆,受二人之食,能事而后止。此之谓慈幼。"这是说,国家应在国、都设置"掌幼"的官员,凡士民子女中有幼弱不能供养成为拖累的,要加以照顾。对养三个幼儿的,免除向妇女征收布帛;养四个幼儿的,全家免征;养五个幼儿的,国家配给保姆,并可领取两份口粮,直到幼儿能生活自理为主,这就是爱幼。当时社会人口严重不足,因此《管子》实行刺激人口增长政策。当前我国不存在《管子》时代的问题,但如何提高人口质量、保证九年义务教育的贯彻、降低少年儿童失学率仍是需要认真对待的问题。

第三是"恤孤"。"所谓恤孤者,凡国、都皆有掌孤。士民死,子孤幼,无父母所养,不能自生者,属之其乡党、知识、故人。养一孤者一子无征,养二孤者二子无征,养三孤者尽家无征。掌孤数行问之,必知其食饮饥寒身之腃胜而哀怜之。此之谓恤孤。"这是说,国家应在国、都设置"掌孤"的官员,凡士民死后,子女孤幼,无父母抚养,不能独立生活的,则归同乡、熟人或故旧抚养。代养一个孤儿的,一个儿子免除征役;抚养两个孤儿,两个儿子免除征役;抚养三个孤儿,全家免除征役。"掌孤"的官员要经常询问下情,必须了解孤儿的饮食饥寒和身体瘦弱的情况,并加以怜恤,这就是"恤孤"。由于各种天灾人祸,当前我国每年仍会产生一定数量的孤儿,这是仍需要政府认真对待的一个问题。

第四是"养疾"。"所谓养疾者,凡国、都皆有掌养疾,聋、盲、喑哑、跛蹩、偏枯(瘫痪)、握递(残疾),不耐自生(生活不能自理)者,上收而养之疾官,而衣食之,殊身而后止。此之谓养疾。"这是说,国家应在国、都设置"掌疾"的官员,凡是聋、盲、喑哑、跛足、瘫痪、畸形,生活不能自理的,都有国家将他们收养在"疾馆",供给衣食,直到身死而后止,这就叫养疾。《管子》提出的"养疾"问题,在我国仍一定程度存在。

第五是"合独"。"所谓合独者,凡国、都皆有掌媒,丈夫无妻曰鳏,妇人无夫曰寡,取鳏寡而合和之,予田宅而家室之,三年然后事之。此之谓合独。"这是说,国家应在国、都要设置"掌媒"的官员,撮合鳏夫寡妇组建新的家庭,并给予田产,三年后才为国提供职役,这就叫合独。"合独"反映了国家的人性化关心,既有利于社会成员个体的身心稳定,也有利于社会稳定。随着现代社会离婚率的提高,这一问题逐渐成为社会关注的热点问题。

第六是"问病"。"所谓问病者,凡国、都皆有掌病,士民有病者,掌病以上令(君主之令)问之。九十以上,日一问;八十以上,二日一问;七十以上,三日一问;众庶五日一问。疾甚者,以告上,身问之。掌病行于国中,以问病为事。此之谓问病。"这是说,国家在国、都要设置"掌病"的官员,士民患病,掌病要代表君主加以慰问。九十岁以上的,每天问候一次;八十岁以上的,两天问候一次;七十岁以上的,三天问候一次;其他年龄的病人,五天问候一次。对重病者,要上报君主,由君主亲自慰问。掌病的官员要经常巡行国中,以慰问病人为专职,这就叫"问病"。"问"不仅包含了对病人的关心,也包含了治疗。《周礼·天官冢宰》记载,"疾医掌万民之疾病"。在当前的中国,治病难,治病贵成为社会关注的大问题。

第七是"通穷"。"所谓通穷者,凡国、都皆有掌穷,若有穷夫妇无居处,穷宾客绝粮食,居其乡党以闻者有赏,不以闻者有罚,此之谓通穷。"这是说,国家在国、都要设置"掌穷"的官员,负责对因贫穷无家可归的家庭和客在他乡断炊者进行救济。对了解情况而报告国家的乡邻,要给予奖赏;不报告的,则给予惩罚,这就叫"掌穷"。随着市场竞争的激烈,贫富分化的加剧,这一问题也变得日益严重起来,最近引起全国广泛关注的郑州民工冻死事件即例证。

第八是"赈困"。"所谓赈困者,岁凶,庸人(为人雇佣者)訾厉(疾病),多死丧;弛刑罚,赦有罪,散仓粟以食之。此之谓赈困。"这是说,凶年之时,为人雇佣者往往多疾病,多死丧,国家要救济他们,保障其基本的生活条件。此外,对因为饥饿沦为盗寇的罪人,国家要体谅他们的苦衷,从轻量刑,这就叫赈困。市场经济体制的逐步建立,意味着我国也要越来越多地受到周期性经济危机的影响,"赈困"问题凸显。

第九是"接绝"。"所谓接绝者,士民死上事、死战事,使其知识(熟人)、故人(故旧)受资于上而祠之。此之谓接绝也。"这是说,士民中凡是为国献身的,包括死于国事,死于战争的,要让其生前好友、故旧等从国家领钱立祠,定期祭拜,这就叫接绝。当前我国对于烈士的直系亲属给予抚恤,显然是对这一传统的继承和发扬。不过,我国当前的抚恤更多对被确认的烈士家庭,而对见义勇为者明显关心不够,显然这不利于弘扬社会正气,促进社会和谐。

## 三、评　价

《管子·入国》从九个方面展示了先秦思想家的社会保障思想及对社会保障体系的整体设计,包括社会救济中的灾害救济、日常贫困救济项目;社会保险中的养老、医疗、妇幼、伤残项目和社会福利中的烈士抚恤,可以说是相当完备的社会保障体系。不仅如此,它还从国家层面构建了社会保障管理机构(掌老、掌幼、掌病、掌孤、掌疾等),设计了提供社会保障待遇的具体方式(减免赋税等),明确了社会保障的主体是民间和政府结合。具体而言,民间做得好的尽量由民间操作,政府提供支持,如"老老""慈幼""恤孤""接绝"等;民间实在做不到、做不好的,则由国家亲自操作,如"养疾""通穷""赈困"等;处于两者之间的,则由国家和民间共同完成,如"合独""问病"等。这说明在两千多年前,我国古代思想家、学者就对社会保障思想和理论给予了全面探讨,并对国家社会保障机构的设立、社会保障体系的设计提出了真知灼见,这是对人类发展历史做出的巨大贡献。

《管子·入国》篇提出了全面社会保障制度的构想,那么资金从哪里来?这就与《管子》的强调国家干预的国民经济管理思想结合在一起了。《管子》产生于兵荒马乱的春秋战国时代,长期的战乱使其倾向于通过"官山海""官天财"等方式发展国有经济,以此解决国家支出的刚性与收入的弹性之间的矛盾,实现富国强兵的目标。显然,在大力发展社会主义市场经济的今天,这是行不通的,当前我国只能在政府积极倡导下,以民间市场为主构建社会保障体系。

此外,在《管子·入国》篇提出的社会保障体系里,政府所起的作用巨大,不仅设置了掌老、掌幼、掌病、掌孤、掌疾等诸多社会保障机构,而且在民间难以发挥作用时还亲自操作,如"养疾"。事实上,这种由国家亲自操刀的做法,在国家版图不大,政府规模不大,且处兵荒马乱时期,政府因强烈依赖民众,自我约束力较强,因而运作成本(腐败)较低的春秋战国时期还行得通,但随着国家版图的扩大,政府规模的扩大,官僚主义盛行,再由政府运作社会保障机构的交易成本就太高了,因此当前的社会保障机构必须交由民间市场进行,而不能由政府来运作。

尽管《管子·入国》篇在具体运营方面的某些观点不适合于当前的社会保障制度建设,但它以"养孤老,食常疾,收孤寡"作为国家社会保障体制建设的基本原则,并从九个方面提出了建设社会保障制度的具体构想,仍值得我们今天很好地借鉴。

# 秦军功爵制的经济学分析
## ——兼论秦军功爵制功效何以远超六国*

## 一、引　言

　　春秋战国是由周王朝大一统均衡逐渐被打破而演化出多国竞争局面直至秦统一天下新均衡形成的历史巨变时期。

　　周大一统均衡的被打破有着深刻的生产力进步因素。锻铸和畜力技术的发明使得以家庭为单元的生产替代公社制的集体生产成为可能，这为中央王朝的统治带来了巨大的挑战：道德权威和朝觐制度在治国中的权重下降；行政序列、司法保障、军事戍边的硬实力管理权重增大。春秋时期，周天子的权威还部分存在，各方力量的集结和交错还只是暗流涌动，而到了战国时期，周天子权威丧失殆尽，于是天下群雄并起，战火遍野。而最终跃出收拾山河再度统一天下者，却是起于西北地区的秦人。

　　秦人何以能够最终横扫六国统一天下？一直以来，这一问题都是史学界长期探讨的重要问题之一。本文尝试以经济学视角来揭示这一史实的制度根源。

　　我们看到，在春秋战国时期各国的社会结构中，皆存在一种由君主加封并可世袭的五等爵制向崭新的以军功向国民授爵的军功爵制转变的趋势。而这一新制度恰恰仅在秦国而非在其他六国被彻底实施。我们认为，秦国的最终胜出应当源于其一系列新制度的安排，但军功爵制的建立和实施至少是其重要的制度根源之一。

　　本文将要具体探讨的问题是，为什么军功爵制比五等爵制更能够增强国力？为什么军功爵制单单在秦国而非在其他国家被贯彻到底？总的来说，军功爵制较之五等爵制能够更好地激励平民充分发挥才智为国拼争，但又触及了权贵的利益因而遭到权贵们的阻挠。秦人崇尚功利甚于伦理的价值观，加上宗法势弱，君主至上的权力结构，使得军功爵制能够得到平民的热烈拥护并凭借君主的强权短时间

---

　　* 本文发表于《经济学》（季刊）第 13 卷第 1 期，与张博、周建涛合写。

内推行。而东方各国崇尚伦理甚于功利的价值观,加上宗法势强的权力结构,使得军功爵制在贵族的阻挠,君主和平民时强时弱的支持下,最终演变成论功行赏与无功受禄并存的双轨制局面。我们将在文章中详细展开分析。

这些问题的探讨对当代中国有着重要的启示意义。一方面要坚持改革开放,顺应时代潮流,在各个领域,剔除不合时宜的旧体制建立适当的新体制;另一方面又要扫除改革开放以来所形成的既得利益者的阻挠。

文章结构安排如下:第二部分,详细介绍秦军功爵制的原则、内容;第三部分,建立数理模型,分析军功爵制相对于五等爵制度的优越性;第四部分和第五部分分别讨论秦国和东方各国的文化特征、权力结构对于军功爵制实施的影响;最后作结。

## 二、秦军功爵制的原则、内容和实施功效

面对春秋战国天翻地覆的社会大变革,各国没有不从五等爵制向军功爵制转变的。关于五等爵制的情况,《礼记·王制》中有明确的规定:"王者之制禄爵,公、侯、伯、子、男,凡五等。诸侯之上大夫卿、下大夫、上士、中士、下士,凡五等。"其特点有二,一是授爵对象面向贵族。由周天子把同姓(姬)子弟和异性姻亲以及先朝的后人,封在各地作诸侯。诸侯根据不同的爵位,获得不同数量的疆土和人民,即"授民授疆土"。二是实行嫡长子继承制,由此形成了后世所称的"世卿世禄"。

不过,由于齐、楚、燕、韩、赵、魏等国先后为秦所灭,政府档案被毁,其军功爵制除保留一些零星资料外,具体面貌无从查考,唯有商鞅变法所建立的军功爵制赖《商君书·境内》得以保存下来,因而本部分重点探讨秦军功爵制的原则、内容和实施功效,并借助其他历史文献,如《史记》《战国策》《墨子》《韩非子》《说苑》等,简要介绍这一制度在山东各国实施的情况。

1. 秦军功爵制的基本原则和具体内容

秦军功爵制在春秋时代就建立了[①],只是这一时期的秦军功爵制还没有形成完整、系统的制度。秦军功爵制真正走向成熟是在商鞅变法时期。商鞅继承了山东六国特别是魏国的李悝变法、楚国的吴起变法所确立的"食有劳而禄有功,使有能赏必行,罚必当"的改革精神,结合秦国的具体情况,确立了"劳大者其禄厚,功多者其爵尊"的变法原则,建立起既有深厚的理论底蕴,又具有相当可操作性的秦军功爵制。

第一,关于授赏的标准,商鞅明确规定是军功。即"彼能战者践富贵之门""富贵之门,必出于兵"。

---

① 商鞅变法建立的军功爵制中,有左庶长、右庶长、大庶长等爵名,而"庶长"这一爵名,在春秋时就已出现。《左传·襄公十一年》,"秦庶长鲍、庶长武、帅师伐晋以救郑"。

商鞅认为,"善为国者,其教民也,皆作壹(指专务耕战)而得官爵""所谓壹赏者,利禄官爵抟出于兵,无有异施也"。这就使得宗室贵族不能再像过去那样凭血缘关系就获得高官厚禄和爵位封邑。从此,"宗室非有军功论,不得为属籍""有功者显荣,无功者虽富无所芬华",就成为秦人政治生活的一般原则。云梦睡虎地秦墓竹简《法律问答》中有"内公孙毋爵者"字样;直到秦始皇统一后,大臣还说,"今陛下有海内,而子弟为匹夫"①,可证这条法令在秦国确已得到彻底的贯彻执行,也说明商鞅变法以后,人的政治经济地位要由军功来决定。

为了提高并保护军人(包括农民)的社会地位,商鞅坚决杜绝农战以外的其他可以得到富贵的渠道,这就是"利出一孔"。他认为,只有阻止商人染指农村,染指土地,才能避免或因天灾人祸,或因劳动能力低下而经济困难的战士家庭重新走向赤贫的命运,从而保证农战政策的执行,使秦国军队始终保持高昂的士气,最终统一天下。

第二,关于受赏的具体内容,主要保存在《商君书·境内》中,大致有:

(1) 设置了二十等级的爵位。《史记·秦本纪》集解关于秦二十级军功爵制的记载:"《汉书》曰'商君为法于秦,战斩一首,赐爵一级,欲为官者伍千石'。其爵名:一为公士,二造,三簪袅,四不更,五大夫,六公大夫,七官大夫,八公乘,九五大夫,十左庶长,十一右庶长,十二左更,十三中更,十四右更,十五上少造,十六大上造,十七驷车庶长,十八大庶长,十九关内侯,二十彻侯。"如此众多等级的爵位,显然有利于引导士兵不断进取,始终保持高昂的劲头,奋勇杀敌,永不懈怠。

(2) 对于士兵和军官授爵有不同的规定。在士兵中,"能得甲首一者,赏爵一级,益田一顷,益宅九亩""其有爵者乞无爵者以为庶子,级乞一人"。关于军官,能得一甲首者,其赏赐与士兵同。"屯长"(五人一屯),"百将"(百人一将)一级的军官,如不能亲自斩敌得甲首,其所部士卒斩敌计三十三首以上,则赐爵一级,即所谓"百将、屯长不得斩首,得三十三首以上,盈论(按满额论功行赏),赐爵一级"。其他如统领五百人、千人的将领以及俸禄为六百石、八百石、千石的县令以及"国封尉",能斩敌一甲首者,赐爵从优。在较大的战役中,如"攻城围邑斩首八千以上""野战斩首二千",皆算作"盈论"。凡是参加战斗的各级将领和官吏,从无爵位的"校徒""操士"向上算起,各赐爵一级。其中,高级将领如大将、御、参,则赐爵三级。

对于战争中没有战功或逃跑者,秦军功爵制也规定了严厉的处分,以致家属临战前都要嘱咐战士"不得,无返"。如果"失法离令,若汝死,我死。乡治之。行间无所逃,迁徙无所入"。这样一方面是功名利禄,另一方面是严刑峻法,于是英勇杀敌就成为士兵的唯一选择,"是以三军之众,从令如流,死而不旋踵"。

(3) 不仅有赐,也有夺。《商君书·境内》说:"其狱法,爵自二级以上,有刑罪

---

① 出自《史记·秦始皇本纪》。

则贬,爵自一级以下,有刑罪则已。"这是说,有二级以上爵位的人,犯了罪要受降级处分;有一级以下爵位的人,犯了罪就要被取消爵位。例如,大将白起因在攻打赵都邯郸的问题上,与秦昭王意见不合,拒绝服从调令,而被剥夺了全部爵位,"免武安君为士伍"。秦始皇镇压嫪毐集团时,"夺爵迁蜀四千余家"。秦军功爵制既可授又可夺的特点,反映了秦军功爵制的成熟,既能激发人们为爵位而奋勇作战,又能制约有爵位者,使富裕起来的士兵不致因追求安全而不努力作战。"民勇,则赏之以其所欲;民怯,则杀之以其所恶。故怯民使之以刑则勇,勇民使之以赏则死。怯民勇,勇民死,国无敌者必王。"

(4) 对于不同爵位所享受的经济、政治、法律方面的权益进行了详细的规定。主要有役庶子、益田宅、当官吏、免徭役、受食邑、抵刑罪、赎奴隶、树封墓等。

秦军功爵制还规定,根据爵位高低,可享受不同标准的"传食"待遇。秦代官吏出差,都要住在官办的传舍(招待所)里,传舍对于住宿的各级官吏及其随员,根据有爵无爵和爵位的高低,规定供应不同标准的伙食,这个规定当时叫作《传食律》。

由于军功爵制是关系到秦人生前死后的荣辱大事,所以《汉官旧仪》说,"秦制爵等,生以为禄位,死以为号谥",这种从生到死、无所不包的制度对于个体的生存与机遇具有难以估量的影响,大大激励了秦人英勇作战的积极性。

2. 秦国如何保障这一制度的实施

为了使军功爵制能够坚定地推行下去,商鞅一方面建立起专门的主管机构和官员。在中央有太尉、主爵中尉、大鸿胪主管军功爵工作,在军队中有大将、将军、五百主、二百五主、百将、屯长各级军官,军吏具体执行,在地方有县丞、县尉颁赐得爵者应得食邑、田宅和其他奖赏。另一方面还建立起以劳、论、赐为特征的严格的军功爵执行程序。

为了消除士兵中的弄虚作假,以及政府机关的低效率现象,充分向社会宣示政府的诚信,商鞅既重视对士兵"斩首"业绩的考核,也重视对政府机构办事质量、效率的考核。《商君书·境内》说:"以战故,暴首三,乃校三日,将军以不疑致士大夫劳爵,其县过三日,有不致士大夫劳爵,能(罢)其县四尉,皆由丞尉。"这是说,对于在战争被杀死的敌人,要把他们的首级摆放出来陈列三天,加以核对。没有疑问的,才要把与功劳相称的爵位赏给将士,过了三天还没有办理好的,就罢免有关官员。

对于弄虚作假的士兵,秦军功爵制规定了严厉的惩罚。云梦睡虎地出土的秦墓竹简《秦律杂抄》记载:"战死者不出(屈),论其后,又后察不死,夺后爵,除伍人;不死者归,以为隶臣。"这是说,士兵战场上宁死不屈,应将爵位授予死者的儿子。如果后来发现该人未死,事迹是编造出来的,就应剥夺其儿子的爵位,并且惩罚同伍的人,而那个未死的士兵回来后,则要处以"隶臣"的严厉处罚。

3. 秦军功爵制的巨大功效

前已言明,面对春秋战国的社会大变革,各诸侯国没有不进行从五等爵制向军功爵制的转变的。许倬云指出:"春秋时期至少有 110 个国家被灭绝,剩下的 22 个国家为生存继续斗争(著名的有 7 个,即齐、楚、燕、韩、赵、魏、秦)。"[①]可见,能幸存到战国的无疑都是对包括军功爵制在内的各项改革进行得比较彻底的佼佼者。但毋庸置疑,山东各国的军功爵制确实没有秦国实行得好。关于秦国军功爵制的巨大功效,可以通过许多资料来体现:

第一,秦国士兵作战的热情极为高涨,以致"民闻战而相贺也""民之见战也,如饿狼之见肉"。这反映了军功爵制对本国国民巨大的激励作用。

第二,山东各国的豪杰,如商鞅、张仪、范雎、蔡泽、吕不韦、李斯、尉缭等纷纷来到秦国建功立业,使秦国形成了将天下英才揽入己中的"布衣将相"格局,这反映了秦军功爵制对国外优秀人才的巨大激励作用。

那么,到底是什么原因造成秦军功爵制更有效率呢?或者说,为什么山东六国的军功爵制没有秦国更有效率呢?在下面几个部分,我们将建立规范的数理模型来揭示军功爵制相对于旧制度的优越性,并尝试揭示这类新制度能够在秦国成功实施而在山东六国不彻底实施的原因。

## 三、军功爵制优越性的数理模型

为了更清晰地阐述军功爵制相对于旧制度的优越性,我们现在来建立数理模型对之进行分析。我们把军功爵制看成一个激励国民更多地投入劳动的奖惩制度,而传统的五等爵制主要以血缘关系来定人的品级,因而可以看成无奖惩制度。

考虑一个古代君主制国家,其中一个国君(这里的国君可以看成君王本人以及皇亲国戚们所组成的皇族利益集团的一个抽象)和若干个国民,国君有制定并推行制度的绝对权力,每个国民对国君颁布的制度的切实执行怀有绝对的信心,于是皆在此制度之下来选择自己的努力程度以最大化其自身利益,而国君的最终目的也是最大化其自身利益。为了使问题简单化,我们假设君王和国民的效用函数皆为线性(即皆为风险中性),于是,所有人的目标皆为最大化自己的预期收益。

我们假定任意一个国民若付出了努力 $x$,则其为此所消耗的成本为 $C(x)$,而其创造出的成果为 $f(\theta,x)$,其中 $\theta$ 表示其能力水平,不同的国民的能力可以不同。我们假定每个国民自己知道自己的能力水平,而国君并不知道任何一个具体的国民的能力水平,但知道 $\theta$ 的分布,并且国君也不知道国民的努力程度。换句话说,国民的能力水平和努力程度都是不可观测的,但我们假定每个国民的劳动成果可以

---

① 许倬云:《中国古代社会史论——春秋战国时期的社会流动》,广西师范大学出版社 2006 年版,第 70 页。

在很大程度上被核实出来。

国君需要制定出一个奖惩系统,以激励国民付出尽可能多的努力从而创造出尽可能多的价值。国君的奖惩制度是基于很大程度上可核实的国民的劳动成果来确定的。

我们首先考虑一个简单情形:假设国民的成果是完全可观测的。并假定国君的奖惩系统有着如下的结构:若一国民的劳动成果为 $y$,则国君赋予他的奖励为

$$W(y) = \int_0^y w(t)\,dt$$

其中 $w(\cdot)$ 称为奖惩核。$W$ 可以是负的,这表示负奖励即惩罚。在此制度之下,能力水平为 $\theta$ 的国民就要解决以下优化问题:

maximize $\quad \pi_\theta = W(f(\theta,x)) - C(x)$

subject to $\quad x \geq 0$

在这里,为了简单起见,我们假定国民可以付出的努力是无上限的。我们假定这一问题有唯一最优解,那么,这一最优解就可以写成一个泛函形式:

$$x = \varphi(\theta, w)$$

而国君要最大化自己的预期总收益等价于解决以下优化问题:

maximize $\quad \pi = E[f(\theta,x) - W(f(\theta,x))]$

subject to $\quad x = \varphi(\theta,w)$

其中 $E$ 为均值算子。事实上,国君的预期总收益即总国民数(假定为恒定)乘以 $\pi$。

这是一个非完全信息领导者—跟随者博弈,其子博弈精炼贝叶斯-纳什均衡 $(w^*, \varphi^*)$ 满足对于任意的奖惩核 $w$,$\varphi^*$ 对于每个国民都是最优的;而对于国民所采取的策略 $\varphi^*$,奖惩核 $w^*$ 对国君是最优的,即 $w^*$ 是激励相容的策略。

一般而言,这是一个变分问题,即使我们对 $f$ 和 $C$ 的函数形式做出了更具体的假定,我们也很难得到解析解。

为简单起见,我们这里只考虑一类简单的奖惩核,恒常的奖惩核,即奖惩核函数恒等于某一个常数,不妨记之为 $k$。此时有

$$W(y) = ky$$

而我们对 $f$ 和 $C$ 的函数形式也做出更具体的假设。我们假设

$$f(\theta, x) = \theta x^\alpha$$
$$C(x) = x^\beta$$

其中 $0 < \alpha < 1 \leq \beta$,而 $\theta \in (a,b)$,且 $0 < a < b$。此时,对于每个国民而言,其产出相对于其努力的弹性皆为 $\alpha$。

在以上假设之下,国民针对于国君指定的恒定奖惩核 $k$ 所要解决的问题为

maximize $\quad \pi_\theta = k\theta x^\alpha - x^\beta$

subject to $\quad x \geq 0$

由于此问题的目标函数是上凸的,因此其最优解 $x_\theta$ 即其目标函数的驻点,即满足

$$\frac{\mathrm{d}}{\mathrm{d}x}\pi_\theta\bigg|_{x_\theta} = 0$$

于是

$$x_\theta = \left(\frac{\alpha k\theta}{\beta}\right)^{1/(\beta-\alpha)}$$

而国君的问题即

maximize $\quad \pi = E[(1-k)\theta x^\alpha]$

subject to $\quad x = \left(\frac{\alpha k\theta}{\beta}\right)^{1/(\beta-\alpha)}$

此时有

$$\pi = (1-k)k^{\alpha/(\beta-\alpha)}\left(\frac{\alpha}{\beta}\right)^{\alpha/(\beta-\alpha)} E\theta^{\beta/(\beta-\alpha)}$$

不难求出,其最优解为

$$k^* = \frac{\alpha}{\beta}$$

而相应的,国民付出的努力将为

$$x_\theta^* = \left(\frac{\alpha^2\theta}{\beta^2}\right)^{1/(\beta-\alpha)}$$

国民的净所得为

$$\pi_\theta^* = \frac{\alpha}{\beta}\left(1-\frac{\alpha}{\beta}\right)\left(\frac{\alpha}{\beta}\right)^{2\alpha/(\beta-\alpha)}\theta^{\beta/(\beta-\alpha)}$$

而国君平均取自单个国民的预期所得为

$$\pi^* = \left(1-\frac{\alpha}{\beta}\right)\left(\frac{\alpha}{\beta}\right)^{2\alpha/(\beta-\alpha)} E\theta^{\beta/(\beta-\alpha)}$$

因此有

$$E\pi_\theta^* = \frac{\alpha}{\beta}\pi^*$$

在上述假设之下的简单情形下,我们看到,如果国君完全不进行奖励,那么每个国民的努力都将是 0,进而使得每个国民和国君的收益皆为 0。而当国君制定了恒定的奖惩核 $k^*$ 之后,国民的收益和国君的收益都将得到提升。这显然是一个帕累托改进。因此,恰当的奖惩制度是提高所有人的福祉的手段。

由 $x_\theta^* = \left(\frac{\alpha^2\theta}{\beta^2}\right)^{1/(\beta-\alpha)}$,我们注意到,在这个奖惩制度之下,越有能力的人(即 $\theta$ 值更大的人),其付出的努力程度也越大,进而其创造出的价值也越大。换句话说,国民中越有能力者越愿意付出更多的努力。因此,这一制度对于充分挖掘民间才智是非常有效的。

再由 $E\pi_\theta^* = \frac{\alpha}{\beta}\pi^*$，我们看出，在这一制度之下，平均而言，每个国民净所得只是国君从其身上所榨取的净所得的 $\alpha/\beta$ 倍。

我们来看一个特例，$\beta=1$。此时有 $C(x)=x$，此即把国民的努力本身作为其付出成本的度量。而 $f(\theta,x)=\theta x^\alpha$ 表示每个国民，其产出相对于其努力的弹性皆为 $\alpha$。此时，国君最优的奖惩核就定在这个弹性水平上，即 $k^*=\alpha$。而此时，国民的努力程度为

$$x_\theta^* = (\alpha^2\theta)^{1/(1-\alpha)}$$

其净所得为

$$\pi_\theta^* = \alpha(1-\alpha)(\alpha)^{2\alpha/(1-\alpha)}\theta^{1/(1-\alpha)}$$

而国君平均取自单个国民的预期所得为

$$\pi^* = (1-\alpha)(\alpha)^{2\alpha/(1-\alpha)}E\theta^{1/(1-\alpha)}$$

因此有

$$E\pi_\theta^* = \alpha\pi^*$$

更进一步，比如 $\alpha=1/2$，那么国君的奖惩核即定为 $k^*=1/2$，这相当于要求每个国民将把自己产出的一半上交给国君，自留一半。而这样安排的结果是，国君取自每个国民的预期净收益皆为国民自身净收益的 2 倍。再如果该国国民人数为 300 万，那么国君总的净收益将是每个国民的人均净收益的 600 万倍。

总之，尽管国君并不能掌握每个具体的国民的能力和努力程度，但假如他们的劳动成果是可以观测的，而基于劳动成果的奖惩制度是可以制定成把每个国民的劳动成果的一个恒定比例返还给国民，这样一来，自然可以得到这样的结局：越有能力的人越愿意付出努力，而其创造的价值也越大，进而使得国君可以得到越多的利益。

在上述模型中，我们假设了国民的成果是完全可观测的。这一假设至关重要。在这一假设之下，完全没有必要设置惩罚措施。而在现实中，劳动成果本身并不完全可观测，实际的情形是，国民自己先申报自己的成果，然后由国君派专职人员审核。由于国君的审核可能有误，因此一些国民就有可能冒险谎报。为防止这类事件发生，国君应当制定严厉的惩罚措施。

现在，我们拓展上述模型，同时考虑奖与惩。假设君王制定的奖惩制度有如下形式：如果一个国民申报了其成果 $y$，那么经审核后，若被确认为真，则将得到奖励 $ky$，其中 $k\in(0,1)$ 为一常数；而若被确认为假（即此国民谎报或造假），则将得到惩罚 $(k+a)y$，其中 $a>0$ 为一常数，即若被发现造假，则非但不按正常情形予以奖励，反而还会被追罚 $(k+a)y$。我们假定对任何人的申报的审核是非常严格的，谎报被审核出的概率 $p$ 非常高，接近于 1，最起码的假设是 $p>1/2$，相应地，谎报未被审核出的概率为 $q=1-p<1/2$。而为简单起见，我们假设如实申报被误审为谎报的概率为 0。

我们依然假定一个国民付出努力 $x$ 时,其成本为 $C(x)$,其成果为 $\theta f(x)$,其中 $\theta$ 为其能力水平,并假定上述的"谎报被审核出的概率为 $p$ 和实报被误审为谎报的概率为 0"是人人共知的信息。那么,在上述奖惩制度之下,每个国民都将如实申报自己的成果。

事实上,面对上述奖惩制度,任一国民的选择是一个二维变量 $(x,y)$,其中 $x$ 为其努力程度,而 $y$ 为其申报的成果,当他谎报时有 $y > \theta f(x)$,则他自己可意识到的预期收益将为

$$q[ky - C(x)] + p[-(k+a)y - C(x)]$$
$$= -(p-q)ky - apy - C(x) < 0$$

而当他如实申报时,他可意识到他预期的收益将为

$$[k\theta f(x) - C(x)]$$

他再适当选择 $x$,可使此量为正。因此,每个国民事实上做的就一定是如实申报成果并选择 $x$ 以实现

$$\text{maximize} \quad [k\theta f(x) - C(x)]$$

即其解为 $x^* = \varphi(\theta, k)$;而君王的目标就是选择 $k$ 以实现

$$\text{maximize} \quad (1-k)Ef(\varphi(\theta, k))$$

而这就已经把问题转化为上述的无惩罚的情形了。因此,这里的惩罚仅仅是一个威胁,可起到对于任何企图谎报的国民的震慑作用,而事实上没有发生过实际的惩罚。此正所谓"坏马夫用鞭子抽打,好马夫用鞭子吓唬"。

当然,我们这样建立我们的模型,仅仅是为了简单起见,如果我们假设一些国民的效用函数是下凸的,即他们是风险爱好者或称偏爱冒风险的人,那么依然会有一些人顶风作案,冒着被惩罚的风险也要谎报成果。

秦军功爵制实行过程中确实检查出一些士兵假冒业绩,甚至自相残杀的现象。在云梦睡虎地出土的秦简《封诊式》中,就记载了有秦士兵在战争中争夺首级的事。秦简中说,一秦军公士与一士兵共执一人头告到官府,都说这人头是自己斩得的。经诊视鉴定发现人头情形有异,怀疑是己方军士被他们谋杀的。于是,受理此案的衙门发出紧急"爰书",通告各部队,如有失散的和迟迟不归的军士,速派人来辨认:"某爰书:某里士五(伍)甲、公士郑才(在)某里曰丙,共诣斩首一,各告曰:甲、丙战刑(邢)丘城,此甲、丙得首殹(也),甲、丙相与争,来诣之。诊首口髻发,其右角一所,袤五寸,深到骨,类剑迹(汉按:战死者应为戈、矛、箭镞所伤,不该'类剑迹'。一般军士不用佩剑短兵刃作战)。其头所不齐然。以书爰首曰:'有失伍及(迟)不来者,遣来识戏(麾)次。'"

由于秦军功爵奉行严格审查、重赏重罚的原则,对于严厉违规者不仅收回以前的所有赏赐,还要追加更严厉的惩罚,且将其个人和家族的名声搞臭,因而顶风作案者非常少,这就在社会上创造了一个依靠个人的聪明才智而不是歪门邪道取得财富的风气,有利于全社会才智资源的充分挖掘。基于此,在我们的模型中就没有

着意去刻画偏爱风险者的行为。

总之,建立恰当的奖惩制度,可以充分挖掘民间才智,激励国民奋发图强,最终实现增强国力的目标,而军功爵制正是这样的一种奖惩制度。

在战争频仍的战国时期,各国君主皆意识到了这种新制度的优越性。但是,新制度的真正实施还是要受到各种因素的制约,其中特别是各国的文化特征和权力结构。基于不同的文化特征和权力结构,军功爵制在各国的实施情况也各有不同。我们看到,只有在秦国而非在其他国家,这一新制度才得以被彻底地实施并充分发挥出了它的功效,进而最终助其横扫六国统一天下。

那么,秦国和东方各国,在文化特征和权力结构上,到底有何不同?它们又是怎样具体地影响军功爵制的实施的呢?在下面的两个部分,我们将分别就秦国和东方各国的情况加以讨论。

## 四、秦国的文化特征、权力结构与军功爵制的实施

长期在西北地区与戎狄部落交战的经历使秦人形成了崇尚功利甚于伦理的价值观,以及君主至上的权力结构,它使得商鞅变法后的秦军功爵制采取了具有奖励性质的拉动(主要针对平民)和具有鞭策性质的驱动(主要针对宗室、文学和工商之士)相结合的激进型模式,并凭借君主至上的巨大权威强力推行下去,从而短时期内形成了全民皆兵的举国体制,最终扫灭六国,一统天下。

1987年,林剑鸣在《从秦人价值观看秦文化的特点》一文中,指出秦人的价值观是"外倾"(指注重土地、财产等有形东西攫取的外部扩张)、"重功利""轻伦理",表现出"唯大尚多"的本质特征,这是不同于周天子辖下的东方各国的"内倾"(指注重内在品德的修养)、"轻功利""重伦理"的文化传统的。[①] 1993年,黄留珠在《秦文化概说》一文中,则进一步把秦文化的特征概括为集权主义、拿来主义和功利主义。所谓集权主义,是指统治权力的高度集中,这是秦人长期的军事生活要求权力高度集中,绝对服从的产物。所谓拿来主义,既指对周文化、戎狄文化的大力吸收,也指对别国人才的大力吸收,这仍然同秦人历史上长期处于战争状态有

---

① 这里所谈秦文化的"重功利""轻伦理""外倾",只是相对于东方各国的"轻功利""重伦理""内倾"而言。其实,根据马斯洛的需求理论,任何人的需求都包括物质(主要指生理需求、安全需求)和精神(主要指情感的归属,地位、荣誉的需求以及自我价值的实现)两个方面,只是对生存条件较差地区的人而言,更偏重物质、功利的需求,对精神、情感的需求偏弱一些;对生存条件较好地区的人而言则正好相反,由于物质的需求得到了相当的满足,因而更追求精神、情感生活。对秦文化和东方各国文化,我们也可以做如下理解。秦文化由于产生于战争频仍、生存条件恶劣的西北地区,自然更追求物质需求的满足,因而崇尚功利甚于伦理、崇尚物质甚于精神,接近于今天说的"见利忘义";东方各国文化由于产生于生存条件较好、社会长期稳定(相对于秦国所在的战争频仍的西北地区而言)的黄河中下游以及江淮流域,因而更追求精神需求的满足,崇尚伦理甚于功利,崇尚精神甚于物质,接近于今天说的"见利思义"。从社会发展水平而言,显然东方各国的文化更先进、文明、精细一些,秦文化更落后、野蛮、粗犷一些。

关,为了打赢战争,自然要抛弃一切意识形态的束缚,向凡是有助于打赢战争的一切人包括对手学习。所谓功利主义,指秦人对土地、财产等一切有形东西的贪婪的征夺,既没有蒙上道德的面纱,也没有披上仁义的外衣。尽管对秦文化的特点,学术界有不同的观点,但将其总结为轻伦理重功利、"唯大尚多"、缺乏宗法传统,或曰崇尚功利甚于伦理的价值观、君主之上的权力结构,则是学术界普遍的观点。这样一个文化传统适应了战国时期"邦无定交,士无定主",一切唯利是从的社会需要,较之崇尚伦理甚于功利,宗法力量强的东方文化,无疑更能顺应战国时代加强中央集权,以武力统一天下的社会大势;更有利于崇尚武战,"计首授爵"的军功爵制的贯彻,这就是学术界说的落后的优势。

(1) 崇尚伦理甚于功利的价值观,以及宗法力量强的权力结构,使得商鞅变法后的秦军功爵制采取了主要针对平民的具有奖励性质的拉动和主要针对宗室、文学和工商之士的具有鞭策性质的驱动相结合的激进型模式。这种模式的弱点是启动难、易于遭到贵族的激烈反抗,优点是一旦启动容易在短时间内形成全民皆兵的举国体制。

商鞅吸取了东方诸国,特别是魏国李悝、楚国吴起变法的经验教训,一是明确提出了不断进行战争,直至一统天下的目标,这在战国变法运动中是绝无仅有的。二是将耕战放在了压倒一切的核心位置,并通过具有奖励性质的拉动(主要针对平民)和鞭策性质的驱动(主要针对宗室、文学和工商之士)相结合的方式,形成了全民皆兵的举国体制,这一激进型的变法道路在战国变法运动中并不多见,只有楚国的吴起变法可与之相媲美。不仅如此,商鞅还将耕战政策通过一条条具体而不相互抵牾的法令贯彻下去,具有可操作性。三是厉行法制,以"重罚厚赏"的强硬手段保证耕战政策的坚决推行,其冷酷程度在战国变法运动中也是非常罕见的,远超吴起在楚国的变法。①

鉴于秦国拉动(主要针对平民)和驱动(主要针对宗室、文学和工商之士)相结合的激进型军功爵制侵犯了秦君之外的几乎所有秦人的利益,尤其是严重侵犯了宗室贵族的利益,因而必将遭到他们的疯狂反对。商鞅预见到了这一点,认为"法之不行,自上犯之",要求以铁血手段坚决打击贵族的不法行为。他说,"夫利天下之民者,莫大于治,而治莫康于立君;立君之道,莫广于胜法;胜法之务,莫急于去奸;去奸之本,莫深于严刑""故王者刑九而赏一""重刑,连其罪,则民不敢试"。

(2) 尽管秦国的激进型军功爵制遭到了宗室贵族的疯狂反对,但"重功利""轻伦理""唯大尚多"的文化传统,尤其是宗法力量弱、君主权威强的权力结构使其不仅能够强力推行下去,还赢得了秦人的普遍支持,以致商鞅虽死,但"秦法未败"。

---

① 吴起变法中对楚国贵族的打击,主要局限在限制、取消贵族的政治经济特权,如"使封君之子孙,三世而收其爵禄""损不急之枝官,以奉选练之士",最严重的也不过是"令贵人往实广虚之地",而未像商鞅变法那样从肉体上大量消灭贵族。

第一，"重功利""轻伦理""唯大尚多"的文化传统使秦人形成了重物质、求数量的扩张方式，这与军功爵制重视数量考核的精神是一致的，故而得到了秦人的拥护。

商鞅变法初期，秦人差不多举国反对，但这主要不是针对军功爵制，而是其他的变法措施，如实行连坐，轻罪重罚；禁止私斗，"令民之父子兄弟同室内息者为禁"等。但当秦人见到了商鞅以铁血手段取得的变法效益（此乃重功利的体现）后，于是"民之大悦，道不拾遗，山无盗贼，家给人足。民勇于公战，怯于私斗，乡邑大治"。

第二，"重功利""轻伦理""唯大尚多"的文化传统，尤其是一点一点从西北游牧民族手中不断夺取其地盘的发展经历，使秦国君主滋生出不同于东方各国的非常重视土地扩张的雄心抱负，表现在对外发兵时，总是以赤裸裸的土地扩张为主，及至商鞅变法，更是将扫灭六国、统一天下上升为秦国的国家目标。秦始皇的"六合之内，皇帝之土。东到大海，西涉流沙。南及北户，北过大夏。人迹所至，莫不臣服"，正是这种强烈渴望版图扩张的雄心抱负的反映。

强烈的扩张领土、征服天下的雄心和抱负，使秦国君主特别需要得到民众的支持，为此不惜以铁血手段贯彻包括军功爵制在内的各项变法措施。而长期战争环境中产生的君主权威高、宗法观念弱的权力结构，意味着即使有人反对改革，秦国君主也能凭借军事统帅的绝对权威地位压迫下边服从，这有利于包括军功爵制在内的各项改革措施的坚决推广。

以商鞅变法为例。在秦孝公的支持下，商鞅以强力推行新法，对反对变法者，包括贵族坚决镇压，对议论法令、违背法令者处以酷刑，不仅把反改革派代表人物太子驷的老师公子虔和公孙贾处以刑法，还在渭河边上一天杀死七百人，"渭水尽赤，号哭之声动于天地"。这种对反改革派坚决镇压的情况在东方诸国的变法史上是根本见不到的，这正是长期的军事生活导致秦君具有绝对权威的反映。

综上，商鞅根据战国时代兵荒马乱，"天下方务于合从连衡，以攻伐为贤"的形势，为秦国设计出了以不断进行战争，直至一统天下为目标；以厉行耕战政策为途径；通过具有奖励性质的拉动（主要针对平民）和鞭策性质的驱动（主要针对宗室、文学和工商之士）相结合的激进型军功爵制模式，并凭借君主至上的巨大权威强行推行下去，最终赢得了秦人的普遍支持，形成了全民皆兵的举国体制。

## 五、东方各国的文化特征、权力结构与军功爵制的实施

相对于秦国所处西北地区的战争频仍，东方各国长期较安定的社会环境、较发达的农业生产力水平，使这里形成了崇尚伦理甚于功利的价值观，以及宗法力量强的权力结构。它使得东方各国的军功爵制（失败了的楚国吴起变法除外）采取了主要针对平民只有奖励性质的拉动，而没有主要针对宗室、文学和工商之士的鞭策

性质的驱动的和缓型模式。这种模式的优点是弱化贵族的反抗,易于推广,缺点是容易形成论功行赏与无功受禄并存的双轨制局面,使全民皆兵的举国体制难以确立。

(1) 崇尚伦理甚于功利的价值观,以及宗法力量强的权力结构,使得东方各国的军功爵制(失败了的楚国吴起变法除外)只有"见功而与赏,因能而授官"等奖励耕战之士的规定,而没有诸如秦国那样"富贵之门,必出于兵""利出一孔"等坚决奉行耕战政策,无情打击宗室贵族、文学、工商之士的规定①,因此只能调动起原来社会地位较低的平民阶层的积极性,而无法调动起原来社会地位较高的文学、工商之士、宗室贵族的积极性,更无从树立不断进行战争;直至一统天下的变法目标。

(2) 崇尚伦理甚于功利的价值观,使得东方各国民众既"轻死"又排斥战争和杀戮,使得东方各国统治者既"尚武"又热心艺术和礼乐。② 在这种情况下,东方各国不彻底的、和缓型的军功爵制因能提供广阔的选择空间,较之崇尚武战,鼓励杀戮的彻底的、激进型的秦军功爵制,无疑更能满足这种社会需求,但也因此在社会中形成了"宽则宠名誉,急则用介胄之士""国平养儒侠,难至用介士"、论功行赏与无功受禄并存的双轨制现象。

东方各国统治者这种既褒奖耕战之士又嫌其不够高雅、文明;既希望他打仗时像狼,又希望他平时像羊的叶公好龙心理,即使在雄才大略的魏文侯身上,也一定程度地存在。

魏国变法之初,确实是把消除宗室贵族的多劳多得与少劳多得、不劳而获并存的双轨制局面当作自己的努力方向的,而且终魏文侯时期,"其父有功而禄,其子无功而食之"的宗室贵族确不见于政治舞台,大量的士阶层出身的人,如翟璜、李悝、李克、吴起、西门豹、乐羊、北门可、屈侯鲋等,却因为有功于国,被授予高官厚禄,成为魏国政界新的显贵。不过,从魏文侯对待乐羊的态度上,仍然可以看出崇尚伦理甚于功利的价值观的深刻影响,它造成了魏国改革的不彻底性,是造成此后魏国日趋衰弱的重要原因。

《战国策·魏策》记载:"乐羊为魏将而攻中山。其子在中山,中山之君烹其子而遗之羹,乐羊坐于幕下而啜之,尽一杯。文侯谓睹师赞曰:'乐羊以我之故,食其

---

① 黄中业先生在《战国变法运动中》指出,"宗室非有军功论不得属籍""僇力本业,耕织致粟帛多者复其身。事末利及怠而贫者,举以为收孥""令民为什伍而相牧司连坐""为私斗者各以轻重被刑大小""明尊卑爵秩等级,各以差次明田宅,臣妾衣服以家次"这五条法令,只见于商鞅在秦国的变法中,而不见于其他各国的变法中。

② 面对战国烽烟陡起、战事频迭不断的形势,东方各国君主普遍尚武。如齐桓公主张"武勇者长"(《管子·君臣》),齐庄公更是"奋乎勇力,不顾于行义,勇力之士,无忌于国"(《晏子春秋·内篇谏上》)。晋之文公、襄公、景公、厉公、悼公,都是 代枭勇之君,先后在春秋争霸战中纵横驰骋。楚武王和楚文王一生征战,最后均死于征战途中。但同时他们也极其热心艺术与礼乐,这从邹忌以鼓琴说齐威王,韩昭侯对吹竽者"一一听之",防止其滥竽充数,以及赵烈侯好音,欲对其喜爱的两名歌手"赐之田,人万亩"中可以充分反映出来。而遍查《史记》《国语》《左传》《战国策》等有关春秋战国的史料,几乎不见秦王沉湎于艺术、礼乐的记载。

子之肉。'赞对曰:'其子之肉尚食之,其谁不食!'乐羊既罢中山,文侯赏其功,而疑其心。"魏文侯既高尚乐羊之功业,又鄙薄其不重父子伦理,反映了"食有劳而禄有功,使有能而赏必行,罚必当"的新价值观与崇尚伦理甚于功利的传统价值观的冲突,而这正是在山东六国变法运动中经常看到的情况。这正如毛泽东在《湖南农民运动考察报告》所批评的,"嘴里天天说'唤起民众',民众起来了又害怕得要死,这和叶公好龙有什么两样"①。

另外,即使遇到危机,东方各国的统治者也只是在危机感甚强的军事方面突破了崇尚伦理甚于功利的传统价值观的束缚,坚持了"食有劳而禄有功,使有能而赏必行,罚必当"的军功爵精神,而在危机感不太强的社会生活的其他领域,仍受到传统价值观的影响,这样自然无法将整个国家的资源纳入到战争的轨道上去,难以形成全民皆兵的举国体制。在这方面,雄才大略如赵武灵王者,也未能幸免。

赵武灵王的胡服骑射是以文明程度高的中原向文明程度低、素为中国瞧不起的蛮夷学习的改革运动,自然会引起赵国朝野的巨大反响。面对群臣多不欲胡服的情势,赵武灵王毫不动摇,坚持胡服较之华服更方便新时代的军事技术要求——骑射,更有利于提高赵国的军事实力。不过,赵武灵王者仅仅在危机感甚强的军事方面突破了崇尚伦理甚于功利的传统价值观的束缚,而在社会生活的其他领域,比如选拔接班人方面②,仍受到传统价值观的影响,结果严重影响了改革的功效。《史记·赵世家》记载:"主父初以长子章为太子,后得吴娃,爱之,为不出者数岁。生子何,乃废太子章而立何为王。吴娃死,爱弛,怜故太子,欲两王之。犹豫未决,故乱起,以致父子俱死,为天下笑,其不痛乎!"

一代英主落得如此下场,说明受崇尚伦理甚于功利的传统价值观影响,东方各国的统治者只是在某些时候、某些领域坚持了"食有劳而禄有功,使有能而赏必行,罚必当"的军功爵精神,而未能像秦王那样在所有时候、所有领域坚持军功爵精神③,因而最后被秦国兼并是必然的。

总之,一方面生产力的发展、战国兵荒马乱的形势要求战国诸雄实行军功爵制,以便形成全民皆兵的举国体制;另一方面,东方各国长期较安定的社会环境,较发达的农业生产力水平所形成的崇尚伦理甚于功利的价值观,以及宗法力量强的

---

① 毛泽东:《湖南农民运动考察报告》,《毛泽东选集》第1卷,人民出版社1991年版,第42页。

② 较之东方各国,秦国在接班人问题上奉行功利主义的价值观,"择勇猛者立之"。即从去世国君的诸弟诸子中选择能力出众、善于作战指挥者即位,以求国家的兴旺强盛。林剑鸣在《秦史稿》中指出,自秦襄公建国到秦穆公之前,共有九代国君。其中,兄终弟及者三人,以次子立者一人,以孙立者二人,不明嫡庶者一人,而真正以长子身份即位的仅有武公、宣公二人。功利主义的立君原则,使秦人的领袖总体上胜过坚持嫡长子继承制,或曰"立长不立贤"的东方各国,这也是秦国最终树立绝对竞争优势、一统天下的一个原因。

③ 《韩非子·外储说右下》记载:"秦大饥,应候请曰:'五苑之草著、蔬菜、橡果、枣栗,足以活民,请发之。'昭襄王曰:'吾秦法,使民有功而受赏,有罪而受诛。今发五苑之蔬果者,使民有功与无功俱赏也。夫使民有功与无功俱赏者,此乱之道也。夫发五苑而乱,不如弃枣蔬而治。"这反映了秦国国君对军功爵制精神的坚持。

权力结构,又阻碍着这一目标的实现。当秦国以激进型的军功爵制形成全民皆兵的举国体制时,山东六国的和缓型军功爵制却最终形成了论功行赏与无功受禄并存的双轨制局面。而"劣币驱逐良币"的结果必然导致六国战斗力的日趋低下,山东六国在跟秦国的较量中屡屡失利,终至一败涂地就是不难理解的了。

## 六、小　结

军功授爵制顺应了春秋战国要求加强中央集权、全民皆兵、以武力统一天下的历史潮流,大大调动了民众的积极性,对鼓舞士气、提高军队战斗力作用极大。毋庸置疑,秦军功爵制是战国七雄中实行得最好的,它使秦国形成了全民皆兵的举国体制,锻造出一支无论在规模还是质量上都远超六国的"虎狼"之师,最终统一天下。较之秦国,山东六国的军功爵制则陷入了论功(特指军功)行赏与无功受禄并存的双轨制局面,被秦国兼并是必然的。

秦军功爵制绩效远好于六国,是与长期民族文化累积所形成的文化特征和权力结构分不开的。长期在西北地区与戎狄部落交战的经历使秦人形成了崇尚功利甚于伦理的价值观,以及君主至上的权力结构,它使得商鞅变法后的秦军功爵制采取了具有奖励性质的拉动(主要针对平民)和具有鞭策性质的驱动(主要针对宗室、文学和工商之士)相结合的激进型模式。这种模式的缺点是启动难,易于遭到贵族的激烈反抗,优点是一旦启动,容易在短时间内形成全民皆兵的举国体制。庆幸的是,凭借君主权威高宗法力量弱的权力结构,秦军功爵制被强力推行下去,并最终受到民众的热烈欢迎,以致"商鞅虽死,秦法未败也"。

反观东方各国,长期较安定的社会环境,较发达的农业生产力水平,使这里形成了崇尚伦理甚于功利的价值观,以及宗法力量强的权力结构。它使得东方各国的军功爵制(失败了的楚国吴起变法除外)采取了只有奖励性质的拉动(主要针对平民),而没有鞭策性质的驱动(主要针对宗室、文学和工商之士)的和缓型模式。这种模式的最大优点是能够弱化贵族的反抗,并满足东方各国民众既"轻死"又排斥战争和杀戮,东方各国统治者既"尚武"又热心艺术和礼乐的心理需求,因而易于推广,但也因此而形成了"宽则宠名誉,急则用介胄之士""国平养儒侠,难至用介士",论功行赏与无功受禄并存的双轨制现象,无法形成全民皆兵的举国体制,因而最终被秦国兼并。

总之,战国时代兵荒马乱的形势要求各国向加强中央集权、以全民皆兵的举国体制统一天下的方向努力,而产生于生存条件恶劣地区、崇尚功利甚于伦理、素有集权主义传统的落后的秦文化,较之产生于经济发达地区、崇尚伦理甚于功利、素有宗法力量强的传统的先进东方文化,更能顺应这一社会发展潮流,这就是学术界所说的落后的优势,是秦军功爵制绩效远超东方各国的重要原因。

## 参考文献

[1] (战国)荀卿.诸子百家集成·荀子.时代文艺出版社,2002.
[2] (战国)商鞅.张觉译注.商君书全译.贵州人民出版社,1993.
[3] (战国)韩非.张觉译注.韩非子全译.贵州人民出版社,1992.
[4] (战国)墨翟.墨子.时代文艺出版社,2000.
[5] (汉)赵岐注,孙奭疏.十三经注疏·孟子.北京大学出版社,2000.
[6] (汉)赵岐注,孙奭疏.十三经注疏·左传.北京大学出版社,2000.
[7] (汉)刘向校录,韩峥嵘,王锡荣注译.战国策译注.吉林文史出版社,1998.
[8] (汉)刘向撰,向宗鲁校证.说苑校证.中华书局,1987.
[9] (汉)司马迁.史记.岳麓书社,2001.
[10] (宋)洪迈.容斋随笔.上海古籍出版社,1978.
[11] (清)洪亮吉.洪亮吉集.中华书局,2001.
[12] (清)梁玉绳.史记志疑(一).中华书局,1981.
[13] 赵靖主编.中国经济思想通史(第一卷).北京大学出版社,2002.
[14] 栗劲.秦律通论.山东人民出版社,1983.
[15] 王树民.廿二史札记校正.中华书局,1984.
[16] 阎步克.中国古代官阶制度引论.北京大学出版社,2010.
[17] 张家山二四七号汉墓竹简整理小组.张家山汉墓竹简.文物出版社,2001.
[18] 张守中.睡虎地秦墓竹简.文物出版社,1994.
[19] 徐中舒.先秦史十讲.中华书局,2009.
[20] 朱绍侯.军功爵制考论.商务印书馆,2008.
[21] 黄中业.战国变法运动.吉林大学出版社,1990.
[22] 黄中业.战国盛世.河南大学出版社,1998.
[23] 许倬云.中国古代社会史论——春秋战国时期的社会流动.广西师范大学出版社,2006.
[24] 魏昌.楚国历史文化读本.湖北人民出版社,2009.
[25] 王绍东.秦国兴亡的文化探讨.内蒙古大学出版社,2004.
[26] 林剑鸣.秦史稿.中国人民大学出版社,2009.
[27] 郭沫若.十批判书.河北教育出版社,2001.
[28] 赵鼎新著,夏江旗译.东周战争与儒法国家的诞生.华东师范大学出版社,2006.
[29] 顾德融,朱顺龙.春秋史.上海人民出版社,2003.
[30] 毛泽东.毛泽东选集.第1卷.人民出版社,1991.
[31] 林剑鸣.从秦人价值观看秦文化的特点.秦文化论丛选辑.三秦出版社,2004.
[32] 黄留珠.秦文化概说.秦文化论丛选辑.三秦出版社,2004.
[33] 朱绍侯.军功爵制在秦人政治生活中的地位.河南师范大学学报(社会科学版),1980.
[34] 朱绍侯.西汉初年军功爵制的等级划分——〈二年律令〉与军功爵制研究之一.河南大学学报(社会科学版),2002.

[35] 朱绍侯. 从〈二年律令〉看与军功爵制有关的三个问题——〈二年律令〉与军功爵制研究之三. 河南大学学报(社会科学版),2003.

[36] 朱绍侯. 商鞅变法与秦国早期军功爵制. 零陵学院学报,2004(5).

[37] 湖北孝感地区第二期亦工亦农文物考古训练班. 湖北云梦睡虎地十一座秦墓发掘简报. 文物,1976(9).

[38] 董平均. 从功利主义价值取向看军功爵制对秦人社会生活的影响. 人文杂志,2006(3).

[39] 郭心毅,蒲勇健. 代理人存在非理性心理的委托—代理模型. 山西财经大学学报,2008(12).

[40] Ian Molho: *The economics of information*, *Lying and cheating in markets and organizations*. Blackwell publishers, 1997.

[41] Donald E: *Campbell*, *Incentives*, *Motivation and the economics of information*, 2nd edition. Cambridge University Press, 2006.

# 第二篇　明清商帮经济思想

# 旅蒙晋商明清时代开发蒙古市场研究*

入清之后,随着蒙古的内附,昔日政府严格控制出入的广阔北部边疆地区一下子成为晋商贸易的巨大的市场,山西商人于是越过长城,闯出杀虎口,大踏步地向漠南(清代对内蒙的统称)、漠北(清代对外蒙的统称)、西北广阔地区以及俄国进军,这促成了山西旅蒙商帮的崛起。许多晋商巨子,如乔家、渠家、常家、曹家、大盛魁,都是这一时期从辽阔的蒙古大草原上发迹的。

在经济文化落后的地区做生意,总是要遇到许多困难的,其中困难之一是如何在硬通货缺乏的情况下达成双方满意的协议。落后地区的民众缺少的是货币产品,不缺的是实物产品,对游牧民族来说,自然就是多马、牛、羊之类。由于这些实物产品不便于储存、保养和管理,因而不被中原商人所接受。这意味着山西商人要到蒙古地区开展贸易,必须解决交换媒介物的问题。困难之二是如何在交通、通信落后,社会安全系数很低的情况下纵横数万里,将这些易掉膘、易死亡,需要粮草和人工饲养的牛、马、羊等活资产顺利地运到内地,这是许多现代企业都没有碰到的物流难题。困难之三是如何适应蒙古牧民的流动式生活,像乡间货郎一样,开展流动贸易。困难之四是蒙古牧民生活水平低,但消费欲望强,这给晋商提出了一个如何在客户信用度不高的情况下开展赊欠业务的问题。事实上直到今天,这几个问题也仍然困扰着许多中国企业。比如许多中国企业进军亚非拉市场、俄罗斯和东欧市场时,遇到的一个重要问题就是当地有很大的市场需求但缺乏硬通货。还有中国金融企业开发农村市场时,遇到的非常重要的问题就是农民收入不高,信用度低。

三百多年前的旅蒙晋商是如何解决上述问题的呢,他们的经验、教训对今天的志在开发农村市场,志在向亚非拉、东欧及俄罗斯市场渗透的中国企业有什么样的启发呢?作为一个中国经济思想史研究方面的学者,我试图从经济思想史的视角来研究这一问题,希冀对今天的企业经营者开拓市场尤其是欠发达地区的市场有

---

\* 本文发表于《商业研究》2010 年第 4 期。

所裨益。

## 一、靠易货贸易打开市场

清初山西商人刚去蒙古时,蒙古尚不流通内地的银两和铜钱货币,旅蒙晋商主要是靠易物贸易打开蒙古地区市场的。在对蒙贸易的诸多产品中,茶叶发挥了举足轻重的作用,成为对蒙贸易的大宗产品。当时山西各大商号与茶叶贸易都有千丝万缕的关系,仅祁县一地就有永聚祥、恒中恒、大德兴、大德诚、大玉川、巨盛川、天恒川、宝巨川、长裕川等十余家茶庄,成千上万的祁县人供职其中。在旅蒙东口——张家口,山西帮茶商竟有百余家。其中在砖茶上以"川"字为商号标记的"两大""两长"字号,即长裕川、长盛川、大玉川、大昌川等久负盛名。这四大茶庄均为清廷特允皇商,持有天子赐予的"红色龙票"(特殊通行证),从收购、运输,一直到蒙古腹地皆通行无阻,受到各方保护。蒙古牧民只要见此"龙票",就争相易货,认为这是货真价实的凭证。

茶叶之所以成为对蒙贸易的大宗产品,是与游牧民族"衣皮毛,食肉酪",对能够促进消化的茶叶有特殊的偏好分不开的。在游牧民族地区,不论长幼贫富都嗜饮茶,以致到"宁可一日无食,不叫一日无茶"的地步。正因为如此,茶叶在汉蒙贸易中还发挥了一般等价物——货币的作用。当时,晋商和蒙古族贸易的价格一般是"羊一头约值砖茶十二片,或十五片,骆驼十倍之",所以"行人入其境,辄购砖茶,以济银两所不通"[1]。当时通行的交换情况是:一块砖茶相当于一张羊皮。又布一匹(蒙古人以八寸为方,四方为托,七托为匹),约值银1两2钱,易牛犊1头,并不带走,仍留原主牧养,过三四年,牛已长大,然后驱入内地,可售价四五十两。[2]

除了茶叶,布匹、绸缎、药材、蔗糖、烟叶、麦粉、陶器、铁锅、农具等也成为对蒙贸易的大宗产品。至于蒙古输往内地的产品,则以牧畜(马、牛、羊、骆驼)和皮张为大宗。互通有无的易货贸易,大大促进了边疆和内地人民生活、生产水平的提高。例如,矫健的蒙古马不仅为作战所必需,而且运销江南,补充了内地农民耕畜和运输用马的不足;骆驼成了广大北方地区,尤其是山西、陕西、河北等地普遍使用的运输工具。牲畜及畜产品的大量输入内地,改善并丰富了内地人民的生活,牛羊肉已成为北方地区人民必需的食品。

## 二、借助王公贵族的力量降低经营风险

蒙古牧民手头不唯硬通货有限,其产品——牲畜的生产周期又长,这意味着要开发蒙古市场,非得实行赊欠的办法不可。旅蒙晋商通行的做法是,一方面利用蒙古牧民对硬通货的追求,放款取利,以一年为限,超过一年就要提高利率。只是旅蒙晋商追求的并非货币产品,而是让牧民以手中的牛、羊、马、驼等实物产品折价偿

还。另一方面是赊销日用杂品,然后定期以牛、羊、驼、马等折价偿还。前一种放款方法实际上是以钱易货;后一种方法则是以货易货,为蒙古牧民解决了不少生活所需和实际困难。山西旅蒙商人经常在春夏之交,载货送到蒙古牧民的营地,把商品赊销给蒙民,当面以货物折合牧畜、皮毛数量,先不收取,迨至秋冬之际,牧畜膘满肥壮时,商人骑着马,拿着账簿,到蒙民驻地,收取牧畜和畜产品,由收购商出据盖有商号印记的"钱帖"(类似现在的会员证)交牧民收藏。待次年春、夏季,该商号载货车到达时,牧民再凭此"钱帖"(会员证)向商人选购其所需的各种货物。还有的旅蒙商人以少量低廉的商品,交换蒙民幼仔畜或瘦弱牲畜,交蒙人代为饲养,待数年长成大畜或膘满肉肥时,再赶回内地高价销售。

但是在任何地区开展赊欠业务、实行延期付款都是有风险的,旅蒙晋商在经营过程中不仅考虑牧民的个人信用,还考虑利用蒙古王公贵族的权威进一步降低牧民信用不足带来的风险。原因是,越是在经济落后的地区,人们越需要相互合作才能维持生存,但这需要一个强有力的权威来维护组织的团结,协调社会成员间争夺有限资源的矛盾。在蒙古地区,这一有影响力的机构便是王公贵族及其组成的地方政府。基于此,旅蒙晋商使用一种由地方政府担保的"印票",规定:凡赊购商品者,须持地方官负责担保并加盖地方政府章的印票。印票上写着:"父债子还,夫债妻还,死亡绝后,由旗公还。"在这种情况下,一方面,信用状况不佳者,蒙古王公不会给其担保;另一方面,蒙古王公一旦作了担保,就要负责追偿欠债,不然,就要拿自己的资产赔偿。由于牧民的个人信用和王公贵族的权威信用结合了起来,旅蒙晋商自然不怕放债收不回来。当然,旅蒙晋商也得给蒙古王公贵族一定的补偿,这样才能调动起他们工作的积极性。

以山西商人中的最大的旅蒙商——大盛魁为例。每年,清政府驻蒙代表、蒙古王公代表和大盛魁的代表都要联合举行一次朝格勒尔。朝格勒尔,是蒙语中在蒙古草原举行的一种会议的名称。会议内容是由蒙古王公根据上贡清室和自己消费的需要,确定各盟、旗牧民所应承担的贡赋份额,然后以票据形式写明,交付给大盛魁去向牧民索取所负担的债款和利息。而且,在这种会议上,还要讨论确定每年牧民以物抵债时,马、牛、羊、皮毛、药材等的价格。一旦经朝格勒尔会议确定了的价格,任何人都无权修改。所以,实质上朝格勒尔成为议定大盛魁特权贷款的会议,大盛魁凭着朝格勒尔在蒙古草原上大搞垄断性经营,这是它成为第一号旅蒙商的重要原因之一。

出于为朝格勒尔特权贷款的需要,大盛魁专门开设了印票庄,印制了大量的贷款票据,这些票据一经朝格勒尔会议通过,就都盖上了蒙古王公们的大印,故人称印票。按照印票的数额,大盛魁要保证蒙古王公们的一应生活需求,王公们可依数向大盛魁支取现款,各王公向清政府上交的贡金,也由大盛魁统一办理,这样便大大地方便了蒙古王公。事实上,没有大盛魁做中间人,哪位王公也无法向牧民们征集几十万两银子。因此,蒙古王公们对大盛魁特别感激,仿佛它是他们的财政部。

久而久之,王公们对大盛魁形成了绝对的依赖关系,以致到了离开大盛魁就没法活的地步。

　　大盛魁的店员们每年要凭印票向牧民们讨债,而多数牧民难以用现金支付债款,只好用马、羊、皮毛等产品偿付。大盛魁一律折价,照单全收,然后拿去投入与内地的交易。这种垄断性的实物贸易,给大盛魁带来丰厚的利润,而且由于它的印票是朝格勒尔议定的,故其他商号也无法染指这一生意。大盛魁不仅凭印票向牧民们收取牧产品,而且也常凭印票向牧民赊销货物,付不起现款的牧民只要在印票上画个押,扛上三分利,就可以得到自己需要的商品。但到期还不上钱的,要将本息一起作为贷款重新写在印票上,这样蒙古牧民就逐步变成大盛魁的长期"忠诚"客户。旅蒙晋商就是通过这种放款、赊销的办法使牲畜货源有了保障,使定期地、有计划地组织收购和运销成为可能。不仅如此,它还使山西旅蒙商人和蒙古牧民得以保持长期的主顾贸易关系,为山西旅蒙商获得长期的高额垄断利润打下基础。

## 三、以高效率、高质量的物流赢得市场

　　针对蒙古牧民流动性生活和牧区市场分散的特点,旅蒙晋商采取了两种贸易形式,一种是走屯串帐篷,游动经商,这就是我们常说的行商。旅蒙山西商人根据牧民的日常生活所需,以车载杂货,周游蒙境,用较为廉价的绸布、茶叶、烟酒、金属器皿及工具等,换取各类牧畜、毛皮等畜产品和珍贵兽皮、药材等。另一种贸易形式是进行城市集镇贸易,这就是我们常说的坐商。乾嘉以后,随着旅蒙贸易的兴旺发达,旅蒙晋商逐渐由一年一度往返,以驼队牛车载货游动经商,改为在蒙古各地开设固定性商业网点。他们"往来既久,渐与蒙人稔习,乃乞隙区支窝棚,而不去""迨至囊橐丰富,遂营田宅,畜牛马,易行商为坐贾"[3],成为永久性商号。诸如多伦诺尔、归化城(呼和浩特)、库伦(乌兰巴托)、乌里雅苏台、科布多等地,都是旅蒙晋商的集中活动城镇。其中,归化城又是重点中之重点。许多山西旅蒙商把归化城看作生财积资的宝地,在这里拼命角逐。

　　以旅蒙晋商大盛魁为例。他们在组织销售蒙人所需商品和采购蒙古畜牧产品时,就采用人称"货房子"的骆驼队在草原上进行流动贸易,组织了两种货物仓库。一种是把归化城发往蒙古各地的各种货物,按品种分储货房,再发给流动贸易的"货房子"运销各镇,甚至运到每个蒙古包销售;另一种是把这些流动贸易"货房子"换回来的各种牲畜、毛皮等产品,也按种类分储货房,根据市场所需,按一定季节组织"货房子"回运到归化城总号,再组织转销。这两部分仓库组织的贸易、货运房子,往返进出,川流不息,庞大的骆驼队不停地往来于归化与乌里雅苏台之间数千里之遥的商路上。

　　大盛魁的"货房子"分为批发和零售两种。批发"货房子"包括帐篷一顶,商人和驼工二十余人,骆驼和马两百多头,狗(保卫队伍)十几只。每顶货房子为一个

销货单位,到指定的盟旗将货物成批赊销。专做零售业务者,驼队大小视商品情况,有时只用一头或三五头骆驼,驮少量货物,走串到蒙古人住的毡房做买卖。对于蒙古王公贵族奢侈生活的特殊需要,大盛魁亦全部包下来,满足供应,从而获得了蒙古贵族的欢心。至于收购回的羊马则设置羊马牧场牧养。待组织够一顶"货房子"的数目时,就把羊群、马群安排好序列往归化城赶运。途中设专人收容瘦弱羊马,赶回原牧场喂养,等膘肥体壮后再入选编群。

蒙古市场广阔但分散的特点对旅蒙晋商的物流管理水平提出了很高的要求。由于当时在草原经商主要靠驼马运输商品,故旅蒙晋商又有"驼帮商人"之称。在交易繁盛时期,有数万只(辆)的骆驼和牛马车投入运输。这些驼、车结队而行,每十五驼编为一队,每队有两人赶驼,十队为一房,驼行常数房相随,累达百千,迤逦行进,首尾相望。牛、马、车辆也上百或数百结队,首尾相衔,长可数里。清人徐珂《清稗类钞》有详细记述:"山西行商有车帮。晋中行商运货来往关外诸地,虑有盗,往往结为车帮。此即为泰西之商队也。每帮多者百余辆,其车略似大轱辘车,一车约可载重五百斤。一御者可御十余车。日人而驾,夜半而止,白昼牧牛,必求有水之地而露宿焉,以此无定程,日率以行三四十里为常。每帮车必挈犬数头,行则系之车中,止宿则列车为两行,成椭圆形,以为营卫。御者聚帐篷中,镖师数人,更番巡逻。人寝,则以犬代之,谓之卫犬。"

考虑到骆驼在对蒙贸易运输中的巨大作用,有实力的商家纷纷自建骆驼饲养场。例如,为了保证运输所需骆驼的休整补充,大盛魁在乌里雅苏台设置有大规模的骆驼饲养场,专供驼队临时休养。同时还配备预备驼队,担负临时运输任务,并作为死亡伤病骆驼的补充。饲养场骆驼少的时候有1500峰,多时在3000峰以上。对蒙贸易的巨大需求还刺激了专业运输商号的兴起。例如,山西祁县自康熙年间就有专搞运输的商号。同治、光绪年间,祁县榆林的余姓养有1000多峰骆驼,永安的柳姓养有800多峰骆驼,当地人称"余一千,柳八百"。他们两家都给大盛魁、元盛德、天义德等著名旅蒙商号驮过货,或从山西曲沃驮生烟,或从河南清化驮铁货,再运到归化城。

对旅蒙晋商来说,要提高物流效率,还必须解决运输中的物耗、产品保鲜等问题。当时从张家口到海拉尔,行程较远,需两月。从归化城(呼和浩特)到库伦(乌兰巴托)行程2000公里,需时3个月。对旅蒙晋商来说,在高低不平、崎岖难行的山路和大漠间运输,如何将货物损害率尽可能地降低就成了大问题。山西旅蒙商在长期的贩运生涯中发挥聪明才智,曾创造和积累了不少经验。如大盛魁每年运往外蒙地区砖茶3万箱以上,生烟2000多囤(每囤180包,每包1斤),还有许多瓷器、木碗等易碎物品,但都运输完好。大盛魁从外蒙赶回的活羊一般都在100万只以上,活马在2万匹左右。在长途赶运中,由于采取"分群赶运"法,不仅不会掉膘、死亡,而且经常增长膘肉。所谓"分群赶运",就是千余只羊为一群,十群为一房,约活羊15000只,在赶运时拉开距离,各群相距1千米左右,最后一群羊由技术高者充任赶运,在行程中羊群上午比下午走得快,早晨比中午走得快,午后羊群疲乏了,走得慢,赶运速度以羊能吃上草为前提,不允许只赶路而羊吃不上草。

赶运活马时,每顶房子赶马约15 000匹,由24人分两班日夜轮流行走,轮流休息。而且旅蒙晋商力求赶运活马所经或所到之地,均为当地的骡马大会召开之际,以便进行交易。正是依靠高效率、高质量的物流,山西商人才以其经营活动,推动了黄河上下、长江南北以及东北、西北、西南边陲与内地的经济联系,并获得了"足迹遍天下"的美誉。

## 四、以周到的服务、过硬的商品巩固市场

山西旅蒙商要在蒙古扎根,还必须克服语言障碍,加深和蒙古民众的情感交流,力求达到水乳交融的境界。由于语言不通,起初山西旅蒙商在蒙古贸易广采通事制。通事即"通报传达"之义,即会说蒙语的翻译。由通事从中说合交易,蒙民"唯通事之言是听,通事遂得上下其手,以获厚利"[4]。通事制的存在严重地限制了山西旅蒙商和蒙古民众的直接交流,不利于对蒙贸易的长期发展。在这种情况下,进入蒙古各地的山西商人,为了做好对蒙贸易,很注意学习蒙族语言,他们曾编纂用汉语注音的《蒙古语言》工具书,"每日昏暮,伙友皆手一编,习语言文字,村塾生徒无其勤也"。

在经商活动中,旅蒙晋商还根据用户的要求,积极组织货源,严把质量关。如蒙民以肉食为主,喜用砖茶,大盛魁便自设茶庄,加工"三九"砖茶。牧民喜欢用结实耐穿的斜纹布制衣,它便大量购进,以满足牧民需要。对于蒙民和喇嘛专用的物品,如蒙靴、马毡、木桶、木碗和喝奶茶使用的器皿以及寺庙喇嘛用品,大盛魁实行专门订货,选择技术精湛的工匠特别订制,从而保证了商品品种齐全、质量过硬。为了以优质热忱的服务满足顾客的需求,旅蒙晋商还精心研究蒙古人的生活习惯。例如蒙民不长于算账,他们就把衣料和绸缎裁成不同尺寸的蒙古袍料,任蒙人选购。蒙古治病习惯用72味、48味、36味、24味4种药包,大盛魁就将中药按此分包,药包上用蒙、汉、藏三种文字注明药名和效用。甚至每年冬至以后,用白面和羊肉加工大量饺子、通过自然冷冻,运往蒙古包销售。

在经商活动中,旅蒙晋商还注意蒙族的风俗习惯,做到入乡随俗。例如有的旅蒙晋商们还学习和掌握一些医疗针灸技术,在行商活动中对蒙民中一般病症予以医治,以获取蒙民好感。他们还拿出相当精力协调与蒙古亲王、贝勒等上层社会人物的关系,目的是取得他们的信赖,以便在营销活动中得到支持。经过长期的、多方面的努力,旅蒙晋商终于开拓并巩固了他们在蒙古草原的商业活动,以致在一般牧民心目中,把山西商人看作和牧主台吉(蒙古低层统治者)一样重要,山西商人在广大蒙古地区的影响之大,可想而知。

## 五、历史经验

　　当然，旅蒙晋商在蒙古地区的经营并非全是成功的经验，也有一些值得我们借鉴的教训，这主要指部分旅蒙晋商利用落后地区民众交易范围有限、对外部信息不了解的弱点，长期地保持垄断高价，结果引起当地民众不满，以致发生某些极端暴力事件。例如某些山西商人利用当地蒙古王公贵族的支持，有恃无恐，在同牧民的长期交易中，将本来很好的商业信用——赊销，演变成为"驴打滚""利滚利"等手段，实行过分的经济榨取，从而引起蒙古族民众的不满。清人松筠在《绥服纪略》中说："沿边各旗扎萨克游牧，往往有商民以值数钱银之砖茶，赊与蒙古，一年偿还，措不收取，必欲按年增利。年复一年，索其大马而收之。此弊不但有关蒙古生计，而贪饕如此，竟有被蒙古仇恨致毙者。"

　　还有些旅蒙晋商"以牸畜质物，指定某畜由原主代为饲养，数年后取之如携，若有死伤，原主指他畜以为偿"[5]。显然，这样的规定没有考虑到严酷的自然环境所导致牧民生产的巨大的风险性，很有些利用蒙民的无知进行商业欺诈的味道。当然，正因为在蒙古的贸易存在上述种种弱点，有眼光的山西商人才非常重视"义"的宣传，并抬出深孚众望的关公做号召。

　　《礼记·中庸》云："义者，宜也。"一次性交易中的"义"和长期交易中的"义"是不一样的。对于一次性交易来说（这里不考虑竞争对手的因素），由于交易双方存在严重的信息不对称问题，掌握更多信息的一方会利用对方的无知力求以有利于自己的价格成交。随着买卖双方交易次数的增多，信息不对称的状况也在逐步改变，有关商品质量、成本的信息会越来越透明，在这种情况下，交易价格也会越来越公平。如果再加上竞争对手的因素，公平价格实现的速度会更快。原因是竞争对手的加入，会向消费者泄露行业的成本结构和产品的质量状况，这有助于改变买卖双方信息不透明的状况，有利于公平价格的实现。

　　对旅蒙晋商而言，刚刚进入蒙古市场时，由于极大地满足了蒙古牧民的需求，即使价格高点，蒙古牧民也不以为怪。但时间久了，随着蒙古牧民间相互交流的增多，所拥有的信息量的增长，他们自然会形成一个自己关于商品价格的预期，从而产生逼迫旅蒙晋商降价的压力。如果旅蒙晋商长时间内无视蒙古牧民的这些要求，牧民的不满自然就会转化成愤怒，一旦碰到合适的时机就很容易演变成群体性暴力事件，这就是某些旅蒙晋商被蒙古牧民仇恨致毙的原因。这说明即使不考虑竞争对手的因素，商人也必须要顺应消费者需求以及社会舆论的变化，对商品的价格、质量、包装等做适当调整。如果再把竞争考虑进去，这一有关产品质量、品种尤其是价格调整的速度会更快。

　　对晋商而言，蒙古市场是一个不完全竞争性的市场。这是因为清政府基于民族地区安全的考虑，对入蒙贸易做了很多限制性的规定，必须取得政府的许可才能进入大草原贸易。最初政府出于满足蒙古人民生活需要的考虑,对旅蒙晋商设置的门槛不是太高,后来看到现有的商人基本就能够满足市场的要求,于是开始提高入蒙贸易的门槛,除非现有的旅蒙晋商因各种原因退出,否则决不批准新的商人进入,这样就使得蒙古市场的竞争很不充分。旅蒙晋商出于维护高额垄断利润的考虑,自然缺乏降低商品价格的动力。科学技术的发展、交通通信的进步,意味着人类远距离贸易的能力增强,意味着晋商在蒙古市场的垄断地位是一定要被打破的。19世纪60年代后,俄商进入蒙古市场,短时间内打破了晋商的垄断。个中原因除了凭借不平等条约作后盾,以及依靠现代科学技术取得了更大的竞争优势外,还与晋商长期保持垄断高价,引起蒙古牧民一定程度的不满分不开。

显然,从消费者角度讲欢迎外部竞争者进入,这有助于打破垄断,给消费者更多的福利。科学技术的发展、交通通信的进步,意味着没有一家企业能够凭借固定不变的技术在一个地区长期维持垄断地位。这说明企业欲在一个地区长期经营下去,一是必须发挥创新精神,重视科学技术的力量,力求用先进的技术不断创造出社会需要的高品质低价格的产品,这样才能长时期内保持竞争优势,这是从企业如何协调与竞争对手的关系角度来讲的;二是在考虑企业眼前利益的同时兼顾长期利益,这样就一定要处理好与消费者乃至社会的关系,一定要顺应他们需求的变化,这样才能在长时期内赢得顾客的信赖,才能真正地在当地扎根。这是从企业如何协调与消费者关系的角度而言的,这就是人们应从旅蒙晋商的经营实践中吸取的经验和教训。

**参考文献**

[1] 姚明辉. 蒙古志. 贸易. 卷三. 光绪三十二年,文海出版社,1966.

[2] 徐世昌. 东三省政略·蒙务下·纪实业. 吉林文史出版社,1989.

[3] 徐珂. 清稗类钞(第五册). 中华书局,1984.

[4] 徐珂. 清稗类钞(第五册). 中华书局,1984.

# 明清商人为城市游民提供金融服务的经验及启示*

明清时期,社会生产力发展、商品经济进步,出现了以晋商、徽商为代表的全国十大商帮。然而,经济发展的同时,社会贫富分化问题也比较严重,这就出现了如何为城乡广大民众提供金融服务的问题。出于生产、生活的需要,普通民众对资金的需求是非常强烈的,但苦于有价值的抵押品不多,一般的金融机构(如典当等)不愿意给他们提供贷款。中国目前也存在类似的问题。农民贷款难、城市工商个体户贷款难、大学生上学贷款难等问题存在了很多年,因难于解决而成为社会的痼疾。但是,为低收入阶层提供资金支持这个问题,早在数百年前的明清时期就成功地解决了。当时的商人创办了印局,专门给没有什么资产、流动性很强的城市游民(也就是后来说的"流氓无产者")贷款,以解决他们的生活困难。连城市游民这样的阶层都能申请到贷款,其他的社会阶层就更不用说了,这对现代的中国人来说确实有些匪夷所思。在此将以印局为例,紧紧围绕如何降低经营风险这一问题进行探讨,希冀给当今志在开发农村金融市场、开发个人金融业务的金融机构一些启迪。

## 一、印局的经营之道

明清时期,随着社会生产力的发展,农业过剩人口增多,全国出现了大量的流民或游民。失去土地的农民为谋生路,一部分人移向了空旷的西南、西北、东北边疆,继续沿袭传统的小农生产方式;还有一部分人则流向京城、水旱码头等人烟稠密、舟车往来之地,改变了原来"面朝黄土背朝天"的生产方式,依赖出卖劳动力或走贩设摊谋生,加入到城市底层市民的行列当中,从而形成了一支城镇游民队伍。据有关史书记载,明嘉靖十一年(1532年)后,已经是"京师游民所集"[①]或"多有四

---

\* 本文发表于《改革与战略》2009年第4期。
① 《明世宗实录》(卷一三七),嘉靖十一年四月乙巳。

处流民潜住京师"①。

　　流入城镇,对一个举目无亲、一贫如洗的农民来说,谋生是相当困难的。即使有的能觅到搬运夫、扛夫之类的活计,那也是"日中所入,仅敷糊口,而谋食之外,不暇谋衣"②;倘若觅不到出卖劳动力的活计,想从事游街串巷的肩挑小贸,赚些糊口之钱,那也需要一定的本钱。而对于处于城市最底层的游民来讲,这些微小的本钱却常常难以筹措,于是小额借贷便成为城市底层市民生存之必需。

　　对于游民的这种生活困难,当时已有的服务于城乡贫民的金融机构——典当行是无法满足的,因为典当行要求的抵押品是这部分人无法提供的。在城镇游民强烈需要资金而现有的金融机构又无法满足的情况下,一部分商人审时度势,抓住机遇,只用少量的资本,创办了一种专门向城市底层市民提供小额信贷的金融机构,这就是印局,也称印铺。

　　据《明实录》的记载,万历年间京师就有不少印子局,清初以后,放印子钱的可以说遍及工商业城镇。凡是人口稠密、舟车交错的城镇和码头,都有很多无业游民,有赖于放印子钱的印局为其融通生活所需银钱。在创办和放印子钱的商人中,以资本雄厚的山西商人,尤其是介休商人最为有名。民国年间的《介休县志》有下列记载:"介休商业以钱、当两商为最……至邑人出外贸易者,在京则营当商、账庄、碱店,在津则营典质转账,河南、湖北、汉口、沙市等处,当商、印行邑人最占多数。"

　　对创办和放印子钱的商人来说,如何降低经营风险是他们面临的头等重要的问题。孟子曰:"无恒产者无恒心。"③这是说,没有稳定的资产就没有坚定的规范自己行为的心愿。当资产很少时,人们更倾向于看眼前利益,更容易经受不住外界的诱惑而犯错误;随着资产的增多,人们逐渐倾向于看长远利益,开始自觉地规范自己的行为。对于城市游民而言,经济实力的弱小、信用的低下,意味着向他们借款是要冒很大的风险的。但辩证法告诉我们,万事万物总是具有两面性的,有缺点的同时必有优点,有威胁的同时必有机会,风险越大往往意味着利润越高。

　　第一,游民有一定的生产能力,这是他们偿还欠款的基础。

　　第二,交通、通信的不发达,意味着游民的流动范围总是有限的,只要把借款期限放短,把催款间隔期缩短,是能够把市场交易的风险降下来的。

　　第三,游民的借款数额不高,即使他们真的无力还款,或有意逃走,对印局来说损失也不大。

　　第四,游民因自身力量的有限,特别需要互助,可以利用熟人的担保和其他社会力量降低借贷的风险。

　　第五,游民由于自身力量的不足,特别盼望国泰民安,对以安定社会秩序为己

---

① 《明世宗实录》(卷三一八),嘉靖十七年十一月戊寅。
② 张焘:《津门杂记》(卷下),光绪十年刊本。
③ 杨伯峻:《孟子译注·滕文公章句上》,北京中华书局2005年版,第117页。

任的官府有相当的依赖性,可以借助官府的力量降低游民不想偿款的风险。

第六,游民资产不多,这使他们更看眼前利益,更容易经受不住外界的诱惑而肆意挥霍,这意味着必须加快催款速度,不然游民好不容易挣来的钱很快就被其挥霍了。

第七,风险越大,利润越高。由于为游民贷款风险大,因而利率也比一般的金融机构高好多。例如,典当业是当时有名的高利贷组织,月息最高不超过3分,而印局的月息通常都在3分到6分,远高于典当业。

《孙子兵法》曰:"知己知彼,百战不殆。"在综合考虑城市游民强、弱点的基础上,印局在办理对游民的借贷时规定了如下的制度安排:

一是借贷无须抵押,只要有熟人担保即可,这样做既规避了游民缺乏抵押品的客观事实,又利用担保降低了风险。游民自身力量的弱小使他们强烈依赖社会互助,因而寻找合适的担保人并不困难。对于担保人而言,由于承担了被担保人财产不足情况下的赔偿责任,因而除非是他信得过的人,否则是决不肯去做这个担保的。而且,既然做了担保人,被担保者的生产、生活状况跟他就有了密切的关系,因而其也有动力去监督、帮助被担保人搞好生产,这样自然就降低了印局的经营风险。

二是印局借贷以铜钱货币为主,系小额借贷,这是基于游民借款数额不高而做出来的决定,既满足了游民对资金的强烈需求,又能降低印局的经营风险。

三是放短借款期限,加快催款速度。印局对于糊口或肩挑小贩,通常借款一月,但逐日派人归还本利(当然,对于信用好一点的,也有每三日、五日一催还的),还一次盖一个印章,因而又名印子钱。这种放印子钱的店铺,就叫印铺、印子铺或印局,这就是印局名字的由来。例如,浙江仁和县曹三向"金玉殿借钱一千文,日还本利钱二十文,六十日还清,共还本利钱一千二百文,名为印子"①。印局之所以对糊口或肩挑小贩借款一月,主要是考虑到小商小贩的固定投资成本不高,借款一月足可以应付日常花销;之所以每日催款,则是考虑到游民的"今朝有酒今朝醉"、不思储存的坏习惯。对于那些置买换季衣服的需求,印局的借款期则视需要而定,分一个月、两个月,最多不超过100天。对城市游民来说,这是大件消费品的需求,非短时间内所能还上,因而印局的借款期也比较长。逐日派人归还本利,肯定会增加经营成本,这是由印局的目标客户——游民的特点决定的。好在当时的劳动力价格不高,且一个"客户经理"可以负责许多人的工作,可以通过提高"客户经理"的工作效率尽可能地降低经营成本。

四是借助各种有影响的社会力量催还欠款。为了提高这种无抵押贷款的安全系数,印局普遍与地方势力集团有密切联系,利用其拥有的非经济力量追讨借贷。康熙年间,两江总督于成龙曾在一份会约中指出,有人借八旗势力举放印子钱,危

---

① 李文治:《中国近代农业史资料》(第1辑),北京三联书店1957年版,第91—92页。

害社会秩序,要求加以禁止。他说:"地方无籍徒,影射旗势,或串同苦独力营,斯狐假虎威,狼狈为奸,违禁取利,及印子钱名色,盘算估折,稍不如意,鞭挞横加,小民无可如何。"①此一史实,即印局这种特殊金融机构经营方式的反映。

## 二、印局社会作用的评价

印局的设立满足了城镇游民这一特殊阶层的生活需要,解决了游民无法借到钱的困难,对维持游民生计和社会的安定发挥着重要的作用。在京城,不仅游民依赖借印子钱生活,其他城市百姓向印局借款谋生的人也很多。"京城内外五方杂处,其无业游民不下数万,平素皆做小买卖为生。贫穷之人原无资本,惟赖印局挪钱,以资生理。如东城之庆祥、德源,南城之裕益、泰昌,西城北城之益泰、公和等号,皆开印局为生。有挪京钱二三串者,而挪一串者尤多,皆有熟人作保,朝发夕收,按日取利。而游民或携筐或担担,每日所赚之利,可供每日所食之资。而僻巷居家远离街市者,凡用物、食物亦乐其懋迁有无,取携甚便。"②

不过,印局的高利率,尤其是逐日催款的营业方式也引起了社会舆论的抨击。人们批评印局"以穷民之汗血为鱼肉,以百姓之脂膏为利薮,设心之狠恶,莫有甚于此辈者"③。"大抵肩挑背负之民,得钱数千以为资本,每日小贸可以糊口,无如资本无出。而为富不仁之徒,又从而盘剥之,既其倍称之息,又迫以至促之期,数月之间,已收一本一利,辗转胶削,民困弥深,不甘于冻馁,即流于盗贼,其所关甚非小也。"④至于逐日派人催还本利的营业方式,更是引起社会公愤,被斥为毫无人情。有诗云:"中秋佳节月通宵,债主盈门不肯饶。老幼停杯声寂寂,团圆酒饮在明朝。"⑤

站在商品经济的立场上,印局的高利率正是当时社会资金不充裕,而城市底层贫民的需求又很旺盛的反映。至于印局广为世人诟病的逐日催款,则是它出于降低经营风险的无奈选择。既然进行商品经济,只能遵守商品经济固有的法则。印局的客户是信用相当低的城市游民,较之其他社会群体显然更有动力欠款不还。如果印局对他们不严加催促的话,就会出现越来越多的"老赖"。一旦印局无钱可赚,出资者肯定要撤资,这对城市贫民的打击肯定更大。因此,我们既要看到印子钱逐日催款的冷酷性,也要看到这样做的合理性。它能有效地保证出资人的利益,符合城市贫民和社会的长远利益。当印局有钱可赚时,出资人不但自己扩大投资,还会带动更多的人投资于这一行业,竞争的激烈性自然会把价格(利率)降下来。

---

① 《于文端公政书.两江书》(卷七),康熙二十二年。
② 《清档》,《通政使司副使董瀛山》,咸丰三年三月四日奏折。
③ 《益闻录》,光绪六年六月十二日。
④ 《东华续录》(卷九五),光绪十五年八月癸未。
⑤ 杨静亭:《都门纪略》,道光二十六年刻本。

至于采取"利滚利""驴打滚"的方式,也不能一概否定,这是印局藉以提高欠款者拖延成本,促其加快还款的办法。从金融史的角度来说,所有采取延期付款方式的金融机构没有不藉此加快回笼资金力度的,今天的房贷等不也采取这种方法吗?

问题在于对那些实在还不了款的人,就算再提高他们拖欠还款的成本,他们还是还不上。如果逼得太急了,他们还会出现轻则逃亡,重则自杀,再重则和债权人同归于尽的恶性事件。无疑,这是不应该发生的人间悲剧。古人云"天之大德曰生"[1],"生生之谓易"[2],这是说,天生众人,就应该养活众人。资源是社会的,就应该归全社会享有,当然要有效率地享有,而不是平均主义这样无效率的享有。因此,作为商界人士,肯定应该讲"信",讲对合同的遵守,对他人利益的尊重。孔子曰:"人而无信,不知其可也。"[3]但是孔子又说:"言必信,行必果,硁硁然小人哉!"[4]孟子更是指出:"大人者,言不必信,行不必果,惟义所在!"[5]这是说,君子固然要讲究信用,但更要知道通达权变,不能拘泥于"信"而不知道"变"。须知,"信"是建立在"义"的基础上的,"义者,宜也"[6],指合适的意思,引申到商业领域,就是要求买卖双方达成普遍满意的制度、政策、合同。如果因为环境的变化,原来合适的制度、政策、合同变得不合适了,那就应该根据变化了的实际情况,根据"义"的原则及时地修正合同,而不应该让不合适的制度、合同继续使用下去。《易经》云:"穷则变,变则通,通则久。"[7]这说明,作为商界人士,固然应该讲"信",但更应该讲"义",使大家普遍地能够生活下去。对于印局而言,假若债务人并非恶意赖债,实在是无力还债的话,可考虑让其以工还债——他的劳动力还是有价值的,或者以其他的有价值的资产抵偿。对于实在没有办法还债的,也不妨学习孟尝君的门客冯骥的办法,对"(薛地)贫不能与息者,取其券而烧之"[8]。正如冯骥对孟尝君所说的:"虽守而责之十年,息愈多,急,即以逃亡自捐之。若急,终无以偿,上则为君好利不爱士民,下则有离上抵负之名,非所以厉士民彰君声也。焚无用虚债之券,捐不可得之虚计,令薛民亲君而彰君之善声也,君有何疑焉!"[9]换言之,既然不能赚来实惠,那就得个好名声吧!名声好比广告,也会变成巨大的生产力的。这就是理性人思维的体现:不能做到有利情况下的利润最大化,也要做到不利情况下的损失最小化。这是明清印局给我们的一个重要启发。

---

[1] 周振甫:《周易译注·系辞上》,江苏教育出版社2006年版,第290页。
[2] 同上书,第269页。
[3] 钱穆:《论语新解·为政篇第二》,北京三联书店2002年版,第47页。
[4] 钱穆:《论语新解·子路篇第十三》,北京三联书店2002年版,第343页。
[5] 杨伯峻:《孟子译注·离娄章句下》,中华书局2005年版,第189页。
[6] 陈戍国:《礼记校注·中庸》,长沙岳麓书社2004年版,第419页。
[7] 周振甫:《周易译注·系辞下》,江苏教育出版社2006年版,第291—292页。
[8] 司马迁:《史记·孟尝君传》,长沙岳麓书社2005年版,第453页。
[9] 同上。

## 三、印局对银行从事个人金融业务的启发

印局作为以低收入者为服务对象的专门从事个人金融业务的组织,对当前我国金融业最大的启发就是它的有效降低经营风险的制度安排。要杜绝借款人欠款不还的现象,办法无非两个,一是提高借款人对诚信贷款的预期收益的认识,二是提高借款人的违规成本。二者之中,前者系治本,是银行长期坚持的方向;后者系治标,是银行的当务之急。银行应采用标本兼治之法来降低借款人贷款不还的风险,具体到当前就是缓本急标。

一是贷款一定要有抵押或担保。对当今实行个人金融业务的金融机构而言,应将抵押放在第一位,抵押不够的再让其寻找担保人。不过,在给抵押物估价时,要借鉴美国次贷危机的教训,不能仅仅以市场现值作为估价的标准,而应学习德国金融机构的办法,将未来市场的风险考虑进去,侧重于抵押物的长期持续的价值而非当时的价值。这是因为银行的利润其实是对未来投资的结果,而未来是具有不确定性的,如果经济形势好了,抵押物的价值会上升,反之则要大打折扣,所以,银行给抵押物评估时,必须考虑到潜在的风险。

二是加大催款力度。就一般情况来说,借款人的经济困难分为一时的经济困难和永久的经济困难两类。对一时经济困难的借款人,银行在想方设法帮助他们解决困难的同时,还要由专门机构负责对借款人的催款,一旦获知他们有了钱款的信息,马上前去催款,避免借款人借机赖账。对于某些确实因经营失败无力还款的借款户,银行也要加强对他们的信息管理,避免他们转移财产,力求做到不利情况下的损失最小化。

三是建立、健全全社会性(包括国内及国外)的信用网络,防范欠款不还者利用流动性强的特点浑水摸鱼,"搭便车"。明清的印局为了保证自己的利益,除和官府协调关系外,还和其他社会力量保持联系,目的就是提高欠款不还者的成本,让他们按规定交还欠款。对于当今的金融业来说,我们不能像印局那样通过和黑社会勾结的办法提高欠款不还的成本,而应该在法律规定的限度内,积极地与政府部门、司法部门、新闻界等保持联系,利用一切可以利用的社会力量,在法律规定的限度内,提高贷款人欠款不还的成本。其中,建立个人信用登记制度是有效防止借款人违约的重要措施。2007年9月12日,杭州网发表《借与还——让贫困生有尊严地上大学》一文称,中国工商银行杭州高新支行到2006年年底,有36名欠款大学生逾期三五年,成了银行的坏账。进入2007年,事情有了戏剧性转变。进入银行坏账"黑名单"的36人中,陆续有10人前来还贷,这与个人征信系统的全国联网运行是有很大关系的。随着助学贷款成为个人信用记录的一部分,相信更多的年轻人会意识到个人信用的重要性,能够主动地前来还款。

在建立、健全全社会性的信用网络方面,科学技术将起到非常重要的作用。以

欧美国家的汽车司机为例,他们之所以严格遵守交通规则,除了安全意识较强以及基督教"上帝"的严格约束外,科学技术在监测司机行为方面的广泛运用也是一个重要原因。这几年,我国出租车司机的行为较之几年前规范了许多,原因就在于很多路段安了"探头",大大增加了出租车司机的违规成本。因此,金融业必须加强对科学技术的投资,力求运用互联网等最新的科学技术成果建立、健全实现金融业的社会化网络,提高欠款不还者的违规成本,创造他们不得不信守诺言的条件。

上述办法仅为治标之法,从长远来说,还是要寄希望于治本之法,通过提高人们对及时还款的预期收益的认识,树立诚信意识,这既是金融业的要求,也是建立和谐社会的要求。孟子说:"有恒产者有恒心。"[1]随着人们生活水平的提高、对高尚的精神生活的追求意识的增长,加之全社会范围内诚信教育的加强,欠款不还的风气是会逐渐改变的。

综上所述,明清商人为城市游民贷款对当前金融业最大的启发就是,必须设计一套能够有效降低贷款风险的制度安排。作为金融企业,既要"视顾客是上帝",又要明白上帝也会犯错误,这样才能在有效满足顾客需求的前提下,最大限度地降低风险,提高企业的经营效率。

---

[1] 杨伯峻:《孟子译注·滕文公章句上》,中华书局2005年版,第117页。

# 明清商人如何为低收入阶层提供信贷服务*

明清时期,社会生产力发展、商品经济进步,出现了以晋商、徽商为代表的十大商帮。然而,经济发展的同时,社会贫富分化问题也比较严重,这样就产生了如何为城乡低收入阶层提供金融服务以解决生活、生产需求的问题,典当和印局就是专门为低收入阶层提供服务的金融机构。典当系抵押贷款,印局则是无须抵押的信用贷款。众所周知,为广大低收入阶层提供金融服务的风险是相当大的。明清的典当和印局商人是如何降低经营风险的?对今天从事小额借贷的金融机构有什么样的启迪?本文正是围绕金融机构如何降低风险这个问题进行探讨的,这不但有利于明清经济史研究的深入,对今天的金融建设无疑也是大有裨益的。

## 一、明清典当的发展情况与经营之道

1. 明清典当业的特点

典当业,俗称当铺、典铺、质库、押店等,以抵押放款,高安全性为特征。它产生于南北朝(420—589年)的寺庙内,是中国最古老的金融组织。

明清商品经济发展,典当业繁荣,史称"典肆,江以南皆徽人,曰徽商。江以北皆晋人,曰晋商"[1]。就明清典当业的放款对象来说,主要是两类人:一是贫困农民、小手工业者。当物多为衣服、首饰、木器、农具等,其中尤以衣物为主,占80%以上,其次是农具、木器,许多当铺都专门设有仓库以便存放农户当入的各种农具。典当每笔放款数额都不大,每票所当多不及1元,超过5元者寥寥无几。另外,典户入典有的并非专为贷款,例如农民于春暖时,棉衣、棉袄等容积较大物件,因住屋狭小,无处安放。或春耕开始,家中成年人多外出工作,将此种衣物储藏于不坚牢之屋内易被偷窃,故多视当铺为保险库。即无通融资金之需,也有押寄珍贵衣服,以求安全者。二是下层知识分子和破落贵族。中国古代知识分子除出身富家者

---

* 本文发表于《求索》2009年第12期。

外,多有清贫度日、俭朴一生者。他们在发迹之前或受挫折打击之时,常常不免"床头黄金尽,壮士无颜色",于是只得进出于"穷人之管库"——质库、当铺。一些由于家业衰落的破落贵族也常出入于当铺,凭面子以房或物为押,借款以度困难。有时某些家业巨大的贵族拍卖、典质贵重物品的行为还会促进当地典当业的发展。

典当业的风险主要有二:一是被骗的风险。当铺毕竟主要是与社会下层(当然也包括落魄贵族)打交道的金融组织,按照孟子的"无恒产者无恒心"[2]的说法,这一阶层行骗的动力更强,加之典物种类繁多,一般人很难弄明白它的真正价值,这更为行骗创造了条件。二是被盗、被抢的风险。由于当铺资本高、贵重用品多,因而财大招风,常是强盗、窃贼以及哗变的官军或农民起义军哄抢的对象,因此当铺最害怕社会动乱,常通过官商的勾结以及寻求江湖帮派的帮助来维持其安全。不过,对于当铺被盗的风险,典当资本家可通过加大安全方面的投资来弥补,这对那些家大业大财产多的典商来说根本不算什么。典当业最大的风险是经营风险。因为典物种类繁多,既有绫罗、绸缎、纱、绉、呢、布等各种丝、毛、棉织品,也有平民百姓的棉袄裤褂,达官贵人的朝衣蟒袍,以及各地的皮毛土产、日用杂货、珠宝玉器、古玩礼品、名人字画、家庭器皿等,足有成千上万种。对这成千上万种质物如何鉴别真伪,如何决定当价,如何进行保存以及如何防腐、防火、防潮、防骗均需较高的专业知识与管理水平。

2. 明清典当业的经营之道

明清典当商人是通过以下方法降低经营风险,提高经营效率的。第一,非常重视对典当人才的培养,提高其识别货物和正确给货物估值的能力,力求从经营上控制风险。以当物价值评估而言,这是一项技术性很强的业务,既不能评估过高,也不能评估过低,其拆当比例(指定价)的大小,完全取决于评估者对当物本身及其市场可销价的熟练掌握与合理预测。拆当比例过高,会在某些条件下引起客户拒赎,造成死当,增加当铺的经济负担,影响当铺的利润;拆当比例过低,又会使当户认为条件苛刻,从而妨碍成交。由此可见,当铺的经济效益与当物价值的评估等日常工作好坏休戚相关,必须具有一批熟悉典当业务、充分了解信息、掌握行情的经营人才。明清典当坚持"唯才是用"的原则。如山西祁县广和当号规第八条规定:"东伙亲戚子弟,不得私自荐用,如有用者,开会公议。"[3]他们对伙友的选择特别严格,学徒进门要经过几年严格锻炼和考察,练字、打算盘是基本功。经过多方面、长期的培训之后,贤者、有才能者才出师任以专职,不合格的或尽管入了号但严重违反号规的也要被淘汰。为陶冶伙友情操,当铺还规定了许多约束性情的号规,如不准赌博、不准吸食鸦片,如有犯者开除出号等。明清典当还通过严格的财务控制,帮助员工抵制外界的各种威胁利诱。例如,广和当号规还规定"众股东不得以股票向本号押借,违者以经理是问""铺中东伙不准浮挪暂借或承保他人向本号借取",从而保证了公司资本的安全。"贷款人名上账,得有充分抵押,不得滥放"[4],从而确保了贷款手续严格,避免了追款无门,有效地防止了金融风险。

第二,引导员工看长远利益,从而自觉地遵守纪律。比如,山西典当商人就是通过顶身股制度提高他们自觉地看长远利益的。晋商的顶身股是只出力,不出钱,但与银股一样,有分红的权利。其方式有二:一种是财东在出资设典时对其聘请的经理事先言明顶身股若干,以合同形式规定下来;另一种是普通职工进典典龄在十年以上,没有过失,由经理向股东推荐,经众股东认可,即将其姓名记于"万金账",写明从何时起,顶身股若干,即算顶了人力股。顶身股制度可激励职工钻研业务,学习技术,"殚心竭力"为商号着想,从而最大限度地调动了职工的积极性,增强了商号的凝聚力。

第三,通过加强与外部环境关系的协调,弱化社会矛盾,提高典当业形象。如山西当铺有年底减利(利率)的传统。又如山西辽县、武乡、沁源、寿阳等县,平常月利2.5%,冬腊月赎时,月利则减为2%,到第二年二月底止。晋城则是月利3%,每年逢正月、二月、腊月减为2.5%。这种每到年关就对当户让利的传统很受社会欢迎,有利于树立当铺良好的社会形象。此外,山西当铺还通过捐助公益事业、慈善事业等赢取百姓好感,弱化社会矛盾。例如,嘉庆十八年(1813年)平遥重修市楼,仅《众善募化芳名碑记》就载有当铺24家[4]。光绪三年(1877年)大旱,(孝义)县内外当行赈银救急,其中,境内27家当铺共捐赈银2 129.4两,外埠有4家当铺共捐赈银2 380两[5]。此类事例,在山西典商中十分普遍。

3. 明清典当的局限性

明清典当是侧重为资本需求不大、信用状况不良但还总有些有形资产可作抵押的社会低收入阶层服务的金融组织。它最大的作用是有利于农民、一般市民等小生产者的发展,尤其对农民的生产、生活起着不小的维系作用。尽管质物举贷的农民常因无力赎当而失去农具等财产而变得更加贫困,甚至破产,但是如果没有这种质物举贷的典当业,他们解决困难的途径会变得更加窄小,甚至会铤而走险做出损害社会秩序的行为。不过,典当业在有利于社会经济生活的同时,也有受到社会愤恨的一面,这主要指他们在给典当物作价时万般挑剔,折扣甚多。时人李燧指出:"其书券也,金必曰淡,珠必曰米,裘必曰蛀,衣必曰破,恶其物所以贱其值也。金珠三年、衣裘二年不赎,则物非己有矣。赎物加利三分,锱铢必较,名曰便民,实闾阎之蠹也。"[1]这是说,当铺总会给当物冠以各种贬词,以降低其价值,如棉纺织品冠以"破旧"二字,皮毛品冠以"大破、大洞",对银器冠以"毛银",首饰注以"淡金、沙金","铜锡器皿"则在当票上大写一"废"字,从而使所当之价值远低于当品本身的价值,这当然要受到百姓的痛恨了。

其实,当铺这么做无非是要压低当物的价值,这有它合理性的一面。典当的利润是对未来投资的结果,而未来是不确定性的,一般情况下,如果经济形势好了,典当物的价值会上升,如果经济形势坏了,则典当物的价值要降低,因此当铺给典当物评估时侧重于长期持续的价值而非当时的价值。考虑到2008年美国的次贷危机,就可以看出当铺"物价值十者,给二焉"[1]做法的一定的合理性。当然,当铺这么做也有其不合理的地方:一是工作方法的不恰当。当铺可用讲道理的形式向当户讲明这么做的理由,何必非得采用这种使人极度不开心的方式呢?二是动机的不恰当。当铺出于自身利益的考虑,欲使有限的金钱多周转几次,遂有意识地贬低典当物的价值,这就严重不合情理了,难怪会受到社会舆论的激烈批评,这是今天的典当从业者应引以为戒的。

## 二、明清印局的发展情况与经营之道

### 1. 印局的产生

与典当抵押贷款的方式不同,印局是无须抵押的信用贷款,其服务对象主要集中于没有什么资产,只是靠出卖劳动力为生的城市游民。

明清时期,随着社会生产力的发展,农业过剩人口增多。失去土地的农民一部分人移向了空旷的西南、西北、东北边疆,继续沿袭传统的小农生产方式;还有一部分人则流向京城、水旱码头等人烟稠密、舟车往来之地,依赖出卖劳动力或走贩设摊谋生,从而形成了一支城镇游民队伍。据史书记载,明嘉靖十一年(1532年)后,京城已经是"京师游民所集"[6],或"多有四处流民潜住京师"[6]。流入城镇,对举目无亲、一贫如洗的农民来说,谋生是相当困难的。即使有的能觅到搬运夫、扛夫之类的活计,那也是"日中所入,仅敷糊口,而谋食之外,不暇谋衣"[7];倘若觅不到出卖劳动的活计,想从事游街串巷的肩挑小贸,赚些糊口之钱,那也需要一定的本钱,而对于处于城市最底层、几乎没有什么资产的游民来讲,当时已有的服务于城乡贫民的金融机构——典当行却无法满足他们的需求。在城镇游民强烈需要资金而现有的金融机构又无法满足的情况下,一部分商人审时度势,创办了一种专门向城市底层市民提供小额信贷的金融机构,这就是印局,也称印铺。据《明实录》的记载,万历年间京师就有不少印子局,清初以来,放印子钱的可以说遍及工商业城镇。凡是人口稠密、舟车交错的城镇和码头,都有很多无业游民,有赖于放印子钱的印局为其融通生活所需银钱。在创办和放印子钱的商人中,以资本雄厚的山西商人,尤其是介休商人最为有名。民国年间的《介休县志》有下列记载:"介休商业以钱、当两商为最……至邑人出外贸易者,在京则营当商、账庄、碱店,在津则营典质转账,河南、湖北、汉口、沙市等处,当商、印行邑人最占多数。"

### 2. 印局的经营之道

孟子曰:"无恒产者无恒心。"尽管向几乎没什么资产抵押的城市游民风险很大,但万事万物总是具有两面性的,有威胁的同时必有机会。第一,游民有一定的生产能力,这是他们偿还欠款的基础。第二,交通、通信的不发达,意味着游民的流动范围总是有限的,只要把借款期限放短,把催款间隔期缩短,是能够把市场交易的风险降下来的。第三,游民的借款数额不高,即使他们真的无力还款,或有意逃走,对印局来说损失也不大。第四,游民因自身力量的有限,特别需要互助,可以利用熟人的担保和江湖组织的力量降低借贷的风险。第五,游民由于自身力量的不足,特别盼望国泰民安,对以安定社会秩序为己任的官府有相当的依赖性,可以借助官府的力量降低游民不想偿款的风险。第六,游民资产不多,这使他们更看重眼前利益,更容易禁受不住外界的诱惑而肆意挥霍,这意味着必须加快催款速度,不然游民好不容易挣来的钱很快就被其挥霍了。第七,风险越大,利润越高。由于为游民贷款风险大,因而利率也比一般的金融机构高好多。例如,典当业的月息最高不超过3分,而印局的月息通常都在3分到6分,远高于典当业。在综合考虑城市游民强、弱点的基础上,印局在办理对游民的借贷时规定了如下的制度安排:一是借贷无须抵押,只要熟人担保即可,这样做既规避了游民缺乏抵押品的客观事实,又利用担保降低了风险。二是借贷以铜钱货币为主,系小额借贷,这是基于游民借款数额不高而做出来的决定。三是放短借款期限,加快催款速度。印局对于糊口或肩挑小贩,通常借款一月,但逐日派人归还本利,还一次盖一个印章,因而也名印子钱,这是考虑到游民"今朝有酒今朝醉"、不思储存的坏习惯而做出的决定。对于城市游民的置办换季衣服等大件消费品的需求,印局的借款期则视需要而定,分一个月、两个月,最多不超过100天。四是普遍与地方势力集团,如官府、江湖社会等有密切联系,利用其拥有的非经济力量追讨借贷。康熙年间,两江总督于成龙曾在一份会约中指出,"地方无籍徒,影射旗势,或串同苦独力营,斯狐假虎威,狼狈为奸,违禁取利,及印子钱名色,盘算估折,稍不如意,鞭挞横加,小民无可如何"[8]。此一史实,即印局这种特殊金融机构经营方式的反映。

### 3. 印局的局限性

印局的设立满足了城镇游民这一特殊阶层的生活需要,解决了游民无法借到钱的困难,对维持游民生计和社会的安定有一定的积极作用,但印局的高利率,尤其是逐日催款的营业方式也引起了社会舆论的抨击。人们批评印局"以穷民之汗血为鱼肉,以百姓之脂膏为利薮,设心之狠恶,莫有甚于此辈者"[9]。"大抵肩挑背负之民,得钱数千以为资本,每日小贸可以糊口,无如资本无出。而为富不仁之徒,又从而盘剥之,既其倍称之息,又迫以至促之期,数月之间,已收一本一利,辗转胶削,民困弥深,不甘于冻馁,即流于盗贼,其所关甚非小也[10]"至于逐日派人催还本利的营业方式,更是引起社会公愤,被斥为毫无人情。有诗云:"中秋佳节月通宵,债主盈门不肯饶。老幼停杯声寂寂,团圆酒饮在明朝。"[11]

站在商品经济的立场上,印局的高利率正是当时社会资金不充裕而城市底层贫民的需求又很旺盛的反映。至于印局广为世人诟病的逐日催款,则是它出于降低经营风险的无奈的选择,因为印局的客户是信用相当低的城市游民,较之其他社会群体显然更有动力欠款不还。至于采取"利滚利""驴打滚"的方式,也不能一概否定,这是印局借以提高欠款者拖延成本,促其加快还款的办法。从金融史的角度来说,所有采取延期付款方式的金融机构没有不借此加快回笼资金力度的,今天的房贷等不也采取这种方法吗?

问题在于对那些实在还不了款的人,你就是再提高他们拖欠还款的成本,他还是还不上,这就是蓄意躲债者——"杨白劳"之所以引人同情的原因。对于印局而言,假若债务人实在是无力还债的话,可考虑让其以工还债——他的劳动力还是有价值的。对于实在没有办法还债的,也不妨学习孟尝君的门客冯驩的办法,对"(薛地)贫不能与息者,取其券而烧之"[12]原因是"虽守而责之十年,息愈多,急,即以逃亡自捐之。若急,终无以偿,上则为君好利不爱士民,下则有离上抵负之名,非所以厉士民彰君声也。焚无用虚债之券,捐不可得之虚计,令薛民亲君而彰君之善声也,君有何疑焉"[12]就是说,既然不能赚来实惠,那就得个好名声吧!换言之,不能做到有利情况下的利润最大化,就要做到不利情况下的损失最小化,这正是理性人思维的体现。

## 三、对当前中国金融业的启迪

改革开放 30 年,中国的市场经济有了很大的发展,只是中国目前为低收入阶层提供金融服务的机构非常缺少。原因之一是金融开放的力度不够,金融业缺乏为平民、贫民进行服务的动力。原因之二是找不到有效的降低风险的办法。2007年 9 月 12 日,杭州网发表《借与还——让贫困生有尊严地上大学》一文,指出仅 2006 年,大学生助学贷款违约率为 28.4%,欠费高达数亿元。连对社会各阶层中素质较高的大学生贷款都找不到有效的降低风险的办法,自然更不敢对其他社会阶层,尤其是城乡低收入阶层贷款了。可是,明清商人就敢为低收入阶层放款,而且敢为几乎无什么资产的城市游民贷款,他们的成功经验在就在于制定了一套有效降低经营风险的制度安排。一是贷款一定要有抵押或担保。在抵押和担保之间,抵押是第一位的,抵押不够的再让其寻找担保人。在给抵押物估价时,不能仅仅以市场现值作为估价的标准,而应将未来市场的风险考虑进去,侧重于抵押物的长期持续的价值而非当时的价值。二是加大催款力度,避免借款人产生侥幸心理。对于某些确实因经营失败无力还款的借款户,也要加强对他们的信息管理,避免他们转移财产,力求做到不利情况下的损失最小化。三是积极与政府部门、司法部门、新闻界等保持联系,建立、健全全社会性(包括国内及国外)的信用网络,防范欠款不还者利用流动性强的特点浑水摸鱼、"搭便车"。四是加强全社会范围内的教育,提高人们对及时还款的预期收益的认识,树立诚信意识。当然,明清商人为低社会阶层放款并不全是成功的经验,也有引以为戒的教训。凡此种种,都值得正处于加快金融开放时期的中国金融业借鉴。

## 参考文献

[1] 李燧,李宏龄. 晋游日记,同舟忠告,山西票商成败记. 山西经济出版社,2003.
[2] 杨伯峻. 孟子译注·滕文公章句上. 中华书局,2005.
[3] 段达海. 祁县广和当. 山西文史资料.1988(4).
[4] 平遥县志. 中华书局,1999.
[5] 孝义县志. 海潮出版社,1992.
[6] 明世宗实录.
[7] 张焘. 津门杂记. 卷下. 光绪十年刊本.
[8] 于成龙. 于文端公政书. 两江书. 卷七. 康熙二十二年.
[9] 益闻录. 光绪六年六月十二日.
[10] 东华续录. 卷九五. 光绪十五年八月揆未.
[11] 杨静亭. 都门纪略. 道光二十六年刻本.
[12] 司马迁. 史记·孟尝君传. 岳麓书社,2005.

# 清代账局经营之道暨对我国小额信贷公司的启迪[*]

## 一、理论回顾

前人针对信用风险这一问题做了很多研究,提出了很多理论。这里列出了三个,分别是马克思的银行信用及其危机理论、海曼·明斯基的金融脆弱性假说和信息经济学的相关解释。

1. 马克思的银行信用及其危机理论

在《资本论》中,马克思花了大量篇幅来阐述信用问题。他认为,从经济角度来说,信用是一种借贷行为,是以归还为条件的单方面价值让渡。"这个运动,一般地说,就是贷和借的运动,即货币和商品的只是有条件的让渡这种独特形式的运动"。[①] 从这段话中不难看出,信用是价值运动的特殊方式,是社会产品分配和交换的特定方式。在马克思看来,"信用制度按其本性是永远不能脱离货币这个基础的"[②]。

马克思认为,信用的出现从以下三个方面节约了货币:第一,信用使得"相当大一部分交易完全用不着货币"。第二,流通手段的流通加速了。信用一方面通过银行的业务技术在流通商品不变的情况下用较少的货币完成同样的服务,另一方面"又会加速商品形态变化的速度,从而加速货币流通的速度"。第三,纸币代替了金币。不止如此,"由于信用流通或商品形态变化的各个阶段,进而资本形态变化的各个阶段加快了,从而整个再生产过程也加快了"[③]。

针对货币运动的独立存在,也即市场经济中反映社会经济矛盾的货币危机存在的必然性,马克思是这样阐述的:"一旦劳动的性质表现为商品的货币存在,从而

---

[*] 本文载于私募市场蓝皮书《中国私募股权市场发展报告》,社会科学文献出版社 2010 年版,与何亦曾合写。
[①] 马克思.《资本论》第 3 卷. 人民出版社. 1975. 390.
[②] 马克思.《资本论》第 3 卷. 人民出版社. 1975. 685.
[③] 马克思.《资本论》第 3 卷. 人民出版社. 1975. 685.

表现为一个处于现实生产之外的东西,独立的货币危机或作为现实危机尖锐化的货币危机,就是不可避免的。另一方面也很清楚,只要银行的信用没有动摇,银行在这样的情况下通过增加信用货币就会缓解恐慌,但通过收缩信用货币就会加剧恐慌。"①

2. 海曼·明斯基的金融脆弱性假说

1982年,在《金融体系内在脆弱性假说》一书中,海曼·明斯基对金融脆弱性作出解释,提出了著名的"金融脆弱性假说"。在他看来,私人信用创造机构,特别是商业银行和其他相关贷款人经历周期性经济金融危机和破产风险的根本原因是它们的自身属性。他认为融资行为有三种类型:一是抵补性的借款企业(Hedge-Financed Firm),其预期现金流入大于债务总额,同时每一期的预期现金流入也大于到期债务本息;二是投机性的借款企业(Speculative-Financed Firm),其预期现金流入在总量上大于债务额,但在借款后的某一段时间,其现金流入小于债务本息,但大于债务利息,直到一定时期后,企业的预期收入才可以偿还前期所欠的本金和之后的本息;三是被称为"庞兹"的借款企业(Ponzi Finance Firms),其预期收入在总量上大于债务额,但直到最后一期,该企业的现金流入才可以抵补前期的债务和该期的本金之和。同投机性的借款企业相比较,"庞兹"借款企业承担的不确定性风险更大,必须不断借新债才能维持正常运营。

根据这一分类,海曼·明斯基认为在经济运行过程中金融脆弱性的形成主要是因为以下两方面因素:第一,商业周期使得企业举高债经营,抵补性的借款企业减少,而投机性的借款企业和"庞兹"借款企业增加,从而加大了金融风险。第二,市场主体的投资方向和盈利状况随着外部环境变化,引起银行的信贷量和信贷结构的变动。比如在经济高涨期,借款需求巨大,假如个别银行不能提供充足贷款,它就会失去顾客,这样就会造成每家银行都不顾及累积性影响而向顾客提供大量贷款,从而容易导致金融脆弱性的发生。

3. 信息经济学的相关解释

信息经济学是起源于20世纪40年代的学科,它有两大分支,分别是以弗里兹·马克卢普和马克·尤里·波拉特为创始人的宏观信息经济学与以斯蒂格勒和阿罗为最早研究者的微观信息经济学。

在微观信息经济学中,银行经营不稳定通常被认为是借贷双方信息不对称的结果。因为信息不对称的存在,银行难以鉴别客户的信息,从而产生了金融市场的内在脆弱性。根据信息经济学的理论,在信息不对称的情况下容易产生"逆向选择""道德风险"、银行挤兑等金融风险。

"逆向选择",指的是信用等级越差的客户,越有可能获得贷款,信用等级越好的客户,反而很难获得贷款。之所以会发生这种情况,是因为在借贷市场上,银行

---

① 马克思,恩格斯. 马克思恩格斯全集. 人民出版社,1975.585.

面对的是诸多风险大小不一样的客户,很多时候银行无法确定项目投资的风险和成本,这些时候银行就只能根据企业平均风险状况来决定贷款利率。结果就造成那些风险较低的客户由于借款成本高于预计水平而退出市场,留下来的就是那些风险较高的客户。这种现象的发生会降低金融市场的资源配置效率。

"道德风险",指的是由于客户的不道德行为而使金融机构蒙受利益损失的风险。它主要分为三种类型:一是银行对存款人的道德风险,例如银行管理层因为偏好的高风险的贷款项目失败而导致存款蒙受巨大损失;二是管理者对其所有者的道德风险,比如"内部人"控制、利用信息优势获取私人利益;三是客户对银行的道德风险,比如企业不按照银行的相关规定项目投资,而以各种方式恶意逃债等。

银行挤兑风险。银行要保持稳健经营,一个很重要的前提就是客户的信心。客户只有在不同的时间去提款,才能使银行一直保持自身的资产流动性,一旦出现突发事件导致客户对银行失去信心,纷纷在同一时刻提取现金,那么对于每一个客户而言,理性的选择就是在银行还未倒闭之前加入提款行列,最后的结果将是储户和银行双方的损失。

上述三个理论是针对金融机构面对的信用风险所做出的解释。马克思的信用危机理论从信用制度本身入手,揭示了信用危机可能造成的后果;海曼·明斯基的理论从企业角度出发,对金融体系内在的脆弱性和风险作出解释;而信息经济学中则是以信息不对称为突破口,从借贷双方出发解释金融机构的风险。这些理论可以帮助我们很好地认识金融机构所面对的信用风险,与后面要阐述的账局以及小额信贷公司的经营风险有相似之处,同时这些理论对于研究账局的衰弱也有很大的启迪作用。

对于账局的研究,主要侧重在它的经营手段方面。正如题中所说,我希望从账局经营业务、放贷标准、处理信用风险的手段等方面出发,研究账局的经营之道,从而类比当下我国的一些小额信贷公司在经营过程中所面对的问题。研究方法上主要是以搜集史料为主,适当穿插一些数据图表,希望能够得出一些新的结论。

## 二、账局的产生和发展

明清时期,随着商品经济货币化的发展,工商业者对资金的要求日益迫切,"盖各行店铺自本者十不一二,全恃借贷流通"①,在这种仅仅依靠自有资本不能满足日益发展的贸易的情况下,专门为工商业者提供信贷支持的账局应运而生。

所谓账局,即放账之局,兼营吸收存款,是以经营存放款为主要业务的金融机构。账局也称"账庄","账"或写作"帐"。见之于档案的最早一家账局是山西汾阳商人王庭荣于乾隆元年在张家口开设的祥发永账局,资本银 4 万两,然后向京城、

---

① 王茂荫. 王茂荫集. 请筹通商以安民业折. 中国档案出版社,2005.42.

天津一带的北方城市发展。由于账局放京债,而京债是被禁止的,所以早期的北京账局属于地下经营,不一定见于朝廷档案。这就说明,账局的产生最迟不晚于乾隆元年,甚至还在此前。

账局的产生,是由两个历史原因造成的。

第一,借贷利率的降低,使得工商业者在还上利息后还有客观的剩余,这就使得工商业有了利用借贷资金进行运营的可能。中国古代的信贷机构,无论是以质押、抵押为特征的典当,还是以信用放款为特征的信贷(当然,在明以前的金融机构中,建立在质押、抵押基础上的典当由于能够有效地降低风险,因而在当时的金融业中居于绝对主流地位),普遍具有高利贷的性质,需要借贷者支付高昂的利息,这是由当时生产力的落后、资金供应的严重不足决定的。明代以后,中国金融业获得较大发展,竞争日趋激烈,使得借贷利息出现了普遍下降的趋势。例如,明王朝曾明确规定,对典当与放债月息超过3分者,予以治罪,说明当时信贷利息月息超过3分者较为普遍。而入清之后,信贷月息过3分者已经少见。到了清初,江苏吴江县的典铺规定:典当物价值"十两以上者,每月一分五起息;一两以上者,每月二分起息;一两以下,每月三分起息"①(见图1)。也就是说,借贷额越高,所支付的利息越少,为大额借贷提供着更为优惠的条件。既有借贷利息的普遍下降,又有对大额借贷的特殊优惠,就使得工商业有了利用借贷资金进行运营的可能。同时,金融业内部的激烈竞争,也迫使借贷资金去寻找新的借贷对象,创造商机,从而找到新的发展之路,账局因此应运而生。

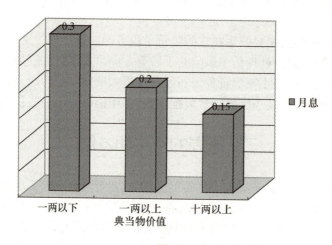

图1

---

① 《吴兴旧闻》. 卷2.

第二，中国北方地区远距离贸易的商业特点促进了专门向工商业者放款的账局的产生。明清时期的中国，其北方商贸，主要以张家口城为中心，以对俄蒙贸易为主要内容。由于汉蒙贸易、中俄贸易牵涉民族团结和国家安全，清政府规定凡前往恰克图贸易的华商，必须先向张家口关监督提出申请，由张家口关监督转呈清廷理藩院审查，审查批准之后颁发"信票"，持此信票才能前往恰克图进行贸易。这样，张家口便成为中俄贸易中华商必须停留的地方。然而，当时中俄贸易的发生地——恰克图远在中亚腹地，距张家口有1500千米之遥，由张家口至恰克图，每一次往返，仅途中运输就需耗时至少半年，如果再加上从中国腹地组织货源，或将俄国货物在中国腹地销售，以及其间的运输过程，这必然带来垫支资本的增加。在传统的金融机构——典当无法满足抵押品有限的贸易商对资金的巨大需求的情况下，账局这一专门向工商业者进行信用贷款的金融机构应运而生。

账局在北京、张家口、保定、天津、太原、汾州等地的不断设立，为工商业发展解决了资本不足的困难，受到社会舆论的称赞，认为京城"银钱所以不穷，尤藉账局为接济"。由于账局适应了商品经济发展的需要，因此发展相当迅速。咸丰二年（1853年），京城共有账局268家，其中，晋商开设210家，顺天府商人开设47家，江苏、浙江、安徽、陕西商人开设的总共11家，从业人员"统计不下万人""向来纹银交易盈千累万"[①]。

为何经济发达的江南地区没有产生新型信贷机构——账局？物竞天择，适者生存，这主要是因为南方的金融业状况可以满足社会的需求，因而没有进一步创新的动力。首先，从地理条件来讲，江南水系发达，交通便利，商品运程比北方短小，对融资的需求远没有北方那么强烈，当然利润也远没有具有相当垄断性质的对俄、蒙贸易那么高。其次，南方人口密集，经济发达，典当铺众多，即使工商业遇到资本困难也基本上可由典当铺解决。明清时期，江南地区的粮商、棉商、丝商在稻谷、棉花、蚕丝收获季节大量上市，需要收购的时候，由于资本不足，遂向典当铺借贷，以稻谷、棉花、蚕丝等做质押，反复借贷，反复质押，用一分资本做几分资本的买卖。乾隆十二年（1747），清监察御史汤聘奏道："近闻民间典当，竟有收当米谷之事，子息取轻，抬来甚众，囤积甚多。在典当不过多中射利，而奸商刁贩，遂恃有典当通融，无不乘贱收买。即如一人仅有本银千两，买米谷若干，随向典铺质银七八百两，飞即又买米谷，又质银五六百两不等。随收随典，辗转翻腾，约计一分本银，非买至四五分银数之米谷不止。迨至来春及夏末秋初，青黄不接，米价势必高昂，伊等收明子母，陆续取赎，陆续取巢……典商囤户，坐享厚利。""盖囤当之弊，江浙尤甚。而囤当之物，并不独米谷也。每年遇蚕丝告成，及秋底棉花成熟，此等商户，一如收当米谷之法，恣胆张罗，竟以小民衣食之计，止以供奸商网利之图。"[②]作为政府官

---

① 清档. 翰林院侍读学士宝钧咸丰三年三月十四日奏折.
② 汤聘：《请禁囤当米谷疏》，乾隆十二年，《皇清奏议》，卷四十五.

员,汤聘显然是从典商囤积居奇、抬高粮价、影响社会安定的角度来分析问题的,但这可以向我们传递一条信息,即商人通过这一方法突破典当质押品不足的限制,以便取得更多的货币。此外,来广州贸易的外商也给华商贷款。"近来内地行店民人,多有向夷商借本贸贩,冀沾余润。应如该督所请,令借领资本之行商人等,据实首明,勒限清还,免其提究。"在这种情况下,南方地区也没有出现专门为工商业者贷款的金融机构——账局的必要性了。

## 三、账局的经营之道

作为专门向工商业者进行的以无抵押借款或很少抵押为特征的金融机构,做的是信用贷款,它不是建立在工商业者的有形资产——房子、珠宝等抵押的基础上,而是建立在对他的无形资产——信誉、经营能力等信任的基础上的,这就对账局的经营能力,包括对经济发展的预测能力、对不同行业利润率的判断能力、对该地域工商业者信息的搜集和判断能力,对恶意抵赖现象的处理能力等提出了相当高的要求。

经营账局的人往往自身就是工商业者的背景出身,这是由账局本身的经营性质所决定的。要做好对几乎无抵押、担保的工商业者的信用放款,避免出现大规模的呆账坏账,就要求账局的经营者能够识别、选择有水平的工商业者,制定降低经营风险的制度安排以及妥善处理恶意抵赖现象。而对于工商业者背景出身的账局经营者而言,首先,长期从事工商业的经历(甚至经营账局的同时仍不放弃其他领域的商品的贩卖),使得账局商人对影响工商业发展的环境因素,诸如政治环境、经济环境、文化环境、自然环境、技术环境、人口环境等的变化非常敏感,这对指导账局正确地放贷——大放还是小放、继续放贷还是回笼资金等,都很有好处。其次,长期从事工商业者的经历,使账局商人了解作为一个好的商人必须具备的素质、最容易犯的错误、如何纠正这些错误等,这对其识别、选择放贷的对象很有帮助。最后,账局在很长时期内不在外地设分庄,这使其对当地的工商业者的各方面情况,包括他们的产品采自何方、成本如何、影响因素有哪些;产品销向何方、价格如何、影响因素有哪些;经营者的管理水平、经营能力、身体素质如何等非常熟悉,因而敢于在没有抵押品的情况下进行信用放款。

(1)关于账局的借贷对象,主要是工商业者,此外还有以下两类:一是印局、当铺、钱庄等金融机构。这类金融机构虽然本身也在从事借贷,但因为自身资本额较小,往往需要账局为其提供融资,以维持正常运转。咸丰年间侍读学士宝鋆在奏折《奏为安戢商民纾物力固民心敬陈管见事》中便指出,"缘京师之交易由于钱店,钱店之懋迁半出账局"[①]。因此,当账局因某种原因抽回资金时,便会导致此类机构

---

① 清档.翰林院侍读学士宝鋆咸丰三年三月十四日奏折.

的经营中断,"由是各行商贾无所通挪,遂不得已而闭肆"。二是朝廷和各级官员。关于朝廷向账局借款,咸丰年间御史宋延春等上奏折《奏报筹借商银请敕部派员劝谕事》,里面就谈到"遴派公正司员,密传行账局各商,剀切劝谕,令其自行呈明成本多寡,每家认借若干,无论数万两以至数十万两,均有户部发给堂印官票,并准酌量加给息银,一俟军务完竣,即行照数发还"①,通过向账局借款,以充盈部库,筹拨兵饷,等到各地的盐课关税都收齐后再予以返还。

(2)关于账局的放款期限,对账局状况颇为留意的清廷官员王茂荫有详细的记述:"闻账局自来借贷,多以一年为期。五六月间,各路货物到京,借者尤多。每逢到期,将本利全数措齐,送到局中,谓之本利见而。账局看后,将利收起,令借者更换一券,仍将本银持归,每年如此。"②

从这一记载中可以看出:第一,账局借贷以经营商业者为主要对象,因此,每在"各路货物到京"时,"借者尤多"。由这一事例,可见账局与商业经营之间有着直接的联系。第二,由于账局借贷与商业经营密切相关,而商业经营因受季节的限制,有着淡旺季的差别,账局借贷也因此有了淡旺之期,例如京城,即以五六月间为账局借贷的高峰。第三,账局借贷期限,多以一年为期,以适应当时一般的商业经营周转需要,如果到期后欲继续借贷,也须"将本利全数措齐",待账局确认其偿贷能力之后,再重新办理借贷手续,开始新一轮的借贷关系。

(3)关于账局的利率,显然比传统的金融机构典当高得多。这是因为,典当是质押放款,经营风险低;账局是信用放款,经营风险高,因而账局的利率中必须有弥补这一高风险的内容。关于账局对工商业放款的利率情况,史料中反映不多,但有大量的官员借贷的记载,可帮助我们对账局利率的情况略窥一二。

官员借贷是凭其官缺为依据的,没有抵押和担保。李燧在《晋游日记》中详细记载了账局对官员放债收费的细目,"汾(州)平(阳)两郡,多以贸易为生。利之十倍者,无如放官债。富人携资入都,开设账局,遇选人借债者,必先讲扣头。如九扣,则名曰一千,实九百也。以缺之远近,定扣之多少,自八九至四五不等,甚至有倒二八扣者。扣之外,复加月利三分。以母权子,三月后则子又生子矣。滚利累算,以数百金,未几而积至盈万"。③ 按照上述记载,账局的收费分为三层:一层是借款先讲扣头,并按官缺距京城之远近定扣头的多少,近者扣头少,远者扣头多,有九扣、八扣、六七扣、四五扣,甚至倒二八扣不等,借银一千两,实则只付给九百,或六七百,或二百,这就是所谓"创立短票名色";二层是要按名义借银数,支付三分或四分的月息;三层是三个月或六个月"转票"收复利,即驴打滚利。在这种多重

---

① 清档.御史宋延春咸丰二年六月二十九日奏折.
② 王茂荫.《王侍郎奏议》.卷3.
③ 李燧.《晋游日记》.卷三.

盘剥之下,"迟至三四年,千金之本,算至二三十倍"①。

由此可见,账局对候选官吏放账,收费是大大超过典当铺的,是账局利之十倍的生意。虽然账局放款的名义利率和典当相差无几,但加上"扣头",无疑就大大高于典当了。当然,账局给工商业者的放款利率不会这样高,这是因为工商业者的生产和流通的周期性短,一般以一年为限,再加上有比较稳定的市场,因而账局对工商业者的放款风险低,自然利率也要大大低于对官员放款。

(4) 在防止借款人恶意躲债方面,账局在追款方面是不惜血本的。比如,为了向借贷的官员及达官贵人索债,账局甚至有"潜赴外省官员任所索欠者",使欠债官员体面丧失,甚至曾发生官员无力偿还被逼自杀的事件。针对这一情况,嘉庆二十年(1815年),御史巴龄阿奏请严禁私放官债,仁宗谕内阁②:"候补候选官员在京借用重利私账,及放债之徒勒掯盘剥,本干例禁,着步军统领、顺天府五城各衙门严行查禁。如有违例私设账局者,即行拿究。其潜赴外省官员任所索欠者,该督抚访闻,一并查参究治。"

尽管当局明令禁止商人违例私设账局,但账局仍在发展。道光十三年(1833年)署归绥道珠澜曾被"京中债主代州人张姓借端挟制"③,这里的"京中债主"即开账局者。十六年江宁知府善庆欠京债达银五万余两,债主是北京恒太成账局。两江总督陶澍和江苏巡抚林则徐奉旨审理此案,并从北京提取恒太成账局的王允恭、张克昌到江苏审讯,最后以"审明知府善庆不善经理,所派家人复被账局滚剥"上报,"善庆照约束不严例降一级调用"。④

当然,对于实在还不上债的,账局也不一味索债。比如,当时官员向账局借债有"三不还"之说,这正是账局业务中有风险投资因素的反映。"放京债者山西人居多,折扣最甚,然旧例未到任丁艰者不还,革职不还,身故不还。"以故诗称:"借债商量折扣间,新番转票旧当删。凭他随任山西老,成例犹遵三不还。"⑤

(5) 账局放官债之外,也收存官吏存款。嘉庆十三年(1808年)十一月,刑部左侍郎广兴被革职处死,在查抄其家中,发现有"存放账局银三万七千两",由盛师曾、盛时彦代广兴寄存,并查出"存银取利确据"。⑥

## 四、账局的作用及其局限性

账局的设立,解决了工商业发展过程中资本不足的困难,在促进生产发展上有

---

① 刘荫枢.《请严利债之禁疏》.《皇清奏议》.卷23.
② 《清仁宗实录》卷三〇八嘉庆二十年七月丁酉.
③ 《清宣宗实录》卷二八七道光十六年八月甲戌.
④ 《清宣宗实录》卷二九〇道光十六年十月戊午.
⑤ 《清代北京竹枝词》(M),北京:北京古籍出版社,1982,34.
⑥ 刘荫枢.《请严利债之禁疏》.《皇清奏议》.卷23.

着明显的社会作用。

咸丰三年(1853),太平军举兵北伐,矛头直指清朝都城北京。太平军兴起后一直所向披靡,故其北伐立即引起京师震动。在这种情况下,为了减少借贷风险,京津地区的账局纷纷止贷不放,抽回资金。账局的歇业,立即引起连锁反应,对工商业的打击十分严重。根据当时的记载来看,如"臣等查京城之大,商贾云集其最便于民者有二:曰会兑菊,曰印(账)局。内外所以无滞,全赖会兑局为流通;银钱所以不穷,尤藉印(账)局为接济"①。"查京师地方,五方杂处,商贾云集,各铺户藉资余利,买卖可以流通;军民偶有匮乏,日用以之接济,是以全赖印(账)局之周转,实为不可缺少之事。近日在京开设印(账)局之人,皆止账不放,以致商贾乏本经营,不能获利,关闭者不少;旗民无处融通,生计攸关,竭蹶者居多。"②"贫穷之人原无资本,惟赖印局挪钱,以资生理。"但"印局之资本全靠账局""账局不发本,则印局竭其源;印局竭其源,则有民失其业"③。账局的歇业,不仅使得账局帮伙"万人者已成无业之民",还间接导致赖账局资金运营的其他店铺相继歇业,"各店铺中帮伙,小者数人,多者数十人,一店歇业,而此数人、数十人即成无业之民。是账局一收,而失业之民将不可数计也"。

账局不仅在京城工商业作用如此,在其他地方也是一样。天津、河海两路俱通,舟楫而利往来,是百货云集,四方辐辏,有"米行、油行、布行、纸行、糖行、竹行、木行、猪行、牛行、羊行、杂货行、抗夫行"等十三行。扛夫有二万余人,"俱因商贾聚集,货物腾涌,日从事肩挑背负,足以自食其力""今闻贼匪直逼天津,商旅逃散",此等人皆已失业。长芦盐商是天津一大商旅,长芦盐销往直隶、河南两省,"近年银价递增,商力本形疲累,惟借银钱账局通挪周转。自今春以来,账局多半停歇,商人挪借无门,领引交课益多竭蹶""津郡放账之家多已关闭歇业,商人无可通融,悉皆束手无策"。

尽管账局在社会经济中有着这么重要的作用,它也有很多不完善的地方。

第一,账局的资本太少,直到清末每家账局的平均资本只两万多两,而且过于依赖私票。咸丰年间侍读学士宝钧在奏折《奏为安戢商民纾物力固民心敬陈管见事》中描述,"账局之放贷全赖私票……近来钱账各局因钱店多有关闭,相戒不出私票,而钱店亦相率效尤。虽蒙谕肯,准用私票,而若辈心怀疑虑,仍复固结不解,由是各行商贾无所通挪,遂不得已而闭肆"。同当时京城的一些大西商"大都世业相承,历有年所。平时安享重利,偶有事端,遂藉口歇业,坐拥厚资"的情况相比,账局的歇业是因为自身资本力量不足,故在面对一些突发事件时候就显得力不从心了。

---

① 清档.大学士祁鸿藻等咸丰三年七月初九日奏折.
② 清档.戴金等咸丰三年五月二十日奏折.
③ 清档.通政使司副使董瀛山咸丰三年三月四日奏折.

第二,账局的地理位置分布狭小,主要集中在华北地区,为工商业服务的力量不足。

第三,账局经营的金融业务不完善,只有存放款业务,而没有汇兑业务,为跨地域经营的工商业服务的功能不完整。这固然与只设在一城一地没有分支机构有关,也是与当时国内通信条件的制约有关(民间无传递书信的组织),而随着科学技术的发展,交通、通信的进步,市场竞争的激烈,包括工商业市场的竞争和金融业自身的竞争,账局本身也要发生变化,或者走向以抵押贷款为特征的商业银行,或者走向以信用贷款为特征的投资银行。

正因为账局本身有着这些缺陷,所以在金融业激烈的竞争面前,最后也避免不了消亡的命运。道光初年,票号开始产生,由于票号开展的汇兑业务适应了当时商业经营的需要,且资本雄厚,所以虽家数不多,却影响巨大,使账局原有的金融地位遭到削弱。而且,票号发展之后,逐渐涉足存放款业务。一些旧有的金融机构,例如钱庄,也纷纷开展存放款业务,遂形成了存放款市场的争雄形势,账局作为市场借贷中心的局面,一去不复返。另外,中国进入近代社会以后,社会动乱日益频繁,即使作为京畿之地,也难以避免动乱的波及,所以,账局虽大多集中于以北京为中心的北方地区,却也无法摆脱社会动乱的影响。先是庚子事变,八国联军侵入北京,大肆进行掳掠。剧烈的社会动荡,不仅使京、津地区工商业遭受重创,当地账局也几乎全部倒闭,事变后得以复业的也远不及以前。再加上清末经济危机,新式银行加入竞争,账局的生存条件更加恶化,日益走向衰败。[①] 接着,民国元年(1912年),袁世凯为攫夺辛亥革命果实,策动"北京兵变",纵兵抢掠。北洋军阀的胡作非为,使北京市再受重创,更加速了账局的衰败,又一批账局因此歇业。到1913年,北京账局只有8家还在维持运营,在金融业的影响已微乎其微。[②]

## 五、对我国小额信贷公司的启迪

小额信贷是以个人或家庭为核心的经营类贷款,其主要的服务对象为广大工商个体户、小作坊、小业主,贷款的金额一般为1 000元以上,20万元以下。从某种意义上说,经营小额信贷的公司同清代的账局有着类似之处,因此在经营手段上,也有可以借鉴的地方。

1. 我国小额信贷公司的现状

2005年5月31日,中国人民银行在小额信贷试点工作会议上确定陕西等为小额信贷试点地区,规定小额信贷公司只贷不存,放开利率,70%以上的贷款用于三

---

① 清度支部档案.金融货币类.宣统三年卷.号17.81.
② 《新北京指南》.第二编上.第十一类银钱业.民国3年版.

农和禁止跨区域经营。2005年12月,"晋源泰"和"日升隆"两家小额信贷公司在山西省平遥县成立,标志着商业性小额信贷公司在我国的正式成立。自成立以来,它们在促进当地经济发展、引导和规范民间资金等方面发挥了积极作用,截至2008年1月,"晋源泰"和"日升隆"分别实现利润164.9万元和114.3万元。① 继山西平遥和贵州江口小额信贷公司之后,2006年1月18日,四川广元小额信贷公司成立,随后在2006年10月,也有融丰小额信贷公司正式营业。目前在我国小额信贷公司还处于试点阶段,在许多方面,比如体制设计、公司运营和风险监控上存在很多亟须改进的地方,因此小额信贷公司面临一系列的金融和经营风险,主要表现在以下三个方面:一是客户的信用风险。当前我国处于政治经济的双重转轨时期,不排除客户出于自身利益考虑,做出完全违反自身道德、欺骗交易方、不履行合约的行为,这对很多刚起步的小额信贷公司来说是很致命的。二是市场的风险。一方面是价格杠杆的引导,当市场供给增加时,价格下降,因此对于卖方而言,很有可能无法获得预期收益乃至亏本,从而导致不能及时还款。另一方面则是利率的影响。我国法律规定的小额信贷利率在基准利率的0.9—4倍波动,因此中国人民银行利率水平的变化将直接影响小额信贷公司的贷款利率和盈利状况。一旦中国人民银行的利率水平发生变化,就可能造成小额信贷公司的市场风险。而当管理者没能及时判断出利率走势,不确定应该扩大还是收缩贷款量的话,市场风险会变得很难预测。三是公司的操作风险。同银行等一般的金融机构相比较,小额信贷公司的操作风险要高很多,因为小额信贷是一种以城乡低收入阶层为服务对象的小规模的金融服务方式,无论是针对贫困农户还是微型企业,都需要信贷员对客户和其所处的环境有全面的了解,而目前很多小额信贷公司都不具备这种能力。不仅是因为小额信贷工作量大、准确性难以把握,同时也跟信贷人员自身的素质和对风险管理的认识不足有很大的关系。

2. 账局的经营管理模式对降低风险的启示

要降低客户的信用风险,关键要正确地识别和选择合适的客户。在账局的经营过程中,之所以敢在没有任何抵押品的情况下进行信用贷款,关键是它对客户的各方面情况都很清楚。早在两千多年前,经商鼻祖白圭就从商者的素质上提出了要求。他说:"吾治生产,犹伊尹、吕尚之谋,孙吴用兵,商鞅行法是也。是故其智不足与权变,勇不足以决断,仁不能以取予,疆不能有所守,虽欲学吾术,终不告之矣。"②这里的"智"是要求商人具备客观分析形势,及时采取正确的经营策略的智慧;"勇"是要求商人行动果敢,勇于决策;"仁"是要求商人对待客户、下属、供应商

---

① 郭保民.《壮大小额贷款组织,拓展民间融资渠道——山西省平遥县小额贷款公司运行一年调查与思考》[J].中国金融.2007.6.66—68.
② 司马迁.《史记·货殖列传》.岳麓书社.2005.733.

等要舍得施与;"强"是要求商人具有坚强的意志和毅力。根据白圭提出的"智、勇、仁、强"四项从商标准,分析一个人的从商经历,大致可以判断出他的经营能力、管理水平等,这对信贷机构识别、挑选贷款人很有帮助。

要降低市场的风险,账局给我们提供了一个好的手段,就是缩短放款的期限。"闻账局自来借贷,多以一年为期。五六月间,各路货物到京,借者尤多。每逢到期,将本利全数措齐,送到局中,谓之本利见而。账局看后,将利收起,令借者更换一券,仍将本银持归,每年如此。"这是说,账局借贷期限,多以一年为期,这是因为当时的工商业者经营的商品基本是农产品或农产品的粗加工,受季节性的影响比较大,因而账局对工商业的放款多以一年为期,以适应当时一般的商业经营周转需要。如果到期后欲继续借贷,也须"将本利全数措齐",待账局确认其偿贷能力之后,再重新办理借贷手续,开始新一轮的借贷关系。与此类似,现在的小额信贷公司面对的很多小农产业,同样受自然和气候影响比较大,在这方面就可以通过缩短放宽期限,尽可能地减少这方面的违约概率和损失。

要降低公司的操作风险,主要还是要提高信贷公司从业人员的素质,制定有效降低信贷风险的制度安排。前面说道,账局的经营者往往自身就有着长期从事工商业的经历,而正是因为这个经历让他们对于环境因素十分敏感,对客户的选择也很有眼光和远见。相比之下,当今金融业的从业人员多是金融、财务、会计专业出身,对于商业运作以及影响商业发展的环境因素,诸如政治环境、经济环境、文化环境、自然环境、技术环境、人口环境等的变化等了解不深,这是不利于公司的业务开展的。因此,作为信贷公司的工作人员,尤其是信贷人员,不能仅仅了解自己的业务,还要了解商业运动规律,尤其是商品价格变化规律,这有利于培养银行人员的大局观,有助于提高信贷效率,降低信贷风险。另外,信贷公司很有必要从企业中选拔一批员工,并吸收有实力的企业成为股东,这不仅是改善公司法人治理结构的需要,更是使员工更好地了解企业、做到"知己知彼"的需要,这对信贷人员提高识人、选人能力很有帮助。

所以,对于当下的小额信贷公司而言,亟须完善相关的风险控制机制。账局的经营手段为其提供了一个很好的参考:无论是识别和选择合适的客户,缩短放款期限或者是提升信贷人员素质,都能帮助信贷公司在一定程度上减少风险,从而能够更好地经营信贷业务。

**参考文献**

[1] 马克思.资本论:第3卷.人民出版社.1975.
[2] 马克思、恩格斯.马克思恩格斯全集.人民出版社.1975.
[3] 焦瑾璞,杨骏.小额信贷和农村金融.中国金融出版社.2006.
[4] 清档.翰林院侍读学士宝钧咸丰三年三月十四日奏折.

[5] 清档.大学士祁鸿藻等咸丰三年七月初九日奏折.
[6] 清档.戴金等咸丰三年五月二十日奏折.
[7] 清档.御史宋延春咸丰三年六月二十九日奏折.
[8] 清档.通政使司副使董瀛山咸丰三年三月四日奏折.
[9] 李燧.《晋游日记》.卷3.
[10] 王茂荫.《王侍郎奏议》.卷3.

# 晋商票号管理思想及其启示[*]

## 一、引 言

2008年年底,一场由美国2006年春出现端倪的"次贷危机"引起的金融海啸席卷全球。华尔街职业经理人置风险管理于不顾的种种金融创新在多重传导机制的作用下让全球经济陷入疲软。在这场由虚拟经济向实体经济扩散的经济危机中,道德风险、逆向选择等金融业管理上的缺陷都暴露在我们的面前。金融业的管理秩序亟待重建,当我们重新审视历史,从中国古代金融业管理制度中会发现许多有建设性的方案,对完善我国乃至世界的金融管理秩序有着重大的意义。

晋商在我国的商业发展史上有着举足轻重的作用,明清时期主导全国商业的"十大商帮"之中,以晋商与徽商的成就最为耀眼。而论及中国金融业的发展,山西票号的地位更是不能忽视。晋商票号自1823年创立,在鼎盛时期,曾经实现了"汇通天下"的局面,但由于政治原因和本身发展的一些瓶颈,晋商票号历时一百余年后最终退出了历史舞台。虽然现代金融企业的组织形式比百余年前的晋商票号更为严密,业务范围更为广泛,但晋商票号的兴衰对金融企业的管理还是有着许多可以借鉴的地方,也能给予我们许多的启示。

## 二、道德与业务并重
### ——完善的员工培训制度

人力资本是企业的一项重要的资本,"事在人为,得人则兴,失人则衰"。所有的企业基本上都有自己培养合格职工的体系。晋商早在一百余年前就意识到了这一点,他们把人力资源看作票号的第一资源,十分注重培养职工的业务能力与道德品质,并有一套与之相对应的培训体系。

---

[*] 本文发表于《云南财经大学学报》2009年第12期,与叶溟尹合写。

山西票号中一般职员的选拔与培养遵循严格的"学徒制",学徒(又称练习生)时间一年,其录用、遴选都是非常严格的,从年龄、品格、相貌上都有具体的要求。已通过遴选的练习生还要经过一年的试用期,在试用期内,掌柜会交办一定的业务,在实际中考察,如站柜、待客、取货、送货、跑外、通知、誊写等。经过一年的训练,掌柜们听取伙计们的评论意见,认为符合当伙计,或者发现有经商头脑、精明干练的,进行谈话,决定留用入号。

之后练习生就进入了为期三年的见习期,在此期间对练习生的培养,不仅要传授业务知识,而且要培养每个练习生的道德品质。"练习生由总号年资者训育,训育的科目,在技术方面为打算盘、习字、背诵平码、抄录信函、练习写信及记账等;在道德方面为重信义、除虚伪、节情欲、敦品行、贵忠诚、鄙利己、奉博爱、薄嫉恨、幸辛苦、戒奢华。"晋商在道德考察方面还总结出一套切实可行的方法,即"远则易欺,远使以观其志;近则易钾,近则观其敬;烦则难理,烦使其观其能;卒则难办,卒间以观其智;急则易炎,急期以观其信;财则易贪,委财以观其仁;危则易变,告危以观其节;久则易情,班期二年而观其则;杂处易淫,派往繁华而观其色"。

晋商不仅重视练习生的培养教育,而且也很重视对其他员工的培养教育。如大德通票号总经理高钰十分重视儒学伦理思想。他在担任大掌柜期间,开办号内学校,"命阖号同人皆读《中庸》《大学》",并请名师教育青年职工,灌输重信誉、讲忠诚的立身基础,以商人伦理道德要求员工"正心、修身",杜绝邪道侵入。晋商对员工的技术培训使员工熟悉了票号的业务,提高了工作效率。而与此同时进行的道德教育则增强了职工对票号文化的认同感,使员工将商号与自己的价值取向合而为一,既避免了一些由于职工本身的差异带来的道德风险,又增进了职工的业务能力。

同样,现代金融企业也视人力资本为最重要的资本。他们通过对职工的轮岗、定期专业知识培训、公费留学等手段,培养、选拔合格的职工。但这样单方面侧重于技能的培训并不能规避金融业中尤为严重的道德风险。在这次次贷危机中,金融工作者们出色的职业技能使他们创造了许多新的金融工具,来自不同地区、不同收入、不同年龄的人的债务本着风险分散化的原则被打包成次级债券在债券市场上发行,风险进一步被分散、转嫁,在技术角度看来,这样的金融创新无可挑剔。但是,金融衍生工具数理模型计算而来的定价则忽略了现实中社会因素和人为因素的多样性、突变性,于是就像击鼓传花一样,房地产经济泡沫破灭的那一刻即鼓声停止的那一刻,总会有人在该时刻为之前的一切付出代价。如果现代金融企业能够在培训员工的时候像明清晋商那样将道德培训放在与业务培训等同的地位上,职工在进行日常业务时就会考虑到道德因素,而不是只考虑业务的增加量、风险的转嫁率。

由此,关于规章制度与业务技能等"硬指标""硬约束"与职工道德文化等"软约束"的关系应该再度被我们提上讨论的平台。众所周知,仅靠道德约束的社会由于个人利益与他人利益的矛盾等问题的存在并不可能成功运转,但仅靠制度约束的社会也并不能进行资源的最优配置实现效率最大化。晋商的成功告诉我们,只有将"文化因素"渗透到员工的意识中,企业才能在现有的组织结构下获得最大的效益。在产业经济之中,也有不少大型企业都将企业文化建设放在一个非常重要的地位。如松下公司在几十年的经营生涯中形成的七种精神:"产业报国、光明正大、和亲一致、奋斗向上、礼节谦虚、顺应同比、感谢报恩",通过将这些理念不断地传递给新的职员,保持松下谦和、执着、一以贯之的风格,松下产品的质量以及品牌形象也就在对员工的文化道德培训之中薪尽火传。

而现代金融企业由于业务的特殊性以及人才的特异性,在发展中并未像产业部门中的知名企业那样注重企业文化也就是对于职工的道德培训。这些现代金融企业在培训、任用、奖惩员工时,如果将文化道德与技术指标放在同样重要的地位上,员工的道德意识就会在业务指标之后形成第二道"保险杠",使员工的价值取向与社会价值取向相接近,从而在一定程度上解决金融企业的高道德风险问题。

## 三、花红制
### ——解决金融业委托-代理问题的一种可能方式

金融业是一个高风险行业,它的业务主体是在不确定环境下对资金或货币资源进行跨期配置,而跨期的经营就容易引起经营的脱节甚至失败。大到政治动荡、战争爆发、未预料到的急速的通货膨胀或通货紧缩、经理人的经营方式(冒险或是审慎),小到单个客户的违约风险,都关系着金融企业的经营成败。

但在诸多的影响因素中,经理人的经营方式可以说是对金融企业的存亡影响最大的一个因素。因为经理人是直接面对种种风险,他的决策将与社会经济环境的不确定性带来的不可控因素有一个综合作用。冒险的经营方式将放大固有的金融风险,将金融企业推入一个更加危险的境地,与此相反,审慎的、合理的经营方式将最小化不可控风险,使金融企业得到更好的发展。由于经理人与委托人之间存在信息、地位不对称,除了经理人本身的道德因素外,正确的激励机制和完善的监管机制就成为解决问题的主要方法。

在百余年前,晋商票号在面对种种不可抗拒的风险时,采用了一个非常人性化也值得现在的金融机构借鉴的激励机制——花红制,来对经理人的行为进行规制,目的是体现收益与风险的均衡,做到有难同当,有福同享。晋商票号的所有者们一般从红利中预提一定比例的资金,作为弥补未来意外损失的风险基金。此笔款项是总号在每次账期①决算后,依据纯利润的多少按预定比例、对应各分号掌柜记提

---

① 通常一账期为3—4年。也有部分票号以5年为一账期的,如协和信与巨兴和。

的一定金额的损失赔偿准备金,此项准备金成为"花红",或者称为"倍本"。如"大德通的资本,在光绪十年改组时,原本十万两……光绪十八年,每股倍本一千五百两,共倍本三万两,合计为十三万两"。此款专项存储于票号,并支付一定利息,一旦出现意外风险,以此款作为补偿。如果在分号掌柜任期届满退休时,而未曾出现意外事故,则连本带利一并付给分号掌柜,这相当于一笔数目十分可观的退休奖励金。

建立花红制的作用一方面在于保障票号正常经营,防范意外经营风险;另一方面能够激励总号分号掌柜审慎经营,因为分号的利润越多,在未发生风险的条件下所获的收益也越多。花红制不仅相当于现代银行的计提风险准备金,它还包括建立了"风险管理奖励基金",为票号的有序经营起到了重要的作用。而这个"风险管理奖励基金"的意义并不局限于晋商的时代,其对现代金融企业也有着很大的启示。

在当代社会,面对来自社会经济环境的不确定性给金融业带来的不可控因素,金融监管机构想出了各种各样规避、防范和化解金融风险的对策、措施和方法。特别是在20世纪"大萧条"之后,银行监管成为金融业的首要议题,经过数十年的建设,银行监管已经形成了一个包含存款保险制度、最后贷款人安排制度等官方安全网的体系。从日常经营管理的角度看,其中包括业务活动限制、资产分散化管理、资本充足性限制、风险管理评估、信息披露要求等。但是,从20世纪90年代中期巴林银行到近期雷曼兄弟公司等近50年时有发生的金融企业倒闭案中,我们发现,纷繁复杂的条款并没有阻止现代金融业的经理人们采取冒险的决策。究其原因,是其激励机制与监管机制实际上的背道而驰。

现代金融企业的监管机制控制了资产负债表上的数字的比例,而激励机制则是激励职业经理人从有限的报表数字之中在短期内获得最大的会计利润。激励机制的最重要的组成部分就是经理人的薪酬体系。金融业经理人的薪酬通常由两部分构成,即"底薪+分红"。以华尔街的金融工作者为例,他们的薪酬以分红为主,占总薪酬的80%甚至更多[1],所有工作者根据等级以及业务量的不同对总的奖励金即总分红进行分成。而总分红的多少则仅与该会计年公司的全部利润正相关,即经理人为公司创造越多的利润,可以获得越多的报酬。在这样的情况下,利润成为薪酬考量的近似唯一指标,好的风险管理并不能量化为可参与薪酬体系的因素。而冒险的策略通常在短期内能获得更大的利润,经理人出于对自身利益最大化的追求选择审慎经营的可能性就很小,委托-代理问题也就更为突出了。

当监管机制希望用数量上的规制来避免经理人的冒险行为时,现代金融业的经理人所面临的激励机制却是鼓励经理人找到监管制度的漏洞,获得更大的收益。近期起源于美国的由"次贷危机"引发的金融海啸,正是由于银行业的冒险经营,

---

[1] 《国际金融报》2007年11月9日第8版。

通过金融创新和金融业间的风险转嫁,最终影响到整个经济体。在此次金融海啸中倒下的美国第四大投资银行雷曼兄弟公司,就为这种监管机制与激励机制的不平衡付出了代价。与其他的现代金融企业一样,雷曼兄弟也采取了员工持股、期权的薪酬体系。相当比例的员工报酬以公司股票和期权的方式支付,且锁定期较长。巨大的财富激励调动员工积极性的同时也带来弊端,职业经理人不断冒险推高股价以获得高收益,公司的风险也不断累积。由于雷曼兄弟转变传统投资银行的经营范围,进入多角色的跨界经营,再加上与会计利润紧密结合的经理人激励机制,促使各分、子公司大量操作风险业务,如承销以及在二级市场上买卖以次级房地产贷款为源头的垃圾债券和贷款,这就使得风险头寸大大增加,导致在市场风险加大的时期资产结构的调节难度大大增加。此外,雷曼公司一直增加的杠杆率使其在双高风险下运作,也是导致其风险管理能力低下的重要原因。截至2007年,雷曼兄弟的资产中45%是金融头寸,这些头寸中垃圾债券和贷款达327亿美元。当然,这样的运作模式也正是该公司激励机制极好运行的体现。不过,在激励机制完美运转的同时,雷曼兄弟的风险管理机制就没有那么幸运了。雷曼兄弟风险管理部门的设计虽然是独立于收益生产部门,但实质上风险管理部门并不可能完全独立于公司的收益激励。与其他金融企业一样,雷曼兄弟对高管的激励措施也与短期证券交易收益挂钩,在诱人的高薪驱动下,雷曼兄弟的"精英"们为了追求巨额短期回报,纷纷试水"有毒证券",借鉴金融创新从事金融冒险,重奖之下放弃授信标准,离开合理边界的高薪激励使得高管在风险与收益这一对孪生兄弟中特别钟爱收益。在这样的情况下,不仅职业经理人的行为以会计利润为准绳,应该加强监督、实行风险管理的部门也抛弃了自己本身应有的职责而走向监管机制的反面——以会计利润为表现的激励机制。

此时再反观晋商票号,那时并没有存款保险制度,更没有中央银行的日常业务监管。换言之,现代约束金融企业的严密的监管网络,当时并不存在,但其在19世纪的经营活动却从未由于经理人的过于冒险的行为招致损失。经理人在退休时可能得到的"风险管理基金"的约束下,采取了审慎经营的态度,对票号的放款对象、总放款额度有着严格的控制。也正得益于这种审慎的经营态度,晋商票号以信用贷款而非抵押贷款的高风险方式运营却得以屹立中华百余年。可见花红制作为风险管理的一种模式,是相当成功的。如果现代金融业能够借鉴晋商票号的花红制,也建立一个能够与"利润比例分红制"规模相当甚至规模更大的"风险管理奖励基金",将风险管理量化为激励体制的一部分,从而从根本上遏制金融企业经理人的过度冒险行为,金融业的委托-代理问题可能会得到一定程度的解决。

## 四、有限责任与无限权利
### ——权责失衡带来的困境

从权利构成上看,晋商票号实行两权分离,即所有权与经营权分离,普遍采用"东家出资,伙友出力"的方式。东家作为所有者只决定两件事:任命大掌柜和主持一个账期的分红,而不直接参与票号的经营与管理。这样的所有制结构的分配制度是所谓的"股俸制",即将人力股与资本所有者的资本股合在一起,按总占股比例分配。李谓清描述了山西票号"股俸制"的操作细则:"各票庄身股之分配,大致无多大差异。各伙友入号在3次账期以上,工作勤奋,未有过失,即可由大掌柜向股东推荐,经各股东认可,即将其姓名登录万金账中,俗称为'顶生意'。最初所顶之身股,最多不能过2厘(即1股之十分之二),然后每逢账期1次,可增加一二厘,增至1股为止,谓之'全份',即不能再增。"管理人员经营得好,东家、伙友均可获益;若是经营得不好,"赔东家不赔伙计",管理人员不承担任何责任。

在票号的经营之初,各票号财东所占的股份占绝对股数,这样的制度可以更好地激励管理人员,从而使票号的业绩更上一层楼。但随着时间的推移,各票号财东的银股数变动很少,而人力股却处于持续的递增势头,到了20世纪初期,各票号的身股数已经普遍超过了银股数。以大德通1908年账期的分红情况看,银股分红34万两,身股分红40288万两,比银股多分6288万两,人力股东实质上已经是企业利润的主要获得者。在这样的情况下,管理者的行为就趋向于以获取最大的可能利润为主导,如果高收益所带来的高风险造成了票号的亏损,管理层并不为此负任何责任。加之晋商票号的所有者承担无限责任,票号破产之后要变卖地产、房产,甚至因此入狱,晋商票号委托人、经理人的权责严重失衡使其发展步入了无法摆脱的困境之中。

不少学者认为晋商票号的出路应该是改革组织形式,建立现代企业制度,即建立股份制公司,股东承担有限责任。但是,根据现代金融企业的经营状况,股份有限责任公司并不是最好的组织形式。股份有限责任公司这样的组织形式也不能解决管理层的权利与责任不对称的问题,管理层尽管面临董事会与监事会的权利约束,逆向选择与道德风险依然存在。以本次次贷危机中声名狼藉的投资银行业为例,在一些投资银行破产或是被收购之时,股东为决策上的失败承担了有限责任,但具体做出决策的管理层并未被追究责任,其与本期对亏损相对应的收益早已在前几期以经营奖励的形式成为其私有财产。仍以雷曼兄弟公司为例,其做出2004年大举进军次级贷款市场决定的CEO富尔德在雷曼兄弟破产之后,虽然在华尔街乃至全世界的名声已经一片狼藉,但其已经获得的经济利益并没有在雷曼公司破产之后受到损害。而公司的另一名高管Xavier Rolet更是在雷曼兄弟破产后不到一年的时间内,接受了伦敦证交所提供的首席执行官这一职位,继续书写他的职业生涯。这与该公司许多变得一无所有的股东形成了鲜明的对比。这进一步说明,在现行的所谓的现代金融企业制度之中,管理层的权利与责任仍然处于不对称的状况。

此时,在风险投资基金中最主要的结构形式——有限合伙制可能成为解决这种权责失衡的方法。在这种形式中,合伙人由有限合伙人和无限合伙人组成。有限合伙人主要包括保险公司、养老基金、大公司和富有的个人,他们的投资占总投资的99%,但不直接参与经营和管理,对投资承担有限责任;而无限合伙人(又称为普通合伙人)为风险投资家,他们出资仅为总投资的1%,负责基金的实际运作,对投资后果承担无限责任。在项目产生收益后,先归还投资人的投资,超过基本收益的部分,无限合伙人可以分得20%—30%。投资者作为有限合伙人不直接参与基金的经营运作,并且仅以其投资额为限对基金的亏损及债务承担责任。而作为普通合伙人的风险投资专家,则直接经营管理风险投资基金,并以自己的所有资产对基金的债务承担责任。

在有限合伙制下,风险投资企业的经营者作为一般合伙人,在企业中占有一定比例的出资额和主导风险投资的决策权,但同时也对企业的借贷和负债承担无限责任,因而个人的财产处于与公司的经营共同的风险之中。对风险投资企业的经营者而言,其采取的实际上就是"控制取向型"的融资方式,但他显然不是一个单纯的外部出资者,而是实际性地参与了企业的具体经营。因此,此时的经营者既是出资者,又是经营者,是个古典意义上的"企业家",既是企业剩余控制权的拥有者,又是企业剩余索取权的拥有者。也就是说,作为一般合伙人的经营者拥有完整意义上的企业产权,剩余索取权与剩余控制权是高度匹配的,经营者的权利和责任是高度匹配的。因此,有限合伙制的实施大大制约了经营者的机会主义行为和"内部人控制"现象的产生。

从企业组织理论的角度看,晋商票号的失败说明了所有者承担无限责任并不是一种好的组织形式,而现代金融企业在这场金融危机中暴露出来的问题,也说明了有限责任公司制在金融行业的应用并不十分顺利。制度只有在能促进企业发展的情况下才能继续生存,若是其不能适应企业的发展,改革势在必行。而就有限合伙制在风险投资领域的表现而言,其在统一权利和责任这一方面算是成功的。金融行业的高风险要求管理层对企业的经营情况负责,而有限合伙的形式就从激励层面彻底地约束了管理层的行为,如果这样的形式能够真正得到推广,金融企业被经理人权利与责任失衡所放大的金融风险将会得到一定程度的抑制。虽然有限合伙制这样的组织形式现在还是主要应用于风险投资基金,若想将其推广到整个金融行业上还面临各种各样操作层面的问题,但这样的权责分配也为金融行业的改革提供了一种思路。

## 五、小　　结

晋商票号作为在中国历史上举足轻重的金融主体,在其百余年的发展中,为后人留下了许多管理思想上的创见。这些管理思想并未随着历史的演进而褪色,反而愈见其出彩之处。这里选取了晋商票号的三个重要管理思想(道德与业务并重的培训方式、花红制的应用、权责构成形式)进行分析。

通过与现代金融企业的管理制度的对比,我们提出了道德与业务并重的培训方式、花红制即"风险管理奖励基金"对现代金融企业的重要意义。道德与业务并重的培训方式将文化道德作为"软约束"引入企业每个员工的行为准则之中,与规章制度等"硬约束"一起,将企业员工的价值取向引向企业乃至社会的主流取向之上。如果这样的培训方式能够被引入现代金融企业的经营管理之中,金融企业员工只顾及技术操作而忽视道德约束的现状就能得到一定程度的改善。花红制即"风险管理奖励基金",使晋商的经理人能够自觉地对自己的经营决策进行风险控制,一定程度上规避了企业发展的风险。"风险管理奖励基金"如果能在现代金融企业中得到应用,现代金融业中的委托-代理问题就可以通过将风险管理量化为激励机制的一部分得到一定程度的解决。同时,也分析了晋商票号权责构成形式的不足之处,认为无限责任制与现代金融企业的有限责任制同样都不是最适合金融企业发展的模式,而20世纪80年代后走上历史舞台的有限合伙制在一定程度上优于上述两种权责构成形式,可为金融行业的改革提供一种思路。

**参考文献**

[1] 卫聚贤.山西票号史.经济管理出版社,2008.
[2] 黄鉴晖.山西票号史.山西经济出版社,2002.
[3] 张陆洋.〔美〕ChristopherLaneDavis.美国风险(创业)投资有限合伙制.复旦大学出版社,2005.

# 晋商股份经营制度刍议*

明清晋商的崛起,既与时代环境的变化有关,也与股份公司制度的推行有关。

按照制度经济学的理解,制度是制约人们行为、调节人与人之间利益矛盾的一些规则,制度对经济效率具有决定性的作用。相应地,制度也可划分为有效率的制度和无效率的制度。诺斯在《经济史中的结构与变迁》中指出,当我们说一种制度是有效率的时候,指的是这一制度下"参与者的最大化行为将导致组织总产出的增加",换言之,就是"有难同当,有福同享";当我们说一种制度"无效率"或缺乏效率时,是指一种制度下人们的最大化行为"不能导致组织总产出的增长",换言之,就是无法做到"有难同当,有福同享"。随着环境的变迁,制度也应该相应地变革。经济发展不可能长期停留在一种无效率的状态,当一种制度安排无效率时,最终将被另一种有效率的制度安排取代,这是由人追求利润最大化、竭力实现潜在的市场机会的天性决定的。

有效率的制度起码应该具备如下特征:一是产权明确,应能最大限度地使个人努力与个人收益具有正相关性,同时使个人行为与个人所负的责任也有正相关性,即前面说的"有福同享,有难同当"。二是可变性强,能够为人们提供尽可能大的选择空间和创新空间,使人们能够在不同的条件下,根据效率最大化的原则进行选择和创造最有利的制度安排。换言之,有效率的制度不仅能够实现特定环境下个人和组织的双赢,还能够随着环境的变化,灵活地调整有关条款,在动态中实现个人和组织的双赢。

在股份公司制度建设中,晋商投资者(东家)面临所有权与经营权分离、针对经理人(掌柜)不加大激励则后者不会好好工作、不加大约束又易受到外界诱惑和犯错误的状况,作了精密的制度安排,就是今天看来,也不能不佩服晋商创始者们深邃的构思。我认为,在特定环境下的对经理人的激励和约束方面,晋商股份经营制度的设计是很精巧、充满效率的,值得今天的企业经营者借鉴。不过,在适应环

---

\* 本文发表于《山西高等学校社会科学学报》2009 年第 4 期。

境的变化方面,晋商股份经营制度是有缺陷的,应当引起当代企业家的警戒。

## 一、晋商股份公司制度的功效

作为两权分离下的资本所有者,他面临的任务是既要调动经理人的工作积极性,又要防范其受不住外界的诱惑犯错误;既要对经理人授权,又要保持必要的监督。若授权过大、监督过小,经理人会利用资本所有者的信任,滥用手中的权力犯错误;若授权过小、监督过大,经理人又因不拥有必要的权力而无法整合资源、完成工作。如何解决这一两难问题,做到既定成本下的利润最大,或者既定利润下的成本最小,使经理人既能完成工作,又能将犯错误的危害降到最低呢? 晋商在这方面有着很好的制度设计,下面试以晋商票号业为例分析晋商股份经营制度的优点。

一是慎重选择经理。当时,要建立票号,东家在选择经理上是颇费心思的,或是别人举荐,或是财东自己察访,都要经过严格的考察。东家心目中的票号经理,要能攻能守、多谋善变、德才兼备,最好有一定的专业经营经验。一旦确认可以担任票号经理的职责,财东便以重礼招聘。被选中的经理,一般事前要和财东进行一次面谈,对财东来说,这是最后一次的直接考察;对即将被委任的经理来说,也需要侦察一下财东是否信赖自己,还要向财东陈述自己的经营设想。如果双方主见相同,劳资之间的合作便基本告成,接着便是延请中证、订立合同、委以全权,择人的过程即告结束。以后能否挣钱,财东已不能左右,经营的权利全部放到了经理人的肩上。

为什么要慎重选择经理人呢? 就在于经理人有隐匿信息、以次充好的可能。这说明投资人一项很大的任务就是选择符合岗位要求的经理人。为此,一要尽可能扩大选择的空间,或别人举荐,或自己查访;二要通过访谈等方式广泛搜集经理人的信息并加以判断;三要通过一定的仪式,如初见面、二见面、三见面等降低选择过程中可能潜存的风险。

二是经理全权负责。一旦合同订立,财东将资本、人事全权委托经理负责,一切经营活动并不干预,日常盈亏平时也不过问,让经理大胆放手经营,静候年终决算报告。这时的经理拥有无上的权利,不论用人还是业务管理,均由经理通盘定夺。财东连举荐人的权利都没有。据1904年大德通合账众东添条规第二条记载"各连号不准东家举荐人位,如实在有情面难推者,准其往别号转推,现下在号工员,无论与东家以及伙计等有何亲故,务必以公论公,不准徇情庇护"。经理在票号内实行集权制,同仁们虽然有建议权,大伙友(年龄大、地位高的员工)在一些小事情上也可以便宜行事,但大事则由经理裁决。总经理每年年终汇集营业报告表,造具行册,报告财东一次。这时,财东对经理的经营策略等只有建议权,没有决策权。

不像现下的许多老板,明明说的授予经理人以经营全权,但当经理人工作时又忍不住上前指挥，结果造成"天有二日，国有二君"，指挥系统被打乱的现象。无疑，晋商也是经历了上述过程的，这是在经过了许多苦楚后得到的教训的结果，其好处是既方便经理人全权指挥，又方便对经理人的考核，免得出现互相推诿的现象。

三是名利一体的激励约束机制。经理在票号中享有无上权力，却只负盈不负亏，盈利多自己得的多，但赔了却是财东负责。财东对票号负有无限责任，除了在择人上比较慎重外，平时就主要靠激励。经理在任期内能尽职尽责，业务有起色，财东给予加股加薪的奖励。如不称职，就减股减薪。具体分析如下：

第一，劳资并重的分配制度。票号创立之时，就在设立银股的同时，设立人力股，俗称顶身股。一般来说，初创立时银股多，人力股少，但票号经营时间长，人力股就越多，有时会超过银股。分红时，多以银股和人力股的总和平均分配，有时职员分红的总额会超过财东的分红数。虽然说，工作满十年就有了顶人力股的资格，但也不是绝对的，如果经理认为没有培养前途，或工作不够勤奋，工作十四五年顶不上人力股的也大有人在。而且，顶了股以后每次账期（当时规定，每四年一个分红期）后能不能增加，也全看个人的能力和工作勤奋程度，同样的工作年限或同时顶了人力股的职员，经过几年的发展后，会有很大的差别。

这种劳资并重的分配制度，把票号的经营状况，同财东的利益、职工的利益、职工的前途、经理的名誉等都有机地结合起来，相当程度上做到了"有难同当，有福同享"。换言之，就是变老板的危机意识为员工的危机意识，变员工的智慧为老板的智慧，它调动了上上下下各方面的积极性，这是晋商能够取得数百年辉煌的重要原因。比如，晋商票号财东为了选出比现任经理还优秀的接班人，或者为了避免现任总经理留恋权位，往往积极创造现任总经理不得不看长远利益的条件，规定现任总经理在新经理上台后，原有股份保留，即使其身故后，家人也能得到其身后长达12年的红利。在这种情况下，现任总经理有动力举荐比自己还强的新人，并积极让位。

第二，严格苛刻的约束机制。票号的从业人员待遇优厚，前途有望，因而是当时晋中一带人们比较向往的职业，但票号对其成员的管理也是极严格的，其内容包括各分号与总号之间的关系、业务经营原则、对工作人员的具体要求等，而且不论经理、伙计、学徒，均须斗守。如休假制度，总号人员两三个月可休息七天，太原分号一年可以休息两个月，其他分号大部分为连续工作三年可休假半年，分号路远者如东三省、蒙古、新疆等地为五年一次，从一般职员到经理都得遵守。每月准寄平安家信，但不准私寄银钱及物品。包括经理在内一律不准携带家属。平日在号，不准捐纳实职官衔、不准携带亲故在外谋事、不准赌博、不准吸食鸦片、不准在外娶妻纳妾、不准向号中相与之家浮挪暂借等。从这许许多多的不准中，我们可以看出晋商管理的严格。票号中不论是一般职员还是经理，他们虽然从财东那里获得了令人羡慕的报酬，但这是以严格管理为前提的，一入号，三年五载不得回家，又有那么多的不准管着,如稍不慎,被开除出号,不仅在乡邻面前丢脸,而且很难再谋到职业。在这种情况下,他们只能把全部精力用在票号发展上,因为票号和他们已经密不可分。对所有从业人员的个人财产,票号也有一套严格的管理办法,以防止票号人员在外面假公济私。另外还有财务制度、报告制度、经营制度等多方面的规定。例如,大德通票号1884年议定的号规就有30条之多,以后每逢账期还进行添补增删,可以说是既细密又严格。

对于那些业绩平平,甚至不尽如人意的经理人,晋商也有一套既能保全他们的面子又能维持企业资产不受损害的办法。比如,当时许多票号有年终财东请吃饭的习惯,谁面朝着门,说明他干得最好,东家很满意;谁背对着门,说明他干得最差,东家不满意。席间要上一盘鱼,取其年年有余之意,这条鱼的尾巴对着谁,说明东家要炒他的鱿鱼,饭后赶紧到账房结账走人,若这条鱼的尾巴对着财东,说明大家干得不错,老板基本满意,全部留任。

为什么要对经理人员尤其是总经理严加约束呢?这是因为经理人员有逆向选择的风险,即尽管才能出众,但未必能发挥出来。要发挥出来,东家就必须满足其对利益的追求,让其高兴才是,为此,就必须一要激励,二要约束。之所以要激励,是顺应经理人追求富贵的心理,变"让我干"为"我要干";之所以要约束,是既顺应经理人讨厌贫贱的心理,又承认人有禁受不住外界诱惑、爱看眼前利益、爱贪小便宜的人性弱点,加以制度之强化,即一旦违反什么规矩,将受到如何的处罚等,目的是防范人们犯错误,或将人们犯错误的概率降到最低。

从财东放手掌柜经营、不到账期分红不过问号事以及严格的号规条款中可以悟出一个道理,就是放手经营和加强监督管理是分不开的。可以说,没有这套详尽而严密的股份公司制度安排,资本的所有权和经营权的分离是不可能实现的。而在商品经济大发展的时代,只有把这两种权力分离开来,资本所有者才能够更好地从宏观上把握资本的运用,不致陷入繁杂的事务之中,得之一隅而失之全局;经营者也才能不为资本所有者的主观意志所约束,而是按照经济规律和市场变化采取应有的对策,从而使资本最大效益化。因此,晋商之所以能做到"足迹遍天下""辉煌五百年",是与两权分离的股份经营制度分不开的。

## 二、晋商股份经营制度的弱点

制度是否有效率与所处环境有关。在一种环境下是有效率的制度,当环境发生变化时,就可能成为无效率的制度。因此,判断制度是否有效率,要看相对于什么环境而言。和工业革命后社会化大生产更加发展的需要相比,仍属于重商主义历史范畴的晋商股份经营制度存在如下不足:

一是无限责任制。和有限责任公司相比,无限责任公司的特点有三:其一,强调空间的无限延伸,一旦某商号倒闭,则由出资人的其他商号的资产垫赔。其二,强调时间的无限延伸,所谓"父债子还"是也。其三,可以自由退出。如蔚泰厚票号契约中规定,"倘有东家抽本……俱照年总结账,按股清楚账目",而有限责任公司不允许自由退出,只允许自由转让。显然,和有限责任的股份制公司相比,无限责任的股份制公司的信誉更高,当然风险也更大。

　　晋商企业资本的无限责任制,是在康乾盛世、国泰民安、市场竞争不甚激烈的时代产生的,在商品经济进一步发展、市场竞争更为激烈的嘉庆、道光年间,其缺陷已经暴露。鸦片战争以后,中国市场成为西方市场的一部分,市场竞争空前激烈,无限责任制的缺陷更是充分暴露出来。当时工商业、金融业破产倒闭不断,甚至出现企业倒闭连带资本家破产的现象,这说明生产力的发展要求更先进的生产关系与其相适应,要求公司制度从无限责任走向有限责任。

　　二是没有退休制度。晋商各商号的员工,除辞号和号辞者外,实行终身制,没有退休制度,因而总经理等常常年老病死在岗位上。东家为鼓励总经理等终身为其效力,凡顶身股者死后,还可享受几个中长期的分红权利,叫做"故身股"。这一制度的好处是充分挖掘了一个人的潜力,将其几十年积累的经验教训发挥到极致,并顺利地传到下一代,这对当前的企业管理中解决老同志积极性如何更好地发挥的问题很有借鉴意义。但这一制度的弱点也极其明显,即企业形成老人政治,暮气沉沉,创新精神不足。

　　老年人的优点是经历的事情多,经验丰富,虑事周到全面,稳健经营。但凡事有一利必有一弊。正因为其想事周到全面,尤其是风险顾虑太多,因而缺乏一种敢想敢干、欲平治天下舍我其谁的气魄,而有时候,尤其是历史的转折关头,恰恰需要这样一种天不怕地不怕的精神。另外老年人还有一个弱点,就是体力下降,而开发新产品、探索新事物的艰苦性又尤其需要这种连续作战的能力,当老年人在一个组织中不掌握主要权力时,这一弱点的影响还不大,但当老年人掌握一个组织中的主要权力时,这一弱点的影响将会无限扩大,从而束缚企业的发展。我认为,当面临时代的转折关头时,晋商各大行业,如票号业、典当业、茶业均表现出强烈的保守倾向,与这几个行业前期发展迅猛、股份制度普遍推广、老人政治发展更充分是分不开的。

　　三是对身股取利没有限制,以至于后来的身股分红数超过银股,这加大了银股持有者的风险,是对银股持有者的不公平。晋商各票号中,起初是银股占多数,身股占少数,但身股人数和股数随着各个工人工作时间和效力的增加逐渐增加,所以到了后期就出现了身股超过了银股的现象,而二者在分红时都是凭股数平均分配,结果每股分红相对变少,从而身股总数分红额超过银股。例如,大德通票号1889年分红时,银股20份人力股917份。到1908年分红时,银股仍是20份,人力股却增至23 195份,人力股在近20年内增为原来的2 147倍。这种比例上的变化意味着剩余收入的更大部分给了并不承担财产风险的身股者,而银股者在剩余收入相对减少的情况下还要和原来一样对企业风险承担无限责任,这种收益和风险的失调会导致一些银股者产生抽走资本的想法,特别是在风雨飘摇、政局不稳的时候,这对于企业的存在和发展是一种巨大的威胁。例如,20世纪三四十年代,许多晋商大族,像渠家、乔家、曹家等之所以抽走资本,宣布歇业,无疑是与承担了过大的经营风险分不开的。毕竟在一般情况下,资本的重新注入比劳动力加入难度大得多,因此使普通员工凭股份同资本家和经理平等分享利润值得商榷。孟子曰:"劳心者治人,劳力者治于人。"一般职工从事的工作劳动复杂性低、风险小,高级员工从事的工作劳动复杂性高、风险大。从事工作风险性大的人,在正常的岗位工资之外,应该再得一份风险收入,而且从事的工作风险越大,所得到的风险收入也应该越高,分红恰恰就属于这样的风险收入。这意味着,晋商应该在顺应员工看眼前利益的岗位工资、顺应员工看长远利益的分红之外,再加上顺应员工看中期利益的奖金。一般的员工可得到工资和奖金,不应该有分红;高级员工在工资、奖金外,还要有分红,这样的分配制度才更合理。

四是财东不参与企业运营,没有建立起对总经理可能的能力不足加以弥补的股东会议制度。从晋商股份公司制度的设计中还可以看出,财东们对总经理的道德风险考虑比较多,并通过顶身股、故身股等来弥补,但对以总经理为首的经理班子的能力的不足考虑得比较少,没有想过通过什么措施加以弥补,以致股东会议制度很不健全。由于股东事实上放弃了决策责任,这样自然就形成了对总经理的依赖,造成了总经理独裁局面的出现,也使来自分公司的要求政策的呼声,由于得不到财东的支持,而轻易地被总经理打压下去。晋商票号后期迟迟不能向银行转变,股东无所作为是一个重要原因。

财东不参与企业运营的好处是有利于强化总经理的权威,做到事权统一,其弱点之一是对总经理监督不力,造成总经理大权独揽;弱点之二是财东不了解行业发展大势,无法准确决策;弱点之三是不了解未来的企业需要什么样的总经理,在选人方面只能依靠前总经理的推荐,或凭偏好行事,这是不利于企业发展的。毕竟决定企业发展方向和选总经理的事是由财东决定的,财东不参与企业运营,一问三不知,又如何保证能定出准确的决策和选出合适的总经理呢?

另外,财东不能参与具体企业运营,还使得财东及其后代——未来的财东只能在家里吃喝玩乐,吃喝玩乐的极端就是抽大烟、赌博,一旦钱不足,自然违背规定去商号取款。按规定,财东违纪取款是不能允许的,但他是最高领袖,若取不到款又要发脾气,影响员工的命运,因此一些好说话、组织纪律不太强的员工往往迎合财东的脾性。而财东在选下一届总经理人时出于取款方便的考虑,往往选听话的、组织原则性不强的人做总经理。俗话说"上梁不正下梁歪",最高领导——财东都看眼前利益,不惜为了眼前的点滴利益而违反纪律犯错误,这对员工的影响该有多大?因此,票号后期内部出现离心离德的现象是丝毫也不奇怪的。众所周知,票号鼻祖日升昌之所以会垮,就是因为选了一个组织纪律性不强,但能顺应财东偏好,让财东取款方便的总经理——郭斗南。

因此，财东必须参与企业的运营过程。只是他参与的目的和总经理不同，总经理要完成对财东的承诺，而财东则重在了解该行业的发展、运营过程中存在的问题，为更好地决策，弥补总经理能力的不足奠定基础。另外，也为选择更优秀的总经理，制定合适的制度来激励总经理，为防范其可能的犯错误的风险奠定基础。

五是晋商对总经理的约束方面有缺陷，这主要表现在没有建立监事会制度上，以至于对总经理在位可能出现的道德风险防范不足。

晋商对总经理实行任期制，一般每四年为一个账期。客观地讲，任期制对经理确实构成很大的压力，但从将造成危害到实际造成危害、再到发现危害之间，毕竟有一段时间的间隔。如何监督总经理尽快发现经营中造成的危害，最适合的是三种人，即消费者、内部员工、合作伙伴。

从总经理的经营能力、努力程度来看，消费者市场的监督确实关键，财东可通过经营业绩这个指标来判断经理的经营能力。但是，由于财东位居企业经营的最后方，接受市场的信息慢，再加上财东也有懈怠之心，这意味着往往是在公认的重大损失造成时，财东才感觉到，方通过更换总经理的办法来解决。可是当重大损失造成局面非常被动时，换任何人也是无济于事的。在这种情况下，如何约束总经理的不当行为，将其危害降低到最低点呢？这就需要来自员工和合作伙伴的监督，尤其是来自员工的监督。员工长期在市场活动，会形成一定的关于经营的经验性的认识，他们会不等市场漏洞大暴露就会察觉到经理经营上的问题，因此应利用员工对市场熟悉、反应快的特点来规范经理的行为。另外，合作伙伴长期在市场上活动，市场经验丰富，阅历面较广，也能比较早地感受到企业经营中存在的问题，因此也应很好地利用合作伙伴的力量，这就是现代企业制度的监事会的功能。在这点上，晋商做的是不够的，它使财东无法通过监事会和第一线员工、顾客和合作伙伴及时沟通，无法得到关于经理权利运作过程中可能存在的不足及如何改正的信息，自然也无法将总经理可能造成的危害降低到最低点。

当然，来自基层员工、合作伙伴的反馈意见有可能未必正确，但毕竟是对市场的一种反映，能为高层的正确决策包括经营决策及人事决策等创造条件，也能为纠正以往的错误决策奠定基础。晋商由于没有采取这种更民主、更能促进信息沟通的办法，无法将人力资本与物质资本的力量更有效地凝聚在一起，结果在与银行激烈的竞争中，只能处于下风，以致全军覆没。

总之，晋商股份经营制度是与中世纪后期农业生产发展开始出现商品经济的全球范围内的交流这一历史背景分不开的，属于西方重商主义时期商业管理的范畴。随着生产社会化程度的提高，原来合适的制度安排此时变成生产力进一步发展的障碍，这就是为什么鸦片战争后晋商无力与西方商人竞争的原因。尽管晋商股份制存在种种缺陷，但在明清时期的中国商业界，还没有哪个商帮的股份制能做到晋商这么发达的程度，它有助于物质资本和人力资本的结合，有助于将企业做大做强，更有助于企业市场风险能力的增强，因而信誉卓著。只是进入近代之后，随着中国市场越来越和世界市场紧密结合在一起,越来越受到世界政治、经济、文化等风云变化的影响,晋商股份制度的缺陷才越来越充分地暴露出来,直到最后被市场抛弃,全盘溃败。

**参考文献**

[1] 穆雯瑛. 晋商史料研究. 山西人民出版社,2001.
[2] 张巩德. 山西票号总揽. 新华出版社,1996.
[3] 张正明,邓泉. 平遥票号商. 山西教育出版社,1997.
[4] 张正明. 晋商兴衰史. 山西古籍出版社,2001.
[5] 史若民. 票商兴衰史. 中国经济出版社,1992.
[6] 董继斌,景占魁. 晋商与中国近代金融. 山西经济出版社,2002.
[7] 黄鉴辉. 明清山西商人研究. 山西经济出版社,2002.
[8] 黄鉴辉. 晋商经营之道. 山西经济出版社,2001.
[9] 黄鉴辉. 山西票号史(修订本). 山西经济出版社,2002.

# 基于信息经济学的视角浅论山西票号员工的管理及培养*

山西票号是中国经济史上的一大亮点,尽管辉煌不再,其经济运作机制仍然让人赞叹不已。其中,他们在选用、训练新员工中的一些做法很值得当前的企业借鉴。本文将运用现代经济学理论(主要是其中的信息不对称理论)分析山西票号人力资源管理中的一个重要侧面——新员工的选拔、培训、考核中的经验和教训。

## 一、信息不对称理论的简要介绍

所谓信息不对称就是在相互对应的经济人之间不作对称分布的有关某些事件的知识或概率分布。信息不对称理论是由三位美国经济学家(约瑟夫·斯蒂格利茨、乔治·阿克尔洛夫和迈克尔·斯彭斯)提出的,他们因此获得了2001年度诺贝尔经济学奖。作为微观信息经济学研究的一个核心内容,信息不对称理论用来说明在不完全信息市场上,相关信息在交易双方的不对称分布对市场交易行为的影响及由此产生的市场运行效率问题。在不对称信息对策研究中,通常将对策中占有信息优势的一方称为代理人,而处于信息劣势的一方称为委托人,不对称信息的所有模型都可以在委托人-代理人的框架下进行。传统经济学基本假设前提中,重要的一条就是"经济人"拥有完全信息。实际上人们早就知道,现实生活中市场主体不可能占有完全的市场信息。信息不对称的条件下,代理人为了自身利益可能凭借自己的信息优势选择对委托人不利的行为,从而引发信息不对称理论中的两个核心问题——逆向选择和道德风险。

逆向选择是研究事前不对称信息的博弈模型,指掌握信息较多的一方利用对方对信息的无知而隐瞒相关信息,获得额外利益,客观上导致不合理的市场分配行为。道德风险是研究事后不对称信息的博弈模型,指占有信息优势的一方为自身

---

\* 本文发表于《开发研究》2010年第1期。

利益而故意隐藏相关信息,对另一方造成损害的行为。道德风险的存在增加了交易的风险性和交易成本。

信息不对称理论认为,在市场经济活动中,各类人员对有关信息的了解是有差异的。掌握信息比较充分的人员,往往处于比较有利的地位,而信息贫乏的人员,则处于比较不利的地位。信息不对称是市场经济的弊病,一般来说,市场中卖方比买方更了解有关商品的各种信息。为了赢得彼此的信任,实现买卖双方的交换,掌握更多信息的一方有义务向信息贫乏的一方传递可靠信息,拥有信息较少的一方也有责任努力从另一方获取真实信息,价格、广告、品牌等就是买卖双方为解决信息的不对称,赢得彼此的信任而发出的市场信号。

信息不对称理论对很多市场现象如股市沉浮、就业与失业、信贷配给、商品促销、商品的市场占有等提供了解释,并成为现代信息经济学的核心,被广泛应用到从传统的农产品市场、劳动就业市场到现代金融市场等各个领域。

把信息的不对称理论运用到新员工的选拔、培训和管理方面,就要求企业人力资源管理部门:首先,必须高度重视应聘者信息的搜集与判断,避免为其释放的"烟幕弹"所迷惑,做到"知己知彼";其次,在对业已挑选出来的新员工进行培训时,必须不间断地发布有关信息,目的是让受训者明白应该做什么,不应该做什么等,这有助于培训效率的提高;最后,企业还要通过各种形式的检查,包括日常检查、突击检查、中期检查、结业考试等了解新员工的受训情况,这样做不仅有利于督促其完成培训任务,还为后来的工作分配奠定了基础。

下面将依据信息不对称理论考察山西票号在新员工选拔、培训和考核方面的经验和教训。

## 二、山西票号如何选拔新员工

用人的前提是选人,选人中最大的风险在于应聘者会利用信息的不对称有意识地释放假情报,迷惑选人者;选人者会因为信息的不对称而被求职者的外貌或花言巧语迷惑,从而选拔了不该选拔的人。尽管山西各票号在择人方法上略有不同,但其择人的实质性标准和方法却大致相同。一般来说,招收学徒(练习生)是票号人员的主要来源。山西票号主要是通过担保、面试、笔试加口试等方式让求职者尽可能地释放信息,然后对这些信息进行"去伪存真,去粗取精"的认真分析,从而将选人的风险降低到最低。

山西票号选拔员工,一般有如下标准和程序:

第一,必须有有影响、有社会地位、有财产的人士推荐。若无人推荐,是绝不可能进入选拔范围的。山西票号通过这种方法一定程度地解决了应聘者和接收者之间的信息不对称问题。

第二,必须为山西人。其好处是便于搜集应聘者的信息,可一定程度上降低应聘者提供假信息的风险。当然,这是当时社会生产力不发达,交通、通信落后,使得商品经济社会化程度不高的反映。一旦社会生产力水平有了更大的发展,交通、通信进步,企业招聘员工时就必须突破地方化的限制,而在更广阔的社会范围内选人,这就是全球化。

第三,限十五六岁俊秀男青年。山西各票号对学徒的录用标准,通常是14—18岁的青年男子。这是因为年龄太小,自理能力不够;年龄太大,气质、性格已经定性,很难改造。选择14—18岁的青年男子,无疑教育成本低、效益高。例如,祁县乔氏的大德通票号规定"学徒必须年龄为15—20岁"。

为了防止求职者弄虚作假,许多票号的柜房里还摆着一双铁鞋,专供录用新员工时穿,目的是让应聘者释放有关自己真实年龄的信息。就是说,求职者进号前,先得试穿这双鞋子,穿上了,才有进号当学徒的资格,如果脚大穿不上,其他条件再好也不行。这种以鞋来衡量求职者年龄的做法,具有一定的合理性,原因是特定地区某一年龄段的人的脚长大致是差不多的,这就好像体育管理部门为了防止运动员虚报年龄,需要对他们进行骨龄检查一样。但这样做也有失之偏颇之处,不免会漏掉某些人才,不过这也从一个角度说明了晋商对初学经商者年龄限制之严格。

也有一种说法,铁鞋有大小两样。对于合意的人选,便拿出正常人大小的铁鞋,让其顺利过关。对于看不上眼而举荐者头面大的则使用小鞋,以拒之门外,这是山西票号既严格执行制度又不失人情的反映。

第四,对求职者的家庭进行严格的考察,俗称查三代。家世背景如何,会对求职者为人处世的态度产生深刻影响,这就是晋商为什么对家世清白一项非常重视的原因。古人云"近朱者赤,近墨者黑"。家庭是孩子的第一老师,家长的言行举止、对孩子的成长是非常重要的。

第五,笔试。由大掌柜审阅被推荐者写的毛笔字大小楷书,并考察其打算盘的水平,以判断其文化水准如何、心性是稳重还是毛躁等。

第六,面试。由大掌柜当面提问,观察其面相是否端庄可靠、思维是否敏捷、口齿是否伶俐、性格是否温顺和婉等。这里需要特别指出的是,山西票号对求职者的相貌比较在意,这是因为经商是要同顾客打交道的,商人的外貌好比产品的包装,尽管顾客购买的并不是产品的包装,但产品的包装如何却直接影响到顾客对产品的评价。

第七,必须由殷实商铺担保,签订保荐书。被担保人"倘有越轨行为,保证人负完全责任"[1]。由于担保人责任重大,如无特殊关系,并不易找。如果担保人破产,失去继续担保的资格,或者自己要求撤保,被担保人必须迅速另找担保人,否则有被停职的可能。显然,这有助于降低企业的管理成本。

第八,"请进"。所有测试全部合格后,方可"择日进号",名曰"请进"。由票号举行一个简单的仪式,宣布其成为本票号学徒,大掌柜训示,伙友庆贺,提高新学徒对本号的亲近感、归属感和自信心。

山西票号由于经营蒸蒸日上,员工报酬稳定,很为世人看好。更重要的是,山西票号的各级经理人,许多是由普通员工晋升而来,一旦到达经理的位置,则报酬丰厚,受人尊敬,家道也因此而兴旺。所以,进入票号任职,在许多人眼中,是一条求取富贵的便捷途径,千方百计设法奔走。随着求职者的增多,票号的选用标准也水涨船高,有的甚至极为苛刻。例如,志诚信票号选用职员规则规定:招收员工,年龄必须在15岁以上20岁以下、身高5尺、家世清白、五官端正、毫无残缺、语言清晰、口齿伶俐、举动灵敏、善珠算、精楷书。而且,担保人必须与票号有利害关系,目的是促使担保者推荐真正有才能的年轻人进入票号,避免其徇私作假。招收条件如此之高,这就要求求职者具有相当好的教养与素质,而能够获得这种教养的人,其家庭经济状况必然不会太差。也就是说,只有经济状况尚属宽裕的家庭,其子弟才有进入票号工作的可能。

这种严格的选拔制度,尤其是重视出身与品德的选拔标准,为票号的经营提供了组织保证,使票号在日常的经营中,很少由于员工的失职而遭受损失。20世纪初便有人评价说:"山西票庄营业,自清初迄今,其同业间未闻有危险之事,未始非雇佣人之限制,有以绝其弊端耳"。[2]

## 三、山西票号如何培训新员工

成为学徒仅仅是进入票号的第一步,还须经过一段时间的培训,得到认可后才能够独立从事工作,此时方成为真正的票号职工。

如果说招聘主要是设计一套程序引导应聘者释放信息,以便招聘者能够做到"知己知彼",从而选拔到合格的人选的话,那么培训主要是向受训者发布他们必须具备和掌握的信息,包括技能方面的和道德方面的等,并设计一套程序使他们在不断练习的基础上达到熟练掌握的程度,直至成为生命中不可或缺的一部分。

山西票号对学徒的培训,均在总号进行,时间一般为三年,有聪明出众的,两年即可完成训练,个别过于愚笨或存在道德缺陷的,不到三年即被开除出号。

山西票号对新员工的培训分业务训练和道德训练两大板块。

1. 业务训练

新员工的业务训练普遍分三个阶段:

第一阶段,主要做日常杂务,诸如打水、扫地、伺候掌柜等号内杂活,晚上则用来练习书写与珠算。对这类活计,每个新员工都要做一年左右。

之所以如此,一是号内杂活必须有人承担。二是能够对学徒进行经商基本功的培训,如书写和珠算等。三是有意识地折煞学徒的虚骄之气,培养他们的服务意识,这就是晋商对学徒有意识地强调"五壶四把(茶壶、酒壶、水烟壶、喷壶、夜壶和笤帚、掸子、毛巾、抹布),终日伴随"的原因。其实,作为掌柜,晚上不是不能去厕所,之所以让学徒提夜壶,正是有意识地折煞他们的虚骄之气,教育他们树立起"顾客是衣食父母"的观念。四是可以根据新员工做日常杂活时的表现来判定其为人与做事,看他是否适合做票号工作,适合从事哪一方面的工作。这就为今后的工作安排打下了基础。比如,掌柜有时故意在地上丢钱,然后暗中看学徒的表现。有的学徒捡到钱后,偷偷地藏进腰包,掌柜就感到这人的自我约束力不够,于是早早打发回家。有的学徒捡到钱后,不为所动,当即交给掌柜,掌柜非常高兴,认为这小伙子的自我约束力强,堪称大才,于是有意识地加以培养。有的学徒捡到钱后,先藏进腰包,过两天再交给掌柜,掌柜认为这小伙子能够战胜私心杂念,也值得进一步培养。不少学徒没有通过第一阶段的考验,就被淘汰出局了。

第二阶段,学习票号业务基本技能,如学习背诵"平码银色折"。当时中国社会还没有形成统一的国内市场,自然也就没有统一的国内货币,各地均自行铸造货币,这样就出现了彼此换算的问题。熟练掌握各地平码银色的折算标准,是从事票号生意的基本条件。因此,在第二阶段的训练中,各地平码银色的折算口诀往往由掌柜向新员工亲自口传,并要求牢牢熟记。此外,开始做些帮账、抄信的事情。

第三阶段,学习做生意的技巧。这个阶段的训练,一般只限于有培养前途的员工,即"掌柜认为最有出息的学徒"[3]。

2. 道德训练

山西票号尤为重视道德训练,如大德通票号"延名师教育伙友,讲名著培养立身基础"。

据卫聚贤在"山西票号史"中的记载,晋商在道德训练方面的主要内容是"重信用、除虚伪、节情欲、敦品行、贵忠诚、鄙利己、奉博爱、薄嫉恨、喜辛苦、戒奢华等"。

所谓"重信用",既指重视契约,说话算数。这就要求在签订契约前,要周密计划,尽可能估计到各种可能发生的情况。

所谓"除虚伪",指要待人以诚。俗话说得好,你一段时间能欺骗所有的人,但绝不可能在所有的时间欺骗所有的人。鉴于信息具有传播性强的特点,"好事不出门,丑事传千里",票号中人必须要规范自己的行为。

所谓"节情欲",指克制自己过分的对利益的贪求,能够对顾客让利、对同事让利等,这样才能赢得他人的信赖,实现双赢。

所谓"敦品行",指努力在仁义方面修养自己,反对只爱自己不爱别人的自私自利行为,在必要的情况下不惜为了他人牺牲自己。

所谓"贵忠诚",指信守对客户的承诺,不因为环境的变化而随意违背合同。

所谓"鄙利己",指反对那种光顾自己不管他人的行为。

所谓"奉博爱",指要发扬仁义精神,爱顾客,爱员工,爱社会。

所谓"薄嫉恨",指要与人为善。人和人之间总是会发生矛盾的。一旦发生矛盾冲突,要多看别人的优点,少看别人的缺点,并且正确地理解别人的缺点,这就是儒家所讲的"恕道"。

所谓"喜辛苦",是指不畏辛苦。经商是一个艰苦地发现顾客的需求并加以满足的过程,为此就必须努力工作,不畏艰难,这样才能成功地发现并挖掘潜在的市场机会。

所谓"戒奢华",指员工之间要比工作、比业绩,而不是比吃喝、比穿戴。比工作、比业绩,就是比长期的待遇。比吃喝、比穿戴,只能泯灭人的意志,这是与艰苦的从商工作的要求相违背的。

山西票号之所以对学徒进行如此严格的业务和道德训练,正是长期经商过程中对经验、教训不断总结的结果。围绕哪些技能是从商者必须要掌握的,哪些缺点是从商者一定要具备的,哪些品质是从商者必须要根除的等问题,山西票号制订出翔实的学徒训练计划,并通过一系列创造性的教学活动的开展,在学徒的脑海中打下深深的烙印,直至成为他们生命中不可缺少的一部分。

关于山西票号严格训练学徒的情况,可在一些保留至今的山西谚语中得到充分反映。例如,"十年寒窗考状元,十年学商倍加难""忙时心不乱,闲时心不散""快在柜前,忙在柜台""人有站相,货有摆样"。在山西商人中流传着这样的学徒工作规矩:"黎明即起,侍奉掌柜;五壶四把,终日伴随;一丝不苟,谨小慎微;顾客上门,礼貌相待;不分童叟,不看衣服;察言观色,惟恐得罪;精于业务,体会精髓;算盘口诀,必须熟练;有客实践,无客默诵;学以致用,口无怨言;每岁终了,经得考验;最所担心,铺盖之卷;一旦学成,身股人柜;已有奔头,双亲得慰。"严格的学徒制为晋商培育了不少人才,他们成为以后驰骋商场的骨干力量。

## 四、山西票号如何考核新员工

对企业的人力资源管理部门来讲,仅仅重视培训是不够的,还必须了解:第一,受训者距离企业培训目标的要求还有多远;第二,受训者之间的差异度有多大,以便为以后的工作安排奠定基础。为此,企业必须设计一套程序能让受训者自动地释放出企业所想知晓的信息。山西票号在严格的业务和道德训练结束后,对新员工进行工作能力及道德修养的考核的具体办法是:"远则易欺,远使以观其志;近则易狎,近使以观其敬;烦则难理,烦使以观其能;卒则易难,卒问以观其智;急则易爽,急期以观其信;财则易贪,委财以观其仁;危则易变,告危以观其节;久则易惰,班期二年以观其则;杂处易淫,派往繁华以观其色。"

具体来说,一个人被派往人生地不熟的远方工作,很容易因遭受各方面的压力而萌生退意,借此可以考察一个人的意志是否坚强,这就是"远则易欺,远使以观其志"。

人被派往熟悉的、离家近的地方工作,则很容易放松对自己的要求,违背岗位职责犯错误的风险大大增加,借此可以考察一个人是否自重和尊重别人,这就是"近则易狎,近使以观其敬"。

人做复杂的、难以短时间内做好的工作，往往心烦，而越是心烦就越是难以做好工作，借此可以考察一个人应对复杂事务的能力，这就是"烦则难理，烦使以观其能"。

人仓促间办一件事，由于准备不足，很不容易做好，借此可以考察一个人是否具有敏捷的反应能力，这就是"卒则易难，卒问以观其智"。

人在日常生活、工作的过程中，很容易因出现未预料到的事情而爽约，借此可以考察一个人信守契约的能力，这就是"急则易爽，急期以观其信"。

人处于财富之地而不加监督或监督不足，很容易经受不住金钱的诱惑而犯错误，借此可以考察一个人的仁爱精神，这就是"财则易贪，委财以观其仁"。

人处在受威胁的环境，很容易因承受不住压力而变节，借此可以观察一个人的操守气节，这就是"危则易变，告危以观其节"。

在一个地方干久了，往往日久生情，而感情太深了又容易违背原则犯错误，通过两年的班期可以考察一个人坚持原则的情况，这就是"久则易惰，班期二年以观其则"。

工作、生活在繁华、男女杂处之地，很容易抵制不住美色的诱惑而犯错误，借此可以考察一个人抵制女色诱惑的能力，这就是"杂处易淫，派往繁华以观其色"。

这种绝妙的测试法，是根据票号对人才的要求标准，故意设置或选择一般人易犯错误的客观环境进行暗中测试，以全面考查所培养人员的真实品才。在经过如此严格的考核后，再根据个人的具体情况分派各号任事。凡循规蹈矩、勤于号事、心地清楚者，不拘一格委以重任；凡懈怠浪荡者即予辞退。在人事任用上，"回避亲戚，不避同乡"。

由此可见，山西票号在选拔、培训、考核员工的每一环节里，无不体现着搜集信息、判断信息及有效地发布信息的原则，因而培育了不少人才，成为晋商的骨干力量，这是山西票号能够高效运转的重要原因。当然，山西票号在招聘、培训员工的过程中也存在不足，这主要表现在某些票号招聘过程中存在过分追求外观形象，致使一些很有商业潜质但外形一般的青年才俊未能入选的现象。

山西晋中地区流传着这样的俚语："本钱大的大德通，三晋源的画儿棚，要吃好的存义公。"这几句俚语说的是祁县三家票号的特点：大德通票号以财力雄厚、多财善贾著称；存义公票号以办事讲究排场、老板出场阔绰、伙友生活待遇优厚著名；三晋源票号则以青年伙计个个英姿勃勃，就像年画上的英俊少年一样而闻名。不过，三晋源也因为坚持以貌取人，结果办了件大蠢事，在当地成为笑柄。

祁县下阁灿村有个孟步云，字履清，同治六年（1867）生于商人家庭。他自幼天资聪颖，6岁入私塾，受到良好的教育，16岁时家贫辍学，经人推荐到三晋源票号，意欲投笔从商。当家掌柜一见孟步云身材不高、面貌黑瘦、很不起眼，更兼木讷口拙，随便问了几句话后，就把他轰了出去，而且讥诮他永远成不了事。孟步云气愤难平，从此发奋读书，次年17岁考中秀才，27岁中举人，后任隰州学政，此后更以妇女解放为己任，提倡女子天足，创办女子学校，成为全国著名的教育家和妇女解放运动的倡导者。

关于孟步云和三晋源的恩怨结局，流传有两种说法：一种是孟中举之后，站在三晋源门口叫骂了三天，洗雪了当年受辱之耻，吓得掌柜们躲在房内大气也不敢吭。另一种是孟中举后，当家掌柜悔恨自己当初走了眼，没有给三晋源票号留住人才，更兼说话孟浪，深感内疚，有失身份，便央东家出面，亲自登门谢罪，孟步云则宽容大度，双方握手言和。

上述事例可谓晋商选拔、培训新员工过程中的一个小插曲。这种以貌取人或者以文凭取人的现象在当前企业招聘过程中也不同程度地存在。尽管人们都不赞成以貌取人或以文凭取人，但这种事情在生活中却频频发生，这是因为在看得见摸得着的外在形象、文凭证件和看不见摸不着的内在质量之间，人们更倾向于选择看得见摸得着的外在形象和文凭证件。这说明，企业要做好新员工的招聘工作，第一位的事情是根据以往的工作经验确定出新招聘员工的标准，并做出排序，然后才是按照这些标准及排序对求职者进行考察。三晋源的失误在于在确定用人标准时过分重视外貌，因而才酿成了重貌轻才的失误。

老子曰："千里之行，始于足下。"这反映了新员工选拔、培训在企业发展中的重要意义。明清时期的山西商人所以能够成就五百年辉煌的基业，是与其有一支由出类拔萃的人物组成的商人队伍分不开的。当前的中国企业必须"以人为本"，把好人力资源管理第一关（新员工的选拔和培训），才能提高竞争力，才能迎接更加激烈的全球化的挑战。

**参考文献**

[1] 颉尊三. 山西票号之构造. 山西人民出版社,1990.
[2] 日本东亚同文会. 中国经济全书. 刘祖培译. 两湖总督署藏,1910.
[3] 李谓清. 山西太谷银钱业之今昔. 中央银行月报,1937,6,(2).

# 明清时期的文化消费[*]

## 一、明清时期文化消费的兴起

明清时期在中国历史上有着十分特殊的地位。在这段非同寻常的时期中商品经济勃兴,人们的生活水平有了进一步的提高,在保证基本生存消费的前提下,心里涌动着一股对更高层次的消费渴求的热情。无限需求的存在必定有高额的利润攫取的可能,自然而然,文化消费的进程在明清时期不断加快,文化市场也向着更加完善的方向发展。

那么何谓文化消费呢?文化消费是人们用于文化、娱乐产品和服务等相关方面的支出和消费活动,是用文化产品或服务来满足人们精神需求的一种消费,是对精神文化类产品及精神文化性劳务的占有、欣赏、享受、使用等。

根据需要满足的层次,美国心理学家马斯洛把人的需要分为五个层次,即生理需要、安全需要、社交需要、尊重需要和自我实现的需要。人的需要层次建立在满足上升的基础之上,表现为一个从低层次到高层次的渐进过程,消费需求发展的这一梯度递进或上升的规律是经济社会生产力发展的自然历史过程。其实这个道理早在春秋初期就被当时有名的政治家和哲学家管仲一语道破"仓廪实而知礼节,衣食足而知荣辱"。明末清初是中国经济史上非常有生命力的时期,中国在世界市场上利用巨大的、不断增长的生产能力,通过大范围的对外贸易,把世界生产的白银的相当部分吸引进来。20世纪90年代国际经合组织发展中心的首席经济学家安古斯·麦迪森,运用实际购买力的计算方法,对中国从汉代以来的GDP作了计算,得出以下结论:1700年时,整个欧洲的GDP和中国的GDP差不多相等,此后,1700—1820年,中国四倍于欧洲的经济增长。直到鸦片战争前不久,中国经济不仅在绝对规模上而且在增长幅度上,都雄居世界各大经济地区之首。这说明,明清时期,相当部分中国人的生存需要得到充分满足,因此他们需要追求精神充实、自

---

[*] 本文发表于《社会科学家》2009年第9期,与孙淮宁合写。

我完善等高层次的精神满足,这就是具有满足精神消费、享受功能的文化消费在明清时期生机盎然兴起的原因。

## 二、明清文化消费的典型项目

本文将从以下四个方面阐述明清时期文化消费的状况。

1. 书籍

在明清时期,书籍的全方位的变迁体现了文化消费的崛起。首先,著书和出书的目的已经发生了根本性的改变。在古代社会,文人著书主要是为了寄托情志,辅赞政教,为了传之不朽,消费的对象一般只局限于士大夫阶级,待书完成之后,统治阶级出于教化的目的通过统治机构强行出版。如此书籍供给,是无视需求的存在与否的,书籍的市场价格是不可能形成的,书籍的授予者只是在被迫灌输着统治阶级的一种理念。另一方面,由于"重义轻利"的思想包袱,文人都不屑于把自己崇高的文学创作理想和肮脏的金钱联系到一起。然而随着与外界的贸易日渐频繁,商品经济的理念不断深化,商品经济的大潮终于席卷了整个中国。文人们开始把自己创作的文化产品视为一种商品,并以此盈利。有的文人以卖文为生。常熟人桑思玄对请帮忙写信却没有给"润笔"的人说:"平生未尝白作文字,最败兴,你可暂银一锭四五两置于我前,发兴后待作完,仍还汝可也。"[1]祝枝山为人作文也要收取"精神"(俗以取人钱为精神)。落魄文人路云龙靠卖文为生,他评选的《皇明十六家小品》流传极广。甚至连一些朝廷官员为人作文字也要收钱,而且非"五钱一两"[2]不轻易动笔。文人初具商业意识之后,著书也自然成为其谋生的一项行当。与此同时,统治机构也开始进行书籍的出售,以谋利益。

其次,出书机构的变化。原来只有统治机构推出文化产品的局面发生了根本性的转变,集出版社与书店的功能为一体的民间商业性的书坊如雨后春笋般纷纷涌现。由于利益的驱使,商业性的书坊在市场上曾几何级数增加,此时的商业性书坊家数之多、刻书数量之大是前所未有的。

最后,书籍的选题也与以前大不相同。古代书籍多以具有教化的作用的《四书》《五经》等劝善训诫之书为主,可是在明清期间,如果继续加刻此类书籍是没有多大销路的,这是因为人们的消费水平提高了,他们需要选择更多样化的消费来达到休闲的目的,以在更大的可行消费区域的条件下,最大化其效用。因此,明清时期书坊刻书纯以民众的世俗化多元消费为导向,只要消费者认可,有市场、有销路,无论什么题材的书都可以印,如叶盛所称,"今书坊相传射利之徒,伪以小说杂书"[3]。万历年间,金阊舒载阳不惜重价从文人手中购得《封神演义》的稿本,"此集乃某先生考订批评秘册,余不惜重购赀求锓行"[4],刻印后获得巨大的商业成功。《金瓶梅》书稿初出时,冯梦龙"见之惊喜,怂恿书坊以重价购刻"[5]。具有讽刺意味的是,明前期还下令只许出版"经史有益之书"的官府,这时也禁不住商业浪潮的冲击,都察院、国子监都竞相刊印《三国演义》《英烈传》《水浒传》等通俗文化作品,与民争利。

２．教育

教育开支是明清文化消费的重要内容之一。明清时期教育支出数额巨大的原因在于以下三点：

第一,科举制度在明清时代全社会各阶层的意识中占据举足轻重的位置。无论处于什么样的社会阶级,在明清时期,受教育的程度不仅可以变更社会地位、经济地位,还可以在政治上拥有特权,因而供子弟读书应试便成为社会生活消费的一个重要组成部分。贫民家庭节衣缩食,勒紧裤腰带供子弟读书,有权势的家庭及商人、暴发户则凭借自己优越的经济条件培养自己的后代,以确保家庭的上流社会的地位。穷亲戚忍气吞声让自己的孩子到富家子弟那里借读,父母或妻子或姐妹含辛茹苦,费尽一切心思供家中的男性成员读书,此类情节在明清文学作品中比比皆是。仔细分析,其实,明清时人,无论是平民百姓还是官宦人家,都对教育的收益有一个预期。预期收益是什么？是在科举中高中官员。做官可以享受朝廷的优厚俸禄,可以拥有政治上的特权,可以受到别人的尊重,可以娶漂亮的女子为妻,等等。也许每个人预期不尽相同,但是有一点是确定的,即其预期的收益肯定大于教育支出的成本,这正是明清时期各个阶级的成员不惜一切代价供子弟读书的重要原因。

第二,明清时期,人均消费的能力显著增强。家中一贫如洗、终日忍饥挨饿的人家必定整日为解决吃饭问题而四处奔波,辛苦劳作,绝不会想到把自家子弟送到书院读书。而到了明清时期,虽然贫穷的人家仍然不少,但是填饱肚子还是不成问题的,这时人们就有暇去思考如何改变现有的生活。供子弟读书成了许多人的不二选择。这种选择其实是在当期消费和长期消费之间进行调整,而教育消费实际是一种"升值储蓄"。因为他们相信,当今将满足最基本的生理需求后剩下的金钱投入教育,等将来子弟金榜题名,会带来远期消费水平的极大提升。这也从一个角度说明,明清时人较前人在思想上已经有了较大的进步,他们已经不仅着眼于眼前利益,而是看得更远,这与明清经济基础的进步是密切相关的。

第三,教育消费的示范作用不可小觑。在明清时期,科举制度已经成为各阶层人士的共同话题,供自家子弟读书的人家可谓屡见不鲜,这本身已成为一种文化。这种文化无时无刻不在潜移默化地对每个人产生着微妙的影响。一个人左邻右里家的孩子都去了私塾读书,自家的孩子还在家中干活,他很有可能会想尽一切办法也让自家孩子去读书。也许他还没有想通读书有什么用处,但他在无形中被周围的人感染了,从而其消费结构也变得趋同了。同样把自家孩子送入书院是一种融入社会的方式,从此自己不再成为异类,与邻里之间有了共同的话题,这使得他在自己的社会圈子里能够更容易地生活。除了周围人的消费示范作用,文学作品的导向作用也在改变着明清时人的行为。上文中已经提及在在明清时期,小说杂文已经成为书籍的主流。书籍的出版是为了盈利,要盈利就必须满足社会的需求。

明清各阶层人都谈论科举,顺理成章,很多书籍都会提及这方面的内容。这里举一个最常见的故事情节:一位女性曾供一位男性苦读不辍,但却不能忍耐贫寒寂寞半途而废,最终眼睁睁地看着被自已抛弃的书生一朝高中,而自己则永久地陷入贫苦或沦落到社会的更底层。诸如此类文化的传播势必让更多的女性心甘情愿地供书生读书,教育消费自然节节升高。当然,这种教育消费的合理性有待商榷。可以说,教育开支是在不确定条件下的一种选择。特别是在残酷的科举制度下,谁敢打包票就一定能金榜题名呢?科举考试的结果是不确定的,每个人成功的概率也是不相同的,只有那些"人才出众,性质聪明"的书生才有更大可能会高中,使得教育不确定性收益的期望值大于其教育成本,此时教育消费才是理性的。

3. 祭神

在明清时期,社会骚动发生的不确定性和商业获利的偶然性使得人们对祭神活动变得更加虔诚,他们为了愿望成真或是时来运转,不惜在施舍和举行祭神仪式上抛撒大量的钱财。

明清时人对祭神的热衷程度可以从京城寺观祠庙的建筑之多看出来。明人沈榜于《宛署杂记》中记载曰:明代的北京城,其城内有寺72所、庵77、观7、庙77,共计233所,其城外的宗教建筑尚不包括在内。明王廷相也有诗证之曰:"西山三百七十寺,正德年间内臣作""虽三家村莫不有梵刹"[6]。这些寺观祠庙大多建于明代,且以嘉靖、万历年间修建者居多。因此,清初朱彝尊曾指出:"都城自辽金以后至于元,靡岁不建佛寺,明则大瑺无人不建佛寺,梵宫之盛倍于建章万户千门。(明)成化中,京城内外敕赐寺观已至六百三十九所,见周尚书洪谟奏疏中。"[7]可见,明代的京城不仅新建了许多寺观祠庙,且多为帝王赐建或达官显宦所建,可谓官方行为。进入清代,改朝换代的政治风波并未影响到寺观祠庙的数量,今人据乾隆十五年(1750年)绘制的《京城全图》作了统计,图中所标出的北京内外城寺观祠庙、经过核实的便有1 320所[8],而没被绘制上去的尚不包括在内,所以,这当是一个比较保守的数字。

在江南一带,缙绅士庶崇信宗教神鬼的不计其数。各种寺观祠庙每日都要接待大量的善男信女,如果赶上庙会,前来进香祭神的更是络绎不绝。每逢迎神赛会,松江好事之人搬演杂剧故事,演员皆穿崭新的蟒袍革靴,纱帽上缀满金珠翠花,扮状元游街,用珠鞭三条,价值百金有余,另征歌妓三四十人,演寡妇征西、昭君出塞,所有旗鼓兵器,极为神奇。赛会一般长达四五天,每日的花费均在千金以上。苏州楞伽山,俗称上方山,为五通神所踞,庙祀无虚日。尤其五月十八神诞日,四方观者纷至沓来。汤斌在《奏毁淫祠疏》中说:"远近之人奔走如鹜,牺牢酒醴之馈,歌舞笙簧之声,昼夜喧闹,男女杂沓,经年无时间歇。岁费金钱,何止数十百万?商贾市肆之人谓称贷于神可以致福,借直还债,神报必丰。谚谓其山曰玉山,其下石湖曰酒海。"

从上述描述可知,祭神消费涉及的花费名目繁多,包括祭祀用品、道具及演剧等,且每项数额都不小。当然烧香请神,装神弄鬼之类消费只是祭神消费中的一部分,祀神活动中,人们还要填饱肚子,买些纪念品,因而在寺观神庙的周围就自然形成了一个集市。南翔寺居南翔镇之中,"镇以寺重,亦以寺名"[9],旁近土民来此游观舒眺,供礼皈依,故而店铺栉比鳞次,商人云集于此。所以,青清浦人褚联在《明斋小识》卷十中说,三年一次的清浦城隍会,江浙两省观者阗集,踵趾相接,因而"酒食之费,衣裳之费,亲串去来之费,局招妓诱贼窃之费,难以计数也"。

祭神消费在一定程度上说,可以给遇到各种困难、疾病甚至灾祸的人以心灵上的慰藉,给人们憧憬未来美好生活的机会,然而如此祭神费钱耗财,明清时人对"一筵之祭,约费中人十家之产"早已习以为常。其结果足以使富者倒囊,贫者鬻田屋。难怪康熙《汾阳县志》说:"乃今民间竞务奢靡,建淫祠,崇鬼事,媟亵不经之费,动千百计,财匮而俗亦敝矣。"

4. 旅游

赏景游玩是明清时期尤为典型的一项文化消费。春暖花开之时,或是秋高气爽之日,抑或是明月朗照之夜,尽情领略自然风光,零距离地接触原生态,抒发胸中情怀成为当时的时尚。

花钱赏景是明清旅游消费中最典型的文化消费项目。在明朝以前,观景需花钱是人们根本没有设想过的事情。观景可以放松人们的心情,丰富他们的阅历,是一种十分有价值的活动。因此,交钱赏景在明清时期也成为一种不可扭转的趋势。苏州葑门内浙江参议徐廷禄家园。该园奇石曲池,华堂高楼,极国崇丽,但"园工各取钱方听入"[10]。蒋以化《西台漫纪》中也记该园"守者甚苛,非得阿堵,不与人"。类似情况到清代就较普遍了,据顾禄的《吴趋风土录》、袁景澜的《吴郡岁华纪丽》等文献记载,每年春天,苏州园林开园时,"阍人索扫花钱少许,纵人流览",佣夫担竖因"无资入游",只能"群聚植立,以观杂沓"。

在旅游的过程中,还会出现许多方面的引致消费。这些引致消费和旅游结合在一起,就变得与一般消费大不相同,带有浓厚的文化色彩意味。先以旅游中的饮食消费加以说明。在平常生活中,食品方面的消费是每日之需,然而,在旅游之时,饮食消费不光单纯地只为填饱肚子,更多的是为放松自己的心情,感受一种异样的文化。在《扬州画舫录》中记载一位叫作王廷芳的人,他在瘦西湖畔设茶水桌,兼供糕饼,"游人至此半饥,茶香饼热,颇易得钱"。王廷芳商业之小成,在于其摊点的选择。平时在家,人们"半饥",也未必有闲情雅致去找个地方喝点茶,可当游人临至瘦西湖,心中对自然美景的热情被激发起来,他们希望进一步地去观察这片湖水,不让任何一道涟漪逃脱自己的眼球。于是,便不自觉地走到精致的茶桌前坐了下来,品味着西湖名茶,尝试爽口的糕饼,享受这难能可贵的休闲养目之乐。此时,简单的茶水糕点已经不是商品,而是一种融入西湖文化的宝藏。

小摊尚且如此,大饭店更是大大拉动了旅游消费。苏州阊门的外山塘街,酒肆、茶店如山如林,山景园、聚景园、李家馆等酒馆,于每年清明前开炉安锅,"只招市会游展",过十月,就"席冷尊寒,围炉乏侣"了[11],可算得上是典型的季游饭店。凡时令节日,这些"饭店""斗茶赌酒,肴馔倍于常价,而人愿之者,乐其便也"[12]。可见,季游饭店盈利与旅游是完全同周期的,在适宜旅游的季节,此类旅店可以凭借其天时地利,引导旅游者自愿地进行大量消费,相反,若是狂风骤雨,或是暴雪连连,其经营必定十分惨淡,直至停业。

随着明清旅游热潮的翻滚,各地旅游胜地的旅店业也悄然兴起。游客毫不吝啬地支付高昂费用住入这些旅店,当然不单是为找个落脚的地方,更是为了了解当地的习俗和文化。旅店也为游客之间搭建了一座桥梁,他们可以相互倾诉游玩的真实感受,给对方以后的行程提点建议,甚至可以结伴而游。可见,旅店可供游人休息外的更大的魅力在于为旅客提供文化信息。这些旅店也包括游人去烧香拜佛的寺观。因为,在明清时期,游客食宿于寺观,而寺观向客人索要饭资宿费的现场时有发生。如道光二年(1822年)七月,无锡人曹士育游近郊横山,"黄冠数辈,狰狞恼人,时来嘈嘈,讯问居止"[13]。尽管这里没有明确说明这些黄冠道士是在经营旅馆,但是从他们招徕游客住宿的举止不难看出其明显的盈利动机。

在旅游地点购买土特产品是明清时人的习惯,从而使一些旅游胜地形成了初具规模的市场。如虎丘为吴中游赏胜地,附近山塘街的小商品市场,货物充盈,诸如古玩字画、孩童玩具、竹器用具等,罗布星列,应有尽有,"游客至虎丘者,每市以归,互相馈饴"。货物中有一种笔描国画,或大幅,或小帧,"鬻者,多外来游客或公馆行台,以及酒肆茶坊,盖价廉工省,买即悬之,乐其便也"[11]。借助人们在游览时触景生情的购物心理,这些民间工艺品及地方特产的销售成为明清时期旅游消费的一个重要内容。旅游商品可以留作纪念,也可以馈赠亲友,这样既有利于民间传统文化的传承,又有利于亲朋好友之间关系的发展。

## 三、结　语

随着明清时期国民财富的积聚,商品交换活动的激增,经济实力的加强,人们的消费观念发生了嬗变。明清的文化消费打破了以往仅限于少数官僚士大夫奢侈活动的格局,文化消费主体队伍进一步驳杂和扩大,文化消费不再是富人的特权,而成为普通百姓积极参与的一种活动。

讨论明清时期的文化消费发展状况,对更好地组织和安排21世纪中国的文化消费具有重要的现实意义。改革开放以来,我国社会生产力得到很大的提高和释放,剩余产品的不断积聚、经济迅猛发展,这些类似于又远优于明清时期的大好形势为文化消费提供了坚实的物质基础。当今的中国尤其需要文化消费,强烈要求精神产品在经济总量中所占的比重不断扩大。随着收入水平的进一步提高,人民群众对文化消费数量及质量的要求也将日益增加。加之我国市场经济的日趋完善,对外开放的不断深化,当前多样化国民文化消费,系统化文化产品和服务的生产方式和文化资源的配置方式,为人们的多样化选择提供基本保障成为迫切需要解决的问题。

明清文化消费的内容同样给我们很大的启示。优秀文化产品不仅可以陶冶消费者的情操,提高消费者的文化素养、道德水平、科学知识水平和生活质量,而且对社会的发展与进步具有积极的意义,从而产生不可低估的外部正效应。而诸如明清竞奢赛靡的不良文化消费,不仅危害消费者本人创造的美好生活,还会给社会、他人带来消极、不利的影响。同时,文化消费就其总体而言,外部正效应较强于外部负效应。这是因为,一般的消费品受益者仅仅在于消费者本人,文化消费却远不仅是个人获得知识和精神满足的手段,它更具有极为显著的外部正效应,是培育健全人格、提升国民素质的根本因素。每个人的文化消费支出的增加、个人文化修养和素质的提高,有利于形成良好的社会环境,会使社会中的每个人都受益。因此,当前应该大力推进文化消费的发展,调整文化消费的结构,引导人们进行积极的文化消费,从而促进人的全面发展。

**参考文献**

[1] (明)李诩.戒庵老人漫笔(卷1):文人润笔.
[2] (明)叶盛.水东日记(卷1):翰林文字润笔.
[3] (明)叶盛.水东日记(卷21):小说戏文.
[4] 魏隐儒.中国古籍印刷史.印刷工业出版社,1984.
[5] (明)沉德符.万历野获编(卷25):词曲.
[6] 良乡县治(卷6)[Z].
[7] 于敏中.钦定日下旧闻考(卷60):城市.北京古籍出版社.
[8] 侯仁之.北京城市历史地理.北京燕山出版社,2000.
[9] (明)冯梦祯.重修白鹤南翔大雄殿记碑.
[10] (清)沈赟.近事丛残(卷1).
[11] (清)顾禄.桐桥倚棹录(卷10).
[12] 元和县志(卷10):风俗.乾隆.
[13] (明)曹土育.游横山记(卷16).

# 第三篇　洋务运动时期经济思想

# 洋务现代化发展战略刍议[*]

## 一、建立军事工业体系

众所周知,洋务现代化是在外国"船坚炮利"的强迫下被迫开展的,面对西方随时可能的入侵以及清王朝军事力量的虚弱,洋务派自然要把制船造炮作为御侮图强的第一步骤。李鸿章说"中国但有开花大炮、轮船两样,西人即可敛手"。恭亲王奕䜣在耳闻目睹了英法诸国皆恃"船坚炮利"横行海外的事实后,提出"自强以练兵为要,练兵又以制器为先",应"将外洋各种机械火器实力讲求,以期尽窥其中之秘,有事要以御侮,无事可以示威"。当时的英国专栏作家干德利曾这样评论说:"也许因为中国是被迫开放与外国通商的缘故,所以它最初表示采用的西洋方式很自然是在武器方面。它认为它的战败是由于外国武器和舰艇的优越性,所以它自然地愿意在这方面和这些近代的敌人并驾齐驱。因为它对西洋武器的价值做这样的估价,所以便建设造船厂和兵工厂。"[①]

洋务运动从军事开始,这是某种规律性的表现。19世纪初埃及穆罕默德·阿里的改革和日本明治维新均是从军事工业起步的。差不多正是洋务运动从军工发轫的时候,即1857年9月25日,马克思在致恩格斯的信中写道:"一般说来,军队在经济的发展中起着重要的作用。例如,薪金最初就完全是在古代的军队中发展起来的。同样,罗马人的peculiumcastrense(军营里的财产)是承认非家长的动产的第一种法律形式。fabri(作业队或军事工匠——引者)公会是行会制度的开端。大规模运用机器也是在军队里首先开始的。甚至金属的特殊价值和它作为货币的用途,看来最初(格林石器时代以后)也是以它在军事上的作用为基础的。部门内部的分工也是在军队里首先实行的。此外,军队的历史非常明显地概括了市民社会的全部历史。"军队的强弱关系到一个国家、民族和社会的命运。战争的重要性和迫切性,使每个国家、民族都将它的最精、最优的人力、物力用于军队,改善军队的

---

[*] 本文发表于《烟台大学学报》2001年第4期。
[①] 《洋务运动》卷8。

组织,研制最先进的武器。一项创造发明只要有利于军队战斗力的提高,必定会最先用于军队。

学习"西法"的结果,确为中国利用"历史落伍者的特权",缩短中西之间在生产力上的差距创造了有利条件。如在枪炮制造上,中国原来是手工生产,英国等西方国家是机器生产,两者的技术设备相隔一个产业革命阶段,差距在100年以上。洋务军事工业建立后,由于引进西方技术与设备,这一差距迅速缩小。以制炮而论,江南制造局建立后不久即造出口径8英寸、重量180磅、钢管熟铁箍的阿式后膛炮以及全钢的后膛炮,比西欧只落后24年。在制枪后面,同治六年(1967年)江南制造局仿造成前膛来复线枪,比西方只晚37年。光绪十年(1884年)仿造美国林明敦式后膛中针枪,比西欧只晚20年。光绪十九年(1893年)造成每分钟22—25发的快利型枪,比西方晚13年。光绪十六年(1980年)西方已用小口径步枪,准确轻便。江南制造总局于光绪二十四年(1989年)也仿造成功,比西方只晚了8年。这些先进的武器皆用以装备清政府的陆海军队,曾支持了清政府镇压太平天国起义和各地人民起义活动,也在一定程度上起了抵御外国侵略的作用。

然而洋务军事工业搞了几十年,并没有实现和外国列强并驾齐驱的目标,而是跟在别人后面亦步亦趋。由于产品质次价高,李鸿章有"造船不如买船"的议论,而清王朝的军队一旦用兵,仍须向外洋购买军火,为此社会舆论批评的声浪很大。其实无论李鸿章等洋务大吏如何努力,洋务军事工业也是不会取得和西方那样的效果的。这是因为洋务国防现代化是脱离社会物质、经济基础的孤军深入。深谙军事之道的恩格斯曾经深入剖析战争成败幕后的经济因素说"暴力的胜利是以武器的生产为基础。武器的生产又以整个生产为基础,因而是以'经济力量'、以'经济情况'、以暴力所拥有的物质资料为基础"。辛亥革命后,严复回忆18世纪80年代"曾与总税务司赫德谈言,赫告予曰:'海军之于人国,譬犹树之有花,必其根干支条,坚实繁茂,而与风日水土有相得之宜,而后花见焉;由花而实,树之年寿亦以弥长。今之贵国海军,其不满于吾子之意者众矣。然必当于根本求之,徒苟于海军,未见其益也'"。① 赫德之言,可谓对洋务大吏优先发展军事工业的尖锐批评。

从西方国家工业化的普遍时序模式看,大体上是从纺织工业开始,进而扩展到其他轻工业部门,然后再发展到重工业,这是符合生产要素的比较优势原理的。当一个国家刚刚从传统社会向现代社会转变时,由于原来生产力的发展水平低,遂造成资金积累的不足和劳动力成本的低下,此时最适合劳动密集型产品的生产。随着该国生产力发展水平的提高,资金积累不足和劳动力成本低下的局面逐渐改变,劳动密集型产品的生产结构可逐渐转向资金密集型产品的生产结构。从中国在当时世界市场体系生产要素的比较优势看,我们的比较优势是劳动力成本的低下,我们的比较劣势是资本的严重不足,因此发展劳动密集型的轻纺工业是有利的,属扬

---

① 《严复集》第2册,第352—353页。

长避短,因为轻工业投资少、周期短而见效快,可以为整个国家的工业化提供积累;而发展资金密集型的重工业,特别是资金密集兼技术密集型的军事工业则恰好相反,是舍长就短,因为重工业投资高、周期长而见效慢。中国的洋务工业化从军事工业起步,耗资极大,见效迟滞,从而一开始就负荷沉重,使本来就十分严重的经济条件匮乏的问题更加突出,从而迟滞了整个工业化的发展进程。

然而正如本文开篇所讲,洋务运动从军事开始,符合发展中国家回应西方侵略的逻辑过程,不应过多非议。问题是在工业化启动后,理应及时调整工业发展布局,大力发展与国计民生相关的民用工业特别是轻纺工业,从而做到国民经济各部门的均衡、稳定发展。比如,日本的早期现代化也是从优先发展军事工业和民用重工业起步,但明治政府很快认识到,"国之生利益者,最重工业,而应以纺织为第一"。以这一认识为指导,他们及时调整战略部署,先后新建和扩建了一批纺织厂,而且将耗费巨资从英国购买的 10 台 2 000 锭纺织机廉价卖给私人资本家,从而促成纺织工业乃至整个国家工业化的迅速发展。反观清政府在这个问题上却反应迟钝,直到洋务运动开展二十年后,左宗棠才于 1880 年创办兰州织呢局,由此拉开了中国现代纺织工业发展的序幕。在轻纺工业发展的过程中,清政府又有两项大有可议的举措:一是为保护襁褓中的上海机器织布局,宣布 10 年之内,"无论华人、洋人",均不得于通商各口"另自纺织";二是规定上海、湖北两地纱局以锭子 40 万、布机 5 000 张为限,"十年之内不准续添",从而使民族轻纺工业不得不囿于狭小格局。洋务大吏所以出此下策,原因是担心民间资本、外国资本会和官办企业"争利",从而影响他们心目中最重要的目标——军事工业的发展。

优先发展军事工业还使中国的现代化走上了以政府投资为主体的企业经营道路。由于军事工业本身及其附属民用工业耗资巨大、技术复杂、管理要求高,断非民间商人所能承担,因此国家不能不成为这些企业的投资主体。据统计,从 19 世纪 60 年代到甲午中日战争,清政府的产业投资约为 2 796.6 万银元,其中交通运输业占第一位,为 1 250.9 万元,制造业为 1 208 万元,矿业为 337.6 万元。每个企业的投资额一般为 20 万元上下,个别的高达 600 多万元。其投资总额占这一时期本国产业资本的 70.48%。国家资本的主导作用,决定了洋务企业不可能采取自由资本主义私营企业经营方式,而必然采取国家资本主义的官办和官督商办的企业经营方式,并通过专利权制度或其他制度对与之竞争的私人企业进行各种限制和打击。

由于片面发展军事工业的现代化路线不符合国民经济均衡发展的要求,不利于中国新式经济的发展,所以洋务思想家郭嵩焘、郑观应等纷纷要求改变优先发展军事工业的路线。郭嵩焘在出使英法期间,曾写信给李鸿章,要求让派出国学习军工制造和驾驶技术的学生,改学民用技术,并建议清政府学习日本政府的留学方针,从西方政治、经济、社会、法律等立国之本的制度学起。郑观应也主张移国防经费用来发展民用工业。他说"我国家讲武备战数十年来,所耗海防之经费,及购枪械船炮与建炮台之价值,岁计几何,胡不移彼就此。以财战不以力战,则胜算可操,而且能和局永敦,兵民安乐"。然而他们的主张并没有被洋务大吏所接受。对郭嵩焘的建议,李鸿章明确表示不能接受,因为这会影响优先发展军事工业的现代化战略的实现。据《李文忠公全书·朋僚函稿》记载,李鸿章在给郭嵩焘回信时明确表示,"鄙人职在主兵,亦不得不考求兵法",且"兵乃立国之要端,欲舍此别图大者远者,亦断不得一行其志",所以"未便遽改别图"。

由此可见,一国按照生产要素比较优势的原理设计自己的现代化发展战略,保持国民经济各部门的协调、均衡发展是多么重要。当然,这并不意味着国民经济各部门齐头并进,笔者认为,一段时间可以有一个发展重点,但从总体上、战略上讲,必须保持各部门之间的协调、均衡发展,否则就会出现"瓶颈",从而影响整个经济的进步。

## 二、"进口替代"和"出口替代"相结合的民用工业发展战略

在军事工业的影响和带动下,我国民用工业也逐步发展起来。当时民用工业的最大竞争对手是外国同类企业,如何提高我国民用工业的竞争力,"稍分洋人之利"呢? 在长期的洋务实践中,洋务派提出了"进口替代"和"出口替代"相结合的经济发展战略。

李鸿章在1965年奏设铁厂时,指出,目前英国每年运到中国的呢布,多在3 000多万银元,铜铁铅锡也达数百万银元,侵夺了中国手工业者的不少利益。我们既然无法阻止洋货涌入,又不能禁止中国民众不用洋货,那么,何不"亦设机器自为制造,轮船、铁路逢为转运"? 李鸿章在这里实质上指出了类似"进口替代"的战略。

1878年,湖广道监察御史李王番进一步发展了李鸿章、郭嵩焘的"进口替代"思想,并提出了更为全面的"进口替代"和"出口替代"有机结合的思想。他奏称,根据目前的情况,中国不可能重新关闭国内、与外国断绝来往。唯一的办法是"以商敌商",鼓励沿海老百姓依照外国的做法,集资筹设公司"前往贸易,收回利权"。李王番认为,"以商制敌,大要两端:外国所需于中国者,自行贩运;中国所需于外国者,自行制造。如是而已"[①]。李王番的这句话,可以说是20世纪50—60年代以来许多发展中国家"出口替代"和"进口替代"现代化战略的最简略概括。

1890年,一直跟随李鸿章从事"洋务"的马建忠对上述思想做了理论上的概括。他指出,"治国以富强为本,而求强以致富为先"。并提出了三条致富办法:一

---

① 《洋务运动》卷1。

是扩大出口,"精求中国固有之货,令其畅销";二是减少进口,"仿造外洋之货,敌其销路";三是自开矿山,使财常聚而不虞其或散。

应该如何发展有利于出口的项目和替代外国商品进口的项目呢?洋务派提出,凡外国所需中国的产品,如丝、茶、大黄等物,皆当自行加工,招商自运于外洋,"使我之利不为彼夺"。尤其要发展丝、茶两业,因为这是中国出口的大宗。对于替代进口的商品,著名洋务派人士钟天纬在《刖足集》中提出了全面的生产计划,他说,"诚以机器纺织羊毛,则毡不有入口矣;以机器纺织麻,则羽纱不能畅销矣;精化学则肥皂、香水、品靛、洋烛不难制也;明格致则强水、橡皮、火油、水泥无不得法也;勤种植则葡萄、酿酒、萝卜、制糖、雪茄、卷烟、加非代茶均可蕃植也;善畜牧则牛羊、乳酥、龙虾、黄莫非洋人之食料也;精工作则洋针、洋伞、织带、旗边足堵洋货之喧夺也"。

然而无论是实现进口替代还是出口替代均需要一定的技术条件。故洋务派一再提出要用西方新的技术、新的设备改造这些传统行业。郑观应在谈到中国在对外贸易中的不利地位时说,"中国地居温带之中,所出之物悉较外洋为优,无如中国优于天工,而绌于人力。中国以为无用之物,如鸡毛、羊毛、驼骆之类,洋人购之造之,人巧夺天,竟成美货……洋人成货之后,售与华人,其什百千万之利仍取偿于中国也"。陈炽也指出:"西人当谓中国出口者皆系生货,生货者,材料土产是也。……西洋进口者,皆系熟货,熟货者,货物是也。皆经工作所成,佳美精良,便于行用……中国出口之生货,皆以箱计,以石计,以包计,以百斤千斤万斤计,取值至贱,获利至微,盈舟溢屋,捆载而去。西人入口熟货,则以件计,以匹计,以瓶计,以盒计,以尺寸铢两、数目多寡计,一物之值贵至万千,一船之载总计至亿兆金钱而未已。"①陈炽在这里实际上提出了通过改进技术,增加产品技术含量和附加值的思想。

对于中国以商制敌的前景,洋务派普遍持乐观的态度。他们的理由有二:一是中国具有成本优势。他们认为,中国劳动力成本低,又有节俭的传统,再加上在本国市场上贩卖,运输成本低,这自然要使中国的机制产品比外国产品更具竞争力。陈炽说,"盖中国人工值廉费省,与西人同制一物,我之成本必贱,彼之成本必昂,此中国商务大兴之根本也"②。李鸿章在《筹议海防折》中也指出,只要民族工业产品的质量能够达到洋货的标准,那么洋货来自重洋,路途远,运费重,"势不能与内地自产者比较""我利日兴,彼利日薄",前途是令人乐观的。二是物极必反、盛极而衰的自然规律的作用。中国是一个辩证法思想非常发达的国度,我们的先人据此发展出一套以弱胜强的理论,这是我国传统哲学思想中的瑰宝。在近代中国商务非常落后的情况下,这种弱者胜强的辩证法思想给了洋务派以极大的心理支持。

---

① 《陈炽集》。
② 同上。

李玉番指出,"明之中叶,葡萄牙商务最盛,国亦最强。英国起而夺之,称雄海外二三百年,葡即式微甚矣。天道好还,物极必反。螳螂黄雀,理固有然。安知乘英之后者,不即中国乎"①。他以轮船招商局为例指出,从前南洋各埠,均为洋商所把持,近十余年来,已完全控制在华商手里,因此他相信在远洋贸易中中国完全可以与奢侈而费大的洋商一争高低。然而,事物的转换是有条件的。根据中国传统的辩证法思想,弱者要战胜强者,必须具备两个前提条件:一是同仇敌忾,哀兵必胜;二是善用力量,"避实击虚"。鉴于此,洋务派认为,中国商务要转弱为强,将成本低的优势发挥至极,还必须积极创造条件,进行制度创新,制定诸如保护关税、奖励工商、裁撤厘金、提高商人地位等措施。他们认为,若能采取上述方法,中国商务不仅足以"操朝野之利权",而且可以使国家臻至富强。②

如何看待洋务派"进口替代"和"出口替代"相结合的民用工业发展战略呢?我认为,发达国家和不发达国家的区别从现象上看,是经济富裕程度的差别,然而从本质来看,是科学技术水平的差别。发达国家由于技术水平高,能生产出高质量、高附加值的产品,不发达国家由于科学技术水平低,只能生产技术含量低的农矿产品和粗加工产品。因此,不发达国家要赶上发达国家,只能从科学技术上赶超,最简捷的办法就是引进西方先进的科学技术,然而这需要大量的外汇,为此初期就不能不大力发展最具比较优势的出口加工型产品,依靠它创造的外汇不断引进西方先进的科技成果,逐步进行产业结构调整,从而生产出更高质量、更多附加值的产品。

按照这一说法,要达到替代进口并将产品更多的送达国际市场的目标,必须大力发展出口加工型产品,并用换来的外汇购买西方先进的科学技术,以此逐步实现产品结构的升级换代。第二次世界大战后,许多发展中国家为发展民族经济,采取替代进口战略,结果无一成功,反而是搞出口导向型战略的亚洲四小龙取得了巨大成功,就是典型明证。

洋务派在出口加工和替代进口战略之间,无疑更偏重于后者,他们办军事工业的指导思想是"师敌之长技以制夷",办民用工业的指导思想是"稍分洋人之利",实质上就是搞替代进口。他们虽也认识到技术的重要性,然而先进的技术是要付出代价购买的,由于大量的资本用于发展替代进口型产品,不能不造成出口加工型产品的后继无力。而出口的乏力,也使引进国外先进技术无法实现,遂造成替代进口型产品质次价高,在市场竞争中日益失去竞争力,不但无法完成产品打到国外市场上的目标,就是国内市场也越来越被外国产品占领,洋务运动的成效不显著由此可见一斑。

---

① 《洋务运动》卷1。
② 同上。

## 三、评 论

作为中国最早的现代化运动,洋务运动给予我们很多的启发:

第一,要按经济规律办事,要按照比较优势的原则制定现代化发展战略。前面讲过,现代化的特征是全球范围内的商品竞争,要取得这场竞争的胜利,使私人劳动变为社会劳动,从而实现市场经济的"惊人的跳跃",就必须按照生产要素比较优势的原则组织生产。和发达国家比起来,发展中国家的优势就是劳动力成本低,劣势是资金成本高,如果发展中国家在进行现代化的时候,能按照比较优势原则组织生产,积极发展对外贸易,用换回的外汇引进西方先进技术,不断调整生产结构,是会在一个比较短的时间内,缩短和发达国家的差距的。而从发达国家角度讲,由于生产效率提高必定带来劳动力成本的上扬,因此不宜从事和发展中国家相同产品的生产,这就要求他们不断进行科学技术创新,然而重大的科学技术创新又是不易在短时间内完成的,这样发展中国家赶上发达国家完全是可能的,是符合经济发展的内在规律的。在世界经济史上,18世纪的英国赶超荷兰,19世纪的德国、美国赶超英国,20世纪的亚洲"四小龙"赶超西方发达国家,都是落后国家和地区赶超发达国家的成功范例。

第二,发展中国家现代化往往从基础工业起步,表现为大力发展资金密集型的重工业,这是合乎经济发展规律的体现。我们知道,现代经济的基本特征是交换,而要实现交换,就必须大力发展交通、通信业,优先创造实现交换的条件。鉴于私人资本的有限性以及基础工业收益回报的长期性,私人资本既无力也无兴趣投资这些产业,因此必须也只能由国家出面加以解决。问题是在工业化启动,即这些基础工业基本建成后,国家理应及时调整工业发展布局,大力发展与国计民生相关的民用工业特别是轻纺工业,从而做到国民经济各部门的均衡、稳定发展。中国的洋务运动始终坚持重工业优先发展路线,没有做到及时地从重工业向轻工业转变,使本来就十分严重的经济条件匮乏的问题更加突出,从而迟滞了整个工业化的发展进程。日本的早期现代化虽也从优先发展军事工业和民用重工业起步,但它们能够及时调整战略部署,从而促成了纺织工业乃至整个国家工业化的迅速发展。中日现代化几乎同时起步,结局却大不一样,发展战略的异同当是重要原因。

第三,发展中国家的现代化必须由政府主导进行。在从传统农业社会向现代工业社会转变的初期,以下两个原因决定了国家政权必须发挥主导作用:一是基础设施的落后、民间资本的弱小要求必须发挥国家资本的作用,以便为市场经济的发展准备物质条件;二是建立在自然经济基础上的法律法规、社会道德等无法为商品经济的发展开辟道路,这就需要由国家出面,建立与市场经济相适应的法律法规,保护现代经济的发展免受传统价值观的束缚,并推动传统价值观向现代价值观转变。这就是为什么在现代经济发展初期强调国家干预经济的重商主义理论大行其道的原因。

然而随着现代经济的发展,民间资本力量的强大,以及与市场经济的发展相适应的现代价值观的逐步建立,要求国家退出经济主战场而变成主要维持市场秩序和简化税收结构和次序的"守夜人"的呼声也越来越高,这就是以亚当·斯密为代表的经济自由主义为何继重商主义而起的原因。不过由于国家在干预经济的过程中已经培育出利益集团,因此尽管客观形势要求转化,但是这一转化由于牵涉方方面面的利益集团的利益,需要付出巨大的代价,因此非得国家以政权的力量加以干预方能完成退出的部署。

世界经济史的发展却表明,并不是所有政权都能促进经济发展,只有同时符合以下两个条件的政权才能推动经济发展:一是明确的现代化导向,知道如何推动以及靠什么力量推动现代经济成长;二是对社会资源有相当的控制力,能够推动社会成功地进行转型。晚清政府首先不具备第一个条件,它的现代化导向不强,不知道如何推动社会前进以及应该依靠什么力量才能推动现代经济成长;其次,晚清政府社会控制力不强,它不是由中央政府推动,以举国之力进行现代化建设,而是由地方政府各自进行,它使晚清政政府不能在复杂的各种社会力量中找准平衡点,从而更好地推进传统社会向现代社会的转型,而晚清政府由于不能完成这一历史使命,也最终被时代抛弃,在迟到的"改革"中失去政权。仔细总结这段历史,对我们今天进行社会主义现代化建设,当不无启发。

**参考文献**

[1] 马克思恩格斯选集(第4卷). 人民出版社,1972.
[2] 许涤新、吴承明. 中国资本主义发展史(第2卷). 人民出版社,1985.
[3] 马克思恩格斯选集(第3卷). 人民出版社,1972.
[4] 吴承明. 中国资本主义与国内市场. 中国社会科学出版社,1985.
[5] 郑观应集(上册). 上海人民出版社,1982.

# 晚清政府与洋务现代化[*]

晚清洋务运动是中国最早的现代化运动,然而这个运动经过近四十年的努力,并没有达到预期目标。除了一些无法控制的客观原因,晚清政府的现代化导向不强,社会控制力弱,当是一个非常重要的原因。

## 一、晚清政府对洋务现代化建设的支持

洋务现代化是晚清政府不甘沉沦而发动的"自强"运动,基于生存的需要,晚清政府不能不支持洋务现代化这一唯一能使其不亡的事业,由于外患的日渐加深,晚清政府对洋务运动的支持力度总的来说是不断加大的。

作为晚清统治政策的最后裁决者,西太后唯一理解的东西是权力而非政治,她对事有较敏捷的反应能力,是靠经验、感觉而不是理论学说的支配,来制定和调整统治政策的。19世纪60年代兴起的洋务运动,无疑得到了西太后的支持。正因为如此,各项洋务事业虽遭顽固派的多方抨击与围攻而从未中断,洋务派虽极受攻击,却始终位居要津。李鸿章对西太后的变革意向甚为注意并有所透露,同治十三年十二月(1875年1月28日),他在致李宗羲的信中说:"廿二、廿三、廿六日,太后召见六次,悲伤迫切之中,大有励精图治之意。"光绪十一年(1885年),他在一封致曾国荃的信中,又披露说,"在京留两旬,召对五次,慈圣与醇邸有意改革,诸臣墨守成规,不足振兴"。李宗羲和曾国荃与李鸿章关系密切,李鸿章在给他们的私人信函中,尚不至于言不由衷地作官样文章。

应该说,慈禧对洋务派虽有利用清议以牵制之意,但总的来说是信赖的。对于西太后的支持,李鸿章在致奕䜣(譞)的一封信中曾这样评价,"若非圣母主持于上,殿上提倡其间,鸿章何破群议而勉力为之"。

晚清政府对洋务运动的支持还体现在扶持企业的成长上。一方面,常采用垫

---

[*] 本文发表于《中国改革》2001年第9期。

付官款、减免税项等办法,提高官办企业的对外竞争力。以中国第一个官督商办企业——轮船招商局为例,在其筹建伊始,李鸿章就奏请户部借垫制钱20万串,"以作设局商本,而示信于众商"。其后又屡借官款至190余万两。为增强该公司的竞争实力,李鸿章还为轮船招商局争得运输漕粮的特权。上述种种对轮船招商局的发展来说,无疑是一副催生剂。另一方面,扶持企业冲破国内封建势力的阻挠,促进官办企业成长。经营上海电报局的盛宣怀曾感叹地说,中国企业"倘非官为维持,无以创始"。这是因为在企业创办之初,来自官民等的阻力是相当大的。顽固官僚的反对自不待言,即使一般的百姓也囿于"破坏风水""影响生计"等而反对机器生产。

## 二、晚清政府无力承担领导中国现代化的使命

对晚清政府而言,其立场和着眼点仍是维护建立在传统技术基础上的农耕生产体系,正在成长中的资产阶级仅是它前进道路上的同路人而已,绝非同志。为了使王朝免于被西方列强覆灭的命运,晚清政府不能不发展资本主义,而这势必要冲击传统的生产方式,从而引起封建势力的反对。因此晚清政府发展现代化的政策就像走钢丝,对洋务运动的支持表现得三心二意,基本上以外患的严重程度为转移,当外患严重时,他们搞洋务的积极性高一些,然而一旦警戒消除,则又恢复往常。

晚清政府对封建势力的妥协,使它无法通过传统农业为洋务现代化征得更大的资金。据研究,日本明治维新后,改革了传统的农业田赋制度,建立了现代的农业税收体系,这种货币税被固定为地价的3%的同一税率,同时又将地价定为平均年产量的8.5倍,这样其征税额相当于年产粮食价格的25%—30%。最初,新田赋提供了政府岁入的94%,差不多直到19世纪末,仍占50%以上。这表明了明治政府尽最大可能地使用有效财源的能力,也说明了农业税收在落后国家工业化过程中的重要地位。同时,由于受西方列强多次战争的打击以及国内人民起义的影响,晚清政府的社会控制力已大大减弱,已不能对社会资源进行有力的支配,因而没有足够的能力推进中国的现代化运动。

由于太平天国运动的打击,清中央政府的权力出现了下移的趋向,这使其无法动员全国之力推动洋务运动的开展。史载太平天国战争后,清廷形成"亲贤夹相辅助,主国三公,事权无不下移"的行政体制,举凡军国军政大事,莫不本于集思广益,广泛咨询,交令疆臣复奏,以至于疆臣们的意见,往往左右着清廷的决定,洋务运动期间的许多掣肘均与此有关。失控的局面虽然为各地大员在地方创办洋务企业提供了契机,但也使初起的现代化呈现为一种自发性的发展,缺乏统一的部署与组织。

这一思想已接近现代化过程中的"社会动员"问题。所谓"社会动员",即由政

府将一国之内的有限资源充分调动起来,集中使用到最为关键的部门。日本之所以在早期现代化过程中崛起迅速,重要原因之一是政府进行了有效的"社会动员"。晚清政府却无力像日本那样,对现代化进程实现"统天下财力"与"通盘计划"的领导和组织,其结果必然造成现代化的延误。

与此同时,晚清政府在财政上的捉襟见肘,对于洋务现代化运动的开展也是一个极不利的制约因素。为了应付财政危机,清政府动用了一切手段,"凡有可设法生财之处,历经搜刮无遗,商困民穷,势已岌岌"。财政上的捉襟见肘大大限制了晚清政府投资工矿企业的能力,从而与日本早期现代化的发展形成又一鲜明对比。据有关记载,到1885年,明治政府为兴办官营企业,投资2.1亿日元,而晚清整个洋务运动时期,投资军事工业(包括常年经费)约5千万两,投资于工矿和运输电信企业约4千万两,如折成银元,明治政府的投资额约为2.5亿元,晚清政府的投资额则约为1.2亿元,相当于明治政府投资额的50%。地广人多的中国在投资现代工业企业上竟然不及一个弱小岛国,两者的发展前景已判然可知。

## 三、晚清政府无力促进现代企业制度的建立

现代企业制度的确立对外在环境条件的要求是很高的,它需要政府的扶持,尤其需要在社会伦理建设、法制建设方面的大力支持。

第一,晚清政府时企业经营的干预导致现代企业制度的难产。现代企业要求产权明晰,要求所有权、控制权、使用权和剩余索取权的统一,而在晚清政府的官督商办企业里,政府并无投资(政府对企业的资金支持是以债权的名义出现的),却有最重要的控制权,由此也控制了企业资本的使用权和剩余所有权。而商贾空有资本所有权,却无相对应的控制权、使用权和剩余索取权。这样必然导致企业经营状况的恶劣。

第二,影响企业制度建设的法制环境不好。现代市场经济是法制经济,要求有明确的市场游戏规则,并使这些规则能够贯彻下去,所有这些,都是企业无力做和做不好的事情,非需要国家按照现代社会经济规律进行干预不可。它要求政府制定与商务开展相关的法规,尤其是破产法、反不正当竞争法、证券法等,而晚清政府对之所做甚少。

第三,没有建立起适应资本主义发展的道德伦理观,不能形成企业内部委托人与代理人之间的相互忠诚关系,不利于现代企业制度的建立。工业革命缔造的巨大生产力为缩短两种生产方式转变的时间创造了条件,但由于晚清政府不是一个具有现代化趋向的政权,致使这种有利的条件并没有很好地加以利用,本应缩短的时间又延长了。一方面,由于传统重义轻利的道德观被打破,社会上出现了追逐利润、追求财富的风气;另一方面,由于民间商人没能成为现代工业经营的主体,致使适应资本主义工业发展要求的伦理观没有建立起来,从而在社会上形成了一种既

不同于旧伦理观(因为追求金钱)又不同于新伦理观(因为不择手段地追求财富)的过渡时期伦理观,这正是资本主义生产方式在中国难产的反映。

与小规模的家庭经营方式不同,现代的企业生产是大规模经营。在企业内部,众多的员工之间实质上组成了多层次的委托-代理关系,既包括厂长与管理人员之间的委托代理关系,也包括管理人员与一般员工之间的委托代理关系,还包括各级管理人员之间的委托-代理关系,只有多层次的委托-代理关系建立起相互忠诚关系,即委托者对完成任务的代理者按照计划予以奖励,不应该有借故克扣工资之举;代理者应该按委托者的要求完成任务,不应该有收受回扣、损害公司利益之举,这样公司的经营效率才能提高。从这个角度上说,讲究社会秩序的儒家学说经过改造后是有助于现代企业制度的建立的。

传统社会向现代社会转变的过程中,欲在短时间内成功地建立现代企业制度,非需要国家发挥其一国唯一合法暴力者的作用不可:一方面发挥教化的作用,按照现代社会要求对传统文化进行改造,将过去人们对君父的忠诚转移到对企业的忠诚上去。另一方面,需要国家加强法制,建立适应现代社会的一套法律体系。这两方面的作用归纳到一点,就是通过增加企业员工犯错误的预期成本,提高企业的经营效率。可惜的是,晚清政府既无心愿,也无能力做到这一点,因此洋务企业,无论是官办企业还是商办企业,都无法很好地完成从破坏到建设之间的过渡,以致企业内耗严重,经营效率低下。

综上所述,晚清政府对洋务现代化的支持摇摆不定,当外患严重时,晚清政府对洋务现代化的支持就多一些,反之,就少一些。随着新兴资产阶级力量的壮大,他们要求建立能够保护自己利益的政权,这样他们和晚清政权的矛盾就逐步激化起来。对于清政府来说,摆在他们面前的只有三条路:第一条是与时代同进步,愿意而且有能力(囿于各种限制条件)在资产阶级容忍的限度内,逐步向现代政权转化;第二条是与时代同前进,愿意但没有能力(囿于各种限制条件)在资产阶级容忍的限度内,资产阶级完成向现代政权的转化;第三条是顽固不化,坚守其保守意识形态,最后被新兴力量所取代。晚清政府走的是第二条路,由于新政不成功,造成社会矛盾激化,最后辛亥革命爆发,晚清政府灭亡。

# 洋务运动期间的对内融资思想[*]

资本在现代企业的发展中起着十分重要的作用。洋务运动期间,洋务派要按西法练兵、造船、制器等,势必需要巨大的费用。但处于社会转型期的中国,资金尤为缺乏,如何为现代企业的催生、发展准备必要的资金呢?由于国力衰弱,清政府担忧对外融资会丧失国权,因而尤重视对内融资。长期以来,学术界对洋务运动期间的对内融资情况研讨得并不够,且多有逻辑推论不严谨之处,如关于厘金问题,多涉及厘金的征收对近代工商业发展的妨碍,避而不谈厘金在资本筹集中的作用,更遑论探讨替代厘金的其他税源问题了。基于此,本文将按照马克思主义的辩证法原理,结合现代经济学理论,重点探讨洋务运动期间的对内融资思想,以期对中国当前的社会主义现代化建设有所裨益。

## 一、整顿传统税收

洋务派整顿传统税收的努力主要集中在田赋和盐课两个方面。简而言之,主要包括:

1. 改革征税办法

早在鸦片战争前,清政府尚能稳固地统治全国之际,地丁的征收就因地方官员、征收胥吏上下其手而"诸弊丛生",统称为"陋规"。鸦片战争后,清政府威权下落,地方官员、征收胥吏更无所顾忌,致使各种弊端恶性发展。为此,何启、胡礼垣提出了防止吏胥上下交手作弊的具体操作办法,其要点有四:一是加强舆论监督;二是行担保之法;三是行竞争之法;四是提高收银人员薪俸,使其无养家之累。

在漕粮征收上,冯桂芬主张京师官民所需的粮食不必由官府从南方漕运接济,有漕粮的地区可按每亩折银若干上缴京师,而京师所需食粮可在京津等地招商自运,向市场供应,官府用粮则以南方上缴漕银向市场购买。后来的郑观应则干脆提

---

[*] 本文发表于《河南师范大学学报》2002 年第 3 期。

出停运漕粮,将漕粮折收漕银,在天津等地购买粮食。在整顿盐税方面,主要是改革盐政管理办法,变以前的官商经营为私商经营,同时降低运营成本。郑观应认为,盐课绌乃由于滞销,滞销的原因是私盐的崛起,私盐之所以崛起乃是因为官盐价昂,官盐所以价昂乃是由于成本太重。所以他的结论是要提高盐课,唯有降低成本。具体办法是:有平减赋则、制造效率高的洋船以运盐、广建盐仓起到平准的作用。

2. 在传统道德规范外征取各种税收,包括征收赌博税、鸦片税等

(1) 征取赌博税。为给洋务现代化筹措经费,洋务派可谓绞尽脑汁。为了开辟更多的税源,张之洞甚至不顾及个人声誉与社会后果,开广东"闱姓"赌捐以救燃眉之急。"闱姓"赌博是两广地区的一种劣习,以猜中闱场考试士子中式之姓的多寡赌输赢。起初以文武乡试榜中小姓为赌,赌注不过百钱,后逐步扩大规模,开局收票。更恶劣的是,赌商甚至勾结考官作弊,以操纵科举考试牟取暴利。鉴于此,历代粤督莫不严厉打击,但赌商们相率赴澳门,愿缴纳巨额赌款于葡萄牙殖民当局,以谋取他们的保护。作为清政府要员,张之洞当然明白,一旦正式宣布解戒,"闱姓"赌风将越演越烈。何况运用这种办法筹措资金,因违背传统的政治伦理必然成为政敌攻击的绝好口实。但是,为了军政大局之急需,个人毁誉在所不惜。张之洞先后从"闱姓"赌捐中抽出上百万两,分别用于修复黄浦船坞、建造巡河炮轮、订购布机、加固堤防等。

(2) 征取鸦片税。在近代中国,鸦片始终是中国进口之大宗。为塞此漏卮,并为洋务事业征取税源,洋务派提出了"驰禁"的主张。李鸿章针对中国每年进口鸦片约七万多箱、售银三千余万两之多的情况,指出"既不能禁英商之不贩洋烟,又不能禁华民之不食洋烟,惟有暂行驰禁罂粟",其好处是"不但夺洋商利权,并可加征税项",待洋人感到贩卖烟土无厚利可图的时候,再于国内妥立章程,严为限制,如此鸦片之患总能解决。据此,他批评禁烟派的主张是"徒为外洋利薮之区,授吏胥扰索之柄"[1](P51)。李鸿章的主张得到了清政府的支持,在短时间内取得了"土药之产日益多,洋药之来日益少……亦足以稍收利权"的效果。

然而鸦片贸易合法化在换来税收大涨的同时,也造成了鸦片之患越来越严重的局面。怎样解决越来越严重的鸦片之患呢? 陈炽主张运用经济手段,通过重征鸦片税最终逐步加以解决。他指出,"(鸦片)事由渐开,当以渐禁。渐禁之法,非重征其税不可。筹成巨款,既可以筹措海防,逆计将来,复可以消除隐患"[2](P68)。

(3) 捐输、捐纳。中国封建统治者历来有在财政危机时卖官鬻爵的传统,故金田起义一爆发,清政府即"特开筹饷事例",规定捐纳的各种具体标准。太平天国起义被镇压后,洋务现代化兴起,捐纳又成为筹措财源的一个重要手段。

诚然,捐纳所入在解决洋务现代化经费短缺上有一定的作用,但是捐纳所得,远远不敷经济建设所需要的巨大资金需求,故越到后来,其积极作用越少,负面作用越大,因而也越来越招致人们的反对。在这种情况下,洋务派发出了改革捐纳的

呼声。他们中的一些人主张废止捐纳,如同治五年左宗棠奏请停止各省武职、文职报捐。但更多的人却主张利用人们对功名富贵追求的心理,将他们引导到兴办实业的道路上去,具体做法如下。

一是仅给捐纳者荣誉奖励,而不授以实职,这样既解决了现代化经费不足问题,又不会对国家政治造成损害。

二是引导捐纳者将资财投向近代工商业。郑观应说:"民既不捐官而为商,宜令民间纠合公司,大兴商务……则善攻心计之流,皆转而为斗智投时之举,而国家之阴受其利者多矣。……商贾中,如有品行刚方行事中节者,人必举以为议员以办公事,是求利中不失求名之望。"更重要的是"捐纳废而好官出,好官出而后公道明,公道明而后民志畅,民志畅而后国运昌,我国家宜知所务矣"

## 二、征取新式工商税收

随着现代经济的发展,新式工商税收越来越多,逐步变成最重要的筹资渠道。洋务派是从以下几个方面考虑征取新式工商税的征收的。

1. 海关税

关税在传统的中国财政收入里根本不占什么地位,但鸦片战争,特别是第二次鸦片战争后中西贸易交流的增多,使得海关的关税收入增长很快,直接造成了政府财政收入结构的根本性变化。

海关收入在清政府财政收入中比重的提高,表明清政府在传统的财政支出,包括官僚的薪俸、皇室的费用、日常的军费等刚性支出之外,可以拿出相当一部分用于新事业的创办。当时西方列强控制了中国海关,他们着眼于开辟外国在华更多的经济权益,因而对一切有利于开拓西人在华商业利益的举动都将给予有力的支持,这就为洋务事业创造了一个较好的财政资本基础。

同治五年,总理各国事务衙门奏请"提出四成洋税,由户部另款存储",作为洋务事业的专用款项。此事虽获清政府批准,但由于国家税源不足,而支出庞大,经其他各处陆续借拨,致使洋务专款不能专用。同治十二年,总理各国事务衙门借发生日本侵犯台湾事件,再次提出洋务专款专用的问题,得到了越来越多的人的赞同,清廷遂明文规定,每年从关税收入总量中拨"四成""解交部库,另款存储""一概不准擅动""专备总理衙门及海防统帅大员会商拨用"。

后来的事实证明,关税在中国洋务现代化运动中是发挥了相当作用的。据统计,海关关税占整个洋务军事工业官方资金的83.7%。

2. 厘金税

厘金本是专为筹措镇压太平天国运动军费而实施的一项商业杂税,原定"军务告竣,即行停止"。可是太平天国起义被镇压后,传统的农业税出现了"地丁多不足额,税课仅存虚名"的困境,而鸦片战争后中国越来越与世界市场连在一起的状况,造成了对内、对外贸易的发达,使厘金这种对内征收的商品税有越来越高的趋势。在这种情况下,洋务派特别是洋务大吏是无论如何也不会放弃厘金这一仅次于关税的税收大宗的,何况关税的征收与使用的决定权还不掌握在自己手中。

同治三年,清军攻陷太平天国都城南京后不久,有人即提出裁厘建议,遭湖广总督官文、广东巡抚郭嵩焘等人的坚决反对。他们认为,厘金"只宜严禁重科,万不可骤议裁撤",并提出了宜将厘金改为经常税制的反主张,提议各抽厘省必须将一部分厘金拨解京师,以充裕部库。因此,厘金非但未撤消,反而越来越加强。它和关税一道,成为清末国家财政的重要组成部分,也成为洋务派筹措资金的重要渠道。

然而厘金好比一柄双刃剑,既有筹集资金促进新式经济发展的一面,也有提高商品运输成本、使市场萎缩的一面。尤其是在外商利用不平等条约,进行中外不平等竞争的时候,厘金对近代商业的破坏作用尤大。这样,使用厘金的初衷就与发展现代化的目标发生了矛盾。然而现代化越进行,就越是需要更多的资本,因而在未找到替代它的财源之前,骤撤厘金显然是不可取的。如何既能保证现代化所必须的资金,又能开拓现代化所必须的市场呢?洋务派提出了以下几种办法。

办法之一是乘洋货欲加税免厘之机,将厘金完全裁撤。马建忠持此主张。他说:"闻之西人,谓中国税则增至值百抽十二,差可与厘金相抵。而西人欲停厘捐,有愿值百抽八者。今修约以抽税从重,彼族必然不允,然后可抽长截短,一律减至值百抽十外。加各色杂捐,似可当厘金之人。"[4]

办法之二是裁厘并关,即将所有厘卡一律裁撤,并归洋关。王韬和郑观应持此主张。郑观应在《盛世危言·厘捐》篇后曾附录王韬论裁撤厘捐一篇,内曰"惟是厘捐一日不撤,商困一日不苏。欲救此弊,莫如以厘金并入关税一次抽收……凡洋货进口,纳税于海滨通商正口;土货出口,纳税于第一子口,悉照新章完纳,一征之后,任其所之,不复重征,而遂将厘卡概行裁撤,是举从前积弊一扫而清之也"[3](P558—559)。

办法之三是只对坐商征税,而不对行商征税。汤寿潜持此主张。他说,"今斟酌停与不停之间,则莫如包办。每遇贸易繁盛之地,设局置委员焉,法不妨仍旧其贯,惟不捐之行商,而捐之坐贾"。[5]其好处是简单易行,既方便了民商,又降低了征厘成本,还减少了吏胥弄私舞弊的机会。

办法之四是发展铁路事业,用铁路的收益来替代厘金。甲午战争后,李鸿章游历欧美诸国,亲眼看到铁路带来的巨大收益,遂有大力发展铁路,用铁路收益来替代厘金的想法。他说:"在中国今欲整顿一切新政,惟铁路为第一枢纽。即以厘金言,厘卡委员之舞弊,固属可恨,然亦必借铁路告成之后,全国先自通其脉络,再谋除此巨蠹,始可胜任而愉快也。"[6](P227)

3. 内债

中国历史上向无政府向民间借债的传统。郑观应在《易言·论借款》一文中,曾谈到周赧王筑台避债,"至今传为笑柄。故中华以为股鉴,向无国债之名"。而西方则不同,"凡兴建大役,军务重情,国用不敷,可向民间告贷,动辄千万。或每年仅取子金,或分数年连本交还,隐寓藏富于民之意"[3](P160)。深受筹款之难困扰的洋务派由此受到启发,萌生了向国内富民借债的想法。光绪九年,钟天纬在《扩充商务十条》中肯定国债说:"国债之法创自欧洲,实开千古未有之局。不敢谓永无弊端,而总觉其有大利而无大弊。"而且当时借内债的条件也比较成熟,鸦片战争后,社会上出现了一大批靠从事近代工商业、近代对外贸易过活的人。如19世纪90年代前,汉口茶叶贸易最盛时,有茶商100多户,资本多的达100万两以上。在江西,"因茶叶致富者,不下数十百家"。在福建,曾涌现18个因茶致富的"百万富翁",最少的也有200万元资财,最富的达800万元。

然而中国社会长期的超经济控制,造成了民对官的不信任,汤寿潜说:"中国商民素不信任朝廷,其视官吏尤疾首蹙额,以为虐我则仇,孰肯以锱铢所集者寄食于虎狼之口哉?"[5]为了解决这一矛盾,洋务派设想了三种方案。

第一,改官库为官号,这样可使国债的出入不经官之手,有利于破除民对官的不信任,最后造成"民知号之较可恃也,必有踊跃输将以资两利者"[5]。

第二,仿西人之法筹借民款。郑观应认为中国"二十一行省殷实富民为数不少,但使由户部及各藩库仿西法出给股票,每股百金,定期归还,按年行息,收放出入诚信无欺,安见中外商民信户部者必不如其信银行,信中国者必不如其信外国乎?[3](P583)"

第三,由收入固定的海关办理借债事宜。钟天纬指出,"若自借本国之国债,每年偿利若干,由各海关经理,刊给饷票,以抵现银,而即有海关付息。庶商民取信尽出其藏镪,以牟十一之利则市面流通,经商易于获利"[7]。

4. 劝募私人资本投资洋务企业

在当时社会法制不健全又存在中外商人不平等竞争的情况下,不少华商搭附外商公司,冀以取得理想的投资利益。也有少数华商竟"冒充洋商",以图"偷漏税项"。为吸引这些华商将资金投入到洋务企业,洋务派提出组织"官督商办"的股份公司,然由于股份公司内部官商关系难以协调,致使股东效益受到影响,出现了"人皆怨悔,深以为戒"的局面。为了吸引广大商人继续投资洋务企业,洋务派提出了改革集股办法的主张。

钟天纬在《中国创设铁路利弊论》一文中,提出"至于集股之法,第一关键须由国家保利若干,赢则归公,亏则赔补,此即官为保险也。而又无论铁路、贸易之赢缩,必按期付利不爽。各股份由各海关招募,而每年即有海关官银号付息,则人皆倚信而集资自易矣"[7]。此后他又明确提出了"请保定官利以资招股"的建议,这样就形成了中国近代工业史上特殊的"官利"制度。官利的利率一般为7%—10%,它的作用具有两重性。一方面,它有助于减少商人的风险,鼓励他们投资。正如张謇所说,中国产业的发展"亦赖依此习惯耳,否则资本家一齐畏缩矣,中国宁有产业可言"。但是另一方面,官利制度又增大了企业的成本,严重影响了企业的正常开办和经营。如大生纱厂在创办初期便受到官利之累,该厂在因资金艰涩,几至不能成厂的时候,还要动支股本 17 000 多两,并出卖原棉以应付官利。

## 三、小　结

在任何国家从传统社会向现代化转变的道路上,资金的缺乏都是一个长时期困扰当政者的大问题。中国的洋务运动正发生在西方爆发第二次工业革命,国内资本严重过剩,被迫去海外寻找投资场所之际,按理说这正是引进外资解决国内资本匮乏问题的最佳途径。但清政府在国权日衰之际,担心被外国进一步控制,因此即便外国资本主动找上门来,也总是宛然谢绝。这样,洋务运动被迫走上主要依靠国内积累发展现代经济的轨道。洋务派在筹资问题上遇到的很多痛苦与无奈,如征取厘金与妨碍工商业发展的矛盾,征取赌博税、鸦片税、捐纳与败坏政风、败坏社会风气的矛盾等基本来源于此。洋务派设想了许多取代这些不当税源的法子,但由于没有替代这些等量税收的新税源出现,因此迟迟难以解决。所有这些,都预示着中国早期现代化发展道路的艰难,预示着中国早期现代化成效的有限性。

**参考文献**

[1] 洋务运动(卷1).上海人民出版社,1973.
[2] 陈炽.陈炽集.中华书局,1997.
[3] 郑观应.郑观应集(上册).上海人民出版社,1982.
[4] 皇朝经世文新编.北京大学图书馆善本室.
[5] 汤寿潜.汤氏危言.北京大学图书馆善本室.
[6] 蔡尔康.李鸿章历聘欧美记.岳麓书社,1986.
[7] 钟天纬.刖足集.北京图书馆善本室.

# 洋务运动期间的劳工雇佣与管理*

　　劳动力问题是现代社会化大生产中的一个非常重要的问题,毕竟机器只有和操作机器的工人密切结合起来,才能生产出更多、更好的物美价廉的产品,才能产生现代社会的高效率。和以自给自足为特征的传统家庭生产方式不同,现代社会是交换经济,个人和个人、组织和组织、个人和组织之间不仅有产品的交换,更有生产要素的交换。作为中国最早的建立机器工业的现代化运动,洋务运动时期的企业在现代工人(相对于传统社会的手工工人,现代工人是与机器大工业生产方式相联系的)的来源、工资标准的制定、工人的管理等方面作了最初的探索。这些探索有成功,有失败。用现在的标准看来,这些探索显得很幼稚,但它毕竟是近代中国人在机器工业建立方面迈出的坚实的一步,这些探索直到今天仍然有着积极的意义。本文将从现代工人的来源、招雇劳工的条件、工资标准的制定、劳工管理等方面介绍洋务企业的劳工雇佣与管理思想,以期对当代企业经营管理尤其是对人力资源管理有所裨益。

## 一、工人的来源

　　19世纪40年代以后尤其是60年代,西方第二次工业革命爆发后,西方廉价的机制品大量来到中国,给传统的耕织结合的生产方式以致命打击,一方面,西方先进生产方式产生的高效率对先进的中国人是个很大的鼓舞,激励着他们改变投资方向,将资本不是投资于土地而是投资于机器工业;另一方面,社会上出现了大量的和生产资料相分离的劳动者,这也为资本主义生产方式在中国的产生创造了有利的条件。当时的洋务派人士出于安定社会的考虑,提出了用机器生产来养活贫民、流民的主张。例如,陈炽提出,假若"使中国务行省工人大开,则千万穷民立可饱食暖衣,安室家而养妻子。向日之手工糊口者,亦各勉艰难困苦忧冻啼饥,咸得

---

*　本文发表于《文史哲》2002年第1期。

享豫大丰亨之福也"[1](P228—229)。这事实上提出了近代早期工人的来源——失去生产资料的流民,既包括失业的手工业者,也包括失业的农民。

对企业而言,在手工业者和农民之间,他们最先雇用的是手工业者。这是因为同农民相比,手工业更符合工厂的技术要求。例如台湾基隆煤矿最早的工人,是受雇于当地手工煤窑的1300多名手工业工人。后来随着煤矿规模的扩大,才将矿区附近的贫苦农民招收为矿山工人。轮船招商局中的舵工、水手,之前绝大部分是久历风涛的帆船水手。机器缫丝业和机器棉纺织业的工人大多数也是由手工缫丝和手工棉纺织工人来补充的。

近代工人的另一个重要来源是"军转民"的士兵。大量记载表明,19世纪60年代以后,在军事工业和电信、铁道等企业里的劳动队伍中,有相当一部分是清朝军队里集体转业的士兵,统帅他们的往往是带有军衔的武弁。一直到1884年前后,还有资料说明在江南制造局里,"制造工人,各营弁兵,湘人甚众"。

郑观应在《盛世危言·狱囚》一文中,还主张将狱囚作为工人的一个来源。他说:"考西国罪犯工作亦有数等:有狱中之工,有狱外之工。狱外之工,男则制造百货,女则纺织、刺绣等事。凡一犯入狱皆须习一业。素有业者既于狱中执其本业。所获工资半给犯人私用,半归狱中公用。"鉴于当时交通事业兴起,郑观应主张让狱囚"修治道途",充当修铁路、公路的工人。具体方法是"令地方官各按所辖地段,遣令流徙各犯兴修"。他认为这样做的好处是,对狱囚,一则"练其筋力,调其气血,厉其精神,不致常处覆盆,易生疾病",二则"酌给微资,代为收存,俟罪满之时发给,俾以后得以作本谋生,则必不致恣意妄为,复罹法网"。对国家,则收"从此周道坦坦,履险如夷"之功效。[2](P505—507) 陈炽的观点与郑观应同,在《续富国策·治道之工说》中,他提出,"敲石垫道之役,则专以轻罪之犯及无业贫民任之"[1](27)。这说明,将罪犯作为修筑铁路工人使用是当时社会比较普遍的思想。事实上,当时有不少的修路工人(包括修公路)是狱囚。

## 二、招募现代工人的标准

既然是机器需求工人,当然主要是要按照机器的标准招募工人了。但在不同的产业,机器对工人的要求是不一样的;比如说,在资本密集型行业,机器对工人的技术要求就较高,而在劳动密集型的轻工行业,对工人的技术要求就较低。当时中国的民族工业,既有对工人技术要求较高的资本密集型行业,如军火工业、钢铁工业、采矿工业和铁路、电报、轮船等交通通信业等;也有对工人技术要求不高的劳动密集型行业,如纺织、榨油、酿酒等轻工业。这意味着,不同的产业要根据自己的特点招募工人。

在资金密集型的行业,由于对技术要求比较高,因此极需要技术熟练的工匠。会办北洋事宜都察院左副都御使吴大澂说,"一厂之中,以匠头为最要。众厂之中,以机器为最要。安设锅炉,非熟手不可;装配机器,非良工不就"[3](P1228)。在当时的情况下,熟练的工匠往往来自东南沿海各省,如广东、福建、浙江、江苏、山东等地,特别是广东省。这是因为,第一,这些地方原本就是经济发达之地,手工艺人较多。第二,这些地方因地域关系,受到外国廉价商品冲击的时间较早,传统经济结构瓦解的时间也较早,有大量破产的手工艺人等着受雇。第三,这些地方因较早成为通商口岸,有不少人在外商工厂里工作,对外国的先进技术掌握得比较熟练。正如曾任两广总督的张树声所言,"粤东取材丰富,其人士多与西人相习,其制器亦多与西人相似。至于工匠灵敏,制作坚固,即西人亦深许之"[4](12)。正因为如此,当时洋务大员们所办军工企业、采矿工业里的熟练工人几乎全来自这几个地方。就连左宗棠在陕西、丁宝桢在四川、李金墉在东北漠河所办企业也都专门招雇这些地方的工匠。同治十三年,陕甘总督左宗棠致总理衙门书中谈到,兰州制造局"选用宁波及粤闽工匠制造,以总兵赖长督之"[5](40)。光绪五年九月二十三日,四川总督丁宝桢在"覆陈机器局暂缓开办片"中也谈到,"此次在川初设局时,力主此意,均招致中国明习机器之士及工匠人等,大约湖南、江苏、山东等省人为多"[6](P39)。

在当时熟练劳动力紧缺而社会的需求却很大的情况下,洋务大员们往往借助于官府的命令来解决这一矛盾,例如很多后办的军工厂里的熟练工匠,均是从较早建立的同类企业中调拨而去的。如天津机器局的建立,即借助于从"上海铁厂调来熟练可靠员匠,帮同照料"[7](P36)。我国最早的近代军工企业——江南制造总局因为后起的军工厂输送了大量的技术人才,而被誉为我国军工工业之父。不过由于工作地点的变动,不是由于市场的自发调节,而是出于行政命令,故这些熟练工匠的积极性往往不高,特别是在生活条件不如过去的条件下,他们工作的积极性更是大打折扣,洋务大员对之也无可奈何。光绪十一年,负责督办吉林机器局的洋务大员吴大澂就抱怨说,那些调至吉林机器局的熟练工匠们"久在津局沪局,资格尤深,工食亦厚,调赴吉林苦寒之地,视为畏途,人人裹足。或来一两月即托病而归,诸多掣肘。……此选将之难也"[3](P1228)。

对于上述行业中技术要求不高的工种,则往往就地取材。《英领事商务报告》中谈到1882年开平煤矿"一共雇佣着120个南方工匠,约400个当地工人"。前者属熟练工匠,后者属技术要求不高的工人。

至于技术要求不高的劳动密集型产业,选择工人则比较简单:

(1)就近选择。如张之洞所办湖北织布总局,"纺织工徒需用二三千人,皆用湖北本地之人"[8](P16)。再如上海机器织布局的大小女工,多来自上海周围二三百里之远。所以这样做,是出于两层考虑:一是降低招工成本;二是便于管理,可利用地方官吏和宗法社会双层力量管理工人。

(2)选择女工和童工。如上海机器缫丝局"雇佣妇女极多,每日计需用女工数百人。凡一切剥茧、拣茧、司机、司缫诸事,莫不假手于妇女"[3](P1228)。《捷报》1893年11月24日报道,"估计(上海)有一万五千或两万妇女被雇佣,从事清理禽毛以便载运出口,从事清拣棉花与丝,从事制造火柴与卷烟"[3](P1231)。为什么在新式工商业中,妇女和儿童被广泛地使用呢?马克思曾经指出,女工和童工是使用机器的资本家们首先选择的对象。这是因为,随着机器的应用,生产过程就大大地简化了,对体力的要求也相应地大大降低,这样原先只有男工能干的活,现在妇女和儿童也可以干。况且女工和儿童大量地被用于生产劳动,也能大大降低劳动力的成本(按照传统习俗,妇女和儿童的劳动仅是家计的补充,故资本家给予的工资较低),从而提高资本家的利润。正因为此,在19世纪后半叶新兴的缫丝、棉纺织、火柴、卷烟等新式企业里,都普遍地、大量地使用着女工和童工,即使在极艰苦的采煤业中,也有不少的童工参加劳动。

招募劳工除了受技术的限制外,还要受政治环境和社会习俗、道德环境的限制,这在任何社会都概莫能外。而在一个转型期的社会,后者的限制更大。如湖广总督张之洞认为,"盖女子不出门,固古人明训也"。因而"鄂省织布局不用女工而用男工,固属防微杜渐,于风化大有裨益"[3](P1232)。一个英国商会访华团给本国的报告书中也说:湖北"纱厂与上海中国人经营的纱厂很相似,只是没有雇佣女工,因为总督认为是违反道德和孔子教义的"[9](P129)。至于对童工的使用,外商和一些中国私人资本所办企业偏重经济效益,因而雇佣许多七八岁的孩子在工作。而官办企业对此还是有限制的。如当时开平煤矿"煤窑规条三十三则第二十八则规定,"窑里做工,所有十三岁以下之男童及大小妇女,一律不准雇佣;其十三岁至十八岁之幼童,虽准其雇佣,仍须分别管束"[3](P1230)。而在其"煤窑要略十五则"又规定,"窑内做工幼童,自有工人带作,一经做工时刻完竣,该工人须着幼童出窑"[3](P1233)。

## 三、工资标准的确定

在传统社会,人们以农业为生。农业的耕作特点是春播秋获,生产周期很长,这种生产方式使土地的主人——农民成为年薪制最早的实践者:当风调雨顺时,农民收成不错;当风不调雨不顺时,农民可能颗粒无收。然而农民一旦离开土地,就失去了"主人"的地位,而变为雇佣工人。应该如何制订昔日的"老板",现在的"雇工"的工资标准呢?

总的原则是,"雇工"的收入不能低于以前做"老板"的收入,否则工厂没法雇到合适数量、合适质量的工人,更不会出现农村劳动力向城市转移的现象。当然,在涉及具体企业实践的时候,还需要在考虑效率原则的同时,兼顾传统因素的影响。

从当时洋务企业的工资实践看,他们主要考虑以下四条标准:

(1)生产力标准,这是最基本的制定工人工资的标准。1881年11月15日《捷报》报道,金陵制造局有职工七八百人,其中"有些人薪资每日三元,有的两元,有的一元;直到一些做学徒的幼童,每月只得几文钱"[3](P1216)。同治十一年九月二十三日,李鸿章在"奏报机器局经费折"中,解释这种工人工资不等的现象时说:"中外匠役,量才给值,高下悬殊;又复随宜损益,均无例价可循。"[3](P1216)所谓"量才给值",就是按照每个人的生产力水平,也就是说,按照每个人对工厂的贡献给予不同的报酬。钟天纬指出,工匠的工资"宜以技艺之优劣、做工之勤惰为殿最,而不当以资望之深浅、乡情之厚薄为去取"[10](P233),也是这个意思。

(2) 生活需要原则。马克思说过,当劳动力转化成商品时,它和别的商品一样具有价值,这个价值就是生产它所必需的社会劳动量,这个劳动量凝结于工人所消费的生产资料之中,工资就是这些生活资料价值的货币表现。1878年英国领事的商务报告称,在台湾淡水与基隆的煤窑中,"十分惨苦的挖煤手、木工、铁工与小工的工资已低到使(基隆煤矿)这些官员们没有多少中饱的余地,而其他支出又不经他们的手;可是他们还是想尽方法找机会搜刮,其结果是觅雇矿工发生了不可解决的困难。矿工很少,连毫无技术的小工也不多"[3](P1218)。这说明,煤矿工人的工资必须维持在勉强养活家庭及个人的水平之上,再低下去就到了不能维持生活的地步,自然发生觅工困难的情况。1900年江南制造总局总办林志道也说,"当年钱荒物贵,食办维艰,所得工资几何,一议扣减,群情哗然,必致贻误工作"。他认为再"扣及工匠工食,恐多窒碍"[11](P125)。这说明军工厂的工资只维持在勉强生产劳动力这一特殊商品的水平上,如果再降到劳动力工资以下,那么"群情"肯定要"哗然",必致影响生产的顺利进行。

(3) 社会差别原则。在传统的农业社会,由于科学技术水平低,体力被抬到了很重要的位置,男性因体力好成为家庭的生活支柱,于是社会形成了男性是一家生活之主、女性是家庭生活必要补充的观念,这就是我们常讲的"男耕女织"。但当人类迈入近代社会以后,由于机器生产在相当程度上替代了人的劳动,造成许多过去被男性垄断的领域开始向女性开放。如果按照工资的生产力原则,那么男女应该同工同酬,但事实并非如此。西方老牌资本主义国家是在经历了长时间之后,才逐步确立了男女同工同酬的原则,而在现实生活中还不能完全做到,何况刚刚走进近代社会大门的洋务运动时代呢?我们从当时一系列的统计资料中可以看到,男女工工资的差别是很大的。1894年上海某纱厂的工资如下:男工每日工资4—6便士,女工每日工资1.5—4便士[3](1206),相差1.5—2.5倍。再如当时的燮昌火柴公司,"使用职工约八百人,工资据说日给男2—3角,女1—1.5角"[3](P1207),相差两倍。

为什么在社会的转型期不能做到同工同酬呢?这是因为人们仍受男耕女织传统观念的影响,认为男性是家庭生活的支柱,因此男性的工资里边就不仅包含养活他个人的成分,而且还包含养活他的全家,即他的父母和妻子儿女的成分,而女性的工资仅仅包含养活她个人的成分。

(4) 机会成本原则。所谓机会成本原则,是指工人不在此处工作失去的收入和在别处工作得到的工资之比较。一般来说,只有当另外一处的工资待遇高于该处时,工人才有改变工作的动机。因此,我们看到洋务企业在制定工资标准时,也遵循了机会成本原则。如当时从内地迁到汉口的砖茶制造厂家就不得不提高工人的工资。原因是,这些工人是从远处迁来的,若不提高他们的工资,不在他们的工资中包含诸如探家的交通费、离开亲人的精神痛苦补偿费等,他们是决不会抛家舍业来汉口工作的。再如张之洞所办的湖北枪炮厂"选雇工匠二百六十余名,多系北洋及粤东来者,宁沪官局熟手皆不得来",原因是这些"宁沪官局熟手""在沪工资素优,如照营制饷章,必嫌少"。为动员他们来,张之洞不得不"另立一名目,或作为犒赏"[3](P1218)。

从当时企业界的工资种类来看,主要有计件工资和计时工资两种。计件工资主要应用于轻工领域,由于这些行业的技术复杂度低,产品的可分性强,为较好地调动起工人的积极性,故采用计件工资制度。如燮昌火柴公司对工人发工资,"按件数计算者,糊盒一千个一角,排梗二版一分,装盒一千个五分"。再如重庆火柴厂的"火柴盒则有女工和童工或在工厂或在家里糊制,每制盒百个付工价四十文"[3](P1207)。当时《捷报》在评论上海熟皮公司的营业状况时说,该公司在"雇佣工人方面,差不多…一切工作都用计件工资制,结果十分满意。工资这件重要的事,厂方经常在严加注意"[11](P127)。在资本密集型的重工业领域,凡是工作成果具有可分性的均实行计件工资制,不具有可分性的则实行计时工资制。前者如采煤业,往往根据所采煤的块头大小付给工人工资。如当时开平煤矿规定,若工人采得大块煤,付工资0.45元;中块煤,付0.30元;小块煤,付0.15元。[3](P1214)后者如军火制造业,由于工作成果不具有可分性,往往根据工作岗位的性质,按照劳动强度的大小,对技艺需求的多少,实行岗位工资制,按日或按月付给工人工资。上海机器制造局为加强对学徒的管理,还规定"华匠学徒按日点工给价,无稍冒混"[7](P17)。

对于中国工人阶级,我们过去着重指出他们的受苦之深,无疑这是正确的,然而并不全面。同西方工人相比,中国工人确实"工价之悬殊几已过半"[3](P1024)。其所受剥削之深重是非常明显的。但同当时国内农民相比,工人生活处境的悲惨色彩并不那么触目惊心。1890年上海机器织布局一般男女工人平均月工资是5元银元左右[3](P1213),同一时期武昌织布官局每人月薪则在7—10元[3](P1206)。如是技术工人,其月收入能达30元甚至更多。[3](P1218)而1883年直隶"普通农民的总收入,甚至在年成好的年头,每人也只有18元",而且这"不是净收入,还必须缴纳政府的田赋"[12](P667),折算起来,每月所入不过1元多点。显然,农民受苦更深,不然为什么他们会离乡背井向城市转移,掀起城市化的浪潮呢!这种比较不会损害工人阶级的形象。工人阶级的力量并不在于受苦,而在于代表新的生产方式,这是在谈起工人收入的时候不能不特别指出的。

## 四、劳工管理

有了与机器相匹配的工人,自然就有了对劳工的管理。劳工管理的目的是充分调动起劳工工作的积极性,而将科学的结晶——机器的力量发挥至最大。如何做到这一点呢?管理学原理认为,要使机器和员工和谐结合起来,关键是将个人的欲望与组织的目标结合起来。我们知道,企业的目标是追求利润的最大化,那么工人个人的欲望又是什么呢?怎样做到二者有机地结合呢?

早在两千年前,孔老夫子就明确指出,现实生活中的人,无论贫富、贵贱,没有不追求富贵的,"富与贵,是人之所欲也""贫与贱,是人之所恶也"[13](P36)。《商君书》也说:人"生则计利,死则虑名""民之欲富贵也,共阖棺而后止"[14](P133),就是说,人们追求财富的欲望直到进了坟墓才停止。《管子》则对人们追求财富的心理做了淋漓尽致的描绘,它说:"夫凡人之情,见利莫能勿就,见害莫能勿避。其商人通贾,倍道兼行,夜以继日,千里而不远者,利在前也;渔人之入海,海深万仞,就波逆流,乘危百里,昼夜不出者,利在水也。故利之所在,虽千仞之山,无所不上,深渊之下,无所不入焉。"[15](P564)

当然,由于在社会中占有的生产资料和生活资料不同,不同的人在追求富贵、名利这个问题上还是有区别的。孔子曰,"小人喻于利""君子喻于义"。也就是说,为衣食而奔波的普通人虽然也追求和谐的精神生活,但更追求物质生活;而衣食无虞的上层社会人士虽然也关心物质生活,但更追求精神生活,如地位、荣誉等的满足。

如何使员工个人的欲望和组织的目标结合呢?只有通过赏、罚两途,即通过奖励等办法满足人们对功名利禄的追求,此为正激励;通过惩罚等办法使人们失去功名利禄,此为负激励,通过正反两个方面的激励,就可以在很大程度上将个人追求名利的欲望纳入组织追求利润最大化的轨道上来。《商君书》指出,既然人性追求名利,哪里有名利,人们就到哪里去,所以,君主必须要"操名利之柄",主张"利出一孔"。就是国家堵塞其他各种各样的求名求利的途径,只留下一条取得名利的道路,这就是"利出于地""名出于战"。舍此没有别的取得名利之路。这样,"利出地,则民尽力;名出于战,则民致死。入使民尽力,则草不荒;出使民致死,则胜敌"[14](P65)。《管子》也认为,既然人性是唯利是图的,那么最好的办法就是用"害"来约束人们,用"利"来引导人们。"故善者势利之在,而民自美安,不推而往,不引而来,不烦不扰,而民自富,如鸟之覆卵,无声无形,而唯见其成。"[15](P564)

如何进行正激励和负激励呢?管理学强调要尽可能利用仍在人们心中起作用的传统的管理方式和管理手段,换言之,就是"旧瓶装新酒",利用传统管理文化对人的影响,达到鼓舞人心、提高员工劳动激情的目的。对于近代中国社会的劳工而言,他们是在工业革命的浪潮下,被动地卷入到机器工业生产方式中来的。这使他们在追求物质生活的同时,也急切寻求乡音、乡情带来的温暖,由于刚离开土地不久,他们身上还散发着浓烈的土地的芳香,这使他们在继续保持中国农民淳朴、勤劳美德的同时,也刻上了小农守旧、愚昧的烙印。所有这一切,都对现代企业的高效率管理提出了挑战。它要求现代企业的管理者,一方面要利用员工对亲情的向往,减少员工的思乡情绪,弱化其对严格工厂纪律的不适应;另一方面在加强对员工技能培训的同时,加强对员工的现代文明教育,使员工从一个淳朴的农民成长为具有现代文明意识的工人。具体地讲,就是指工资管理、工作管理及日常生活管理三个方面。

(1) 工资管理。当时不少企业认识到善用工资杠杆可刺激生产。如光绪三年,唐廷枢在《通盘核算开平煤矿成本总论》一文中指出,"中国每人每日工食银一钱有零,可挖煤千斤",若提高他们的工资为"每人工食二钱,可取煤两吨半"。[3](P1214)正因为如此,随着企业生产效率的提高,不少行业里的工人工资也在逐步增长。如上海各缫丝厂初时工价每日不过一角六分,后来日工仅做十一点钟,而工价增至四角或四角半不等。

不过从当时企业界普遍的情况来看,主要采用的还是延长劳动时间,即绝对剩余价值的生产办法来增加企业利润。据《捷报》《申报》刊载,当时企业工人的劳动时间无不在 10 小时以上,例如,福州船政局在 1881 年将工时从 10 小时增加到 11 小时,天津机器局在 1880 年将工时延长到 11.5 小时,上海机器织布局的工时在 1880 年规定为 10 小时,湖北织布局在 1893 年将工时延长到 12 小时甚至 13 小时,当时工商界的知名人士经元善反对这种过度延长工人劳动时间的做法,提出要按西法,每周工作 6 天。他说:"惟逢星期自宜休息,人无贫富,总有家庭私事,七日一歇,则此六日中,可以专心致志。若无此一日之停,则终岁皆存偷闲之念矣。"[26](P25)

(2) 工作管理。要让工人有效率地工作,就必须有相应的监督和管理。当时,在许多工厂里,有某一地区人氏专门从事某一工作的现象。如在上海的很多工厂中,铜工以南京人居多;铁工、翻砂工、冷作工初以广东人为主,后以无锡人为主;木工、木模工以宁波人、广东人为主等的这样一个特点,使得中国的工人阶级非常容易染上小生产意识。所以,在近代中国,工人群众往往很容易被帮会势力吸引。朱学范曾经说过:"旧上海职工大众入帮会的人数,据估计,在邮局方面约占职工总数的百分之二十。全市职工入帮会的比例可能更大些。若将入帮会的职工人数加上各行各业各单位职工自发组织的兄弟会、姐妹会、关帝会等,以及算上地方帮会如广东帮、宁波帮、山东帮、湖北帮、江北帮等的人数,那么在全市职工总数中所占的比例就更大,在这些名目繁多的大小组织里,有不少人是与帮会进行联系,并以帮会为靠山的"。[1](135)他说的是 20 世纪前期的情况,毫无疑问,19 世纪后期工人中帮会影响只会有过之而无不及。在这种情况下,企业选拔工匠头目的标准就是要有能力管理众人,他们不得不利用封建的把头制度维持对工人的管束,规定相关工人必须听从他们的指挥。

然而这种以能否管束众人为标准选择工头的办法,毕竟是与现代企业能力主义的原则相违背的。因此,到19世纪80年代,一些洋务派人士认为,工匠的头目不但要有服众的才能,尤其要有出众的技艺。"若仅以谙洋语、工应对为能,非特鉴别不真,人人解体,尤虑为其属者无所适从,不复勤奋,而手艺高者不甘为其下,去而之他,斯制造断无日进矣。"[10](P233)

(3)日常生活管理。传统的农业社会是由一家一户的小生产组成的,在这种生产结构下,人们独立生产,独立消费。如果人们聚集起来,那很可能是因为官府的横征暴敛搞得人们活不下去,人们被迫反抗。所以,封建王朝从稳定政权考虑,最担忧人们聚众。尽管聚众不一定意味着造反,但在人们自给自足即能维持生存的情况下,聚众确实又与造反有着密切的联系,所以统治者千方百计地阻止人们聚众,一经发现,马上驱散。

然而现代生产方式的特点恰恰是聚众生产。统治者怕出事,故千方百计管束工人,这在洋务派的官办企业里表现得最为明显。1867年,福州船政大臣沈葆桢在"机器到工已齐并船厂现在情形折"中说,船政局各种工匠二三千人,"五方杂处,漫无统纪,易滋事端,栖息无从,亦难号召",于是遂在"坞外复建二所居之,在左者曰'东考工所',在右者曰'西考工所',皆以员绅统之,早出暮归,乃无紊乱"。为更有效地约束工人,船政局还规定,工人只能住在厂内,由军队押送上下班,下班后即被关锁在房棚内,不得自由行动,其设施、规矩"略如营房"[18](P130)。开平煤矿总办唐廷枢还奏请朝廷允许他们设立刑具,"凡须枷示一月或三月开释",或"从轻掌责发落"的工人,概归其"讯办",以便"就地督查审问责任,俾得人人畏法,庶可蹈法者少"[3](P1244)。

对于工人的造反和罢工,企业往往动员政府予以残酷镇压。1895年4月25日,湖北铁政局总办蔡锡勇向张之洞报告:"铁厂有粤匠滋事,被翻译委员曾海等笞责,未俟回明提调。各匠不服,率众粤匠二百余人罢工,必欲牌示将翻译三员撤差方肯作工。"这是一次工匠反抗人身虐待的罢工事件,后经蔡锡勇到厂"多方开导",又派兵"到厂弹压""将为首聚众者拿办数人",软硬兼施,方将事件平息下去。但几月后,"复有多人于散后潜赴汉口游荡,几酿事端"。作这一报告的恽祖翼、蔡锡勇认为,"其恃众胆玩情形,非兵威约束不能驯伏"[3](P137)。张之洞在此前后,拟调江南自强军一营来厂驻扎,可见形势之严重。

## 五、小　　结

根据上述分析,我们可以看出,洋务运动期间我国企业界在现代工人的来源、工资标准的制定以及劳工管理方面的探讨有两个显著的特点:一是突出"效率"色彩,如按照产业结构的不同雇用不同技术素质的工人,尽可能雇用童工和女工;按照劳动效率高低的不同确定不同的工资标准;将工资作为提高工人劳动效率的杠杆等。二是突出"情感"因素的作用,尽量利用传统文化中某些有利于提高当时企业劳动效率的因素,如军人集体转业成为现代工人;男女工资标准的不同;利用同乡因素招募和管理工人等。

然而洋务运动时期毕竟是资本主义生产方式取代封建主义生产方式的初始时期,因此在洋务企业里充斥着大量新与旧极其不相协调的现象。一方面,旧的封建教条仍在起作用。如湖广总督张之洞认为,"盖女子不出门,固古人明训也",因而"鄂省织布局不用女工而用男工,固属防微杜渐,于风化大有裨益"[3](P1232)。

另一方面,在旧的封建教条约束不到的地方,则赤裸裸地表现着原始积累时期资本的贪婪与无情。例如,当时许多工厂,特别是外资企业和本国私人资本企业,大量雇用七八岁的孩子,这充分印证了马克思的预言:资本家有了50%的利润,就会引起积极的冒险;有100%的利润,就会使人不顾一切法律;有300%的利润,就会使人不怕犯罪,甚至不怕被绞首的危险。

过去,我们常常将企业界利用传统文化的某些因素提高企业经营效率的做法一概斥之为"封建",其实这是不公平的。企业终究是一个追求利润最大化的经济组织,它的所作所为能否奏效,取决于它跟时代的形势、周围的环境,包括社会习俗、法律规章等是否协调,如果它落后于形势的需要,不能紧跟时代的步伐调整它跟周围环境,包括社会、社区、员工的关系,那么它的被淘汰是必然的,反之,假若在与周围环境关系的处理方面过于超前,那么企业的受挫也是必然的。因此,评价企业的标准不在于它做了些什么,而在于这些所作所为是否推进了企业效率增长,换句话讲,评价企业的标准只有一个,就是"社会实践"的检验。

尽管洋务派在管理企业时,利用官府的力量压迫工人,在工厂进行军事化管理等,但这些内容恰和当时企业初期的发展相适应。因为在传统社会向现代社会转变的初期,民间市场的力量还很微弱,与现代经济相适应的法制法规、道德规范并没有建立,社会习俗中还保留着许多抗拒现代经济发展的力量,在这种情况下现代经济的发展需要国家政权的干预,以弥补上述与市场经济相适应的法律法制、道德规范没有建立而留下的真空,这就是为什么资本主义生产方式的发展都要经历一个国家干预经济的"重商主义"时期的原因,对此我们必须有清醒的认识。洋务企业的成效不显,不在于其对员工强烈"军事化"色彩的管理,而在于其强烈的官办工业色彩,窒息了企业的发展生机。而官办民用工业的举办又是和优先发展军事工业的洋务运动现代化路线分不开的,优先发展军事工业的现代化发展道路因不符合比较优势原则,因此根本不会有什么效率。

毕竟对发展中国家而言,最大的优势是劳动力成本低,最大的劣势是资本匮乏、技术水平低,这导致了资本价格和技术价格的高昂,故发展中国家的现代化应从制造劳动密集型产品的轻工业入手。随着经济的不断发展,一国劳动力、资本、技术的相对价格发生变化,此时再逐步进行产品结构的升级换代。洋务运动违背了这条经济发展规律，不但造成了企业经营效果的不显著，也造成了整个国家现代化事业的成效不显著，这是我们在看待洋务企业的劳动管理这个问题时必须要注意的。

**参考文献**

[1] 陈炽. 陈炽集. 中华书局, 1997.
[2] 郑观应. 郑观应集：上册. 上海人民出版社, 1982.
[3] 孙毓棠. 中国近代工业史资料：第1辑下册. 科学出版社, 1957.
[4] 张树声. 张靖达公奏议：卷5. 北京大学图书馆善本室.
[5] 左宗棠. 左文襄公书牍：卷13. 北京大学图书馆善本室.
[6] 丁宝桢. 丁文诚公遗集：卷17. 北京图书馆善本室.
[7] 李鸿章. 李文忠公全书：卷17. 北京大学图书馆善本室.
[8] 张之洞. 张文襄公全集：卷33. 北京大学图书馆善本室.
[9] 冯天瑜. 张之洞评传. 河南教育出版社, 1985.
[10] 叶世昌. 中国近代市场经济思想. 复旦大学出版社, 1998.
[11] 周建波. 洋务运动与中国早期现代化思想. 山东人民出版社, 2001.
[12] 章有义. 中国近代农业史资料：第1辑下册. 三联书店, 1957.
[13] 杨伯峻. 论语译注. 中华书局, 1980.
[14] 高亨. 商君书注译. 中华书局, 1974.
[15] 赵守正. 白话管子. 岳麓书社, 1993.
[16] 经元善. 居易初集. 北京大学图书馆善本室.
[17] 陈旭麓. 近代中国的新陈代谢. 上海人民出版社, 1992.
[18] 沈葆桢. 沈文肃公政书：卷4. 北京大学图书馆善本室.

# 晚清"官督商办"企业的改革思想及实践
## ——西方股份公司制度在中国的最初命运*

西方企业为筹集经济建设需要的巨大资本,发明了集股经营制度,这一制度是随着西方殖民者的炮舰来到中国的,它一出现,就受到了"睁眼看世界"的先进中国人的欢迎。魏源在《海国图志》中用赞赏的语气介绍了这种经营方式,他说"西洋互市广东者数十国,皆散商无公司,惟英吉利有之,公司者,数十商凑资营运,出则通力合作,归则计本均分,其局大而联"①。以李鸿章为代表的洋务派官僚对这种经营方式也十分欣赏,认为可以"集少而成多",对解决中国现代化资金不足问题特别富有启发意义,故大力在中国推广,遂组建了以轮船招商局、开平矿务局为代表的一系列股份公司。

然而股份公司制度毕竟是与先进的社会化大生产方式联系在一起的,需要社会在典章制度、精神和习俗等方面及时地加以配合,显然中国传统的典章制度、文化、习俗等是无法适应股份公司健康成长的要求的,这意味着诞生于西方的股份公司制度来到中国的土地上会因"水土不适",而出现"橘生于江南则为橘,生于江北则为枳"的结果。事实也确实如此。诞生于西方的现代股份公司制度和中国的文化传统结合后,即产生了中国特色的股份公司制度的最初形式——官督商办企业。

官督商办企业是运用官商合作的方式组建股份制公司的。其特点是:第一,在投资关系上,商股未凑足之前,先由官本垫入,以后再逐步归还。第二,在官商权利的划分上,"由官总其大纲,察其利病,而听商董自立条议,悦服众商"。"赖商为承办,尤赖官为主持"。所谓"官督""商办"即由此而来,目的是让官商两头兼顾,各扬其长,不过在双方的关系上,"商办"重要,"官督"更重要。

官督商办作为一种企业组织形式,体现了国家资本、私人资本一起上的精神,在一定程度上解决了封建农业国兴办新式工业企业之初资金启动难的问题,有利

---

\* 本文发表于《中国经济史研究》2001 年第 4 期。
① 《魏源集·筹海第四》下册,中华书局 1983 年版。

于中国早期现代化的开展。然而这种以官商合作方式举办的股份制公司,并没有如创办人所设想的那样:官商各扬其长,通力合作,而是存在很深的矛盾,原因在于公司内部产权关系混乱。从投资上讲,官方的投资是以债权人的面貌出现的,投资所获是固定利息收入;商人的投资是风险资本,所获是不固定的风险收入,即去掉各种支出(包括官本利息)后所得。按照现代企业产权理论,当企业处于正常的经营状态下(未破产状态),享有企业控制权的应该是承担经营风险的商人,而非债权人,只有在企业处于破产状态,债权人的利益受到了威胁时,债权人才掌握企业的控制权,如果企业归还了债权人的资本,则债权人将不再拥有对企业的任何形式的控制权,然而官督商办企业内部官权、商权的划分,却不符合这样的原则。在企业正常的经营状态下,最应该掌握企业控制权的商股却没有这种权力,从而落在不应该掌握这种权力的官府手中。即使企业归还了官款,也并不意味着商股完全控制了企业。正如两江总督刘坤一所述,"盖官帑还清后,局本全系商资,即有亏折,无碍官帑,并无局务不归官之意。……其实员董由官用舍。账目由官稽查,仍属商为承办,官为维持也"①。在这种情况下,商股的积极性自然受到严重影响,企业效益的低下是必然的结局。在19世纪80年代中期的那场金融危机中,中小型官督商办企业基本停产,大型官督商办企业靠着官方的扶持和对外借款勉强维持。自此民间商人对公司(当时能在上海证券市场集资的均是得到官方支持的官督商办企业)视若畏途,批判"官督商办",要求民商自办工厂的呼声越来越高,官督商办企业的改革势在必行。

对官督商办企业的改革,是按着两条思路展开的。

## 一、洋务大吏的官督商办企业改革思想

洋务大吏对于官督商办企业的改革,仍是顺着封建时代传统的行政整顿的思路展开。应该说,洋务大吏搞好企业的心愿是特别强烈的,这不仅是因为身为封疆大吏,有搞好洋务、保卫国防的责任。还因为他们个人,包括他们派系的命运都与洋务事业紧紧连在一起,因此,对于官督商办企业的低效率,他们是竭尽全力准备解决的。通过他们的文集中的大量奏议、电稿、通信等可以看出。他们改革的办法主要是:

(1) 整顿领导班子。由于官督商办企业的领导权掌握在洋务大吏手中,因此他们希望通过调整企业领导班子,以达到提高企业经营效率的目的。以轮船招商局为例,从1872年李鸿章委派朱其昂、朱其诏主持局务开始,一直到19世纪90年代初,在人事上作过多次大幅度调整。其中对招商局影响最大的当推:1873年,以唐廷枢、徐润、盛宣怀等替代朱其昂、朱其诏等主持局务;80年代中期,以盛宣怀、

---

① 《洋务运动》卷6,第44页。

马建忠取代唐廷枢、徐润主持轮船招商局事务;19世纪90年代初,又委派严潆、唐德熙、陈猷等主持招商局事务。一般来说,每一次整顿后,企业的经营效率都会有所提高,但由于下述两个问题难以解决:一是企业发展动力不足的问题得不到根本解决;二是洋务大吏能否选到比前任企业领导人更好的人才,是个未知数,因此企业未来发展前途并不乐观。例如上海机器织布局,从1876年开始筹议,中间换过多达六七次的主要企业领导人,方于1893年全面投资生产。

(2) 加大对犯错误企业领导人的惩罚。作为清政府指导洋务运动的官员,洋务派大吏李鸿章、左宗棠、张之洞等对于犯了错误又被发现的企业领导人的处理是相当重的,如徐润担任轮船招商局会办时,因挪用公款事发,除被赶出招商局外,还被勒令退赔,搞得"家业荡然,生机尽矣"①。郑观应因挪用上海机器织布局公款事发,其命运和徐润一样,连日常生活都需朋友接济,盛宣怀之所以成为郑观应的知己,是与这段时间盛对他生活上的照顾分不开的。盛宣怀在担任湖北广济、大冶煤矿督办时,因企业经营失败,被李鸿章勒令赔垫1.6万余串官本,此案于1884年始结。不料他存到胡光墉(胡雪岩)那里的煤矿所余14.3万串生息官本,因胡在金融危机中破产而本利皆亏,此时户部又复饬缴制钱,致使其赔款增加到15万两。② 盛宣怀对李鸿章一肚子怨气,他向军机大臣阎敬铭诉苦说,"伂自李傅相奏调不足十四年,差缺赔累祖遗田房,变卖将罄,众皆知之。今再被此重累,恐欲求吃饭而不能,父年古稀,无田可归。从此出为负欠官债之员,入为不肖毁家之子"③。

(3) 借助股东的压力,逼迫企业好好经营。由于我国历史上官办工业声名狼藉,因此人们对官督商办企业的信任是需要一个过程的,直到19世纪80年代初,才算达到了它的最高峰——人们踊跃地购买官督商办企业的股票。1877年,轮船招商局为购买旗昌轮船公司,预期通过下述途径向社会集资150余万两;劝使旗昌原有华商股本20万两转购招商局股票;向两淮盐商以每一引搭银一两,摊销股票7 900股,约计资金79万余两;请各海关道向通商口岸商人摊销招商局股票。可是这个庞大的集股计划却遭到了各色商人的抵制,只筹集到45 000余两。

李鸿章对此大为不满,气愤地说:"要在局内声名日起,生意日盛,公道日彰,利市日稳,无论远近盐商富贾,必有不招自致,不劝自集。"④为了以优良的业绩吸引商人的注意力,招商局领导层只有按李鸿章的旨意,做出各种努力,尤其以企业股息的按期发放,使社会视听为之转变。轮船招商局从成立后的第二年,便按照章程规定发付官利一分(即发付10%的股息),而且在19世纪70年代的各年中,不管企业是否盈利,利息无例外地照章发付,1875年,且在官利1分之外,另发余利

---

① 《徐愚斋自叙年谱》。
② 《中国近代工业史资料》第一辑下册,第757—758页。
③ 《禀阎敬铭》,光绪十年闰五月。
④ 《李文忠公全书·朋僚函稿》卷12,第36页。

5厘。据统计,在轮船招商局初创时,如购买一股股票,即投资100两。到1880年,7年中股息所得,累计便是70两。另外,轮船招商局又公布每年账略,以宣扬它虽然在外国势力的倾轧下,但每年仍有盈余所得。显然,要做到这一切,轮船招商局没有良好的业绩是不行的。

综上所述,可以看出洋务大吏是有搞好官督商办企业的雄心壮志的,对企业内部的贪污腐败,以及因不科学决策造成的企业亏损,还是力求加以克服。问题是洋务大吏纵有发展企业的雄心,却无推动企业发展的能力。在传统的农业社会,封建政府可用官员离任审计、地方财政不当亏损部分由相关官员垫赔等办法,提高官员犯错误的成本,提高组织的运作效率。但现代企业内部组成复杂,分工细致,非传统的管理办法所能应付得了,因此洋务大吏虽经常对企业进行检查,查处了一批人,也骂了一批人,但总不能使企业走上正常运营的轨道。应该说,在洋务大吏改革官督商办企业的三条措施中,第三条措施是符合现代企业面向市场经营的原则的,是企业经营的最大推动力。问题是,洋务官督商办企业虽面向市场经营,但内部经营机制却不适应市场竞争的需要,故经营效率不高。

## 二、洋务思想家的官督商办企业改革思想

以郑观应、陈炽等为代表的洋务思想家是顺着市场化经营的方向,即通过降低"官"的权力、提高"商"的权力来改革官督商办企业的。

19世纪80年代中期,钟天纬作《轮船电报二事应如何剔弊方能持久策》一文,认为代表政府主持公司事务的总办权力太大,而总办的利益又与公司的利益无紧密关系,不像商人那样将身家性命全寄托在公司身上,因而主张降低总办权力,提高商股权力,认为这才是搞好公司的关键。他说,"今中国仿照外洋设立公司,而官督商办的弊端事权偏重,一切惟总办之言是听,近来各种公司皆办不得法者,即坐此弊也"。他主张一切仿照"西法",说"西洋之立公司也,一以议院为法。各股东公举董事12人,各董事公举总办、帮办各一人,必须其人有若干股份,始准保充董事,而总办与帮办亦必有股份若干为资,始为合例。凡会议之从违,以董事大半为断,每用银至若干,即须董事会议允许签名,总办一人不能自专。凡董事数人同心,即可邀集大众会议,或指驳账目,或查核银钱,均无人敢阻。即总办之去留,亦唯众论是听,是以总办受成于各董事,而各董事复受成于各股东,层层钳制,事事秉公,自然弊无由生"。他建议只要董事有五人以上,就可随时开会,抽查卷宗,查问出入款项。"每有诘问,总办不能不对,执事人等不能不听,如此则事权不致偏重,而兴利除弊可以一秉大公矣。"[①]显然,钟天纬是想让与企业联系最密切(有股份)、经营能力最强的人掌管企业,这样通过他们积极性的提高,就能提高企业的经营效率。

---

① 《刖足集·外篇》。

郑观应的观点与钟天纬同,他在谈论股份制时,总是强调"英国颁行定例甚善,我国亟宜通饬仿行",要求按西方股份制的模式管理中国企业。对于官督商办企业内部的官商关系,郑观应强调"皆听商民之自为筹画,而所以保护之者,不过因商之所利而利之,所欲与聚。所恶勿视,言则听,计则从而已,非必事事赖国家为之经理遥制也"①。很明显,这是针对李鸿章坚持官督商办企业"遇事禀商该局督办,主持一切,勿稍妄为举动,以招妥协,而收成效"②,官方不肯稍微放松对企业控制的政策而发的。

如果说钟天纬、郑观应对搞好官督商办企业还有一些信心的话,汤寿潜则对官督商办企业完全失去了信心,而主张代之以全面的商办。他说,"西人言理财,从无以商合官者,今乃混官商而一之,官有权商无权。势不至本集自商、利散于官不止,特借矿股为戏人之猴焉而已"。他提出的改革办法是"以官发其专,举其事,而既任之商,不以官与"③。就是说,在企业创办之初,官府处于倡导的地位,当商人办理以后官府就不要再插手了,这实际上是让官退出企业微观经营,而交由商来管理的思想。此后,在一篇关于如何兴修铁路的文章中,汤寿潜又提出由政府"一面筹款垫造,一面招商认造,以所造之路权属之,而岁输所入之几属于官"④。在这里,汤寿潜明确地提出了铁路产权的归属问题:谁出资建造,铁路的所有权就属于谁。在他看来,政府的作用仅限于组织发动商人投资,政府的收益是未来铁路的税收收入。

钟天纬、郑观应、汤寿潜的建议好则好矣,然怎样才能提高商权,或把官督商办企业变成完全的商办企业呢?一些洋务派人士提出用不用官款或归还官款的办法,以保持企业能够超脱于"官督"之外。1882年,当电报局集资时,投资者十分活跃,该局商股代表郑观应、经元善、谢家福等寄希望于将来归还官款,以避免"官"对企业的牵制,并且希望变官督商办企业为完全商办的企业,但这一愿望是无法实现的。在官府看来,官督商办企业是优先发展军事工业现代化路线的重要组成部分,因此绝不会放松对企业的"关注",盛宣怀在拟定电报局招商章程时,坚持写下"未归之官款十万两,永远存局,不更归还,但于十年之后与商本一律起息,仍不兼取息外盈余以分商利,其余亦永远存局,加添官股资本"。这个规定不仅从逻辑上宣布了电报局永远不能脱离官方的控制,而且按照章程规定,电报局营业盈余的一部分还要成为"官股资本"积累的来源,也就是说,"官股资本"经过一定的积累,有朝一日能够取得压倒性的地位,则电报局也就自然而然地成为北洋官僚集团的私产。另有一些洋务派人士,如汤寿潜主张将官府对企业的投资作为官股,当企业亏

---

① 《郑观应集·商战上》上册,第593页。
② 《中国航运史资料》第1辑,上海人民出版社1983年版,第873页。
③ 《汤氏危言·开矿》。
④ 《汤氏危言·铁路》。

损或破产,官府也要和商人一样负担亏损,他想用这种办法提高商人的权力,降低官府的权力(官府不懂经营,只能依赖商人),使企业按商业原则进行经营。

对"官督"体会最深的郑观应则建议企业轻易不要让官方保护,因为"盖官督商办之局,不占公家便宜,只求其保护,尚为地方官勒索。若太占便宜,更为公家他日借口"。原因是"中国尚无商律,亦无商法,专制之下,各股东无如之何,华商相信洋商,不信官督商办之局,职此故全"①。显然,他已预料到了官督商办企业终将在最后被官方吞并,成为官方私产的结局。

## 三、官督商办企业的改革实践

19世纪80年代初,官督商办企业内部的官、商两方展开了争夺统治权的斗争,民商希望按商业原则进行经营,官方则基于官督商办企业是优先发展军事工业战略的重要组成部分的考虑,一定要掌握企业的大权,在这场围绕权力的争夺战中,民商失败,原因不仅是官权大于民权的作用。还在于这时的官督商办企业已普遍停止了招商股活动,遇到资金不足,则由官方作保向洋行借债,这样官就在企业取得了比以前更大的权力,商股的权利受到严重影响。

然而一个掌握了权力的集团,如果长期不能提高组织的效率,也是必定垮台的,为避免这种结局,出路只有一条,就是实行旨在提高效率的改革。事实上,自80年代中期开始,官督商办企业就被迫着进行改革,这场改革,先从中小型官督商办企业开始,到90年代转向大型官督商办企业。

在80年代初的那场大危机中,那些实为私人资本,但挂着"官督商办企业"牌子的中小型矿局,纷纷停产。清政府对铜铁等项需用甚殷,而库款支绌又无力开办,又不能像大型官督商办企业一样借洋债。在这种情况下,清政府不得不采取变通办法,即允许若干小矿由私人资本自报开采,官方稽查,收购产品。例如,1884年,甘肃西宁大通县之乙思门庆地方金厂,1885年福州石竹山铅矿、1883年热河承德府三山银矿,都采取了这种方式。在这种情况下,企业的生产经营、财务收支,都由私人资本家自己负责,而不再由政府委派官僚来控制,政府对"矿局诸事概不过问",但只"弹压保护"。稽查和收购产品,因此企业属于私人资本主义性质,在收购产品方面,必须尽官作价购买一定数量,所"余听该商自行销售"和支配。显然,政府对企业的干预比过去那种直接控制企业的生产、人事、理财权要好得多。当然,官府在收购产品时,经办人员各种刁难需索情事,仍在所难免。

进入90年代以后,某些大型官督商办企业也不能再按老样子继续下去了,因此不得不走上按商业原则经营的道路。1893年,上海机器织布局一把大火被烧后,为重振中国的棉纺织行业。新任督办盛宣怀要求将新设的纺织公司作为私人

---

① 《盛世危言后编》卷12,第4页。

产业来办,他向李鸿章提出,"股商远虑他日办好恐为官夺,拟改为总厂,亦照公共章程,请署厂名,一律商办"。李鸿章对这个方案表示赞成,他答复盛宣怀说,"织局拟改为总厂,一律商办……似甚周妥"①。新设的公司更名为"华盛纺织总厂"。其实在这个公司里面,官商关系的模式与上面讲的中小型官督商办企业改革后的模式是一样的。因为,新公司规定,每出纱一包,要捐银一两,以弥补投资在机器织布局里面的官本损失,为此新公司特设一个督销公所,以保证官方利益。显然,华胜纺织总厂已转化为私人资本性质,其他大型官督商办企业的命运也大致类似。中国最早的官督商办企业轮船招商局于宣统年间改为完全商办,开平矿务局则于1900年转为英资企业,以另外一种形式完成了"商办"的历程。

不过官督商办企业转为商办的过程,往往是以股东付出了巨大代价为前提的。上海机器织布局商股所受的损害及这家企业的归宿,可说是一个最有力的例证。这家企业经历了多次改组,每经一次改组,"官"对企业的控制程度就加深一步,而投资入局的私人资本便蒙受一次损害。1887年,龚寿图、龚易图兄弟对机器织布局进行"清理"时,对初创时投资的商股一律课以七折,官商矛盾趋于尖锐。上海《申报》揭出织布局"在股含冤同人"公启,要求"旧账揭清"②。到了1893年,织布局毁于一炬,织布局领导集团决定对旧时商股一律以烬余物料折价偿还,使那些原初每股投资一百两,后又增资三十两的旧股东,仅仅领回十余两的股金,而企业则在改头换面下变为洋务官僚的私产。在当时,像上海机器织布局这样的演变情况不是个别的现象,而是带有代表性的。也就是说,它的演变过程确切地反映了官督商办企业的发展途径。所以,到19世纪80年代,目睹一些主要的官督商办企业先后沦为一些洋务官僚的私产之后,郑观应不禁发出感叹:"轮船招商开平矿,创自商人尽商股……办有成效倏变更,官夺商权难自主……名为保商实剥商,官督商办势如虎。"

## 四、结 论

西方股份公司制度在中国最初的实践表明,世界上万事万物都是有条件的,只有具备必需的条件,"此"乃为"此",否则,"此"便为"彼"。"官督商办"企业就是西方股份公司制度在与中国环境条件不协调的情况下产生的怪胎。后来所以能够逐步变为正常形态,是因为在资本主义生产关系越来越统一世界的时代。中国由传统社会向现代社会迈进的进程是谁也逆转不了的,随着股份公司制度需要具备的条件越来越成熟,官督商办企业的改革势必要向着健康的方向进行。西方股份公司制度在中国最初的实践也表明,当我们向外国学习某项先进经验的时候,一定

---

① 《李文忠公全书·电稿》卷15。
② 《申报》,1898年7月13日。

要了解该项经验在国外出现的条件,包括支持条件是什么,约束条件又是什么,只有这样,才能在学习外国先进经验并将外国先进经验运用于中国时,懂得何时引进、什么情况下引进、如何创造条件引进等。惟有如此,才是高效率地学习外国先进经验的办法,即将学习的效益发挥至极致,而将学习的风险降至最低。

# 西方股份公司制度在中国最初的实践和评价
## ——官督商办企业的再评价*

晚清"官督商办"企业出现于 19 世纪 70 年代,兴盛于 80 年代初,1883—1884 年金融危机后走向衰落。

官督商办企业除了洋务大吏通过招股产生这一种形式外,还有一种形式就是一些私人企业为了取得官方的保护,而主动戴上"官督商办"的帽子。70 年代末 80 年代初,中国兴起了一个筹办矿业公司的热潮,拟用西法挖掘煤矿、铜矿、金矿及其他各种金属矿。筹办这些矿业事务的多半是地方官员和一般商人,大抵是一些缺乏政治势力的人物。为了创办新式产业,他们不得不寻找各种门路,期望取得洋务派大吏的支持。因此,这些中小型矿业公司,虽然多是出于私人资本所创办,却都尽量拉上"官督商办"的关系,借以作为企业的靠山。1877—1882 年,先后创办的安徽池州煤矿、山东峄县煤矿和江苏利国驿煤矿可以作为这些既与洋务派大吏有联系,在一定程度上受洋务大吏控制又是比较独立地进行经营的私人资本新式煤矿的典型。不过由于官办企业的激励机制不足,导致当时的官督商办企业经营得普遍不成功。在 19 世纪 80 年代中期的那场金融危机中,中小型官督商办企业基本停产,大型官督商办企业靠着官方的扶持和对外的借款勉强维持。自此民间商人对公司(当时能在上海证券市场集资的均是得到官方支持的官督商办企业)视若畏途,从此批判官督商办企业,要求民商自办工厂的呼声越来越高。一直到现在,提起官督商办企业,学术界基本的倾向还是批评,我认为,应该客观公正地评价官督商办企业及其作用。

## 一、官督商办企业的创办原因

1872 年,内阁学士宋晋上奏折,以糜费过大、成效甚微为由,请罢修造福州轮

---
\* 本文发表于《北京大学学报》2001 年第 5 期。

船局,经李鸿章、左宗棠、沈葆桢等力争,总算是把造船业保了下来。然而为了给造船厂的产品——船只寻找出路,也为了让洋务大业能够继续办下去,深受资金匮乏之苦的洋务大吏想出了官督商办的法子,轮船招商局的创立,就是官督商办企业的最初尝试。这家企业所以未以"公司"为名,是因为"按西例,由官设立办国事者谓之局,由绅商设立为商贾事者谓之公司"[1](P612)。此后,李鸿章、左宗棠等洋务大吏又按照轮船招商局的模式组建了一系列的股份公司。

官督商办作为一种企业组织形式,是东、西方文化交汇融合的产物。

西方企业为筹集经济建设需要的巨大资本,发明了集股经营制度,这是西方社会为迎接工业化时代的挑战而进行的一项具有很大历史价值的企业经营方法创新。这一制度是随着西方殖民者的炮舰来到中国的,它刚一出现,就受到了"睁眼看世界"的先进中国人的注意。魏源在《海国图志》中用赞赏的语气介绍了这种中国古来未有的经营方式。他说"西洋互市广东者数十国,皆散商无公司,惟英吉利有之。公司者,数十商辏资营运,出则通力合作,归则计本均分,其局大而联"[2](P111)。此后不少中国人希望采用这种集股经营方式投资新式产业。1872年,李鸿章向清廷要求以集股经营方式建立轮船公司,得到批准,遂组建了中国第一家股份制公司——轮船招商局。

官督商办虽借用了西方社会企业的创办形式——股份公司,骨子里面却还是封建主义的国家干预主义经济管理思想在起作用。

中国在西汉汉武帝时代就形成了以"轻重论"为代表的国家干预主义与以"善因论"为代表的经济自由主义相结合的国民经济管理思想。国家经济干预主义的主要观点是,统治者要管理国家经济,不能只运用行政和法律手段,还要运用经济手段。他们认为"不通于轻重(轻重是中国古代货币范畴的一对概念),不可为笼以守民,不能调通民利,不可以语制为大治"[3](P613)。所谓"通于轻重",就是指运用经济手段管理国家经济。他们主张通过政府控制经济,以达到使"民无不系于上"的目的,这样国家政权就巩固了。同时他们还认为"民富不可以禄使也,贫则不可以罚威也"[3](P613),因此统治者还必须运用"轻重之术"调节人民的经济利益,这样就可以"予之在君,夺之在君,贫之在君,富之在君"[3](P613),从而取得两个结果,一是"民力可得而尽也",即人民的劳动积极性得到了充分发挥,另一是"民之戴上如日月,亲君如父母"[3](P613),对政权的向心力更强。

政府如何运用"轻重之术"呢?他们强调政府要尽可能垄断对国计民生有重大影响的产业"毋授人以财"。同时他们还认为,人民的性情是"夺之则怒,予之则喜"[3](P645),要求通过对各种自然资源的垄断,即"官天财""官山海",就可以取得"见予之形,不见夺之理"的效果。

一般来讲,一个王朝在财政有困难,且政府对社会资源还有相当支配度的时候,往往倾向于国家干预主义。中国历代王朝对山川等各种自然资源的垄断,及各种官办手工业的建立,就是国家干预主义理论的具体运用。在传统社会,这都是与人民生计密切相关、需求弹性低的产品,政府要增加财政收入,而又不通过增加税收的手段,只需在产品上加价就可以了。弄明白这一点,就不难明白历代中国王朝为什么对需求弹性更低的盐实行专卖的原因了。中国近代的官办企业,包括官督商办企业的兴办,就是在这种情况下进行的。

洋务运动兴起后,恭亲王从《春秋左氏传》中汲取治国之道的智慧,他写道"守国之道则在于行政而得民。国之安危视乎政之得失。若君弱臣强,国柄下移,欲政令之行,胡可得也。国以民为本,苟无民,何有？君若公室日瘠,厚施在家,欲无失其民,弗可得也"[4](P30)。显然他既想增强国力,实现富国强兵的目标,又想保持对人民的统治。对此,深受传统思想影响的洋务派大吏们(洋务运动之初,他们对西方的了解只限于船坚炮利等实用功利的层次)只能实行国家干预主义政策,只能实行"官天财""官山海"式的行业垄断政策。他们借鉴了历代王朝,也包括清政府管理"盐政"的经验,套用西方股份公司的形式,创造出一种既有利于实现"富国"目标,又能满足人们投资新式工商业愿望的企业创办形式——官督商办,这是传统经济干预主义思想在近代企业创办形式上的表现,是商鞅"利出一空"(即百姓只能在政府规定的范围内实现"富家",从而实现百姓"富家"与政府"富国"目标的统一)思想在新时代下的再现。

而从另外一个方面看呢？民间受到外国在华近代企业高利润的刺激,有投资新式经济的强烈愿望和财力,但由于清政府传统的经济政策不准民间兴办工矿业,封建习俗势力又把近代技术视为"洪水猛兽",认为会"妨碍小民生计""震动地脉"和"破坏风水"而加以阻挠,致使他们欲投资近代工矿工业而无门可入。官督商办形式的出现,打破了这一僵局,它既从经济政策上为这些资本投资近代工矿工业开放了条件,又得以用股份制方式集中分散的资本,开办像航运、纺织、电报、开矿等大型骨干企业,有利于资本主义近代工业在中国封建主义大地上迅速诞生,加速了中国由传统社会向现代社会迈进的步伐。

## 二、官督商办企业的内在矛盾及其改革实践

官督商办企业是运用官商合作的形式组建的股份制公司。其特点是:(1)在投资关系上,商股未凑齐以前,先有官本垫入,以后再逐步归还。(2)在官商权力的划分上"由官总其大纲,察其利病,而听商董自立条议,悦服众商""赖商为承办,尤赖官为主持"[5](P990)。所谓"官督""商办"即由此而来。目的是官商两头兼顾,各扬其长,不过在双方的关系上,商办重要,官督更重要。

"官督商办"作为一种企业组织形式,体现了国家资本、私人资本一起上的精神,在一定程度上解决了封建农业国家兴办新式工业企业之初资金启动难的问题,有利于中国早期现代化的开展。然而这种以官商合作方式举办的股份制公司,并没有如创办人所设想的那样:官商各扬其长,通力合作,而是存在很深的矛盾,原因

在于公司内部产权关系混乱。从投资上讲,官方的投资是以债权人的面貌出现的,投资所获是固定利息收入;商人的投资是风险资本,所获是不固定的风险收入,即去掉各种支出(包括官本利息)后的所得。按照现代企业产权理论,当企业处于正常的经营状态下(未破产状态),享有企业控制权的应该是承担经营风险的商人,而非债权人。只有在企业处于破产状态,债权人的利益受到了威胁时,债权人才掌握企业的控制权。如果企业归还了债权人的资本,则债权人将不再拥有对企业的任何形式的控制权。然而官督商办企业内部官权、商权的划分,却不符合这样的原则。在企业正常的经营状态下,最应该掌握企业控制权的商股却无这种权力,而落在不应该掌握这种权力的官府手中。即使企业归还了官款,也并不意味着商股完全控制了企业。正如两江总督刘坤一所述"盖官帑还清后,局本全系商资,即有亏折,无碍官帑,并无局务不归官之意。……其实员董由官用舍,账目由官稽查,仍属商为承办,官为维持也"[6](P44),企业仍受官府控制和掌握。在这种情况下,商股的积极性自然受到严重影响,企业效益的低下也就是必然的结局。在 19 世纪 80 年代中期的那场金融危机中,中小型官督商办企业基本停产,大型官督商办企业靠着官方的扶持和对外的借款勉强维持。自此民间商人对公司(当时能在上海证券市场集资的均是得到官方支持的官督商办企业)视若畏途,批判官督商办、要求民商自办工厂的呼声越来越高,官督商办企业的改革势在必行。

围绕官督商办企业的改革,洋务派内部有两种意见,以郑观应为代表的民商希望按市场化原则进行经营,以李鸿章为代表的洋务大吏则基于官督商办企业是优先发展军事工业战略的重要组成部分的考虑,一定要掌握企业的大权。在这场围绕权力的争夺战中,民商失败。原因不仅是官权大于民权的作用,还在于这时的官督商办企业已普遍停止了招商股活动,遇到资金不足,则由官方作保向洋行借债,这样官府就在企业取得了比以前更大的权力,商股的权利则受到严重影响。

然而一个掌握了权力的集团,如果长期不能提高组织的小效率,也是必定要垮台的。为避免这种结局,出路只有一条,就是实行旨在提高效率的改革。事实上,自 19 世纪 80 年代中期开始,官督商办企业就被迫着进行改革,这场改革,先从中小型官督商办企业开始,到 90 年代转向大型官督商办企业。

在 80 年代初的那场大危机中,那些实则为私人资本,但挂着"官督商办企业"牌子的中小型矿局,纷纷停产,民间资本对官府集股开矿视如畏途。清政府对铜铁等项需用甚殷,而库款支绌又无力开办,又不能像大型官督商办企业一样借洋债,在这种情况下,清政府不得不采取变通办法,即允许若干小矿由私人资本自报开采,官方稽查,收购产品。例如,1884 年,青海西宁大通县之乙思门庆地方金厂、1885 年福州石竹山铅矿、1883 年热河承德府三山银矿,都采取了这种方式。在这种情况下,企业的生产经营、财务收支,都由私人资本家自己负责,而不再由政府委派官僚来控制,政府对"矿局诸事概不过问",但只"弹压保护",稽查和收购产品,因此企业属于私人资本主义性质。在收购产品方面,必须尽官作价购买一定数量,所"余听该商自行销售"和支配。显然,政府对企业的干预比过去那种直接控制企业的生产、人事、理财权要好得多,当然,官府在收购产品时,经办人员各种刁难勒索情事,仍在所难免。

进入19世纪90年代以后,某些大型官督商办企业也不能再按老样子继续下去了,因此不得不走上按市场化原则经营的道路。1893年,上海机器织布局一把大火被烧后,为重振中国的棉纺织行业,新任督办盛宣怀要求将新设的纺织公司作为私人产业来办。他向李鸿章提出,"股商远虑他日办好恐为官夺,拟改为总厂,亦照公共章程,请署厂名,一律商办"。李鸿章对这个方案表示赞成,他答复盛宣怀说"织局拟改为总厂,一律商办……似甚周妥"[7](P3850)。新设的公司更名为"华盛纺织总厂"。其实在这个公司里面,官商关系的模式与上面讲的中小型官督商办企业改革后的模式是一样的。因为,新公司规定,每出纱一包,要捐银一两,以弥补投资在机器织布局里面的官本损失,为此新公司特设一个督销公所,以保证官方利益。显然,华胜纺织总厂已转化为私人资本性质。其他大型官督商办企业的命运也大致类似。中国最早的官督商办企业轮船招商局于宣统年间改为完全商办。开平矿务局则于1900年转为英资企业,以另外一种形式完成了"商办"的历程。

不过官督商办企业转为商办的过程,往往是以众多股东付出巨大代价为前提的。上海机器织布局商股所受的损害及这家企业的归宿,可说是一个最有力的例证。这家企业经历了多次改组,每经一次改组,向私人资本转化的洋务官僚对企业的控制程度就加深一步,而投资入局的私人资本便蒙受一次损害。1887年,龚寿图、龚易图兄弟对机器织布局进行"清理"时,对初创时投资的商股一律课以七折,为此上海《申报》揭出织布局"在股含冤同人"公启,要求"旧账揭清"[8]。到了1893年,织布局毁于一炬,织布局领导集团决定对旧时商股一律以烬余物料折价偿还,使那些原初每股投资一百两,后又增资三十两的旧股东,仅仅领回十余两的股金,而企业则在改头换面下变为洋务官僚的私产。在当时,像上海机器织布局这样的演变情况不是个别的现象,而是带有代表性的。也就是说,它的演变过程确切地反映了官督商办企业的发展途径。所以,到90年代,目睹一些主要的官督商办企业先后沦为一些洋务官僚的私产之后,郑观应不禁发出感叹"轮船招商开平矿,创自商人尽商股……办有成效倏变更,官夺商权难自主。……名为保商实剥商,官督商办势如虎"。

## 三、官督商办企业的历史进步作用

在中国投资新式产业风气未开、且"民贫于下,财绌上""散借于凡民,则苦其零星难集"[9](P21)的状况下,要在中国发展现代公司制度,不能不寄希望于官府出面协助。世界经济发展的历史表明,一国从传统社会向现代社会过渡,资本主义企业这株幼小的嫩芽能否茁壮成长,在很大程度上取决于国家的支持力度有多大,重商主义就是反映国家干预的理论。后发展国家要追赶先进国家,需要国家支持的力度就更大。

马建忠曾以当时西方各国兴办铁路为例,指出官商合作在企业发展中的作用。他说,当时西方铁路股份公司的资金来自不同的投资主体,"或纠集于商,或取给于官,或官与商相合办"。如果铁路公司无贸易之利可图"于是官自办之"有之,"官先创造而交商经理,或商先创造而官为经理"有之。如果铁路公司"利入甚微,制造经理之费难于取偿,始有官商合办之一法",而官商合办之法又有几种类型,即"有官租地与商而不取其值,权其利息之厚薄以定租地之久暂,限满归官者;有商自造自理而官为津贴者;有商股难集而官代为偿其息以鼓舞之者;有需股甚厚难以纠集,而告贷于人难以取信,于是官为具保者"[9](P11)。这些都是欧美国家发展近代工业、组织股份公司成功之先例。不幸的是当时清政府仍受前现代社会超经济控制传统的影响,官权大于民权,未能起到像欧美各国政府那样的有利作用。我们可以谴责清政府及其官僚集团对近代工业之发展未起到应有的作用,但不能认为政府参与工商业一定要起坏作用。即以人们所歌颂的由商民集股设立公司的形式而言,其大方向可能是正确的,但也不是完善无缺。马建忠曾指出,那时的英美有一些公司,系私商"自集股、自设局"而成,官府不予过问,终因"同行争、市价低、得不偿"而倒闭甚多,最后还得靠官府出资扶持[9](P11)。何况我国那时幼弱的民族工商业还多了一个国际资本主义的强大竞争压力,在那种既无集股习惯而资本投资市场尚未出现的情况下,如否定官府的任何形式的参与,近代工商业尤其是较大规模的工商业将如何产生,在与国外企业激烈的竞争中又如何生存下来并且有所发展呢?正因为如此,我们看到,著名的洋务派①人士中,没有一个不期望政府对企业的发展予以一定支持的。即使批评官督商办企业弱点、坚持工商业由私人纠股自由经营的洋务派思想家,也非常强调政府在企业发展中的扶持作用。例如主张商战的郑观应就反复强调官商联合兴办新式工商业的重要性,主张"既应借官力以维持,而工艺之行尤必藉官权以为振作",总之是要"用官以助商力之不逮"[1](P590)。

所不同的是,洋务大吏和洋务派思想家对国家支持的理解有差别。洋务大吏理解的国家支持是"官"对企业经营的全面干预,即"官总其大纲,察其利病"。而洋务派思想家所理解的国家支持是在特定的领域,即"民力所不逮"之处,发挥保护和稽查的作用,而并不是要求他们掌理企业的经营大权。在洋务派思想家看来,企业的经营管理权由商任之,企业和国家的关系是依法纳税和征税关系。

---

① 依我之见,在洋务运动期间,凡拥护"中体西用"原则,主张对内改革、对外开放,并积极从事洋务实践的人都属洋务派的范畴。所谓洋务派,在运动的前期,主要与反对变法的顽固派相区别,在运动的后期,主要与主张全面学习西方的维新派相区别。当然洋务派内部也存在思想上的分歧,为便于识别和研究的方便,我将曾国藩、李鸿章、左宗棠、张之洞等人称为洋务大吏,他们是这一运动的领袖和庇护者;将郭嵩焘、王韬、薛福成、郑观应、马建忠等人称为洋务思想家或洋务派思想家,他们是这一运动的鼓吹者、实践者和批评者;其他介于二者之间的洋务运动参加者,包括企业家、教育家、官员等,则称他们为一般洋务派人士。

我认为,在一国现代化的初期,出现一批"官营"的或官府参与的带有不少缺点的近代大工商业,无论如何总比没有它们时要好些。官督商办企业在近代中国的发展过程中至少起过以下两个作用:

第一,诞生了一批近代意义上的大、中型企业。如果没有政府的支持,像轮船招商局、开平矿务局等大型民用企业是不会产生的。

第二,鼓励了更多民用工业的诞生,起到了开风气之先的作用。当时民营工业发展的地区常是官督商办企业所在的一些大城市,如上海,而其他没有官督商办企业存在的地区民营工业也并不发达。之所以会出现这种情况,主要是官督商办企业出现后,对民营工业的兴起至少起到了四种作用:一是以其高收益刺激了人们投资新式工业的兴趣,转变了人们的观念,为民营新式工商业的创办奠定了基础;二是要求出现为其进行配套加工的零部件企业,直接刺激了民营工业的兴起;三是有利于传播现代技术和管理知识,为民营工业的成长创造了条件;四是有利于创造"制度变迁"的规模效应,从而使该地区成为全国改革速度最快的地区之一,有利于刺激外地新式工商业的兴办。

## 四、官督商办企业的负面作用

随着中国新资本主义经济的不断发展,19世纪80年代以后,越来越多的人对投资新式经济产生了兴趣。在这种情况下,国家全面干预经济的方针,就应该向退出微观经营领域而重在宏观调控的方向转变,这也正是亚当·斯密的经济自由主义所鼓吹的。此时继续坚持国家对经济全面干预的方针,将会造成以下后果。

一是严重阻碍了民间资本企业的发展。由于担心国内同行企业的竞争,有碍于优先发展军事工业目标的实现,洋务大吏遂通过专利权的手段,通过行业垄断人为扶持官督商办企业的成长。这在经济发展初期,应该说是很有必要的,但到后来,这一制度越来越成为阻碍民间资本产业发展的绊脚石。时人将这种行业垄断非常恰当地形容为"是何异临敌而反缚其众将士手足,仅以一身挡关拒守,不亦乎?"[10](P6)。英国专栏作家干德利在他所写的《中国进步的标记》一文中,对轮船招商局有这样一段评论"招商局的经理们对能够参加贸易以及和外国的敌手们和平共处外,已感到满足了""当局习惯于干涉私人企业,因而严重地阻碍整个民族的进步。我们也许可以再指出另外的一件奇异的事情,就是台湾的巡抚为着帮助该岛发展贸易,曾购买了两只火轮船,而招商局的保护者们反对这两只船到北方贸易,认为是对招商局商场的侵犯!"[11](P441,442)正因为如此,当时希望中国企业制度发展的人们无不批评这种影响经济进步的政策,指责这种垄断是"损华益洋"的"短视"[12](P495)。

二是束缚了企业自身的发展。资本主义经济是在竞争中逐渐发展起来的。企业之间的自由竞争是促使企业不断改善经营管理、不断改进技术设备和营销方式,从而提高生产效率的推动力量。李鸿章等人为地扼杀竞争,搞只此一家别无分店的垄断,使自己所办企业处于无国内同行竞争的优越地位。这样,企业便缺乏改善经营管理、改进生产技术设备、改善营销机制的推动力,因而日益陷入停滞、不振甚至萎缩的境地。从这个意义上说,李鸿章的行业垄断思想,并不具有保护先进生产关系、促进社会经济发展的先进性,而是保护了落后,从根本上制约了洋务官办企业的发展。

## 五、结　　论

官督商办企业是中国现代化过程中与国际惯例接轨的一项重要举措,它不但带动了风气的开化,而且带动了一系列相关产业的崛起,对中国现代化建设有推进之功。然而股份公司制度毕竟是与先进的社会化大生产方式联系在一起的,需要社会在典章制度、精神和习俗等方面及时地加以配合。中国传统社会的文物典章、风俗习惯与股份公司制度所需要的社会条件有较大差距,因而股份公司制度在中国表现出了相当的不适应,出现了很多的问题。不过,世界经济一体化的发展大势是谁也阻挡不了的,因而官督商办企业自19世纪80年代中期后就不得不按照市场化的原则进行变革,这也说明,在工业社会时代,要解决企业效率低下的问题,只有将市场化原则引入企业内部一途,舍此别无他法。

**参考文献**

[1] 郑观应集:上册.上海人民出版社,1982.
[2] 魏源·海国图志.中州古籍出版社,1999.
[3] 赵守正.白话管子.岳麓书社,1993.
[4] 奕䜣.乐道堂文钞.北京图书馆善本室.
[5] 李鸿章全集:卷2.海南出版社,1998.
[6] 洋务运动:卷6.上海人民出版社,1973.
[7] 李鸿章全集:卷7.海南出版社,1998.
[8] 申报,1888年7月13日.
[9] 马建忠.适可斋记言.中华书局,1960.
[10] 段之略.皇朝经世文三编:卷61.北京图书馆善本室.
[11] 洋务运动:卷8.上海人民出版社,1973.
[12] 阮芳纪.洋务运动史论文选.人民出版社,1985.

# 洋务运动期间社会过剩劳动力转移思想*

在世界经济史上,新产业的产生总是要伴随旧产业的被淘汰,其中对社会影响最大的是如何转移过剩劳动力。一般来说,假若一个社会的产业结构转换是自然发展的过程,人们会因有较长的适应期达成共识,从而使得结构转换的代价少一些。反之,假若一个社会的结构转换不是经济内部自然发展的结果,而是在外力的压迫下被迫应对的结果,那么人们将因缺少一个合适的适应时间,不容易较快地达成共识,从而使经济结构转换的时间将长得多、代价也大得多。不幸,中国洋务运动时期的经济结构转换就属于这一类。对此,洋务大吏及其思想家,如薛福成、郑观应、钟天纬、陈炽、经元善等作了艰辛的探索。

## 一、机器生产是转移过剩劳动力的根本途径

鸦片战争以后,随着机器生产方式在中国的推广,社会上出现了大量的失业人口,这样就不能不在社会各阶层中形成一种"机器夺民生计"的认识。支持洋务运动的社会人士的可贵之处在于能从机器排斥劳动力的社会现实中,看出资本主义生产方式在中国的发展前景,他们相信机器排斥劳动力是暂时的,中国人民的就业归根到底取决于机器生产方式在中国的发展和推广。

19世纪70年代末,薛福成先后写作《创开中国铁路议》和《代李伯相议请试办铁路疏》,指出铁路不仅不会夺人生计,而且会扩民生计。他说,"有铁路一二千里,而民之依以谋生者,当不下数十万人。况煤铁等矿由此大开,贫民之自食其力者,更不可计数。此皆扩民生计之明证也"①。

薛福成出使欧洲后,对农业剩余劳动力向工矿业部门转移的认识更加明确。1891年,他在《西洋诸国导民生财说》中指出,"余考欧洲诸国,通计合算,每十方里

---

\* 本文发表于《经济科学》2001年第3期。
① 薛福成:《薛福成选集·代李伯相议请试办铁路疏》,上海人民出版社1987年版,第138页。

居九十四人,中国每十方里居四十八人,是欧洲人满,实倍于中国矣"①。欧洲的人口密度高于中国一倍,土地也不如中国肥沃,但人们生活富裕,原因在于"能浚其生财之源",而关键在于讲究科学,用机器生产,因此提出了机器养民论的主张。他说,"中国人民之众,十倍西洋诸国,议者谓广用机器,不啻夺贫民生计,俾不能自食其力。西洋以善用机器为养民之法,中国以屏除机器为养民之法自是中国之货,非但不能售於各国,亦不能售於本国;自是中国之民,非但不能自食其力,且知用力之无益,亦遂不自用其力;自是中国之民非但不能成货以与西人争利,且争购彼货以供其用,而厚殖西人之利,然则商务有不衰歇,民生有不凋敝,国势有不陵替者哉!是故守不用机器调济贫民之说者,皆饥寒斯民困厄斯民者也,此从前闭关独治之说,非所以论今日也"②。

钟天纬则从更广阔的发展资本主义生产方式的角度考虑解决农业过剩劳动力问题,他认为,中国越是对外开放,国民经济就越发达,人民就业的机会也就越多。19世纪80年代初,他在欧洲游历时,曾作《开铁路置电线论》指出,"至贫民之食力于舟车担负者,增设子口愈多,需人亦愈众。如广东一口易而为五口通商,各省佣工舟子骤增数百万。及长江开埠,凡在上海食力者未见其减,而各埠雇募者反见其多。此水路通商增口之明证也,而陆路要无二理。在内地骤开数十埠,则食力者必增数万人。于总口纵减二三,在子口不啻偿以倍蓰。泰西各国历验,无不皆然"③。

陈炽是从西方国家工人对机器由激烈反对到积极拥护的事实中,感受到机器生产对促进劳动力就业的良好发展前景。他说,"彼国(指西方国家)机器初兴,其手工之人,亦欲竭手足之劳与之争利,心尽气绝,无可为生,乃改而入厂工作。其始也,月得工资三四元或五六元耳。入厂以后,技艺之高者,月得数十元数百元,即至愚极钝者,亦可得七八元或数十数元。向以数十数百作工者,加至数千数万人而未止"④。总之,机器之采用对"小民之生业,移而已矣,夺则未也"⑤。因此,他不但批判机器夺民之说,还进一步宣传机器可以养民,"天下穷民谋食之路,惟机器工作厂为最丰,亦惟机器工作厂为最易"⑥。指出,"使中国各行省工厂大开,则千万穷民立可饱食暖衣,安室家而养妻子。向日之手工糊口者,亦各免艰难困苦,忧冻啼饥,咸得享豫大丰亨之福也"⑦。总之,在陈炽的眼里,机器生产方式是最有利于穷民的生存的,因为"自机器大兴,而一人之工足给十人之食,富人出资立厂,而贫民之工作者辄数千人,富民之获利一二分而止,而贫民之工资增至倍蓰什伯而未已

---

① 薛福成:《薛福成选集·西洋诸国导民生财说》,上海人民出版社1987年版,第367页。
② 薛福成:《薛福成选集·用机器殖财养民说》,同上,第420—421页。
③ 钟天纬:《刖足集·内篇》。
④ 陈炽:《陈炽集·续富国策·工艺养民说》,中华书局1987年版,第228—229页。
⑤ 陈炽:《陈炽集·续富国策·遍弛轮舟说》,同上,第240页。
⑥ 陈炽:《陈炽集·续富国策·工书·工艺养民说》,同上,第230页。
⑦ 陈炽:《陈炽集·续富国策·工艺养民说》,同上,第230页。

焉。故机器之兴,专以为贫民计也"①。

我认为,洋务派人士以发展资本主义经济作为解决中国就业问题的一种手段,这一解决问题的方向无疑是正确的。然而就当时中国的现实看,则有着许多的困难。第一,工业生产并不发达,还不可能吸纳过多的过剩人口;第二,即使新式产业能提供那么多工作机会,劳动力的需求和供给之间要达成均衡还得需要一段时间。如何能让这些过剩人口尽早地找到自己的工作岗位,并在他们未找到工作之前能有一个最起码的生活保证,以缩短和减轻社会转型期带来的痛苦呢?洋务派人士提出的办法还有:

(1)从事农业生产。郑观应指出,全国"土旷人稀,未垦之荒土、荒田以亿万顷计。如东北之吉林、黑龙江,正北之热河、河套,西北之科布多,新疆南北两路之罗布卓尔等处,绵亘千里,一望无边,土著不识耕耘地利,终于废弃。外如西南川、滇、桂、粤之边境及广东之琼州,东南之台湾内山各处,榛芜未辟,遗利尚多,疆吏漠不关心,动为外人侵占"。而内地被机器排斥的无业之穷民甚多,主张"招募内地闲民携家前往。籽粮牛种,官给以资;舍宇堤防,官助其利"。他认为这样做的好处有五点,"内地贫民免迫饥寒流为盗贼,一利也。边陲要地自开遗利,免启戎心,二利也。他日敌人侵轶我疆,边民各保其家,人自为战,三利也。比年整顿海防,饷利已竭,安有余力以顾边防?如此则兵出于民,饷生于地,四利也。沿海贫民即可移垦台湾、琼州等处,何必远适海外为人轻蔑欺凌,五利也"②。

(2)通过向国外移民来解决"人满"问题。薛福成指出,中国人口众多,居天下第一,本来就人多地少,再加上机器耕作排斥农民,致使人民生计困难。但世界别的国家如美国、巴西、墨西哥等因经济发展,缺乏劳动力,正向不发达国家招工。故他主张"今欲为吾民广浚利源,莫如准赴异域佣工"③。向哪个国家移民比较好呢?薛福成主张向巴西、墨西哥移民。他说,非洲因"鸿荒未尽辟,瘴气未尽除,华人愿往者尚寡",美国、秘鲁、澳洲、荷兰、西班牙所属诸岛皆有驱逐或虐待华人之政,惟"方今美洲初辟,地广人稀,招徕远氓,不遗余力且无苛待远人之政",故向巴西、墨西哥移民最合适。他建议乘巴西、墨西哥两国使者来华请求招工之际,与其立约,"或佣工、或贸易、或艺植、或开矿,设立领事馆,以保护而约束之。并与之订立专条,彼既招我华民,力垦荒土,功成之后,当始终优待,毋许如美国设谋驱逐"。他认为这样一来,"且不啻于中国之外,又辟一二中国之地,以居吾民,以养吾民也救时之要,莫切于此"④。

薛福成的想法是有一定道理的。在世界经济一体化发展的过程中,生产要素

---

① 陈炽:《陈炽集·庸书·养民》,中华书局1987年版,第135—136页。
② 郑观应:《郑观应集·盛世危言·垦荒》上册,上海人民出版社1982年版,第740—741页。
③ 薛福成:《薛福成选集·论巴西招工事宜书》,上海人民出版社1987年版,第472页。
④ 薛福成:《薛福成选集·许巴西墨西哥立约招工说》,同上,第366页。

在国际市场的自由流动是很正常的,也是很频繁的,这正是中国进入世界市场的反映,也说明了薛福成在思考问题时,抛开了传统小农经济视野的限制,开始从整个世界、从国际市场的角度看问题。

然而向国外输出劳工是不容易的,需要和世界各国不同的政治法律制度、不同的民族文化传统发生关系。劳工输出国为了追求本国利益的最大化,必须要学会运用国际法的有关原则来保护自己。由于中国国力衰弱、国际地位不高,曾发生过像美国等国在经济发展过程中大量需求中国劳工,一旦国内经济形势变化又驱逐劳工的事情。为了降低劳工输出过程中发生的风险,曾担任驻英、法、西、比四国公使的薛福成主张,在和巴西、墨西哥两国订约时,应特别强调"在许华工自往,而不宜允其来招"。因为"华民适彼国者,苟获赡身家,蒙乐利,往返自如,出入无禁,是闻风者且源源而往,本无所用其来招",所以"务使人人有自主之权,去留久暂,悉从其便,则田主非但不能虐待,而挟制、扣留、转鬻诸弊,亦不禁自绝矣"。至于"洋人或挟重资,或驶巨舰。动辄来招数千百人,运往该国,辗转贩鬻,必当严立章程,悬为厉禁,自无疑义"①。

此外,洋务派人士中赈济思想也比较丰富。所谓"赈济"就是通过社会救济等办法,让失业者或生活困难者得到起码的生活保证,以避免社会混乱。经元善以倡言义赈而闻名,针对有人认为捐资救灾杯水车薪的疑虑,他指出:"中国舆图二十余省,今既以十八省计算,受灾四省,各处偏灾折作两省,尚有未荒者十二省,每省扯六十州县,每县扯人十万,每人每日省钱一文,每日可得钱七万二千文,通年可省钱二千五百九十二万千文。国家之发币不计也,殷富之输将不计也,邻国之移粟不计也,果能滴滴归公,有何不可救?"他还要求各地节省糜费,如"迎神赛会演戏烧香寄库之资,核计消耗物力十之一二,均可停省一年,移作赈济"②。对于民间义赈的实施,他主张贯彻"民捐民办"的方针。

## 二、转移农业社会中非生产部门过剩人口的考虑

如果说前面论述的是传统社会生产部门过剩人口的转移问题,那么,随着资本主义生产方式在国内经济领域的不断渗透,客观上就要求政府管理部门进行改革,一是裁撤一批官员,二是裁撤一些部门。应该裁撤哪些行政机构,应该裁撤哪些官员,应该如何裁撤呢?

洋务派人士认为,裁撤的标准应该是经济原则,即以最少的成本取得最大的经济效益。按照这一原则,他们认为应该裁撤的部门有以下一些:

---

① 薛福成:《薛福成选集·论巴西招工事宜书》,上海人民出版社 1987 年版,第 472—473 页。
② 经元善:《居易初集·急劝四省赈捐启》,第 1—2 页。

(1) 漕运部门。凡漕督以下一切官弁兵丁以及粮道、督粮同知、管粮通判、主簿之类,皆当全裁。漕运部门是国家为从南方运输粮食而设,由于西方新式轮船的兴起,南粮北运开始由河运改为海运。在这种情况下,漕运部门的存在已变得毫无价值,理当裁撤。

(2) 河务部门。凡河督以下一切官弁兵丁,皆当全裁。中国是水患大国,为了防止水患造成的破坏,以及保证大运河的畅通,清政府每年要投资几百万两,然"实用不过十之一二耳,余皆河督以至兵夫剖而豆分之"。再加上运河作用下降,"既免挑浚",因此建议"归并地方,俾专责成"①。

(3) 各关监督。凡监督织造,皆当全裁。原因是"织造公事更简,所办责成地方官足矣。各口监督税课更少,不如尽裁官差,归并地方官兼理。各海关道事颇清简,亦可裁撤,而以深识中外文字,长于权算道府班为正税务司,与洋人税务司分司其事,即可省费,又免漏卮"②。

(4) 盐务部门,应酌量裁撤。郑观应指出,"盐铁置使,由来已久。运使固不可省,至盐政领之督、抚已足,至运同、运副、提举、知事等官,或有或无,毫无深意"③,主张宜量裁撤。

(5) 政府行政部门的裁员。机器大工业要求与之相适应的政治制度,并对官员的素质提出了新的要求。按照这一标准,晚清官场显然要做一番大的调整。郑观应认为,晚清官场的最大弊端是冗员、冗费,冗费系由冗员造成。他指出,"至于京官则自枢垣、台谏以外,皆为闲散。各部则自掌印主稿以外,徒縻廪禄。太常光禄鸿胪可统于礼部,大理可并于刑部,太仆可并于兵部,通政可并于察院,其余额外京官皆可裁汰"④。至于地方督、抚、司、道以下各官,也应宜量裁撤。他说,"凡与总督同城之巡抚,亦皆可省,盖大省则督兼抚,小省则抚兼督,岁可节省廉俸、兵饷、役食银无算"。至于各省掌刑名、按劾之事的按察使,他更主张裁撤,理由是"其实刑名不过视成例而已,按劾久无其实,可并之布政"⑤。顺之而推,各司、道也应裁撤布政使、按察使的下属机构之冗员。他认为,经如此改革,不独中饱之风自绝,官僚机构也更精干,效率更高,更能适应现代工商社会的要求。

(6) 军队部门。裁撤重点是旗兵和绿营。原因是军队要走上现代化道路,数量必须减少,军官也必须相应减少,"宜无论大小,皆减其半"。陈炽认为,"绿营额兵六十余万,岁饷二千余万两,居国家财赋之半。粤捻事起,溃散逃亡,战既不能,守亦不固",故今之额兵,非徒无益,且有害焉,非大力裁撤不可。主张以十年为界,

---

① 郑观应:《郑观应集·盛世危言·汰冗》上册,上海人民出版社1982年版,第458页。
② 同上。
③ 同上。
④ 同上书,第460—461页。
⑤ 同上书,第459页。

必将减尽,省下的经费用来装备新式军队①。

（7）八旗问题,主张变国家供养为自谋出路。陈炽指出,"每岁京饷七百万金,此项饷银十居八九未闻举家仰给于官而可以宿饱者"②。

（8）驿站问题,主张以邮政替代。郑观应指出,"西人尝谓中国度支有出入两大款可省而不知省,当取而不知取;可省者,即各省每年开支驿站经费,岁耗天下钱粮十分之一;当取者,即设立邮政局,征取其税。今中国若行邮政,则驿站之费,似可裁减"③。

（9）卫屯问题,应予全撤。卫屯原是明代为防倭寇,"就燕、齐、楚、吴、越旷闲之土,分军立屯、堡,且耕且守,有卫有屯,于守御之暇,收耕获之利"④。清朝建立后,稍变其制,将卫的作用由防御倭寇变为"专辅漕运""丁给船一艘,艘给田百亩,计共四十三卫、十四所,船盖五千余艘其为田不下五百万亩,租税不下数百万,尽归卫所弁丁私利"。鸦片战争后,海运崛起,"以卫济运"显然不适应新的形势,改革势在必行。在这种情况下,洋务派思想家提出罢运归屯的建议,即撤销卫所"专辅漕运"的功能,将其全部转为交粮纳税之国家"编户齐民",如此一来,国家既可节养济运官弁大量之靡费,又可通过收取租税"岁入银二百五十万两"⑤。

至于这些部门裁撤后分流人口的再就业问题,洋务派人士的意见主要有以下几点：

（1）动员分流人口到新式产业。随着新式产业在中国的兴起,出现了很多的新职业,这是有利于分流人员再就业工作的开展的。郑观应在讨论八旗问题时就主张,八旗在京城内外者,除世爵、参领、佐领有世禄俸禄以外,余皆"许其解散其籍,悉听自便谋生,农商百业任其他出经营"⑥。其在外省驻防者,"其少年子弟,年十余至二十余岁者则选聪敏壮健者派入学堂,或入方言馆,或入水师学堂,或入武备学堂,或入技艺学堂,虽世家不得规免,贫者亦不可遗漏。其有读书成名,早习商机、营运为生,自有作业者,亦悉任其呈明自便"⑦。他还说,待铁路、邮政、轮舟建成,一些传统产业如漕运、驿站等的分流人员可到这些产业提供的岗位上去。当时有不少士兵即集体转业当了工人。

（2）从事农业生产。郑观应在论八旗问题时指出,对于那些"无业营运、无技操作"的八旗子弟,"悉发直隶本省及边近地方屯田"。对于一些一直以农业收成为经济来源的部门,如卫屯,则主张就地"军转民",依靠原来的土地、农具,成为给

---

① 陈炽：《陈炽集·庸书·额兵》,中华书局1997年版,第41—42页。
② 同上书,第63页。
③ 郑观应：《郑观应集·盛世危言·驿站》上册,第676—677页。
④ 郑观应：《郑观应集·盛世危言·卫屯》上册,第905页。
⑤ 同上书,第906页。
⑥ 郑观应：《郑观应集·盛世危言·旗籍》上册,第474—475页。
⑦ 同上书,第476页。

国家负担税收的"编户齐民"。

（3）国家给以一定财政支持。陈炽在论八旗问题时说，对于"愿出籍就四民之业者，准借给十年俸饷，欲农则拨以地，欲商则助以资，广开工艺之途，更辟科名之路"①。郑观应提出，对于愿往天津屯田的八旗旗民，国家每户预发五年应领米粮，折实钱以给之，俾为耕种资本。对于愿往热河朝阳一带屯田的旗民，则发十年廪粮，折实银以资前行。另外，准免十年赋税。②

应该说，洋务派人士在考虑经济结构调整时，想到了"吃皇粮"人口的再安置问题，无疑是有远见的。这些人不像一般的失业者，他们有较高的社会地位，对政府政策影响的力度也大，他们的再就业情况好坏，直接影响中国早期现代化的进行。然而，洋务派的这些睿智的建议并不为晚清政府所采纳。以漕运而言，谁都明白这一制度是严重不合理的，但直到1900年，清政府才下令改为折收银子，却仍保留100万石漕粮。殆至辛亥革命后，才随着这个政权的灭亡而彻底解决。为什么一个不触及王朝根本利益的改革，却迟迟实行不下去呢？原因就在清政府不知该如何安置这庞大的漕运大军，当时绿林好汉遍布四野，这个问题处理不好，确实会出现严重的社会问题，从而影响晚清政权的巩固。对晚清政府来说，"稳定"是为了巩固政权，改革也是为了巩固政权，当改革造成社会矛盾激化严重影响了社会安定、政权巩固时，晚清统治者所能做出的选择就是"暂时"舍弃改革而选择稳定，直到条件成熟时才选择进一步的改革。基于这种考虑，"漕运"问题久拖不决就是自然而然的了。"惟当轴者所为鳃鳃焉顾虑者，岂以漕务人员、夫役无所仰食，难免滋事，故不敢发此难端欤"③，就是郑观应对晚清政府这一矛盾心理的最深刻的刻画。

## 三、评　　论

洋务运动期间，洋务派人士对于社会转轨期如何转移过剩劳动力问题所作的思考，对于我们今天的社会主义现代化事业仍有很多的借鉴意义。具体来说，有以下几个方面：

（1）加快改革步伐，大力发展现代机器工业是当前解决社会过剩劳动力问题的根本途径。在社会转轨期，由于科学技术的进步，一段时间内出现大量的过剩劳动力是正常的，但这并不等于像老子《道德经》所说的，只有背弃"科学"，才能使社会过剩劳动力问题得到解决，因为科学技术前进的步伐是谁也阻挡不了的。面对社会转轨期出现的暂时的过剩劳动人口现象，唯有加快改革，不断进行产业结构调整，并通过各种办法提高社会过剩劳动人口素质，社会过剩劳动力问题才能得到根

---

① 陈炽：《陈炽集·庸书·八旗》，中华书局1997年版，第64页。
② 郑观应：《郑观应集·盛世危言·旗籍》上册，上海亿出版社1982年版，第475页。
③ 郑观应：《郑观应集·盛世危言·停漕》上册，同上，第277页。

本解决。

(2) 要采用各种办法解决社会过剩劳动力问题。尽管加快改革步伐,依靠技术进步的办法是解决社会过剩劳动力问题的根本途径,但是远水不解近渴,毕竟在短时间内要让全部的社会过剩劳动力提高技术素质,以适应现代工业的要求是不现实的,因此欲在短时间内解决社会过剩劳动力问题,促进社会安定,还必须采取其他的办法。洋务运动期间采取的一系列办法,如鼓励社会过剩劳动力到未垦之荒田、荒土地区从事农业生产;向国外缺乏劳动力地区输出劳工;以及加强赈济等对我们当前解决过剩劳动力问题都是很有借鉴意义的。

(3) 要重视社会转型期非生产部门过剩人口的转移。这些人不像一般的失业者,他们有较高的文化水平,有相当的社会地位,对政府政策的制定有非同一般的影响力,他们再就业状况的好坏,直接影响国家改革、开放大业的进行。洋务运动的经验、教训告诉我们,必须高度重视这一问题的解决,既不能操之过急,也不能囿于对"稳定"的偏好而久拖不决。继洋务派而起的康、梁改良派人士在这一问题上的不足是操之过急,在没有想好"分流"方案前就坚决主张裁撤数量庞大的"冗官""冗员",欲全面废除科举而代之以学校。本来康、梁的改革主张颇得民心,在最初一段时间里获得了朝野上下普遍的支持,但由于他们在官员或候补官员(参加科举取士的书生)"分流"问题上举措太骤,断绝了几十万官员、几百万候补官员的生路,也影响了围绕在他们身边、与他们的命运息息相关的上千万家庭成员的命运!因此康、梁的变法方案遭到了来自社会中、上层的激烈反对,以致慈禧太后不费什么力气就镇压了变法。晚清政府在这一问题上的不足是囿于对"稳定"的偏好而久拖不决,无力迎接时代的挑战,终被更强大的、更有力量的社会势力所取代。

如何解决传统非生产部门过剩人口的转移问题呢?洋务运动的实践告诉我们,解决非生产部门过剩人口转移问题的思路主要是向现代产业分流,以及承包荒山、荒地,从事农业生产等。只是解决这一问题时需注意两点:一是等社会生产力有了一定发展,创造了不少劳动机会,即有了相当的"分流"去处后再来考虑非生产部门过剩人口的转移问题,不可操之过急。二是解决非生产部门过剩人口的转移需要国家付出相当的财政支持。例如,陈炽在论八旗问题时就指出,对于愿往热河朝阳一带屯田的旗民,则发十年廪粮,折实银以资前行。另外,准免十年赋税。

为降低非生产部门过剩人口转移的抗拒成本和提高转移的成功率,洋务运动的实践告诉我们,必须遵循以下三项原则:

(1) 循序渐进的原则,哪个部门容易转移就先转移哪个,避免一哄而上;即使对于同一个部门,也要按照循序渐进的原则进行。例如,郑观应就主张以十年为界,裁尽绿营和旗兵,省下的经费用来装备新式军队。

(2) 就近转移的原则,即传统的非生产部门要向现代产业创造的临近生产部门转移。郑观应指出,待铁路、邮政、轮舟建成,一些传统产业如漕运、驿站等的分流人员可到这些产业提供的岗位上去。

(3) 区别对待的原则。对于非生产部门的分流人口,一方面要按照身份、地位的差异区别对待。例如,郑观应在讨论八旗问题时就主张,八旗在京城内外者,除世爵、参领、佐领有世俸禄以外,余皆"许其解散其籍,悉听自便谋生,农商百业任其他出经营"。另一方面要按照年龄的差异区别对待,对于年龄轻、愿意读书深造、希望掌握新技能者,则积极创造条件让其到学校读书。"其少年子弟,年十余至二十余岁者则选聪敏壮健者派入学堂,或入方言馆,或入水师学堂,或入武备学堂,或入技艺学堂,虽世家不得规免,贫者亦不可遗漏。"

# 洋务运动期间规范证券市场思想*

西方企业为筹集经济建设需要的巨大资本,发明了集股经营制度。洋务派对这种经营方式十分欣赏,认为可以"集少而成多",对解决中国现代化资金不足问题特别富有启发意义,故在中国大力推广,组建了以轮船招商局、开平矿务局为代表的一系列的股份公司。有了股份公司,自然就有了筹集股金的场所——证券公司的粉墨登场。

中国最初的股份公司是以官督商办的形式组织的,因有官府的襄助,这些公司取得了包括行业垄断权在内的大大小小各种特权,因而对外竞争的能力大增,提高了民间对这些公司收益的预期,因此在各通商口岸,特别是在中国新式经济最发达的上海,民间的投资欲望渐趋高涨。1882年《上海平准股票公司叙及章程》中介绍这种情况说:"人见轮船招商与开平矿务获利无算,于是风气大开,群情若鹜,期年之内,效法者十数起。每新公司出,千百人急购之,以得票(股票)为幸,不暇计其事之兴衰隆替也。"

不过就在这一年,上海发生了股票的狂跌,从而引发了严重的金融危机——倒账风潮。在危机的打击下,中小型股份公司几乎全军覆灭,大型股份公司靠着官府的全力支持方度过危机。这次事件在中国股份公司发展史上相当重要,一方面,证券市场受到沉重打击,以至于长时间内人们"谈股色变",严重影响了当时股份制企业的发展。另一方面,它使证券市场的主持者——洋务派认识到,证券市场固然有便于集资的优点,但也存在巨大的风险。为规避证券市场的风险,洋务派进行了艰辛的探索,其主要思想如下。

## 一、要加强对股份公司成立资格的审查

当时中国股份制企业甚少,只要公司成立,自然就取得了通过股市融资的权

---

\* 本文发表于《中国改革》2001年第5期。

利,在这种情况下,洋务派要规范股票市场,就必须防患于未然,首先在加强对股份公司成立资格的审查上做文章。1883 年,当金融危机仍在继续的时候,钟天纬写作《扩充商务十条》一文。在"合公司"一条中,他详细介绍了西方国家组建股份公司的经验,强调公司必须要依法成立。他说,"西国每立公司,必察请国家,由商部派员查勘,事实可凭。利亦操券,始准开办",也就是说,西方的公司必须经过国家有关机构依法审查批准,确有发展价值和发展潜力后,方准许成立。反观中国公司成立的做法正和西方完全相反,"纠股者只须察请大宪,给示招徕,刊一章程,绘一图说,海市崖楼,全凭臆造"。也就是说,中国的股份公司成立得很草率,从而埋下了祸根。据此,钟天纬认为,要让股份公司这一先进的企业组织形式在中国扎根,必须"查照西洋成法",今后,"凡立公司,必须经商会派人查考"。只有符合创办条件的,才准许成立。钟天纬把应该属于国家的成立公司的审查权移交给民间商会,是有其深意的。因为当时清廷衙门大多腐败无能,由国家行使此权,只能是给衙门官吏增开了一条贪赃受贿的门路,而使徒有其名的公司堂而皇之地披上合法的外衣。

应如何进行公司的资格审查呢?郑观应指出,"凡创商贾公司,必须具察列明:股董何人?股本若干?所办何事?呈请地方官注册,如不注册,有事官不准理。庶几上下交警,官吏不敢剥削,商伙不敢舞弊"。在这里,设立公司的条件更明确了:要有公司的申请人和投资人,要有注册资本和开办目的,以及注册登记的法律效力等。

在洋务派看来,国家所以要审查公司的成立资格,正是为了保证公司的健康成长:一方面,有利于公司加强管理,提高经营效率,这是股票市场保持生机的基本条件;另一方面,有利于保护股东利益,维持股票市场生机。

## 二、规范证券市场

洋务派认识到,股份公司要健康发展,证券市场必须规范。前面讲过,股份公司制度刚到中国时,企业主管仅把它看作一种新的、有效率的集资方法,一般股东也仅把它当成一种迅速谋利的手段,对它自身存在的风险还没有考虑。1882 年年底开始的上海金融风潮,使洋务派看到了股份筹资制度存在的风险:当股民对某企业产生良好的预期时,便将大量资本投入该企业,从而对企业的发展起到锦上添花的作用;反之,当股民对某企业产生了悲观的预期时,便大量抛售股票,从而对企业的发展产生雪上加霜的效果。如何能规范证券市场的投资行为,使之更符合企业发展的长远利益呢?

钟天纬在《扩充商务十条》的"合公司"一条中,对股东的投机心理作了分析。他指出中国的股东盲目地购买股票,"本无置产业贻子孙之心,不过以股票低昂为居奇之计"。1888 年,他在《挽回中国工商生计利权论》中进一步指出,"资出于富家则本有置产业贻子孙之心,资出于市侩则无非借股票低昂为买卖空盘之计,苟收效稍迟,即弃敝屣,斯公司将为之牵率而倒矣。故与其招散股不如招大股"。在这里,他实际上是将购买股票的人分为投资者和投机者。"以置产业贻子孙"为目的而购买股票的是投资者,以"借股票低昂为买卖空盘之计"为目的而购买股票的是投机者。他认为大股多以前者为目的,散股多以后者为目的,故提出"招散股不如招大股"。应该说,钟天纬的这种划分并不科学,因为以投机为目的的"市侩"也可能是大股,欢迎投资者,反对投机者,对发展股票市场来说不是一种健康的思路,尤其是把股份公司的失败归结到股票的频繁流转易主,更不可取。因为一般的股东所选择某种股票,是预期将能赚到大钱,他并不是为了公司的发展而去投资的。因此,对很多股民而言,他们关心股票价格的热情远过于关心公司的业绩,但是,钟天纬的思想中确实有不少合理的东西。他主张使公司有一批长期投资者以稳定股份公司,这和我们今天发展股份制企业,希望各上市公司有一批相对固定的长期投资者的思路是基本一致的。确实,只有那些长期投资者,才有"置产业贻子孙之心",才会真正关心股份公司的经营,才会行使股东的权利,从而使股份制起到促进企业效率的作用。陈炽认为要把股民长期留到股票市场上,就必须通过法律保护他们的正当利益。他说,"前此矿务诸公司亏闭卷逃,有控诸人控官不准,而此后招股一事,通国视为畏途。虽善口婆心,无人肯应者,职此故耳"。应该说,陈炽的认识是很有见地的,然这只能依靠国家制定有关法律、法规,并严格执法才能解决。在晚清,这是很难做到的,于是中国商务遂难以振作。

此一时期,社会舆论还指出股民投资时,要有风险意识,要慎重选股。19世纪70年代末80年代初,中国兴起了一股投资矿产的热潮,"当时不少中小型官督商办企业,如长乐、鹤峰、池州、金州、荆门、承德、徐州等处,一经禀准招商集股,无不争先恐后,数十万巨款,一旦可齐"①。钟天纬讽刺这种现象说,"各股东亦不究矿在何处,矿质着何"②,只管盲目投资,惟恐落于人后,事实上,1882年,在上海招股的官督商办企业中,除轮船招商局和开平矿务局比较有成效地投入经营和生产外,其余各企业都还在筹备之中,能否有利润可得,尚难悬测。然而它们发行的股票却在争相购买的状态下,其市场价格都毫无例外地维持在票面额之上,有的甚至升涨到两倍以上。因而从某种程度上说,正是股民的这种盲目投资心理,造成股票市场出现泡沫现象,这种虚假繁荣的泡沫一旦破灭,股东的投资热情无疑将大受打击,所以,一直到90年代,不少人仍然谈公司色变。这一现象,固然反映了私人资本对投资新式经济的热望,但这是一种盲目冲动,是不利于中国资本主义的发展的。

---

① 《字林沪报》,1883年1月2日。
② 《刖足集·外篇·扩充商务十条》。

## 三、评　　论

应该说,洋务派的这些探讨是合乎市场经济初期证券市场的运营规律的。然而洋务派的设想虽好,在中国近代的官办企业里却是不容易办到的。从股票市场来说,由于外商竞争的压力,本国封建者的各种名义的"摊派"以及企业内部大量腐败现象的发生,使得近代中国企业的经营成本太高,由于公司获利难以保证,这容易使股东形成短期利益观点,从而造成股市的剧烈震荡,其直接影响股市的正常发展,间接地影响股份公司的健康发展。

我国目前正处于从传统社会向现代社会的转变中,这也造成我们的证券市场很不健全,波动很大,从而严重制约了上市股份公司的发展。最近发生的吴敬链、厉以宁、萧灼基等著名经济学家关于我国证券市场发展的争论,实是我国证券市场发展不健全、股民投机心理过度,严重影响了证券市场和股份公司发展的反映,在这种情况下,洋务派的规范证券市场发展思想应该会给我们提供很好的借鉴。

当然,我们今天发展股份公司、证券市场的条件和洋务运动期大不相同:第一,我们是独立自主国家,是根据本国经济发展状况决定向外商开放的力度的;第二,我们的经营环境大为改善,虽然在某些经济落后省份还存在以各种名义向企业摊派的事情,但在全国的绝大部分地区已出现了千方百计吸引外来企业,留住本地企业的风气,企业已不是任人宰割的羔羊,而成为社会瞩目的焦点;第三,通对十几年来的企业文化建设,我国的企业风气大为好转。虽然仍存在各种腐败现象,但空间已大为缩小,所有这些,无疑都增强了我国企业的竞争实力,降低了我国企业的经营风险,也使股民对未来产生稳定的预期,逐步减少其过度投资心理,从而为证券市场的稳定创造了很好的条件。

# 第四篇 现代经济思想

# 孙中山的节制资本和平均地权思想评议[*]

作为始终走在时代前列的、伟大的资产阶级民主革命家,孙中山节制资本、平均地权的经济思想为全球化时代的中国指明了一条如何从传统社会向现代社会转变的道路,深刻地影响着20世纪乃至21世纪中国革命和建设的命运。然而运用现代经济学的视角重新审视孙中山的经济思想,就会发现其理念先进、推理严密、自成体系的背后,也包含一些不合理之处。本文将运用现代经济学原理剖析孙中山节制资本、平均地权的经济思想,在肯定其巨大的历史作用的同时也指出其局限性,以期丰富对孙中山经济思想的研究,并有助于中国现代化事业的开展,有助于当前经济建设的顺利进行。

## 一、节制资本思想的评价

节制资本是孙中山经济思想的两大支柱之一,其要点是发达国家资本,节制私人资本。

要发达国家资本,就一定要节制私人资本,这是同一个问题的两个不同方面。孙中山的节制资本思想,既有顺应时代发展、以国家之力(包含经济力量和政治力量)发展经济的一面,也有压抑民间市场力量、客观上为官僚资本主义的兴起和发展准备条件的一面。在某种程度上,国民党之仓皇逃离大陆,是与孙中山节制资本理论的缺陷有一定关系的。

在20世纪初叶,孙中山为什么要提出节制资本的思想呢?

第一,避免重蹈欧美资本主义的覆辙,出现大富大贫的局面。孙中山曾长期游历欧美,在惊叹西方国家经济发达的同时,也对其贫富的严重分化以及由此引起的社会主义运动留下了深刻的印象。对于未来的中国革命,他指示一定要"毕其功于一役"[1],在解决民族革命的同时,解决社会问题,避免重蹈欧美资本主义的覆辙。

---

[*] 本文发表于《河南师范大学学报》2010年第1期。

首先,中国一定要大力发展实业。在孙中山看来,中国最大的问题是"患贫",是"受贫穷的痛苦"[2](P381),要变贫为富,与欧美国家并驾齐驱,就"一定要发达资本,振兴实业"[2](P341),据此,他得出了"兴实业为救贫之药剂"[3]的结论。

其次,主张中国在迅速发展实业时,必须"由国家经营,设备种种之生产机器为国家所有"[2](P409),绝不能"任由"中国私人和外国商人来经营各种实业。这是因为,"大资本归私人所有",必然使"富者愈富,贫者愈贫,经济阶级,愈趋愈远,平民生计尽为资本家所夺"[4]。据此,孙中山主张把一切关系国计民生的大业,"悉归国家经营",大力"制造国家资本",并"以国家实业所获之利,归之国民所享,庶不致再蹈欧美今日之覆辙"[5]。

第二,为了跟外国托拉斯组织抗衡。第二次工业革命后,西方出现了股份制公司的浪潮,诞生了一系列的巨型企业——托拉斯组织,给中小企业尤其是发展中国家的中小企业以巨大打击,这意味着发展中国家的企业要想在国际竞争中立足,就必须实现规模经济,以大组织对抗大组织。因此,孙中山之倡导发达国家资本,除了防止贫富分化外,还兼有适应世界工业经济发展趋势,抗衡外国托拉斯压迫之意。

中山先生节制资本思想的积极意义何在呢?

第一,为工业化的开展准备物质条件。与农业社会自给自足的经济特征不同,工业化社会的特点是交换,是全球范围内的交换,为此必须降低生产成本、提高产品质量。要做到这一点,就必须实行规模经济。在发展中国家的民间资本力量弱小的情况下,只有依靠国家资本的力量勉力为之,这就是孙中山先生何以强烈主张发达国家资本的原因。至于国家统筹资本的方法,一是税收,二是借款。孙中山先生在《建国方略》里提到的对外筹资和地价税均属此类。

第二,为工业化的开展准备政治条件。在一国工业化发展初期,传统价值观在社会生活中仍占主流,适应市场经济发展的现代价值观,包括法规、法令、社会意识等还没有建立起来,在力量弱小的民间资本无法有效抵制传统价值观侵害的情况下,只能发挥国家作为社会唯一合法暴力组织的作用,保护民间资本力量免受与市场经济原则相违背的传统价值观的侵害,促进现代市场力量的成熟。

正是上述两个理由,决定了在农业社会向现代社会转变的初期,以国家干预经济为特征的重商主义能够大行其道。无论是西方的英、美、法、德等国的崛起,还是东方的日本、"四小龙"的崛起,也无论是今天中国的腾飞,均离不开这一规律的作用。

然而,随着国家强力推进现代化事业的不断进行,民间资本力量的逐步成熟,以及与市场经济相适应的价值观的次第确立,要求政府和国有资本退出经济主战场成为"守夜人"的呼声也越来越高,这是亚当·斯密的自由主义经济理论能够取代重商主义的原因。不过,作为追求利益最大化的"理性人",在国家干预经济过程中形成的既得利益势力是不愿自动退出历史舞台的,它们总是要利用各种有利条件为保护自己的利益而战。因此,在西方国家,工业资产阶级最终战胜商业资产阶级,自由竞争最终战胜垄断,是经过了几十年艰苦卓绝的斗争的。经济自由主义最终能够取代重商主义理论,从根本上讲是由于工业革命增强了工业资产阶级的力量,使其取得了对商业资产阶级的绝对竞争优势。

孙中山的节制资本思想重在发达国家资本,这在经济发展的初期是必需的,然而随着民间资本的发展壮大,它们与国家资本的矛盾也越来越激化,要求政府退出经济主战场,转化成为"守夜人"的呼声自然也越来越高。中山先生没有预见到这一历史发展趋势,因而没有在他的思想里讲明随着时代的发展,国家资本如何从经济主战场撤退,这样,一旦经济发展到了要求政府转变角色,而政府又无力转变时,社会混乱就要发生了。南京国民政府时期之所以出现为社会诟病的官僚资本主义现象,正是中山先生节制资本思想存在某些缺陷的反映。

孙中山为解决发展生产缺乏巨额建设资金的问题,一方面主张"奖励民业""奖励民厂",甚至"用外人办理工商事业"[6](P449),另一方面又担心会出现西方资本主义国家那种劳资对立和贫富悬殊的弊病,因而主张国家可通过随时"收买"私人资本主义企业归国家所有的办法,有效地防止贫富悬殊和托拉斯的产生。他指出,由私人资本经营某些企业,此乃"必然之势。至于将来资本家压制劳动社会,此层不必过虑"。因为可以限期"由国家赎回,仍为国有""至于托拉斯亦可预防",因为有些私人资本经营的企业可按合同限期收归国有,有些企业则"可于未至限期前,随意择其尤(优)者,用款收买之"。有些企业则"国家可不须款项,以法律收回",归国家经营。至于"主张外人办理工商事业,乃订立一定之期限,届期由我收赎,并非利权永远落于他人之手"[6](P449)。

孙中山"节制资本"的思想奠定了南京国民政府对私人资本的基本立场。曾经当过国民政府实业部长的吴鼎昌在1927年积极宣传节制私人资本的精神。他认为对私人资本不但在用途上要限制,在资本数额上也要加以限制。他指出,"欧美公司资额,可以大至无限,此又其经济组织之一而流弊甚大者也"。中国必须纠正此弊,"凡公司企业,国家规定资额最大限制,不得逾限,但公司企业性质上,必须逾限者,其逾限之额,国家有投资权或收买权"[7]。

由于这个原因,民间资本在发展的时候,特别警惕国家打着发达国家资本的旗帜将它们的资产收归国有。例如,1936年,宋子文利用中国银行董事长的地位,企图在荣氏资本集团最困难的时候乘机攫取申新全部纱厂。他对荣宗敬说:"申新这样困难,你不要管了,你家里每月二千元的开销,由我负担。"并拟定由中国银行总稽核霍宝树为申新总经理。这一企图虽然最后没有得逞,荣氏企业遭政府吞噬的阴影却始终存在。再比如,1935年刘鸿生在企业陷于困境向宋子文求救时,遭到拒绝。第二年市面好转,宋子文提议成立持股公司,由他投资合作,把刘氏所有企业集中管理,组成一个托拉斯。刘鸿生知道他的用心,不敢冒险,没有上当受骗。南洋兄弟烟草公司则因为家庭内部矛盾而无法逃避厄运,被宋子文在1937年以"建粤银团"的名义夺去了全部控制权。尽管国民政府实行国家垄断资本主义没有什么成绩,却给私人资本的扩张设置了极大的障碍,尤其个别豪门官僚的假公济私活动,造成非常恶劣的社会影响。

孙中山主张依靠国家资本的发达为民众谋利益,以防全为资本家个人所夺,这种想法好则好矣,却由于国家资本运作的低效率,无法创造出太多的社会财富。此外,在发达国家资本的外衣下,还会出现官商勾结问题。早在民国时代,就有学者指出,发达国家资本必须注意"防止私人大资本家大官吏之暗中操纵""这些企业公司虽名为政府所办,而实则受这些富商显贵操纵。假如这种趋势发展起来,则发达国家资本仍不免与民生主义的本旨相违背。"[8]从20世纪人类大规模进行国家资本主义的实践看,政府经商确实很容易成为官吏腐败的温床。由此可见,中山先生节制私人资本、发达国家资本的思想在实行到一定阶段后必然会转化成为阻碍经济发展的因素,这是我们在评价中山先生的节制资本思想时不能不特别指出的。

## 二、平均地权思想的评价

作为一个从传统社会向现代社会,从农业社会向工业社会转变的国家,农村、农民、农业和工业化的关系是影响社会转型能否成功的又一关键因素,中山先生的平均地权思想就是为解决这一问题而提出来的方案。

平均地权思想的核心是将农业问题的解决和工业化的发展结合起来。只有现代工业发展起来,才能对传统农业提出商品粮、自由劳动力供应等问题,传统农业才能在服务现代工业发展的过程中逐步改造为现代农业。然而农业现代化过程本身不是一帆风顺的,这是因为在传统的封建租佃制度下,农民辛苦耕作的收入大半被地主以地租的名义得去,这一则影响了工业品市场的扩展,二则严重影响了农民劳动积极性的提高,使其无力提供工业发展所需要的大量原料。显然,封建土地所有制已经成为经济发展的瓶颈。基于此,中山先生指出,要发展农业生产,除了要解决"机器""肥料""换种""除害""制造""运送"和"防灾"七个问题外,最重要的是要解决"农民解放问题"。他指出:"中国现在的农民,究竟是怎么样的情形呢?……一般农民有九成是没有田的。他们所耕的田,大都是属于地主的。有田的人自己多不去耕。……农民耕田所得的粮食,据最近我们在乡下的调查,十分之六是归地主,农民自己所得到的不过十分之四,这是很不公平的。若是长此以往,还有谁人再情愿辛辛苦苦去耕田呢？……许多田地便渐成荒芜，不能生产了。"[9](P399—400)因此，要"民生主义真是达到目的，农民问题真是完全解决，是要'耕者有其田'，那才算是我们对于农民问题的最终结果。"[9](P399)我们解决农民的痛苦，归结是要耕者有其田"[10](P558)。

怎样才能实施耕者有其田呢？从中山先生已经发表的著作看，他的主张是有一个发展变化的过程的。

辛亥革命前，孙中山在 1906 年《在东京〈民报〉创刊周年庆祝大会的演说》中曾经指出："闻得有人说，民生主义是要杀四万万人之半，夺富人之田为己有：这是他未知其中道理，随口说去。"[11]可见，当时孙中山是不主张用"夺富人之田"的方法，来实现耕者有其田的。

辛亥革命后，孙中山开始接触到耕者"领地耕种"这个问题。1916 年，他在《在浙江省议会的演说》中说，"人民有土地"，要自报地价，国家按价抽税，并且当国家将土地"收为公有"时，"即照此给价"。而且"人民"可以从国家"收为公有"的土地中"领地耕种"，但"须纳地税"。这是孙中山第一次提出"耕者"可以"领地耕种"[12]。但是，当时孙中山对这个问题并没有作进一步的具体说朋。

第一次世界大战后，孙中山开始撰写《实业计划》。在《实业计划》第一计划第三部中，他在论及"殖民蒙古、新疆"时曾说："土地应由国家买收，以防专占投机之家置土地于无用，而造毒害于社会。国家所得土地，应均为农庄，长期贷诸农民。而经始之资本、种子、器具、屋宇应由国家供给，依实在所费本钱，现款取偿，或分年摊还。"[15]这里是专讲移民之初，由国家"贷田"给耕者，说明移民区的耕者，是有田可耕的，但仍不是后来孙中山所说的"耕者有其田"。

1923 年 1 月 1 日，孙中山发表《中国国民党宣言》，指出"由国家规定土地法、使用土地法及地价税法。在一定时期以后，私人之土地所有权，不得超过法定限度。私人所有土地，由地主估报价值于国家，国家就价征税，并于必要时，得依报价收买之"[16]。这里提出要"限田"，即以法律规定私人拥有耕地的最高限额，多余耕地要依法收归公有或者分给无地少地的农民，但具体办法须由将来所制定的法律规定。

1924 年 1 月，《中国国民党第一次全国代表大会宣言》发表，指出"中国以农立国，而全国各阶级所受痛苦，以农民为尤甚。国民党之主张，则以为农民之缺乏田地沦为佃户者，国家当给以土地，资其耕作"[17]。接着，孙中山在《三民主义·民生主义》演讲中提出要实现"耕者有其田"。这是说，作为耕者的农民，如果"缺乏田地"，"国家当给以土地"，让"耕者有其田"，即农民在国家帮助下取得土地所有权。那么，国家给农民的土地从哪里来呢？孙中山曾设想有如下几种：一是由国家"照价收买"的土地；二是公有或私有未经开垦的"荒地"；三是新填筑的土地；四是对地主收重税,如果地主不纳税,"便可以把他们的田地拿来充公";五是"把所有的田地马上拿来充公,分给农民"。

但是,孙中山并不主张立即实行"把地主的田都拿来交到农民"这种"办法"。一方面,孙中山认为,中国"要仿效俄国","把全国的田土都分到一般农民";另一方面,孙中山又认为,"如果我们没有预备,就仿效俄国的急进办法,把所有的田地马上拿来充公,分给农民,那些小地主一定是起来反抗的"。在"我们没有预备"时,"如果地主和农民发生冲突,农民便不能抵抗"。我们"要农民将来能够抵抗"地主的"反抗",办法主要有:一是宣传农民。孙中山指出,"如果地主和农民发生冲突",我们"要给农民将来能够抵抗,大家此时便要对农民去宣传""要农民全体都有觉悟,如果全体农民都能够觉悟,便有方法可以解决"。二是组织农民。他说,"农民能够全体觉悟起来,便可以联络成一个团体"。如果"发生了地主和农民那种冲突","独一无二的解决方法,便是劝农民结团体。农民是多数,地主是少数,实在的权力还是在农民手内。如果由一府一省的农民推到全国的农民都能够联络起来,有很好的团体,农民要解除痛苦便有好办法,政府便可以靠农民做基础。对于地主,要解决农民问题,便可以照地价去抽重税;如果地主不纳税,便可以把他的田地拿来充公""分给农民""令耕者有其田,不至纳租到私人,要纳税到公家"[10](P556—558)。三是武装农民。他说,"你们各乡农民,向来不知结团体、练农团军来自卫,所以总是被人欺负。如果要以后不被人欺负,便要从今日起结成团体,挑选各家的壮丁来练农民团军。你们能够这样进行,政府还可以从中帮助,用极低的价卖枪给你们。你们有了枪,练成了很好的农民团军,便是中国第一等的主人翁,讲很有力的话"[18]。

从孙中山的上述言论中可以看出,他是主张"仿效俄国""把地主的田都拿来交到农民""让耕者有其田"的,但是又不讲"马上就拿来实行",原因很明显,就是为了减轻地主反抗,减轻实施阻力。因为要解决"耕者有其田"这个问题,"地主一定是起来反抗的"[10](P556)。所以孙中山主张要"谨慎",不要"乱说",不要事先就去讲把土地"分给农民"的事。

中山先生的理想高且远矣,可惜难以实行。从地主的角度来讲,他们不仅掌握着土地这一农村经济的命脉,以人身奴役和宗法制度统治着农民,并且支配着农村政权和农村武装。除非有强大的外部力量逼迫他们,他们是不会自动退出历史舞台的。从农民这个角度来讲,他们有重新分配土地的强烈愿望,一旦他们对土地的强烈要求被建立农会、农民自卫军等方式激发出来,他们就不惜用武力去实现对土地的要求(中国向来有在土地和人的矛盾激化时,通过暴力重新分配土地的传统)。在这种情况下,指望双方"忍"是不可能的,慢慢商量的结果只会是没商量。

针对孙中山方案的这一弱点,中国共产党人提出了彻底解决土地问题的土地革命主张。1927年,在国民党中央土地委员会的一次会议上,共产党人提出了解决农民土地问题的几项主张[19]:(1)国民革命过程中必须解决土地问题,即没收除小地主及革命军人以外的出租土地分给农民;(2)公布佃农保法;(3)无地之革命士兵退伍时必须给以土地;(4)解决土地之先决问题必须给农民以武装及政权。这里,重要的是(1)、(4)两项,即没收地主土地和给农民以武装及政权。不没收地主土地,则国家没法得到解决"耕者有其田"问题所需要的土地;不使农民拥有自己的武装和政权,则农民无力战胜地主在农村中的统治势力,消除地主所控制的农村政权及武装力量。尽管中山先生提出了"耕者有其田"的目标,也开始认识到"联络全体农民"的必要,但他始终不主张没收地主土地,也未提出过建立农民政权和武装的问题。因此,他晚年解决土地问题的方案虽然较过去有了巨大的进步,但仍然缺乏实施的条件和可能。比较起来,中国共产党解决土地问题的方案,一开始就提出了上述两方面的要求,克服了中山先生平均地权理论的弱点,指出了解决中国农民土地问题的现实道路。综上所述,中山先生节制资本、平均地权的经济思想确实存在某些缺陷,这既有时代的局限性的原因,也有孙中山创立的国民党所代表的民族资产阶级、小资产阶级的阶级属性的原因,即既有跟封建主义、帝国主义坚决斗争的一面,也有跟它们相妥协的一面,这影响了孙中山经济思想的深度和革命性。但瑕不掩瑜,在百年来先进中国人追求现代化的历史上,中山先生的经济思想无疑写下了辉煌的一页,他是无愧于伟大的资产阶级民主革命先行者这一称号的。

**参考文献**

[1] 孙中山."民报"发刊词//孙中山全集:第1卷.中华书局,1981:289.

[2] 孙中山.三民主义"民生主义第二讲//孙中山全集:第9卷.中华书局,1986.

[3] 孙中山.在上海中华实业联合会欢迎会的演说//孙中山全集:第2卷.中华书局,1982:341.

[4] 孙中山.在上海中国社会党的演说//孙中山全集:第2卷.中华书局,1982:512.

[5] 孙中山.中国实业如何能发展//孙中山全集:第5卷.中华书局,1985:135.

[6] 孙中山.在北京迎宾馆答礼会的演说//孙中山全集:第2卷.中华书局,1982:449.

[7] 吴鼎昌.中国新经济政策.文海出版社有限公司,1972:65.

[8] 陈仲道.中国经济的现状与对策.峨眉出版社,1944:7.

[9] 孙中山."三民主义"民生主义第三讲//孙中山全集:第9卷.中华书局,1986:399—400.

[10] 孙中山.在农民运动讲习所第一届毕业礼的演说//孙中山全集:第10卷.中华书局,558.

[11] 孙中山.在东京"民报"创刊周年庆祝大会的演说//孙中山全集:第1卷.中华书局,1981:328—329.

[12] 孙中山. 在浙江省议会的演说//孙中山全集: 第3卷. 中华书局, 1984: 346.

[13] 孙中山. 建国方略//孙中山全集: 第6卷. 中华书局, 1985: 264.

[15] 孙中山. 中国国民党宣言//孙中山全集: 第7卷. 中华书局, 1985: 3—4.

[16] 孙中山. 中国国民党第一次全国代表大会宣言//孙中山全集: 第9卷. 中华书局, 1986: 120.

[17] 孙中山. 在农民运动讲习所第一届毕业礼的演说//孙中山全集: 第10卷. 中华书局, 1986: 556—558.

[18] 孙中山. 在广州农民联欢会的演说//孙中山全集: 第10卷. 中华书局, 1986: 465.

[19] 陈独秀. 关于土地问题意见. 党史研究资料, 1981(12): 22.

# 孙中山的农业现代化管理思想[*]

所谓现代化,有广义与狭义之分。从广义上讲,现代化作为一个世界性的历史过程,主要是指人类社会从工业革命以来经历的一场急剧变革,这一变革是以工业化为推动力,导致传统的农业社会向现代工业社会的全球性大转变的过程;从狭义上讲,现代化主要是指经济欠发达的国家采取适合本国的道路和方式,通过经济技术改造和学习世界先进经验,带动广泛的社会改革,转变为先进工业国的发展过程。[1]我国是农业大国,农业是国民经济的基础,近代中国的农业现代化,就是要以资本主义的农业生产方式代替传统的以农耕和家庭手工业相结合的自然经济,它是近代中国现代化的重要组成部分。

实现农业从传统向现代转型,是近代中国社会发展的必然趋势。民主革命的先行者孙中山先生意识到自己所面临的历史课题,"仆向以我国农业之不修,思欲振兴而改良之,蓄志已久"[2],逐步地设计出一个结合中国实际,效法西方、力图将封建农业推上资本主义轨道的农业现代化管理体系。孙中山既因"农家子弟,生于畎亩,早知稼穑之艰难",了解农民,重视农业;又因"弱冠负笈外洋,洞悉西欧政教,近世西学靡不博览研究。至于耕织一门,更为致力"[3]。疏远传统文化而深受西方资产阶级文化熏陶,能够摆脱传统束缚,借鉴西方经验,观察中国传统农业的弊病,提出变革思想。将孙中山的农业现代化管理思想加以研究、继承,对推动今天的农业发展无疑具有一定的启迪与借鉴作用。

## 一、农政有官,农务有学,耕耨有器

孙中山非常重视管理科学在农业现代化中的运用,特别强调政府职能在农业现代化中的重要作用。针对 19 世纪末中国农业管理的现状,他提出了批评,中国"劳农劝相,虚有其文,补助巡游,今无其事,民亦因循简陋,聊毕此生。盖官民之相

---

[*] 本文发表于《生产力研究》2008 年第 24 期。

去远矣"[4]，认为中国农业由于缺乏管理，政府行为不力对农业造成了极大的损害。他说，"自后稷教民稼穑，我中国之农政古有专官。及后世之为民牧者，以为三代以上民间养生之事已备，故听民自生自养而不再扰之，便为善政——此中国今日农政之所以日就废弛也"[5]。针对近代中国落后的农业管理思想，孙中山在《上李鸿章书》中提出做到"地尽其利"的三大原则在于"农政有官，耕耨有器"[6]，从农业管理的机构建设、培养人才、生产机械化等方面提出了自己初步的农业现代化管理思想。

首先，"农政有官"根据孙中山的考察，西方先进国家农业管理的成功经验主要表现在，"泰西国家深明致富之大源，在于无遗地利，无失农时，故特设专官经略其事"。而且，"泰西农政，皆设农部，总揽大纲"就是要在中央设立农业管理机关。另外，在地方各省也设置专门的农业管理机关，负责农业信息的收集、农业技术的鉴定与推广，通过在中央和地方都设置农业管理机关，就可以达到"农部有专官，农工有专学，朝得一法，暮已遍行于民间；何国有良规，则互相仿效，必底于成而后已。民习之不明，以官埔之；民力之不足，以官辅之；民情之不便，以官除之"[7]。也就是说，中央和地方两级农业管理机关的设置，要起到农业信息技术的传播与运用、农业组织制度的介绍与推广、帮助农民解决生产中的问题等职能。

据泰西诸国的经验，孙中山建议晚清政府"我国拟宜专派户部侍郎一员，综理农事，参仿西法"，在地方上则"每省派藩台道府之精炼者一员，为水利农田使"负责当地的农业生产事务。他还提倡政府应派人赴西方各国，具体学习农业生产的先进技术、组织管理方式，回国后在国内推广、普及。孙中山还主张引进激励机制，以促进农业生产管理，不仅对负责农政的官员要激励，对农业生产者也要设法激励，以调动所有人的积极性。对负责农政的官员，他提出要"责成各牧令于到任数月后，务将本管土田肥瘠若何，农工勤惰若何，何利应兴，何弊应革，招徕垦辟，董劝经营，定何章程，作何布置，决不得假手胥役生事扰民，亦不准故事奉行，敷衍塞责"[8]。在完成上述职守的前提下，"使本境居民日臻富庶，本管道府查验得实，乃得保以卓异，予以迁升"。对于农业生产者，他提出，"农学熟悉者为农长""鼓励以方，则野无抑郁之士"，充分调动农民的生产积极性。其次，"农务有学"就是要提倡农业劳动者素质的提高和农业科学技术的大力推广。劳动力是重要的生产要素，提高劳动者的素质，大力发展各类教育培训，培养现代的具有科学头脑的农业管理者、劳动者，是孙中山农业现代化管理思想中的重要内容。针对农业科技知识不能很好地普及到广大农业劳动者手中的状况，他指出："三古农书不可考矣，今所传者，如《齐民要术》《农桑辑要》《农政全书》，亦多精要。大抵文人学士博览所资，而犁云锄雨之俦，何能家喻而户晓？"[9]因此，他主张采取积极的手段，提高农业劳动者的素质，他提出："先设农师学堂一所，选好学博物之士课之，三年有成，然后派往各省分设学堂，以课农家聪颖子弟。又每省设农艺博览会一所，与学堂相表里，广集各方之物产，时与老农相考证。"从上文可以看出，孙中山提倡以农业职业教育的形式,传播农业知识,培育新一代的合格的农业劳动者。

科学技术是生产力,但它并不是生产力中一个独立的要素,它要通过应用、渗透到生产过程中去,引起生产力各个要素的变化与发展,从而间接地转变为现实的生产力。孙中山认为农业的发展必须以科学技术为基础,他认为农业科学技术的作用是巨大的,即"农学既明,则能使同等之田产数倍之物,是无疑将一亩之田变为数亩之用,即无疑将一国之地广为数国之大也。如此,则民岁增加数倍,可无饥馑之忧矣"。在《上李鸿章书》中,他提出了自己对农业科学发展的初步规划,"倘明其理法,则能反是垆土为沃壤,化瘠土为良田,此农家之地学、化学也。别种类之生机……此农家之植物学,动物学也。日光能助物之生长,电力能速物之成熟,此农家之格致学也,蠹蚀宜防,疫疠宜避,此农家之医学也"。可见他对农业科学的分工及其建设已经具有很深的认识。

最后,"耕耨有器"则指农业生产过程中的机械化包括耕地、播种、施肥、灌溉、收割以及粮食的运送和加工的机械化,农业机械化的综合利用,要求农业生产手段的全面更新和耕作技术的进步。农业机械化是农业现代化的基本保证,没有农业的机械化也谈不上农业的现代化,可以说,这是工业化发展的必然结果。在《上李鸿章书》中,他说:"自古深耕易耨,皆藉牛马之劳,乃近世制器日精,多以器代牛马之用,以其费力少而成功多也。如犁田,则一器能作数百牛马之工;……故泰西创器之家,日竭灵思,孜孜不已,则异日农器之精,当又有过于此时者矣。我中国宜购其器而仿制之。""机器巧,则百艺兴,制作盛……谋富国者,可不讲求机器之用欤。"

中国为农业国,农民习惯于机耕细作使土地能生产出尽可能多的食物,然而,由于自然灾害以及可耕地的荒芜,对于人口众多的中国来说,只有依靠学习西方的机械化耕作,使已废之地变为可耕之地,可耕之地用科学方法管理,用机器播种,用机器灌溉和收获才能保持所需的食物。孙中山鉴于农业机械化对代替人力、畜力和提高劳动生产力的巨大效果,又强调科学种田到强调广泛使用农业机械与科学管理相结合作为中国改革旧式农业的根本出路。他主张将农业发展和工业的发展结合起来,实现农业由手工生产向机械生产过渡的思路,这便是要改造中国的落后农业和使中国农业由靠天吃饭转换为人定胜天,用科学和技术去管理,实现农业生产整个过程的根本性改观。

## 二、以农为经,以商为纬

中国古代历来具有"重农抑商"的传统思想,在农业的现代化管理过程中,如何处理农业与商业或新兴工业之间的关系,是一个重要的问题。孙中山继承了中国古代传统的"重农"思想,强调农业在国民经济中的基础性地位,但扬弃了其中不合时宜的"抑商"内容,同时也避免了"以商立国"论的一些缺点(19世纪后期提倡兴办近代工商业的思想家,总是工商并提,或在谈商时把工隐含在内,或在谈工时把商寓于其中),形象地提出了处理农业与泛指为新式工商业的"商"之间关系的模式——"以农为经,以商为纬"。

在《农功》一文中,孙中山首次论述了农业与工商业的关系。他说:"以农为经,以商为纬,本末具备,巨细毕赅,是即强兵富国之先声,治国平天下之枢纽也。日鳃鳃然忧贫患寡,奚为哉?"在这里,他把处理农业、工商业之间关系的模式描述为"以农为经,以商为纬",认为农业与工商业之间的关系就好像经线与纬线一样,互相交错,互为依托,不可割裂,农、工、商协调发展是宏观管理所要追求的目标。所谓"本末具备,巨细毕赅",就是既反对传统的"重农抑商"论,又反对时兴的"以商立国"论,主张把农业和工商业视为彼此依存、互相促进的关系。

西方发达资本主义国家的发展史表明,农业现代化只有在工业化过程中才能完成。他依据世界历史经验,认识到由农业时代进而为工业时代,是社会的"进化程序"。而要以工业时代取代农业时代的条件之一,就是以工业化带动农业现代化,以农业现代化促进工业化。传统农业是封建主义自然经济,现代农业是资本主义商品经济。"农业中资本主义的增长首先表现在自然农业向商业性农业的过渡上。"自然农业向商品性农业转轨,主要来自资本主义工业化。基于中国资本主义工业化的需要,孙中山倡导自然农业要向商品性农业转轨。基于这种需要,他又提出了如何转轨的思路。

他首先主张要增加粮食总产量,提高粮食商品率,以保障"全国人民都有饭吃",并开拓国际市场。他认为农民所生产的粮食,除了农民自用和"储粮备荒"之外,既应"彼此调剂,拿此地的有余去补彼地的不足",又应"远至工业中枢",以满足工业生产和城镇人口的需要,"更有所余,乃以售之于外国需此宗食物且可得最高价者"。其次要改进和扩大丝、麻、棉、毛等经济作物的生产,保证丝、麻、棉、毛等轻工业的原料供应,以便解决全国人民的穿衣问题,并"推广到外国去销行"。再次要运用税收杠杆,保护商品性农业。他认为对外应"收回海关"主权,"加重原料之出口税及加重洋货之入口税""抵制外国的洋货,保护本国的土货";对内应采取"有调节、有系统之行动",改变"以苛税留难农产,使运转不得自如"的局面。

## 三、人事补天工

水是农业的命脉,无水或者缺水不行,水多了也会给人类、农业生产造成很大的危害。所以,在我国历史上治水是治农者的重要任务。水利建设的根本目标就是去除水患、发展水运、增进农业。孙中山非常重视提倡兴修水利,并将消除水患、兴修水利视为农业发展的重要条件。

针对当时水利建设无人过问,北方黄河连年泛滥成灾,广东水患年甚一年的情况,在《上李鸿章书》中,他指出,"水道河渠,昔之所以利农田者,今转而为农田之害矣。如北之黄河固无论矣,即如广东之东、西、北三江,于古未尝有患,今则为患年甚一年;推之他省,亦比比如是"。孙中山深感如果水利事业不振兴,农业必每况愈下,后果严重。主张学习西方,他提出,"如印度之恒河,美国之密士,其昔泛滥之患亦不亚于黄河,而卒能平治者,人事未始不可以补天工也"。所谓"人事补天工",就是要发动人民大力兴修水利,治理江河,改造生态环境,促进农业发展,为实现农业现代化而创造条件,造福社会和人民。

首先,治水要先治人。在《中国的现在和未来》一文中,孙中山将水患同饥荒、疾病、生命和财产毫无保障地列为中国人民巨大而长久的苦难。他认为,水患、饥荒和疾病在很大程度上都是完全可以预防的,就其产生的苦难本身只是次要的原因,其根本原因在于普遍的、系统的贪污。他还以黄河泛滥引起洪水灾害为例加以说明,"有个官叫河道总督,他下面有一大群属员,他们的特定任务就是查看堤防是否适当和坚固……但是,实际上这些官吏没有薪金,并且曾经花了很大一笔钱买来他们的职位,因此他们必然要贪污……在自然灾害来慢了的时候,甚至不惜用人为的方法造成洪水灾害。……首先,为了整修河堤,他们会收到一笔费用,再从克扣工人的工资,使用比起定额的人数较少的人,骗取金钱。另外,还在材料的价值上作贪污的打算,等等。这样,稻田被破毁了,造成粮食的缺乏,就导致了大面积的灾荒。这样,救命钱就从政府和慈善人士两方面不断交来……"[10]

在这篇文章中,孙中山讲明了当时中国社会问题的根源是清朝官吏的贪污腐败。水患主要是由于官吏的腐败而人为造成的,加上政府不重视治理江河,人民对生态环境的破坏使江河失修,耕地荒芜。因此,他认为治水先治人,只有严惩贪污腐败的官吏,倡导廉明制度,国家指派的官吏全心全力地根治水患灾害,采取有效措施使全国人民都认识到治理江河、兴修水利的重要性,才能调动全国的力量将中国的水患治理好。

其次,要种植森林。孙中山在晚年作民生主义演讲时,以广东水灾为例说明防水灾的重要性,他说,"像今年广东水灾,在这时几天内便可以收头次谷,但是头次谷成熟的时候,便完全被水淹没了。……所以要完全解决吃饭问题,防灾便是一个很重大的问题"。如何防水灾呢?孙中山指出,现在广东防水灾的思路,一是在江河两岸低处地方修筑坚固的高堤,同时浚深河道和海口一带,把沿途的淤积泥沙除去,这是治标的思路;至于治本,根本的思路还是要保护森林,动员人们植树造林。水灾之外,还有旱灾,防止旱灾的方法,也是种植森林,"有了森林,天气中的水量便可以调和,便可以常常下雨,旱灾便可以减少"[11]。所以,防止水灾与旱灾的根本思路,就是要种植森林,他提倡"造全国大规模的森林",就是要通过发挥人的力量使用科学的方法去改善生态环境,达到彻底治理水旱灾害的目的,保证农业的正常收成。

最后,要整治水系,综合发展。在《实业计划(物质建设)》一书中,孙中山对于治河治水给予了高度重视,制定了治理黄河、长江、珠江三大水系的庞大计划,在第一计划第四部分"开浚运河以联络中国北部、中部通渠及北方大港"中,孙中山指出,"此计划包含整理黄河及其支流、陕西之渭河、山西之汾河及相连之运河……加以堰闸之功用,此河可供航运,以达甘肃之兰州。同时,水利工业亦可发展"[12]。可见,他是立足于将江河治理与农业、航运业的发展作整体的综合的建设考虑,把治水改善自然大环境看作农业发展的先决条件。农业要实现现代化,在中国首先要实现治水的科学化,在这一点上,孙中山的认识是非常清楚的。

## 四、耕者有其田

要实现农业现代化,土地所有制是一个必须要解决的问题,土地所有制是对农业现代化进行整体规划的关键,它决定着农业发展的方向、方式,因而也决定着农业管理的政策、方针等。以封建地主土地所有制为基础的封建主义生产关系,是中国农业生产力发展的严重桎梏。中国近代农业发展已呈停滞趋势,要使农业生产力获得解放,使农业从传统向现代转型,必须改变旧的农业生产关系,彻底废除封建土地所有制。孙中山很早就认识到土地问题,但早期的土地思想仅停留在"平均地权"上,主张逐渐实行土地公有化或国有化,具有促使农业生产关系从封建主义向资本主义变革的积极意义。随着孙中山思想认识的进一步加深,他又进一步提出"耕者有其田"的思想,从而使其农业现代化管理思想迈上了一个新的高度。

在中国历史上最早提出"耕者有其田"思想的是清初的思想家王源,他在17世纪就针对当时豪强地主兼并土地导致农民流离失所的局面,提出"有田者必自耕,毋募人以代耕""唯农为有田耳"[13]等主张。孙中山继承了这一思想,借鉴苏联在社会主义革命中的土地政策,在"平均地权"的基础上提出"耕者有其田"的口号。在《三民主义》第三章中,孙中山说,"现在的农民,都不是耕自己的田,都是替地主来耕田,所生产的农品,大半是被地主夺取了。这是一个很大的问题……农民问题真是完全解决,是要耕者有其田,那才算是我们对农民问题的最终结果"。孙中山耕者有其田的办法,主要有两种,一为授田,即无地或者少地的佃农,"国家给以土地,资其耕作"。对地主的土地"照地价去抽重税,如果地主不纳税,便可以把他的田地拿来充公,令耕者有其田"。二为贷田,即对于边远地区,组织内地人口迁移到地旷人稀的区域,"土地应由国家收买……国家所得土地,应均为农庄,长期贷诸移民"。

从平均地权到耕者有其田,反映了孙中山关于土地问题思想上的飞跃;从早期的农业现代化管理思想到对土地所有权问题的深刻认识,反映了孙中山在农业现代化管理思想上的深化和进步。

## 五、总　　结

现代化是一个动态的概念,农业现代化管理思想的形成也是一个动态的发展过程。孙中山先生从中国农业管理的现实出发,借鉴西方先进国家的农业发展模式,吸收中国传统的重农的管理思想,建立了一个适合近代中国实际的农业管理思想体系。

孙中山在"地尽其利"的目标下提出了农业现代化管理的雏形,"农政有官,农务有学,耕耨有器",主张从农业管理的机构建设、劳动者培养、科学技术应用、农业机械化等方面逐步完善中国的农业现代化管理;为处理好国民经济部门之间的关系,他提出"以农为经,以商为纬",农工商互为依托,互相支持,协调发展。针对中国历史上水患自然灾害严重的问题,水患对农业生产造成极大危害的现实,他主张治水先治人、种植森林、整理水系,促进水利、航运、农业综合发展的思想。随着他对农业问题认识的加深,特别是对土地问题认识的加深,孙中山又提出了触动封建地主土地所有制的"耕者有其田"的思想,表明他的农业现代化管理思想进入了一个新的阶段。

纵观孙中山农业现代化管理思想的形成、提出,以至完善,经历了一个由浅入深的过程,同时它的思想也逐渐形成为一个完整的体系。我国农业在20世纪80年代实行包产到户、联产承包责任制以来,农民的生产积极性大大提高,农业生产力获得解放,有力地支持了城市改革事业的顺利进展。但是,近几年来,我国农业始终处于徘徊的状态,增长缓慢,农民的生产积极性降低,随着我国加入世界贸易组织,"三农"问题越来越突出,如何走出困境,是摆在我们面前的一个难题。孙中山的农业现代化管理思想虽然提出的背景是针对近代中国的,但是他对农业问题分析的角度、思路仍可以供我们学习、借鉴。

**参考文献**

[1] 罗荣渠.现代化新论——世界与中国的现代化进程.北京大学出版社,1993.

[2] 复农业促进会函.孙中山选集.中华书局,1981.

[3] 拟创立农学会书.孙中山选集.中华书局,1981.

[4][7][8][9] 农功.孙中山全集.北京:中华书局,1981.

[5][6] 上李鸿章书.孙中山全集.中华书局,1981.

[10] 中国的现状和未来——革新党呼吁英国保持善意的中立.孙中山全集.中华书局,1981.

[11] 三民主义第三讲.孙中山全集.中华书局,1981.

[12] 建国方略之二:实业计划(物质建设).孙中山全集.中华书局,1981.

[13] 胡寄窗.中国经济思想史的光辉成就.中国社会科学出版社,1981.

# "中国农村派"的土地所有权思想探微[*]

近代以来,土地问题一直是中国农村问题的核心。研究土地问题,被许多学者认为是解决农村经济乃至整个国民经济问题的锁钥和关键。

"中国农村派"是民国中后期一支有着广泛影响力的农村经济学研究群体。它以研究中国农村问题、改造中国农村社会为主要任务,尤其注重对土地问题的考察,聚集了陈翰笙、薛暮桥、孙冶方、钱俊瑞、千家驹、冯和法、骆耕漠、姜君辰、孙晓村、狄超白等一大批优秀的马克思主义经济学家。他们运用马克思主义政治经济学的理论方法,对中国农村进行了深入细致的调查和研究,认为在中国农村经济中,最基本的生产关系是土地关系,因此考察农村土地问题,应该以土地关系尤其是土地所有关系为基点。"中国农村派"通过分析中国农村土地所有权的本质以及土地所有权集中与使用权分散之间的矛盾等问题,揭示了20世纪30年代农村经济恐慌、生产力停滞以及农民生活悲苦的根源,并在此基础上对旧有的土地所有关系提出了若干变革主张。这些思想在当时产生了较大的社会影响,为新民主主义经济理论的形成提供了重要的思想元素,对新中国农业改造和农村合作化产生了重要的影响。

## 一、"中国农村派"对土地所有权问题的基本认识

近代以来,受资本主义生产方式的影响,中国农村中原有的自然经济逐渐解体,商品经济因素不断增长,资本主义雇工经营优势凸显,传统的土地所有关系有所松动。然而,封建土地所有制仍占有主导地位,土地兼并和集中的趋势没有得到根本扭转。"中国农村派"在广泛调查研究的基础上,认为中国近代土地所有权呈现出一种比较复杂的过渡形态,在这种过渡形态中,土地所有权的集中是其基本特征。钱俊瑞、薛暮桥、陈翰笙等"中国农村派"学者对这一现象进行了详细分析和

---

[*] 本文发表于《经济学动态》2011年第1期,与颜敏合写。

论证,代表了该学派关于土地所有权问题的基本看法。

在《中国现阶段的土地问题》一文中,钱俊瑞综合了河北、河南、江苏、广西、广东等省地权分配情况的调查统计资料,对全国土地的分配情况进行了大致的估算,如表1所示。

表1 钱俊瑞估算的全国土地分配情况

| | 户数(千户) | 百分比(%) | 所有土地面积(百万亩) | 百分比(%) |
|---|---|---|---|---|
| 地主 | 2 400 | 4 | 700 | 50 |
| 富农 | 3 600 | 6 | 252 | 18 |
| 中农 | 12 000 | 20 | 210 | 15 |
| 贫农及雇农 | 42 000 | 70 | 238 | 17 |
| 合计 | 60 000 | 100 | 1 400 | 100 |

资料来源:钱俊瑞(1934b)

在抽象掉不同区域间分配形态的差别后,钱俊瑞(1934b)认为,这一估算结果指出了"一般问题的基点",即"农村人口中10%的地主和富农,竟拥有全国土地的68%,而构成农村人口绝对多数(90%)的中农、贫农和雇农,他们所有的土地却不到三分之一"。薛暮桥在《中国农村经济常识》(1937)一书中,根据农村复兴委员会等机关1933年对陕西、河北、江苏、浙江、广东、广西6省份的调查,对各类农户土地所有情况进行了分析,其结果如表2所示。

表2 陕西、河北、江苏、浙江、广东、广西6省份的农户土地所有情况

| 户数(千户) | 百分比(%) | 所有土地面积(百万亩) |
|---|---|---|
| 2 400 | 4 | 700 |
| 3 600 | 6 | 252 |
| 12 000 | 20 | 210 |
| 42 000 | 70 | 238 |
| 60 000 | 100 | 1 400 |

资料来源:薛暮桥(1937)。

由表2可以看出,占总户数10%的地主、富农占有土地总数的68%,而占总户数90%的中农、贫农和雇农仅占土地总数的32%。

陈翰笙在《现代中国的土地问题》(1933)一文中也综合了不同学者、机构和团体的调查数据,说明了各地土地集中的严重性。为了便于说明,我们将陈翰笙文中的数据整理到表3中。

表3 河北、江苏、浙江、广东、广西等地的土地分配情况

| 地区 | 时间 | 地主 | | 中农、贫农及雇农 | |
|---|---|---|---|---|---|
| | | 人口比重(%) | 土地比重(%) | 人口比重(%) | 土地比重(%) |
| 河北保定 | 1930—1931 | 3 | 约20 | 70 | 30 |
| 杭州平湖 | 1929 | 3 | 80 | | |
| 江苏无锡 | 1929 | 6 | 47 | 69 | 14.3 |
| 广东 | 1933 | 2 | 50 | 74 | 不足20 |
| 广西东部 | 1926 | 2 | 71 | 70 | 无立锥之地 |

资料来源:陈翰笙(1933)。

"中国农村派"对土地集中问题的考察,并没有仅停留在数量方面。在土地质量方面,他们发现,地主和富农拥有的土地远比中农、贫农、雇农要好得多。薛暮桥(1937)指出,"一般而论,华南的水田远比华北的旱地来得肥沃;同时华南的土地所有,也比华北更为集中""在水田和旱地并存的地方,肥沃的水田也常首先落入地主富农们的手中;中农尤其是贫农大多只有蹺瘠的旱地"。钱俊瑞(1934b)也认为,"在水田区域,地主所有田产所占的成分要比黄土区域为大"。如黄土区域的河北保定,地主以不到4%的户口占13%的田地,而水田区域的浙江平湖,地主在户口总数中仅占3%,但他们所拥有的田产竟占全县的80%。可见,优质土地所有权的集中程度更为严重。

尽管"中国农村派"各位学者关于土地集中问题的统计和估算方法存在些微差别,但他们对中国农村土地所有权存在状态的认知却是一致的:农村土地所有权的集中已经到了十分严重的地步,土地所有权的集中是一切农村问题的总根源,要解决农村问题,必须首先变革土地所有关系。"中国农村派"对土地所有关系的研究及认识,决定了他们对农村危机根源的认识,也决定了他们挽救危机、解决农村问题的方式和方法。

## 二、"中国农村派"对土地所有权集中与使用权分散矛盾的认识

众所周知,资本主义国家也曾经出现过土地集中问题,比如英国的圈地运动,它不仅使土地得到规模化经营,而且为资本主义生产方式的发展准备了充足的廉价劳动力。然而,中国土地所有权的集中,非但没有促进农业生产走上资本主义道路,而且还加剧了农业生产的极度衰落。原因何在?

"中国农村派"认为,与土地所有权的集中相比,中国农村土地的使用十分分散。这种分散首先表现在农村耕地面积狭小和空间分布的散乱上。陈翰笙在《现代中国的土地问题》一文中指出,南方水田区域的代表——江苏无锡每家平均拥有

耕地仅 0.42 公顷,北方旱田区域的代表——河北保定每家平均拥有耕地仅 1.06 公顷。这些耕地不仅面积狭小,而且在空间上分布也十分散乱:在无锡(以被调查的 34 家农户为例),每家拥有的农田有 16 亩多,然而,平均每家有地 12 块,每块平均仅 2 亩半,最小地块只有 0.35 亩。在保定(以被调查的 1 390 家农户为例),4.84% 的地块每块不到 1 亩,57.09% 的地块每块为 1 亩—4.99 亩,38.07% 的地块每块有 5 亩或 5 亩以上。此外,土地的狭小和分散还会随着耕地的售卖、押当、农家的分产等情况的变化而更加严重,大地块更少,小地块更多。

除了土地使用分散和耕地面积狭小外,中国农业经营的小农性质还表现在工资劳动的"质差量少"和低度的农业资本有机构成上。一般来说,工资劳动的采用与农业经营的大小有着密切的关系,资本主义发展程度越高,工资劳动的"质"和"量"也越高。然而,中国农业经营的情况如何呢?在工资劳动"量"的方面,孙晓村(1936b)对金陵大学关于全国 17 县 2 866 户农家的调查数据进行分析后发现,除了华北地区大田场的工资劳动程度能与欧美资本主义国家相比外,华北的中、小田场以及华中东的大、中、小田场的工资劳动程度都比欧美资本主义国家低很多。在工资劳动"质"的方面,"将各地的实际情形来分析时,几乎在任何一个区域间都能发现所谓工资劳动者,实质上并非工资劳动,亦非对等的雇佣关系,尤其是劳动者本身绝对不是一个纯粹的工资劳动者"。孙晓村(1936b)认为,主要有以下原因:(1) 有很多地方,工资劳动实质上并无工资,乃是换工;(2) 中国农村中大多数的农业劳动者和苦力、贫农是三位一体的,他们既种自己的田或租来的田,又给别人当雇农,还到城里做苦力运输商品;(3) 在热河、察哈尔和绥远及江、浙、华南诸省等地还存在雇佣性质的田奴及预卖劳动力等原始性的劳动。由此我们可以看出,在 20 世纪 30 年代,中国农业经营中的劳动者并不是纯粹的工资劳动者,而是普遍具有半佃奴性质的劳动者,地主及部分富农对工资劳动者的剥削具有典型的超经济性质。

资本有机构成是判断农业经营性质的另一重要指标。它反映的是由生产技术水平决定的生产资料和劳动力之间的量的比例。随着资本主义生产方式的发展,资本有机构成呈现不断上升的趋势。在西方资本主义国家,由于农业机械的普遍使用,农业经营中的不变资本对可变资本的比例较高,资本有机构成也因此相对较高。然而,中国农业经营中资本有机构成的实际情况是怎样的呢?孙晓村(1936b)认为,"机械使用之一定量的到达,对于中国农业是否资本主义化,实际起着相当决定的作用的"。中国农业经营中"机械使用成分的渺小",充分说明了中国的农业经营并不具有资本主义性质,而是仍然停留在小农经营阶段。另外,土地价值在不变资本中所占的比重太大,是导致中国农业资本有机构成低的另一重要原因。孙晓村(1936b)引用北平社会调查所在河北深泽县的调查结果指出,"(深泽县)农场资本中固定资本占十之九,流动资本占十之一。固定资本之中,土地价值占资本总值之 75% 左右,各级大小农场土地价值占资本总值之成数,大致相等,惟农场愈大,流动资本占资本总值之成数愈低,固定资本所占成数愈高"。关于中国农业经营中机械使用成分渺小、土地价值比重过大的原因,孙晓村指出,中农、贫农生产资金缺乏,传统农业生产工具尚无力购置和使用,更不用说大型机械了。而地主富农等大土地所有者一般不是自己经营农业,而是将土地分割成小块,租给贫农经营。他们虽有能力购买机械,但目的不是进行农业的资本主义生产,而是租给农民以收巨额租金,机械由生产工具变成了商业高利贷资本剥削的工具。同时,许多主客观原因造成的土地经营面积的细小分散,也不利于大型机械的使用。

总而言之,土地所有权的集中和使用权的分散,是导致中国农业呈现典型小农经营特性的决定性因素。在小农经营条件下,大量劳动力和大规模机械无法使用,土地合理化管理和土壤改良无从实现,地质日益贫瘠与枯竭,农业生产效率日益低下,从根本上阻碍了农业生产的发展。

## 三、"中国农村派"对20世纪30年代农村经济恐慌的认识

受1929—1933年资本主义世界经济危机的影响,20世纪30年代前半期中国农业发生了极为严重的经济恐慌。这种恐慌主要表现在以下三个方面:(1)农业生产绝对不足与相对过剩相交织。一方面,农村残破,经济凋零。据国民政府主计处统计,30年代最初几年平均全国年缺粮食3 000万市担左右。另一方面,农产品价格低落,谷贱伤农。1926—1930年这四年间全国米的平均价格是7.09元/市担,1931—1936年这五年间的平均价格即跌至5.43元/市担,价格指数也从128.68降至98.55,这与以往饥荒时期粮价暴涨的状况很不一样。(2)农村金融濒临崩溃,高利贷盛行。30年代上半期中国农村借债农户甚多,平均年利率为三分六厘,最高者年利可达"百分之九百"(李景汉,1936,第14页)。更为严重的是,在很多地区,即使是高利也借贷无门。例如,浙江传统农村放款之主要机构——当铺"因感货多赎少,致有限制之举。农民几至借贷无门,坐以待毙"(章有义,1957,第679页)。在华北绥远农村,由于"经济衰落,金融滞涩",即使"借款十元,月利一元,仍无门告贷"(章有义,1957,第681页)。那么,农村资金都到哪去了呢?都流入了城市,尤其是大都市。农产品价格的跌落使投资农业无利可图,而连年内战,兵匪横行,造成农村社会异常不稳。同时,"农产输出减退,而工业品之输入农村则旦夕滋长,农民入不敷出之结果,现金一味外流,而很少返回农村之机会"(骆耕漠,1935,第590页)。(3)农民生活的凄惨和农村社会的动荡。30年代中国农村家庭入不敷出的情况相当严重,而实际生活状况更是触目惊心。例如,江苏泰县"佃农半自耕农及自耕农等,一年到底,只吃着大麦粥,蔬菜只有野菜和豆腐渣,盐和豆油都是不肯滥用的,至于荤味,更不用说了"(许涤新,1935,第53页)。而在大灾之年,农

民要么像江北农民,用树叶、树皮、麦苗、水草、观音土等果腹;要么如无锡农民常以草根充食料;或如河北邯郸农民以久积的树叶野菜及陈腐粗糠作为养生之资。饥饿使得中国乡间抢米风潮不断,农民暴动频发,农村社会更加动荡不堪。

  这次农业恐慌破坏程度大、波及范围广,引起了学界的广泛关注。在分析农业恐慌的原因时,许多学者从土地边际生产力递减、人地矛盾等西方经济理论出发,直接套用研究资本主义经济危机的方法来研究,不仅得出的结论十分牵强,而且难于解决实际问题。"中国农村派"认为,中国这样一个半殖民地半封建国家发生的农业恐慌,与资本主义农业经济危机相比,既有共同处,更有不同处。共同处指受全球经济危机的影响,西方资本主义国家在大量减少对用作工业原料的农产品的采购之外,又加快了向中国倾销过剩农产品的速度,导致中国粮价下跌。不同处指落后的小农生产方式严重阻碍农业生产力的发展,造成农业生产不足,民食问题严重,而封建地主阶级的高额地租、苛捐杂税以及商业高利贷使小农经济无法维持,进一步加剧了农村经济的残破。这使得中国20世纪30年代的农业恐慌既有西方资本主义农业危机的基本特征——农业生产相对过剩、农产品价格急剧下跌,又保留了传统农业社会农业危机的基本特征——农业生产不足、民食问题严重,这正是当时中国半封建半殖民地社会现实的反应。

  陈振鹭与陈邦政在合著的《中国农村经济问题》(1935,第11页)中写道,"中国农村经济的现状,就目睹所及,已经是封建经济与半殖民地经济的混血儿。一方是封建残余势力释放出来的农村破落户,他方又是国际资本主义的势力所摧毁的腐尸。这两种势力,狼狈为奸,就把完整的中国农村,破坏到耕不得食、十室九空、野无余粮、民有菜色了"。据此,"中国农村派"认为,无论从形成机制上,还是从表现形态上,中国这样一个半殖民地半封建国家发生的农业恐慌,与资本主义农业经济危机都有着本质的不同。他们从地权矛盾,即土地所有权集中和使用权分散二者之间的矛盾入手,认为封建的小农经济无力与西方资本主义大农场竞争,更何况西方各国纷纷减少对中国农产品的采购,并加快向中国倾销过剩农产品,这更加剧了中国农业的危机,造成了中国30年代农业的极端恐慌。"中国农村派"指出,"土地所有与土地使用间的矛盾,正是现代中国土地问题的核心"。(陈翰笙,1933,第47页)"土地分配有巨大的集中,农田使用却极度的分散,这便是中国土地问题最严重的所在。这个对立,充分表现了生产关系对生产力的桎梏。"(孙晓村,1936a)基于这种认识,钱俊瑞、薛暮桥、陈翰笙等"中国农村派"学者着重从地权矛盾的角度,探讨了中国农业恐慌的真正原因。

  根据资本主义农业发展的经验,土地所有权的集中为规模化经营提供了可能,比如英国的圈地运动。然而,中国的情况却与之不同,这主要是因为中国农村土地所有权的集中与使用权的分散是同时进行的,完全抵消了地权集中的积极作用。钱俊瑞在"中国农业恐慌与土地问题"(1934a)一文中指出:第一,地主根据土地所有权征收地租的数额非常高,不但夺去了农民所能得到的"利润"部分,而且还剥夺了佃户一部分的工资。这摧毁了农民的正常经营，妨碍了农业生产的发展。第二，地主和一部分富农所征收的田租，并不用于农业生产，而主要用来经营商业和高利贷，对农民进行超经济的剥削和压榨。第三，各地的军人和官僚，以及乡村政府的胥吏和地方武力的首领，大多数是地主。他们利用手中特权中饱私囊，用积攒下的钱购置田产，成为新的、更大的地主。新地主的形成，复对农民进行更为残酷的压榨和剥削，以至于对农村生产力造成更为严重的破坏。

关于中国农业不能机械化、规模化经营的具体原因，薛暮桥（1934）认为主要有以下几个方面："先就农民方面而论：(1) 农民负担太重，旧式犁耙还怕无钱购置，哪里有能力来买价值昂贵的机器；(2) 田场狭小，不适宜机器耕种；(3) 农村副业破产，都市工业太不发达，因采用机器而节省下来的人力没有出路，势必引起更严重的失业问题。再就地主方面而论：(1) 他们虽有广大土地，但因田租极高（太多失去土地的农民要租种地主的土地，自然会带来土地租金价格的上升），所以宁愿分割开来租给农民，不肯自己经营；(2) 他们虽有多量资金，但因利息极高（脆弱的个体小农对资金的需求强烈，自然要带来资金价格的上升），所以宁愿放债，不肯用来购买机器；(3) 劳力太不值钱，使用机器反不合算。"很明显，这些原因无一不与土地所有权的集中和使用权的分散有关。

地主和一部分富农利用土地所有权而得到的高额地租，不用于再生产，而主要用于经营商业和放高利贷，这种生产资源内耗的现象，在中国十分普遍。陈翰笙（1933）引用江苏省民政厅的调查资料（1930 年）指出，在该省被调查的 514 个大地主中，374 个大地主有主要职业，其余 140 个大地主，虽未确知其操何职业，但纯粹收地租者为数较少。在有主要职业的 374 个地主中，各职业所占比重如图 1 所示。

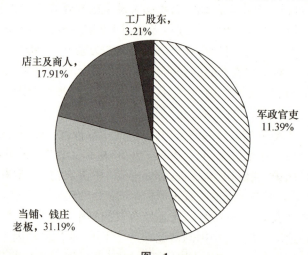

图 1

注：根据陈翰笙《现代中国的土地问题》中的数据绘制。

由此我们可以看出,在这374个有主要职业的大地主中,半数以上的地主兼营商业和高利贷,近半数地主的身份是军政官吏,只有3.21%的地主将资金用于生产事业。这一方面说明了农民遭受着严重的压榨和剥削,另一方面也说明了农村生产资金何以十分贫乏,以致高利贷盛行的原因。大部分地主之所以将资金用于经营商业和高利贷,主要因为经营商业和高利贷的利润,比通过改进农业生产而获得的地租收入高得多。另外,地主身份的多重性,使他们能够以地权为基础,以政治特权为保障,以商业和高利贷为主要收入来源,互相利用和补充,不仅远离农业生产,而且加紧对农民的剥削,从而导致农业生产成本越来越高,国际竞争力越来越弱,这加剧了中国农业的残破,造成了20世纪30年代中国农业的极度恐慌,并使恐慌愈演愈烈,陷入恶性循环。

## 四、"中国农村派"的土地所有权变革主张

地权矛盾导致农业恐慌,从发生过程上看,这主要是通过半封建的租佃关系实现的。中国的地租不仅包括剩余价值的全部,还包含必要劳动价值的一部分。在这种情况下,对于农民来说,高额的地租侵占了他们所能得到的"利润"部分,剥夺了部分工资,正常的生产经营无法开展,更无力改善经营、改进生产。因此,要发展农村生产力,必须彻底革除旧有的租佃制度,从根本上解决地权矛盾以及变革土地所有关系。

在"中国农村派"看来,实行耕者有其田,是中国土地改革的唯一正确路径。孙晓村在《土地改革的基本原则》(1948)一文中指出,"耕者有其田,是使过去这种土地所有者与土地使用者的对立分离的情形,得到统一,是根绝过去农村中最主要的封建剥削的唯一途径"。狄超白(1948)也认为,"中国土地问题的解决,既不能走欧美各国所走的自由资本主义的道路,又不能立即如苏联那样走入社会主义的道路……我们的土地改革,就只能走彻底'耕者有其田'的新式的资产阶级民主主义的改革道路"。"实行耕者有其田",是解决土地所有权集中与使用权分散矛盾的最有效途径,它能够"使过去这种土地所有者与土地使用者的对立分离的情形,得到统一"(孙晓村,1948),是"消灭封建的和半封建的剥削的土地制度的现阶段最有效的办法"(狄超白,1948)。

为了保障耕者有其田政策的顺利进行,在具体措施方面,"中国农村派"认为应该坚持以下原则:(1) 执行土地改革,配合各地农村的实际情形,使耕者有其田,而且使他们确实而立即获得土地;(2) 实行土地改革,要以促进农业生产为目标,如何协助农民获得牲畜、农具,解决种子、肥料、食粮以及劳动等困难,必须配合进行;(3) 土地改革要以真正改善农民生活为前提,不要表面是改革而实际上反使农民增加负担,或为便利抽丁等工作而徒做表面的改革;(4) 在改革过程中,要同时使地主能够自立,不再过寄生的生活;(5) 无论在经济上或政治上,应彻底铲除农

村中封建性的组织及其势力,树立农民的民主政权,以保证土地改革能符合多数农民的利益及意志(秦柳方,1948)。农民是农业生产的主体,"中国农村派"的"耕者有其田"思想主张的典型特点在于,以提高农民的生产积极性、增强他们的生产能力为立足点,在政治、经济等诸多方面,保障他们合理的利益诉求。因为只有这样,才能保证农业生产力的持续发展。

众所周知,"耕者有其田"也是孙中山土地思想的重要内容。考察"中国农村派"的耕者有其田思想,就会发现它与孙中山的思想在土地所有权归属问题上有所不同。孙中山的"耕者有其田"思想主张土地归国家所有,然后分给农民使用。也就是说,所有权归国家,农民只有使用权。而"中国农村派"则认为"耕者有其田"就是要没收地主的土地直接分配给农民耕种,农民不仅拥有土地使用权,而且还拥有所有权,这实质上就是变封建地主土地所有制为农民土地所有制。我们知道,与农民土地所有制相比,土地国有制对封建土地制度的革除更为彻底,对地权矛盾的解决也更为有效。那么,"中国农村派"为什么不主张直接施行土地国有政策呢?他们认为,如果骤然实行土地国有,必然要禁止土地的买卖。"如果禁止土地自由买卖,其结果,一方面使农村的劳动力不易自由向工业部门转移,一方面使小块的耕地不易为农民所放弃,阻碍着农业扩大经营的自然进程"(狄超白,1948)。孙晓村(1948)指出,"要知道农民不比知识分子,不能一夕闻道便豁然贯通,他不可能由为地主而耕种立即转变到为大家而耕种。只有当农民为自己而耕种时,生产的增加与发展才得到真实的保障"。因此,在实行土地国有之前,需要有一个过渡和准备,就是要首先实现"耕者有其田"。

然而,农民土地所有制对土地问题的解决毕竟具有不彻底性。因为农民拥有土地后,土地所有权的转移和使用权的租佃会导致新的土地兼并和集中,从而会重演历史上的土地问题。对于这一问题,"中国农村派"早有预料并提出了相关的解决办法。狄超白在《中国土地问题》(1948)一文中指出,耕者有其田的政策实施之后,由于工业的发展和劳动生产性的提高,农业生产会趋向专业化和商品化,土地准许自由买卖之后,土地的扩展经营成为可能,必然会导致原来的小生产者耕种较多的土地,从而变成新富农。农村中的工钱劳动也会出现,被雇于拥有较多土地的富农,等到这些富农拥有更多的土地,雇佣更多的劳动者工作,而他自己只能从事管理指挥工作的时候,这就成为资本主义式的农业经营。他断定,循着这样一条从独立的小生产到富农再到大企业的发展道路,在新民主主义建设期间必然存在。尽管他认为,这种资本主义的农业经营对于农业生产力的提高有其贡献,但是他同时强调,"循着这一道路的农业经营的发展方向,并不是主导的方向。主导的方向,乃是小生产者的合作经营的发展道路"。如何才能使农业生产者沿着主导的方向发展农业经营呢?狄超白把目光投向了政权上,他认为,"新民主主义社会的领导力量,必然会有意识地、计划地领导着广大的农业小生产者,逐步走向合作化、集体化的道路。政府将对合租农场给予优惠的贷款,政府将对合作农场优先借给各种工具和原料，政府将优先向合作农场订购农产品……这将使合作农场对新富农及大农场的竞争上，处于比较优势的地位。独立的小生产者为了要取得政府优惠的帮助，为了要避免在竞争中被新富农和大农场所吞并，他们只有一条路——加入合作农场"。

狄超白对农民土地所有制下的农业经营发展方向的分析，是历史分析和逻辑分析的统一。为了防止土地兼并、农民失地进而破产的历史现象重演，他更多地强调政府对经济的宏观调控，试图通过政府鼓励、引导农民走上合作化、集体化道路，通过政府对合作农场、集体农场的支持及对个体生产的限制，使合作经营成为新民主主义社会的主导形式。狄超白的这一思想，在1949—1956年的新民主主义社会里得到了充分的证明和应用。不过，狄超白或者说"中国农村派"的不足在于：第一，对国家引导农民走合作化道路的正面作用考虑充分，而对于其局限性着墨不多。第二，对合作组织所要求的农民管理能力的提高考虑不够。"中国农村派"思想的这一不足，同样被合作化运动的后期尤其是1958年后农村人民公社的实践所充分证明。

## 五、评　述

探究农业经济危机的原因及探寻解决危机的办法，是民国经济学界关注的核心问题。"中国农村派"从土地所有权的角度，依据"生产关系—土地关系—农业经营"的研究路径，指出特殊的地权矛盾是导致农村经济危机的本质原因，并认为只有变革土地所有权关系，对土地的归属和使用进行重新分配，才能从根本上挽救农村经济危机、促进农业生产力发展。总体来看，他们的研究思路和研究方法具有以下特点和优点：

第一，以土地所有权作为研究和解决农村问题的突破口。土地问题是中国农村问题的核心，土地关系是农村生产关系最基本的内容，这是民国时期许多学者持有的共同观点。然而，从土地所有权关系入手来研究和解决农村经济危机，却只有"中国农村派"这一家。他们认为，土地所有权关系在农业生产、农产品分配、交换和消费过程中起着重要的支配作用，中国农村中的一切问题，诸如农民被压迫和剥削、农业生产力衰败、农村土地利用效率低下、农村金融枯竭、农村劳动力不足等，均根源于旧有的土地所有权关系，要挽救农村经济危机，必先革除封建土地所有权。这一观点在民国经济学界颇为独特和新颖。

第二，以解放和发展农村生产力作为土地所有权关系变革的出发点和落脚点。能否促进生产力的发展，是"中国农村派"判断经济制度是否合理与有效的重要标准。薛暮桥在《怎样研究地租问题》(1937)一文中指出，"中国现行租佃制度性质如何？这种租佃制度对于现阶段的农业生产究竟起着什么作用？更具体点说，它是促进生产力的发展，还是阻碍生产力的发展？它是帮助农业生产向资本主义或是更进一步的生产方式前进,还是使农业生产停滞于半封建的发展阶段? ……这是我们研究中国现阶段的租佃制度所应首先注意之点"。无论是批判封建土地所有关系,还是主张实行"耕者有其田","中国农村派"的土地所有权思想均建立在能否解放和发展生产力这一基本标准之上。

第三,"中国农村派"的土地所有权思想与中国共产党的土地政策之间具有较强的互动关系。"中国农村派"是民国时期最重要的马克思主义经济学研究群体之一,在成立之初就接受中国共产党的领导。尤其是在后来的成长和发展过程中,它始终与中国共产党保持着良好的互动关系,这在土地所有权思想方面,表现得尤为明显:其一,"中国农村派"的土地所有权思想常常随着中国共产党革命和土地政策的变化而适当调整;其二,"中国农村派"的土地所有权思想为中国共产党的土地革命提供了大量的理论指导;其三,"中国农村派"还承担着为中国共产党的土地改革进行理论论证的任务。

"中国农村派"从土地所有权关系出发来探究中国农业恐慌的原因及解决之道,比同时期其他经济学家的思想主张要深刻得多、彻底得多。然而,过于依赖对地权矛盾的分析和考察,也使得他们忽视了对导致农业恐慌的其他原因,比如生产力、技术、管理等的考察。实际上,20世纪30年代前期农业恐慌的发生有着深刻而复杂的原因,除了全球经济危机使国外减少了对中国农产品的采购,并加快向中国倾销过剩农产品,以及落后、脆弱的小农生产方式承受不了沉重经济危机的打击等原因之外,也与中国农民受教育程度低、智力落后,农业科技水平低下有重要关系。新中国成立之后,我党积极引导农民走合作化道路,但并没有使农村生产力水平有太大的提高,原因就在于合作社规模的扩大超出了农民的管理能力,导致规模不经济。所以,问题不在于引导个体农民走合作之路,而在于规模化的农业组织建立后如何管理?

批判封建租佃制度,引导农民走合作之路,是"中国农村派"的历史价值所在,但对政府引导个体小农走合作化道路中的负面因素考虑不够,对合作组织建立后如何降低管理成本问题关注不够,则构成了"中国农村派"的不足。不过,瑕不掩瑜,"中国农村派"圆满地完成了时代赋予他们的改变封建租佃制度的历史使命,至于其弱点,则主要由时代的局限性所造成,这是我们在研究"中国农村派"的土地思想时必须要指出的。

**注:**

①换工是长工的一种,又名"帮手",指种田(自田或租田)十亩左右的农民,自己喂不起牲口,无力耕种,便要给牲力有余而人力不足的富农或中农做帮手,以自己的人力换取牲力来种田。

**参考文献**

[1] 陈翰笙. 现代中国的土地问题. 中国农村经济研究会编. 中国土地问题和商业高利贷, 1937.

[2] 陈振鹭, 陈邦政. 中国农村经济问题. 大学书店, 1935.

[3] 狄超白. 中国土地问题. 中国社会科学院科研局组织. 编狄超白集. 中国社会科学出版社, 2000.

[4] 李景汉. 中国农村金融与合作问题. 东方杂志, 1936, 33(7).

[5] 骆耕漠. 近年来我国农村金融中的新事态. 薛暮桥, 冯和法编《中国农村》论文选. 人民出版社, 1983.

[6] 钱俊瑞. 土地所有的形态. 申报月刊, 1933, 2(5).

[7] 钱俊瑞. 中国农业恐慌与土地问题. 中华月报, 1934a, 2(4).

[8] 钱俊瑞. 中国现阶段的土地问题. 陈翰笙, 薛暮桥, 冯和法编. 解放前的中国农村(第二辑), 中国展望出版社, 1985.

[9] 秦柳方. 土地改革与农业生产. 陈翰笙, 薛暮桥, 冯和法编. 解放前的中国农村(第二辑). 中国展望出版社, 1985.

[10] 孙晓村. 现代中国的土地问题. 教育与民众, 1936a, 8(3).

[11] 孙晓村. 现代中国的农业经营问题. 中山文化教育馆季刊(夏季号), 1936b(6).

[12] 孙晓村. 土地改革的基本原则. 中国建设, 1948, 6(3).

[13] 薛暮桥. 怎样研究中国农村经济. 中国农村, 1934, 1(1).

[14] 薛暮桥. 中国农村经济常识. 大众书店翻印, 1946.

[15] 薛暮桥. 怎样研究地租问题. 中山文化教育馆研究部编. 中国地租问题讨论集. 商务印书馆, 1937.

[16] 许涤新. 农村破产中底农民生计问题. 东方杂志, 1935, 32(1).

[17] 章有义. 中国近代农业史资料(第三辑). 生活·读书·新知三联书店, 1957.

# 投资人力资本,重建乡村经济
## ——晏阳初乡建理论的经济学分析*

晏阳初(1890—1990),世界著名教育家和社会学家,毕生从事平民教育与乡村建设的探索和实践,身体力行并力图在全中国乃至全世界的贫困落后地区推广,被世人誉为"国际平民教育之父"。他在平民教育和乡村建设方面所做的贡献不仅使世界范围内众多民众从中受惠,也为后人留下了丰富的思想资料。晏阳初出生于四川省一户传统的书香家庭,十几岁时接受西式教育,此后留学欧美。受到幼时传统教育的熏陶和青年时接触的西方自由民主思想影响,晏阳初自1920年回国便投身中国乡村建设,号召国人"除文盲,做新民"。1923年,他倡导部分有志乡村建设的同仁成立了著名的中华平民教育促进会,以此为乡村建设运动的核心机构相继建立了定县实验县、衡山实验县、新都实验县、华西实验区等乡村建设实验区,实验成效斐然、海内外影响卓著。其中尤以定县实验的持续时间最长、影响最大,从定县实验中获得的资料和经验奠定了晏阳初此后在国内国际开展的一系列乡村建设运动的理论和实践基础。由于抗日战争的爆发,进入20世纪40年代之后的国内乡村建设运动进入停滞状态,但晏阳初对乡村建设的探索并未因此终止。1950年以后,晏阳初以定县实验的基本经验与中国平民教育和乡村建设理论相结合,在国际上推而广之,先后在泰国、菲律宾、印度、加纳、古巴、哥伦比亚、危地马拉等许多国家继续开展建设运动,其最初提出的"除文盲,做新民"的口号也扩展为"除天下文盲,做世界新民"。1990年1月,晏阳初在美国纽约逝世,终年100岁。

晏阳初在平民教育和乡村建设方面的贡献为其赢得的国际赞誉不胜枚举:菲律宾总统、泰国国王曾为其颁发本国的最高荣誉奖章;1944年,他与爱因斯坦一同被评为"世界最具革命性贡献的十大伟人";1987年,美国总统里根为其颁发"终止饥饿终身成就奖",并称"六十年来为铲除第三世界饥饿和穷困根源,你始终不渝

---

\* 本文发表于《贵州财经大学学报》2010年第2期,与马亦欣合写,被国家扶贫办选为干部重点阅读文献。

地推广和开拓着一个持续而综合的计划"。除却为国内外民众带来的物质进步和生活改进,晏阳初在思想史上也留下了宝贵的精神财富。1943 年,针对美国总统罗斯福提出的"四大自由"(即言论的自由、信仰的自由、免于匮乏的自由、免于恐惧的自由),晏阳初提出了"第五项自由",即"免于愚昧无知的自由"(Freedom From Ignorance),整个世界为之震动。在晏阳初的理念中,乡村建设的实践并不是针对贫困落后的权宜之计,而是彻底改变民众命运、改变世界面貌的一项长期而崇高的事业,其中知识的传播和教育的普及是实现乡村经济重建的关键所在。终其一生,晏阳初始终为这一目标奋斗不懈。

20 世纪以来,国内外对晏阳初思想的研究和讨论不乏其人,众多发展中国家甚至发达国家的研究者都从其思想中探寻能使本国农村得到发展的经验和启示。对于以发展为第一要务、"三农"问题成为重中之重的中国而言,晏阳初所坚持不懈的乡村建设理论和实践尤其有特殊的研究价值与借鉴意义。国内学者对晏阳初思想的研究开始于 20 世纪 30 年代,至今已将近 80 年。新中国成立之前,由于战争频频,关于晏阳初思想的研究并未引发广泛影响;解放初期,由于晏阳初在推行乡村建设过程中较为倚赖海外及民国政府资助,和共产党激进的土地改革路线相比不免显得保守,意识形态的考虑使得学界对晏阳初思想的研究大多以批判为主;时至今日,海内外在晏阳初传记、文集和研究文献方面虽有一定规模的出版问世,但尚不能称为成熟。赛珍珠女士的《告语人民》,吴相湘的《晏阳初传》,宋恩荣主编的《晏阳初全集》,李济东、李志惠主编的《晏阳初与定县平民教育》,宋恩荣、熊贤君合著的《晏阳初教育思想研究》,詹一之、李国音合写的《平民教育之父晏阳初评介》等文献,是晏阳初思想研究中颇具影响的作品。

总体而言,长期以来关于晏阳初思想的研究大致可分为两个方向:在思想史研究方面,研究者主要将晏阳初视为教育家,从平民教育的角度对其思想加以考察;在乡村建设研究方面,研究者则着重关注其以定县实验为主的乡村建设实践,考察其中具体实施的步骤和细节。以现代经济学的理论工具分析晏阳初的乡村建设思想,将晏阳初的乡村建设思想融合为一个既有经济内涵又具有人文色彩的完整经济思想体系,这样的尝试目前尚付阙如,是本研究试图做出的创新所在。本文的研究试图从人力资本角度展开,将晏阳初在国内所进行的一系列平民教育和乡村建设实践纳入人力资本投资的经济学分析框架,重新分析、评价晏阳初的乡村建设思想。

## 一、发现人力资本:问题的提出

晏阳初的乡村建设思想体系建立在以"人"为重心的认识论基础之上,这是全部体系的逻辑起点。晏阳初在论及平民教育的宗旨目的及最后使命时曾说:"今日我国的问题,所谓根本的解决法,在将欲从各种问题的事上去求的时节,先从发生问题的'人'上去求,因为社会的各种问题,不自发生,自'人'而生。"[1](P8)又说:"假若人民全体或多数,具有解决问题的知识和能力,那就不怕问题之多且难。"[1](P9)在1935年举办的乡村工作讨论会第三次大会上,晏阳初更于演讲中强调:"乡村运动是民本的,建设是包括科学的技术和内容。"[2](P50)即是说,晏阳初将"人"的问题视为乡村建设中关键性的着力点,认为要复兴农村经济必须从"人"入手,而只要能解决好与"人"有关的问题、使"人"具有智识力和改造力,那么乡村建设的成效就可以预见。

以人力资本作为解答当时中国农村贫困凋敝问题的关键,既是人力资本问题逐渐进入思想史视野的结果,也是对自近代以来的一系列经济发展思想进行经验教训总结之后反思得到的结论。上述两个思想来源在晏阳初对乡村建设的思考中都有明确的反映。

就中国近代史而言,五四新文化运动集中体现了中国知识分子对"人"的认识的觉醒。钱理群教授曾在一场"知识分子下乡运动的历史考察和现实思考"的讲座中指出,"五四时期,一个核心思想就是人的觉醒。其中一个重要方面就是三大发现——儿童的发现、妇女的发现和农民的发现,他们在中国传统社会和传统文化中,是没有地位的"。以新文化运动本身而言,它所关注的"人"的问题涉及政治、经济、社会诸多方面,作为一场文化运动,其目的也侧重于思想上的解放,但"人的觉醒"这一转变的实质正是对人力资本重要性的重新认识。劳动力是生产力中最具活力的因素,劳动力的思想和素质停滞不前,建设科学民主的现代社会就无法实现。而在所有重新发现的人力资本当中,农民的发现无疑影响最为巨大,正如李大钊在《青年与农村》一文中所写的:"我们中国是一个农业国,大多数的劳工阶层就是那些农民。他们若是不解放,就是我们国民全体不解放;他们的苦痛,就是我们国民全体的苦痛;他们的愚暗,就是我们国民全体的愚暗;他们生活的利病,就是我们政治全体的利病。"[3](P287-288)晏阳初在中外生产水平的对比中发现了劳动者素质的重要,并且怀有对民族复兴的人文热忱。如他在《平民教育》一文中所呼告:"诸君要知道'民为邦本'的古训,平民是代表我们国家,可是人民居下流的有80%,我们想把中国弄成上流,非我们具有牺牲的精神、服务的精神去提高下流的程度不可。否则缘木求鱼,必不可得。"[1](P3-4)而"中国的民族,人数有4万万,在农村生活的,要占80%",因此对农村人力资本的开发和积累自然成为首先需要面对和解决的问题。

乡村建设运动所要解决的振兴中国、复兴民族的问题,事实上由来已久。自近代以来,寻找中国发展的道路一直是有志之士孜孜以求的愿望,对此所作的思考和探索几经挫折但从未停止过。从洋务运动的失败到维新变法的流产,辛亥革命也并未如资产阶级革命派所愿建立起资本主义的民主政体,越来越多的知识分子开始认识到单纯依靠引进西方先进科学技术,或是通过资产阶级革命的方式来谋求民族的复兴是行不通的。从最初的"器物上感觉不足",到"从制度上感觉不足",

在20世纪30年代经历了一系列挫折之后转变为"从文化根本上感觉不足",即"要想把现代的新文明,从根底输到社会里面,非把知识阶级与劳工阶级打成一片不可"[2](P287)。从经济学的观点来说,技术进步和制度革命都没能实现预定的发展生产力的目标,究其原因是因为缺少能够与技术进步和管理方式改变相配合的人力资本积累。晏阳初对于这一问题有清楚明确的认识,他曾说"中国今日的生死问题,不是别的,是民族衰老、民族堕落、民族涣散,根本是'人'的问题,这个问题的严重性,比任何问题都严重;它的根本性,也比任何问题还根本。我们认为这个问题不解决,对于其他问题的一切努力和奋斗,结果恐怕是白费力、白牺牲。近数十年来一切的改革建设失败的经验,已经够给我们认识这个问题的根本性与严重性了"[4](P33)。从人力资本入手谋求乡村建设的全面改造,正是出于对乡村经济中人力资本瓶颈的正确认识。

由"人"出发谋求乡村整体经济的重建,是认识和理解晏阳初的乡村建设思想的关键所在。尽管从未使用现代西方经济学的术语来表述其思想,但晏阳初实际上以人文色彩的语言阐明了农村人力资本的缺失在农村经济问题中的关键地位,逐步总结出人力资本投资所应涉及的方面,在分析当时中国农村人力资本现状的基础上进行了一系列建立人力资本积累体系的工作。晏阳初的乡村建设理论是人力资本理论在改造中国农村、建立新的农村社会问题上的具有时代和实践意义的尝试。

在现代经济学中,人力资本定义为凝聚在劳动者身上的知识、技能及其所表现出来的能力,"所谓人力资本都是指通过人力资本投资所开发形成的人的各种能力的总和"[5](P63)。这种能力是生产增长的主要因素,是具有经济价值的一种资本。从个体角度而言,人力资本指存在于人体之中、后天获得的具有经济价值的知识、技能、能力、健康等质量因素之和;从群体的角度而言,人力资本是指存在于一个国家或地区人口群体中,后天获得的具有经济价值的知识、技能、能力、健康等质量因素的总和。在晏阳初的理论中,他以其他方式表述了相同的含义,例如在《平民教育概论》中把具有知识力、生产力和公德心的人称为"整个的人",以"做整个的人"为教育的目标;在分析农村"愚、贫、弱、私"的四大问题时,涵盖了知识、能力、健康、道德多个方面。晏阳初的整个乡村建设理论体系,在根本上是对农村人力资本问题的探索和求解。

## 二、研究人力资本:问题的分析

人力资本理论进入现代西方经济学的体系,大致是在20世纪的中叶,主要以美国经济学家舒尔茨、贝克尔等为代表。在经济分析中引入人力资本理论,往往能够对某些经济现象做出全新的解释,为传统经济理论无法解决的问题提供解答,使经济学理论在分析社会领域问题时更具有启发意义。作为人力资本理论的创始者和主要代表,舒尔茨对农业和教育问题独到而深刻的经济学论述提供了一个很好的研究参照,而晏阳初关于乡村建设的理论,在这一问题上体现了异曲同工的经济学思想,并具有贴近当时中国现实的特色。

首先是关于人力资本投资的经济价值。在人力资本理论中,增长存在依靠人力资本投资的增长和不依靠人力资本投资的增长,但舒尔茨证明对于现代农业而言,"为了生产丰富的农产品,要求农民获得并具有使用有关土壤、植物、动物和机械的科学知识的技能与知识"[6](P153)。对于20世纪30年代中国农村的状况而言,农民几乎不具有使用现代科学技术的知识准备,也因此导致科学技术无法在广大农村普及推广。晏阳初由中西方生产水平的对比发现了这一问题,并在与欧洲华工苦力的接触中发现了改变的潜力。他论及华工苦力的学习潜力时说,"我一方面知道他们过的那牛马般的生活,一方面知道他们并不是不能学,只要启发他们,他们就能表现成绩出来。我知道苦力的'苦',也知道苦力的'力'"[7](P55)。从这一信念出发,晏阳初开展了一系列投资人力资本的乡村建设实践,事实证明取得了不容忽视的成绩。在1965年晏阳初所作的"关于乡村改造运动的总结"中,晏阳初对乡村建设中人力资本的经济价值做出了明确评价:"在现代科学技术与农民之间存在着巨大的差距。如果不消除这个差距,占世界人口2/3的农民就永远也不能参与他们本地区、本国的乡村改造,更谈不上参与国际的乡村改造了,消除这种差距的唯一办法就是通过向农民介绍科学知识和科学技术,使他们成为现代化的农民。"[8](P124)

其次是关于人力资本投资的涵盖方面。在《论人力资本投资》中,舒尔茨将人力资本投资分为五类:医疗和保健;在职人员培训;正式建立起来的初等、中等和高等教育;为成年人举办的学习项目(包括多见之于农业的技术推广);个人和家庭适应于变换就业机会的迁移。[9](P9—10)在晏阳初的乡村建设体系中,对于人力资本涵盖范围的认识是逐步推进的,但最终形成了一个与舒尔茨的观点有相同之处但更具有当时时代特征的体系。学校教育和非正式的推广课程是最先采用也最为主要的方面,学校式和社会式教育是乡村建设所采用的主要手段;对于健康的关注成为重要环节,建立起适合农村接受水平的乡村卫生保健制度;考虑到当时战乱频仍的国情,提高自卫能力、亦农亦战的训练也成为当时必须开展的一项工作;在进行上述工作的同时,还注意培养民众自发的组织力和团结力。对于人力资本的涵盖方面,晏阳初并没有直接列举,而是通过其分析问题的过程和实践表现出对这一问题的认识。晏阳初所提的"愚、贫、弱、私"四症,隐含了他认为应当提高农民之中教育、技术、健康卫生、组织观念几个方面素质的认识,而在他带领下开展的一系列乡村建设实践,也是基于这一认识划分和展开的,从上述几个方面投资于人力资本。

再次是关于人力资本投资的其他收益。在人力资本投资当中,来自医疗保健方面的收益是相对固定的,而来自教育方面的收益则十分微妙。晏阳初以教育为主要手段对乡村人力资本进行投资,除了希望实现改造传统农业、提高生产力、增加农村收入的经济收益之外,还要实现更为广泛的长期收益。其一,教育机构同时负担研究的职能,在教育进行的过程中收集到的反馈能够修正和改进人力资本投资计划与手段,实现良性互动,从而使人力资本投资获得更好的收益率。其二,人力资本投资包含筛选的过程,即发现和培养有才能的人,这些人能够在未来成为经济组织和政治组织中的领导者,一方面保证了乡村改造成果的巩固和延续,另一方面能促成乡村建设最终步向民主自治的目标的实现。其三,在通过教育手段进行人力资本投资的过程中,学校式或家庭式的组织改变了中国农村传统的以家族为基础的组织方式,在农民之中建立起广泛的社会联系,培养出团结协作的意识,这一公德力的培养为建立合作经济组织、设立财政和开展公共事业提供了必要的基础。

## 三、投资人力资本:问题的解答

在明确了人力资本与乡村建设最终目标之间的相关关系之后,如何在中国农村进行人力资本投资,就是晏阳初的乡村建设思想在实践层面上所要解答的问题。对于这一问题的回答主要体现在以定县实验县为代表的局部乡村建设实践中,即从认识中国农村人力资本现状的基础工作开始,晏阳初逐步建立了一个包含"基础、推广、提升、巩固"四个层面的人力资本积累体系。大致而言,晏阳初所倡导的从人力资本投资入手的乡村建设以调查研究为第一步,即首先深入农村,了解农村的现状、分析人力资本积累的问题所在,为投资计划的开展准备基础;其次,采取表证的方式,即在学校和样本农家先行开展工作、发起生活方式的改变,以榜样的力量来引起民众自发的接受、学习,使投资活动能够顺利普及并形成扩散;随后依靠投资带来的民众人力资本积累,以更高等的教育和不断进行的农业技术研发普及来进一步提升人力资本存量;最后,投资人力资本的目的是发扬民众的潜伏力而非"授人以鱼"的救济,故而最终通过建立具有自治性质的组织来对人力资本积累进行巩固和维持。

基础层面的工作,是为了解决人力资本投资从哪里开始的问题。晏阳初极为重视调查研究,倡导"实验地改造民族生活的教育"[4](P36),号召有知识、有理想的学术专家深入民间与平民共同生活、向平民诚心学习,深入其中调查研究农村最真实的本质问题。晏阳初旗帜鲜明地提出了"误教"与"无教"的区别,他认为,"中国近几十年来教育上最大的错误,在一切制度方法材料多半从东西洋抄袭来的,那工商业发达的国家的都市人的教育,如何能适合尤滞在农业时代的中国社会的需要,所以为实现民族再造的使命而创造的改造生活的教育,断不能不深入乡间从农民实际生活里,去找问题去找材料去求方法来研究实验"[4](P38)。在具体实行上,晏阳初等人将平民教育的手段与研究实验的步骤巧妙结合,通过设立平民学校与人民接近探查,开展所谓"探查性质的初步农民教育工作",形成了《定县社会概况调查》《定县农村工业调查》等对中国农村状况入木三分的调查报告,平教总会"博士下乡"的风气也一时传为佳话。

推广层面的工作,是为了解决如何开展人力资本投资的问题。在深入调查研究、掌握了翔实材料的基础上,晏阳初提出并坚持"从他们所知开始,用他们已有来改造"的原则。如晏阳初所论,"发扬民力,开发民力,改造生活,是一个巨大的工程,需要付出巨大的努力。但是千头万绪从何开始?我们认为要从平民最迫切的问题入手,从他们所知道并能理解的地方开始,在他们现有的基础上来进行改造"[10](P147)。因此晏阳初及其同仁以平民教育扫除文盲为基础,将复杂而高深的知识简单化,将农业科学技术简单化、经济化、实际化,在推行医疗卫生等事业时也充分考虑当时农村的经济承受力和传统观念的接受力,确保生活方式改造的平民化实现,并且注意选择最为经济有效的推广途径。举例而言,在农业科学化上,平教总会秉持只可渐进而不能突变的方针,以土产及土法应用为研究改进的主要材料;在卫生普及上,保健员制度照顾了农村的经济状况,而助产士计划则经实验之后最终决定缓行;通过初级平民学校施行普遍教育、扫除文盲的任务时,晏阳初等人精心选编了具有实用性并适合农民学习的课本和教学法,在三个月的极短时间里就能取得很大的成绩;巡回生计训练学校具有高度的流动性和灵活性,按照农时教授即学即用的实用技术,导生制则是针对零碎散漫的村落建立平民学校代价太高的问题而创造的独特解决法。

提升层面的工作,是为了解决如何对人力资本进行进一步投资的问题。晏阳初在对乡村建设理论的论述中最为重视的是基础层面人力资本投资的推广,但也涉及完成基础教育之后如何进一步获取知识的问题,其主要思想一方面是在供给层面上推进与农村实践紧密结合的研究实验、持续开发推广新知识新科技,另一方面在需求层面上建立社会组织保护和支持民众要求进一步提高的主动性。前者以高校等研究机构与农村生产实践的互动为代表,在研究实验与表证推广之间建立/重复实验的关系,由表证推广中测证的实验结果指导下一步的研究实验,形成科技知识更新的连锁制度。后者以平民学校毕业同学会为最重要的尝试,同学会以共同参加平民学校因而互相熟识和合作过的农民为核心形成一种继续受教育的团体,推行文艺、公民、卫生、生计多种方面的教育活动。此外,"高级平民学校为毕业于初级平民学校的一部分青年农民所设立,为满足他们向上的要求,进一步传授更具体的关于四大教育的知识能力做主要课程内容"[11](P173),但在具体的乡村建设实践中居于较次要的地位。

巩固层面的工作,是为了解决如何维护人力资本积累与农村社会进步的成果问题。晏阳初对这一问题的思考主要受到现实压力的影响,由于他所采取的是自下而上的改良主义道路谋求农村的全面改造,他必须在农村现有的社会组织基础上重新建立一个能够保护乡村建设运动成果的制度,主要是建立合作性质的经济和政治组织。在晏阳初对中国农村存在的"四症"分析中,"私"即缺乏道德陶冶和公民训练,是中国农民的弊端之一,因此晏阳初的乡村建设思想中尤为注意发扬团结合作的原则。合作的一种表现是经济上的,即"利用合作方式教育农民,组织合作社、自助社等,使农民在破产的农村经济状况下,能得到相当的补救办法"[12](P12),通过合作经济组织解决农民的借贷、购买、运销等问题,使技术的提高和人力资本的积累能够得到与之匹配的发挥作用的环境。在后期的实践中也有"应用合作的原则,把分散的、原始式的小手工业组织联合起来,做共同之经营"[11](P143)。另一种表现是社会上的,即打破原有的个人、家庭相对封闭独立的状态,通过平民学校的开展形成同学会等社会组织,推行家主会、闺女会等教育手段实现家庭之间的沟通和联合,更组织起自卫、修桥、修路等公共事务,在农村中培养领袖、建立自有、自治的组织。由经济上的改变上升到政治上的自治,才能保证乡村建设的成果得到巩固和扩大。

## 四、评 价

晏阳初的乡村建设思想体系是民国时期乡村建设思潮留下的宝贵精神遗产,其中不仅包括颇为丰富的理论资料,还包括大量经过局部实验获得的经验教训。研究晏阳初的乡村建设思想对于今天中国面对和解决"三农"问题仍有重大的借鉴和启发意义。

晏阳初的乡村建设思想以"民为邦本,本固邦宁"为核心构建,提出了中国农村"愚、贫、弱、私"四大问题,以文艺、生计、卫生、公民四大教育既有针对性又相辅相成地加以应对,采用学校式和社会式教育为主要手段培养有文化、有团结精神的"新民",最终走上自治民主政治的道路。从经济学的角度分析,晏阳初的乡村建设思想是人力资本理念与中国农村状况相结合的一次实践,其产生的背景具有时代特征,在详细研究分析中国农村人力资本积累情况的基础上建立了"基础、推广、提升、巩固"四个层面的人力资本投资、积累体系。

从积极方面来讲,晏阳初的乡村建设思想对中国农村分析具有一定洞察力,也部分适应于当时的国情,因此通过局部实验的方式开展的乡村建设实践在兴办教育、改良农业、流通金融、提倡合作、建立农村公共卫生保健制度和移风易俗等方面都促成了明显的进步。但是在根本上,晏阳初的乡村建设思想是改良主义的,"以承认现存的社会政治机构为先决条件;对于阻碍中国农村以至阻碍整个中国社会发展的帝国主义侵略和封建残余势力之统治,是秋毫无犯的"[13]。晏阳初对于人力资本成为发展瓶颈的认识是正确的,但是要在不改变社会政治经济环境的前提下依靠人力资本投资实现整个社会的改造,是行不通的。正因为如此,乡村建设运动虽然取得了一定效果,但导致20世纪30年代农村萧条凋敝的帝国主义农产品倾销、土地分配不均、农民负担过重等问题仍旧得不到解决,使得乡村建设运动的目标未能实现。与之形成对比的是共产党所领导的农民运动,在重视农村民众力量觉醒的同时打土豪、分田地、废除苛捐杂税,最终取得了复兴农村经济的成功。此外,晏阳初在国际乡村建设事业中之所以获得比国内更大的成功,也与国外不存在上述复杂的社会环境问题有关。

今日的中国正面临攻克"三农"问题、建设社会主义新农村的伟大历史任务,正确研究、认识和评价晏阳初的乡村建设思想,正确对待乡村建设运动的成败得失,有助于我们从中汲取有益的养分,服务于新时期的农村建设。

**参考文献**

[1] 晏阳初. 平民教育的宗旨目的和最后的使命. 晏阳初,赛珍珠. 告语人民. 广西师范大学出版社,2003.

[2] 晏阳初. 农民运动与民族自救. 晏阳初,赛珍珠. 告语人民. 广西师范大学出版社,2003.

[3] 李大钊. 青年与农村. 李大钊. 李大钊全集(2). 人民出版社,2006.

[4] 晏阳初. 农村运动的使命. 晏阳初,赛珍珠. 告语人民. 广西师范大学出版社,2003.

[5] 张凤林. 人力资本理论及其应用研究. 商务印书馆.

[6] 西奥多·W. 舒尔茨. 改造传统农业. 商务印书馆,2006.

[7] 晏阳初. 平民教育促进会工作演进的几个阶段. 晏阳初,赛珍珠. 告语人民. 广西师范大学出版社,2003.

[8] 晏阳初. 关于乡村改造运动的总结. 晏阳初,赛珍珠. 告语人民. 广西师范大学出版社,2003.

[9] 西奥多·W. 舒尔茨. 论人力资本投资. 北京经济学院出版社,1990.

[10] 晏阳初. 乡村改造运动十大信条. 晏阳初,赛珍珠. 告语人民. 广西师范大学出版社,2003.

[11] 吴相湘. 晏阳初传. 岳麓书社,2000.

[12] 晏阳初. 中华平民教育促进会定县工作大概. 晏阳初,赛珍珠. 告语人民. 广西师范大学出版社,2003.

[13] 孙冶方. 为什么要批评乡村改良主义工作. 中国农村. 2卷5期. 2003.

# 刘大钧工业化思想述评*

　　刘大钧(1891—1962),字季陶,民国时期著名经济学家、统计学家、社会活动家,中国经济学社的主要领导人,与马寅初、何廉、方显庭一道被称为"民国四大经济学家",是民国时期经济学家的杰出代表。曾任《经济统计月志》《国民经济月刊》《经济动员半月刊》主编,主要著作有《中国的工业和财政》《外国在华投资》《上海工业化研究》《我国佃农经济状况》《经济动员与统制经济》《非常时期的货币问题》《工业化与中国工业建设》等。

　　刘大钧秉承了"民为贵、社稷次之、君为轻"的传统民本思想,着眼于"生产增加"和"平衡分配"这两个经济核心问题,在兼顾国防安全和民生需要的基础上,参照世界各国发展经验,"以为工业化……实为我国唯一之出路"[1](P3),成为"以工立国"的坚定支持者。

　　刘大钧的"工业化"并未局限于工业领域内,而是涉及农业、矿业、贸易、交通、货币、金融、人口、劳工、资金与企业组织、工业化与精神文明等各个方面的系统化工程,是以工业为核心的整个国民经济的发展,是国民经济结构、生产分配制度变化,以及相伴随的社会文化、风俗等精神文明层次变化的大变革。在工业化的目标上,刘大钧将国防与民生并举,并且认为"民生为积极的与主动的目标,而国防则为消极的与被动的目标",期望通过工业化努力实现"最大多数之最高幸福",促进"大多数人生活程度之平衡的发展"[1](P10)。

　　在研究方法上,经济学和统计学专业出身的刘大钧十分重视采用现代经济学研究方法从事经济问题研究,尤其偏好运用统计方法。不论是对各种经济资源的考察,还是对农业经济、工业经济和国民经济其他部门经济的研究,他都十分重视原始资料的搜集,强调制订合适的调查表格和标准统计表式,采用科学的调查方法和分类方法,获取研究所需资料。他指出:"各国重要统计,都已搜集多年,所以能做到精心的统计学研究。我国连土地、人口两种根本统计尚且不完备,何能谈到高

---

* 本文发表于《中南财经政法大学学报》2013年第3期,与熊维刚、吕麒合写。

深的问题。我国现在所需的,是统计学中所需要的原始材料。"[2](P373) 正是采用统计方法,使得刘大钧的研究成果客观而富有说服力。

对于刘大钧的工业化思想,学术界进行了一定的研究,但主要是在研究中国近代市场经济历程、中国工业化思想变迁过程中进行的,通常只侧重于刘大钧工业化思想的某一个方面,缺乏系统化、全面化的分析。例如,聂志红在《民国工业化思想研究》中涉及刘大钧关于工业化内涵的评述、关于各行各业平衡发展的主张、关于工业分区问题的看法、关于统制经济的主张[3](P29);叶世昌和施正康在《中国近代市场经济思想》中涉及刘大钧关于利用外资的主张、关于金融对工业影响的看法[4](P200);孙智君在《刘大钧的产业经济思想述评》中,从农业、矿业、商业、制造业、交通运输业、金融业等角度分析了刘大钧的产业发展思想[5];孙大权在《中国经济学的成长:中国经济学社研究(1923—1953)》中,则从为什么要实行统制经济、统制经济实施的范围等方面分析了刘大钧的工业化思想[6](P256—259)。本文将在继承学术界以往研究的基础上,从工业化过程中政府的角色、国家经济与地方经济、产业协调发展等方面研究刘大钧的工业化思想。

## 一、对工业化过程中政府角色的认识

计划还是放任是民国时期争论较多的几个经济问题之一,这种争论有着非常鲜明的时代烙印。

从世界范围来看,一方面,苏俄 1917 年十月革命后,通过全面实行计划经济,建立了较为完善的国民工业体系,综合国力大大增强,成功抵制了帝国主义国家的封锁;另一方面,1929 年全球经济危机爆发之后,英美等资本主义国家纷纷放弃了以往的经济自由主义政策,转而实行凯恩斯主义,实行国家干预。"罗斯福新政"的巨大成功,使得凯恩斯主义获得了全球性的声誉,并在第二次世界大战时期达到了顶峰,成为同盟国家获得战争胜利的经济基础。国际经济学界的思潮变化,无疑会对后发国家的工业化进程产生重要影响。

从中国国内情况来看,中国有通过国家干预保护民生和维持社会安定的传统,《管子》可谓传统中国实施国家干预经济的经典性理论著作。近代中国民主革命的先行者孙中山先生非常推崇《管子》,认为中国要实现富强,必须学习《管子》的办法,实行国家干预主义,以便集中全国的力量与西方垄断力量抗衡。为此,《国民党第一次全国代表大会宣言》中规定:"国民党之民生主义,其最要之原则不外二者:一曰平均地权,二曰节制资本……凡本国人及外国人之企业有独占的性质,或规模过大为私人之力所不能办者,如银行、铁道、航路之属,由国家经营管理之,使私有制度不能操纵国民之生计,此则节制资本之要旨也。"[7](P120) 1928 年南京国民政府建立后,着手实践孙中山的建国方略。刘大钧关于计划与放任的讨论正是在此背景下进行的。

刘大钧作为从自由资本主义的大本营——美国学成归国的经济学家,无疑是反对苏俄式计划经济的,他认为:"以此为我国之楷模,则在实行之时,须对一切经济行为,加以集中之统制,而社会及政治机构皆须彻底加以改变,似非吾国所能仿效。"[1](P11)刘大钧认为实行苏俄式计划经济太过激进,必须加以反对,这和其他英美派经济学家的主张是一致的。

同时,他也认为:"放任政策之所谓自动的调整与规范实不可恃,且大部分无实现之可能。放任政策假定——完善的自由竞争,而事实上此种竞争并不存在,历史上亦无绝对放任的前例。个人兴业与企业自由必以有计划的社会安宁为前提,否则即无由实现。况放任政策并不如其信徒之所言,可使人人得相当职业,而享受最大的报酬;相反的仅引起浪费、独占与不完善的竞争。"[1](P11)。

由此可见,刘大钧既反对苏俄式计划经济,也反对绝对的放任经济,而他所主张的则是介于这两者之间的一种中间形式,以此来调和两者的不足,这种经济形式在当时有个专门的名词——统制经济。刘大钧指出:绝对的计划或放任都有流弊,"为避免浪费起见,吾人必制定方案,分别缓急,使吾人所最需要之工作得从速进行,而整个国民经济得有广泛的与平衡的发展,故有意识的与有组织的指导实为求达此种目标所不可缺"。他强调:"吾人所谓之计划经济并不必由政府统制一切经济行为更不必由国家经营一切企业。我国经济发展方案之一部分工作虽必须由政府举办,另一部分则应由人民进行,而受政府之统制,此外一切则并[非]统制亦非所需。"[1](P11—12)

关于统制的范围,刘大钧在1935年具拟的《确定经济政策以发展国民经济提案》中提到:"统制经济以与经济命脉有关之金融、贸易及交通事业为限。公用事业则由地方政府统制。其他农、工、林、矿、渔、牧等业,以政府从事指导、补助奖励人民经营为原则,而以国营或统制为例外。"[8]具体的统制政策为:"统制经济,按照前述原则,可有数种方式:(1)国营:主要之交通、金融与公用事业,与国防有关之工业、矿业,以及人民不能举办之实业应由政府经营;(2)局部统制:事业虽由人民自营,而政府对于其产品之产量、定价、销售、运输以及营业方法等加以统制;(3)监督:私营事业由政府特别监督,如有妨害国家及一般国民利益之处,则加以制裁。凡不适于国营之事业,而在上述原则中,应由政府加以统制者,可斟酌需要,采用(2)、(3)两种方式。"[8]

显而易见,守夜人式的政府角色不是刘大钧所主张的,他认为国家所起的作用应远远大于亚当·斯密认为国家应起的作用,是"可统制全国其他各种经济活动"的。采用的方式主要是通过对关键性行业和辐射面较广的行业的控制来实现对国民经济的全面影响,甚至可以采用制裁来实现目的。但刘大钧也绝非主张公有制经济,"我以为私有资产,在相当限度以内,可使人民安居乐业,为安定社会的基础,唯限制私有资产增加相差太远,及大资本家压迫贫民起见,则须政府能统制金融、交通与运销,目的即可达到"。[9]

## 二、对国家经济与区域经济关系的认识

我国地域辽阔,资源丰富,各地之间经济发展极不平衡,加之民国时期的工业又刚刚起步,如何做好各区域间经济相对平衡发展,做好区域间的经济规划,以促进我国的工业化进程,是当时经济学界的重要任务。

对于这一问题,有些学者如许德珩在《中国工业化及其前途》一文中主张,"各区的经济发展,当求其能自给自足"。对此刘大钧从两个方面提出了反对意见。其一,"吾国资源与资本两皆缺乏,欲使每一区域,可以自给自足,亦为事实所不许。即或可以实现,亦不免奖励不合经济原则之生产,而使吾人不能得地域分工合作之利。经济先进国家,为争取市场及资源起见,且由国内而扩充至海外,吾人岂可限制国家经济之发展,而反求区域之经济自给乎?"其二,"如果实行区域经济政策,亦使全国的经济计划与平衡发展无由实现。譬如铁路运输,沟通全国,如为区域计划之所限,必失其商业上与军事上之重要性。华北对于全国经济,至关重要,沦陷之后,吾国绝难以其他区域经济之发展为之补救。况区域经济不免使人民之政治观念区域化,而促进吾国旧有之区域封建思想,故不应加以提倡也"。

刘大钧所主张的是:"各种企业之需要不同,故各区之生产能力应使用于其最适宜之事业,然后可得区域分工合作之最大效果。某某区域富于矿业资源与动力,宜于重工业之发展。某某区域原材料充足,接近市场,则宜轻工业。此外更有宜于发展农业者。凡此各种区域间相互利用,以臻全国经济之平衡发展,而充裕全民之生计。"[1](P14—15) "区域间相互利用,以臻全国经济之平衡发展",但他认为:"工业本身富有集中性……任其自然,则有时可能造成畸形之发展,于国防民生二者,皆非所宜。"[1](P77) 刘大钧将这种集中性解释为"积重趋势",其原因在:"个别事业因创办较早,基础巩固,积极从事扩充,规模日益宏大,此一例也。某地已有某项工业,经营获利,于是他人步其后尘,在同一区域,从事同一之事业,此二例也。在同一前提之下,他类工业,因种种关系,在同一地域有相当之发展,亦为积重趋势之一种,此三例也。"[1](P31)

可见,刘大钧反对以邻为壑的自给自足的区域经济,而主张区域间的经济互补,强调区域间的经济发展要充分利用本区域的相对优势,并在此基础上实现全国工业化的演进。

不过,刘大钧也看到了工商业高度集中所带来的问题,力图通过区域的分散化加以纠正。

刘大钧指出,如果某一地域适于某一类工业的发展,比如某一地域富于铁矿,则除非有某一家冶铁公司享受了独占权,那么其他公司的设立就在所难免了;如果某一行业在某一区域发展兴盛,则伴随而来的以该业为龙头的其他辅助行业的兴

盛与之就互为因果了,交通运输、资金融通等行业便是如此;如果某地为某一行业的集中点,那么当地的企业家和管理人员耳濡目染,人才供给也不成问题;单纯的工商业集中也能带来原材料采购、经验技术交流等方面的好处。又如在工业繁盛的区域,人口与购买力都较别的区域为大,商业、金融与交通运输业较别的区域便利,这样的市场是一般的工业最为欢迎的,也就导致了工业的进一步集中,城市进一步繁荣。这种种原因自然导致了工商业的高度集中。在当时,中国经济的集中度也的确是异常之高,1933 年,"我国工厂共有 2435 家,而其中有 1186 家即 48.7% 集中于上海一市。就沿海各省(冀、鲁、苏、浙、闽、粤)而言,所有工厂数为 2241 家,更占全国 92%"[1](P41)。这种程度的高度集中"于国防民生二者,皆非所宜……况近代人口之迁徙,多视工业为转移;为工业中心之大都市,其人口亦必十分密集,发生种种社会问题,此亦宜避免者"[1](P77)。

可见,刘大钧是反对工商业的过分高度集中的,同时他又认为集中在所难免,这样,如何控制集中的程度就是一个重要问题了。

对此,刘大钧主张原则上把全国分为若干区域,分别发展其工业。这种划分不是要在较大的范围内实行区域经济自给自足,也不是随心所欲、胡乱划分,而是依据其各自在原材料、矿藏、人口、市场、交通、地理位置等各方面的优势而定。除此之外,政府还应改善各个区域的基础设施,努力为避免工业的过度集中创造条件。刘大钧提到:"为避免工业过度集中,奖励其分散起见,在国内各区,宜多设电力厂……电力之发展与工业互为因果;若听其自然,则私营电厂目光短浅者,为避免亏损,往往不愿扩充设备,以应工业之需要,故政府为促进工业分散起见,须自营电厂,并减轻电费。此为实现分区发展之一重要因素。"[1](P79—80)

总之,刘大钧是很重视政府的规划设计的,这也是他主张统制经济的原因。他认为后发国家可以通过总结先发国家现代化的经验教训,提高智识水平,从而大大缩短与先进国家的差距。他的上述主张,实际上是在中央政府的调控和计划下,按照各区域、各地方的资源禀赋,积极发展各地方的经济,避免工业过度集中带来的诸多弊端,按照"全国一盘棋"的原则推动工业化的进行。其次,在中央政府统一规划下发展区域经济,各地方实现互补与配合,这有效地淡化了人为的政治区域观念,利于实现国家的统一。最后,因地制宜分区发展的主张,有效地应对了我国国土辽阔,各地的资源条件差异巨大,而现有资本相形不足,无法同时开发的现实。在这里,刘大钧分区的标准是有效地利用当地的资源和市场,根据当地资源和市场的不同而选择不同的工业进行发展,同时政府还应该做出相应的努力以促进工业分区发展,防止工业的过分集中。

## 三、对工业化过程中产业协调发展的认识

如何实现工业化过程中的协调发展,是发展经济学关注的一个重要问题。

基于落后国家短时间内快速现代化的需要,刘大钧认为急进的发展优于缓进的发展。"虽承认急进发展可发生较严重的失调,然缓进亦未必能使一切经济事业稳健的进展,更不能谓时间较长,本身即可消灭经济失调对社会之不良影响。英伦三岛为工业革命之策源地,而其发展亦较为缓进。然英国19世纪之社会经济历史显示演进改革之步骤所发生之影响,未尝无害,亦未尝易于补救。故无论缓急如何,对于资本及劳力之间关系、各种事业之盛衰、劳工之分布,以及以上各项所引起之社会问题、工业化之影响至为远大,故经济与社会之失调必难避免。改变之缓急,关系尚少,其至关重要者,为吾人有无远大目光,可预料此种不可避免之失调情势,及有无能力,可预定解决之方法,到期即加以施行耳。有意识的、有组织的指导,实为减少并解决此种困难问题所必需。"[1](P15) 这样,在急进的工业化过程中,如何实现协调发展就成为刘大钧思想中的首要问题。

1. 工业与农业协调发展

在传统农业社会向现代工业社会转变的过程中,无论是如英国这样自发性的逐渐转变,还是如中国这样后发性的急剧变革,都很难避免工业与农业之间在各个方面的矛盾。

刘大钧已经认识到中国在工业化进程中出现工业和农业间相互冲突的可能性,他"虽主张促进工业化,然对农业本身并不忽视"[1](P87)。他认为农业及其他产业在工业化的过程中,都不免出现各种变化以适应工业的需要,但他并不主张农业和其他产业沦为工业的附庸,而是考虑如何在工业化的过程中顾及农业的利益,如何在农村人口占全国人口80%的中国尽量避免工业与农业之间的冲突,而使其相互促进、相得益彰。

刘大钧认为工业的发展很可能至少在短时间内对农业带来不利之影响,这种影响是多方面的。

第一个影响是剪刀差。具体说就是:"农人所售卖者为农业品,而所购买者多为工业产品;从事工业者则反是……凡物价上涨时,工业产品市价之上升往往较农业产品为速……在此种情况之下,农人所入因农产品价跌而减少,其支出则因工业产品价涨而增加,两面夹攻,其经济状况极感困难。"[1](P88) 他认为民国时期农村的衰落很大的原因就在于此,如果政府对此没有适宜的政策,那么工业的加速发展极有可能引起农村的破产。

第二个影响是使得农村劳动力有可能缺乏。工业的发展使得人口逐渐向城市集聚,农村人口逐渐减少,这在我国农村劳动力过剩的情况下是相当有益的。但刘大钧同时认为工业及其相关产业加速发展,大量吸纳农村劳动力,农村劳动力有可

能会有不足之虞,这种可能不会遍布全国,但在接近城市之农村会很大,特别是工业劳动力需求稳定,而农业劳动力需求随季节波动极大,如在播种或收割时出现了劳力缺乏,则影响甚大。补救的方法主要在于鼓励农业多用动力和其他新式机械,而在农民资金有限的状况下,政府和金融界应多予支持。

第三个影响是在资金方面。刘大钧认为工业和农业在资金方面处于竞争的地位,"我国资金本甚缺乏,此前在无工业之时,国内资金之主要出路,在贷与农民,故地主商号等皆从事于此,其利率虽高,农民尚可分润,工业发展,则资金之需要骤然增加;开设工业者多为资本家,对于诱致资金,或借贷现款,比较容易,农民则无此种便利,故所需资金更难获得"[1](P90)。对此刘大钧认为当时各地所开设的农村信用合作社,各地银行所从事的农村信贷对农民是大有好处的,同时在工业发展之时,政府应该多加调剂,使得资金不尽为工业所吸收,使得农贷不致中断。考察改革以来中国农村信贷发展之实际,可以很清楚地看出刘大钧此项建议的预见性。

对于工业化过程中工业与农业出现的矛盾,"刘易斯—兰尼斯—费景汉二元经济理论"给予了详尽的讨论。该理论认为,在传统农业经济占主导的落后国家,农业部门在巨大的人口压力和停滞的技术进步面前,不是以利润最大化为目标,而是以"内卷化"的生产方式,通过不断追加劳动力来提高农业总产出,因而在农业部门内存在大量的闲置劳动力,这部分劳动力不能增加农业边际产出,却消耗了农业剩余,使得农业部门的人均收入被摊薄。因此,只要新兴工业部门支付略高于农村人均收入的工资,就能源源不断地从农业部门雇用到大量劳动力。这种低工资使得工业企业的利润率不断提高,有力地支持了资本积累和扩大再生产,从而推动了工业化的发展。这就是刘易斯所说的"劳动力无限供给下的工业化"。

但这种工业化的发展是以牺牲农业部门的发展为前提的,在刘易斯的理论框架内,农业部门充当工业部门的附庸,为之提供廉价的劳动力,至于农业部门自身的发展是不受关注的。然而,随着工业化的不断推进,工业与农业之间的这种矛盾会不断激化。伴随着农业部门劳动力的转移,农业部门的总产出会逐步下降,这将影响到粮食的供求均衡。当粮食总供给下降、粮价不断上涨时,将导致生活成本的上升,从而迫使工资水平上升。当工业部门不得不通过提高工资水平来雇用更多的劳动力时,利润率将受到下降的压力,进而影响到资本积累,甚至阻碍工业化的发展。此时,工业与农业的发展便发生了重大的矛盾冲突。

针对这一问题,兰尼斯、费景汉认为只有加大对农业部门的投入,发展农业,提升农业部门的技术水平,从而在原先的劳动力和资金投入水平下,生产出更多的农产品才能解决。但是,面对工业部门的高利润率和高资本产出比,资本家显然不会自发地将资本和储蓄投入到农业部门,因此,在资本逐利性的现实面前,欲解决工农业的矛盾,必须依靠国家干预。通过国家对投资方向的引导,对农业部门的支持,才能有效地实现农业部门的经济发展和技术进步,从而保证工业化的有效进行,实现由落后农业国向现代工业国的转变。

可见，刘大钧清醒地意识到了工业化过程中工业和农业可能出现的矛盾，并敏锐地捕捉到了一系列重要的问题，而解决这些关键问题的要点则在于国家干预和政府良好的调控。

2. 轻工业与重工业协调发展

优先发展轻工业还是重工业，是所有后进国家都必须面对的选择，在20世纪30—40年代的中国更是决定国家发展前途的重大问题。刘大钧对这一问题进行了深入研究。

刘大钧认为："如偏重国防，则在工业方面，亦须注重重工业之建设；若偏重民生则轻工业亟应提倡。"[1](P72)"现在国防所最需要者，厥为重工业。不独一切军械需要钢铁等金属原料，即现代之交通工具亦胥赖于此……广义言之，则凡兵工业所需要之原料，几全取给于重工业，故重工业与国防关系之密切，不言而喻……在另一方面，人生必需品，如衣、食、住之所需，则多为轻工业之产品……故轻工业对于民生，关系较密也。"[1](P73) 换言之，着重轻工业还是重工业须视民生与国防孰轻孰重来决定。如上文所述，原则上，刘大钧是主张民生积极改进而国防消极应对的，这样自然会得出应该优先发展轻工业的结论。不过，在刘大钧看来，这只是一般原则而言，具体到社会实践中，还要分情况区别对待。若是战时时期，自然国防优先于民生；而在一般和平时期，应是民生优先于国防。

刘大钧指出，如果优先发展重工业，我国是很难像欧美工业那样出口机械设备等重工业制成品换取本国所需民生用品的，其原因便在于我国生产的机械和工业原料难以同欧美等先进国家争夺国际市场。优先发展轻工业则不一样，我国人口众多，轻工业产品是不怕没有市场的，而且与国外商品相比，本国商品省却了关税、运费等各种费用，和国外舶来品竞争起来相对比较容易。显然，刘大钧认为中国在资金不足、劳动力过剩的条件下，应该充分发挥自己的比较优势，从事对资金要求少而劳动力需求较大的轻工业，以轻工业为主参与国际竞争，换回自己所需的机械及工业原料。

然而刘大钧并不是不要重工业，他说："在今日世界工业十分发达之时，我国如不顾及国防之需要，及工业化基础之确立，而仅为目前充裕民生起见，不妨听其自然……然在此次大战前国际情势如此逆转，由经济合作而变为各国力争经济自给自足，由互尊领土主权而变为积极侵略，以致国家之生存，民族之繁荣，非武力无由保证，则国防之重要自不可忽视。为巩固国防起见，国内必有相当之重工业，始免战时依赖他人。"[1](P75—76) 在发展重工业的过程中，刘大钧主张由国家干预主导，"如某种事业，于国防民生，皆有重大关系，而私人不能举办，则国家应自行经营。我国重工业甚形缺乏，而其所需资金，比较为多，如候人民兴办，则不免仍循旧日之途径，而工业无由促进，应由具体计划，考虑国防与国民经济之需要，而自行经营，至人民资力渐充，力能举办，则政府不必越俎代庖，而所有已兴办者，且不妨让渡于私人"。[1](P82)而在论述工业化所需资金时他则认为:"将来振兴工业,开发矿产,修筑铁路等,需要巨额之长期投资,孰非我国力所能负担……唯一出路……利用外资而已……在战后短期中输入巨额外资,以奠定工业化之基础。基础既备,则一般产业可以发展广大,日趋兴盛。"[1](P89—90)

可见刘大钧绝不是没有看到重工业对国民经济的重要性,相反他认为重工业如若不能有所发展,则我国"工业无由促进"。只是,刘大钧认为政府对重工业的发展应主要通过大举外债和政府投资的方式进行,不能压低人民生活水平,强制积累,进行投资,这样做违反了民生主义原则,是与改善人民生活水平的大方向背道而驰的。同样,他也绝不是认为在战争爆发之时,政府就可以不顾及百姓的生活,将全部资源用于大炮的生产。

因此,如何在国防和民生两者之间做出平衡,如何利用中国当时在劳动力、轻工产品市场方面的优势,如何避免中国在资金、技术和重工产品市场方面的劣势,如何既能迅速地为中国工业化道路打下良好的基础,又能不妨碍一般工业的发展,正是刘大钧在关于重工业和轻工业之间做出选择时所考虑的重要问题。

## 四、评 论

综上所述,刘大钧工业化思想的要旨是,以国家统制的方式,通过协调轻工业与重工业、农业与工业、国家经济与区域经济等关系,快速推动中国实现工业化,以达到国防安全与民生富裕的双重目标。

应该说,刘大钧的上述主张还是比较符合中国当时的实际情况的。对于一个以传统农业经济为主导的落后国家来说,中国要实现工业化,实现传统经济向现代经济的过渡,单靠民间自发的经济活动几乎是不可能的。一方面,单靠民间的资本积累与投资,往往难以形成规模效应,耗时长,见效慢;另一方面,受诸如重农抑商、官本位等传统价值观的影响,有限的农业剩余将耗散于文化活动、奢侈消费,或者进行政治投资,而不能保证将农业剩余转移到新兴工业部门。因此,传统农业国家的工业化过程必须依靠国家干预和支持,通过国家统一计划与调控,将农业剩余集中转移到工业部门,并重点扶持交通等重要产业,以点带面,以此实现工业化的有效推进。

从历史来看,英国在资本原始积累阶段,英皇室和议会积极支持海外殖民掠夺,并通过颁布一系列诸如《济贫法》的法令支持新兴资产阶级的发展;日本从明治维新开始,国家通过直接投资、间接扶持一系列重要产业,快速推动了日本的工业化进程,在短短几十年时间里,一跃成为东北亚强国。此外还有德国、美国等国的工业化历史,基本都遵循了国家干预下的路径,不一而足。当然,考虑到国家财力、能力的有限性,还要发挥民间的力量加以弥补,不过这要建立在遵循国家计划的基础上,这就是旨在调动国家、民众两个方面积极性的统制经济模式成为包括刘大钧在内的民国绝大多数经济学家选择的原因。

当然,刘大钧对中国工业化问题的论述也有欠缺之处。

第一,对政府干预经济的负面作用考虑不足。刘大钧等主张统制经济思想的学者过于强调了国家行政机构理性的作用,而对其非理性的一面,如计划者智识能力的不足,利用制度的漏洞腐败等没有进行充分的研究。换言之,对市场失灵论述多,但很少论及政府失灵,这样自然不可能对国家行政介入经济的界限进行严格的限定。

第二,由于对政府干预经济的负面作用考虑不足,还使得刘大钧更多地从空间范围内研究统制经济,而未从时间的角度考虑政府与市场的关系。鉴于市场和政府权力各有优点和缺点,从长期来看,并不排斥一段时间内实行高度的国家干预,在全社会范围内实行国营经济;而在另一段时间内则实行高度的自由经济,广泛发展民营企业。前者更适合于需要高度集中资源的紧迫的战争时期,后者适合于不需要高度集中资源的和缓的太平时期,这就是先哲讲的文武之道,用另一个概念表达就是"时中",即根据时间的变化灵活地选择配置资源的方式,当然这中间会有一个艰难的转轨阶段。刘大钧单纯从空间范围内研究统制经济,而忽视了时间这一重要的范畴,这就是统制经济模式何以既遭自由主义者反对,也遭社会主义者反对的原因。

第三,在发展所需资本的来源上,刘大钧过于依赖外资,对国际资本流通方面的局限性估计不足。他只考虑到美国资金充裕,有可能向我们提供资金支持,而没有考虑受到两次世界战火严重蹂躏的欧洲也迫切需要美国资金的支持,而在美国的战略格局里,欧重于亚,在这种情况下,美国又能向中国提供多少资金支持呢?显然,在中国这样一个庞大的国家,纯粹依赖外资是很难行得通的。

针对刘大钧等建立在统制经济基础上的工业化思想的上述弱点,蒋硕杰撰文指出:"如此庞大的权力如何能防止其不被滥用?……这是决定经济制度时必须慎重考虑的大问题。固然我们可以说在民主政治之下,反对党的批评与监督,及数年一度之普选,可以使当权政府不敢不为民众的福利行使其职权,否则在下届普选时必将丧失其政权。但是这种看法实过于肤浅。"因为在这种体制下,"政府至少可以控制全国的就业机会。在朝党难免不利用其黜陟之权排斥异己,使反对者在本国内无容身之地。在这种人事控制之下反对党自然难以立足。民主政治纵令不完全消灭亦将徒具虚名而已……健全的反对党的存在,亦即民主政治的存在,需要人民在政府所控制的机关之外,另有谋生及发展之途径"[10]。

马寅初则将批判的笔锋对准打着"经济统制"旗号化公为私的官僚资本。早在抗战期间,他就指出,"此外尚有几位大官,乘国家之危急,挟政治上之势力,勾结一家或几家大银行,大做其生意,或大炒其外汇。其做生意之时以统制贸易为名,以大发其财为实,故所谓统制者是一种公私不分之统制"。在他看来,"中国的(大贪污),其误国之罪,远在奸商汉奸之上。吾人以千数百万同胞之死伤,数百万财产之损失,希冀获得胜利以求民族之快快复兴,决不愿以如是巨大之牺牲来交换几个大财神,一个握财政之枢纽,一个执金融之牛耳,将吾人经济命脉操在手中"[11]。抗战胜利以后,针对官僚资本家以统制之名大肆搜刮财富的行径,他又指出,"今天尚有另一种战争,虽隐而不见,而危害极大,这即是经济战争。此种战争如不结束,则民族资本没法发展。而官僚资本抬头,霸占一切,害国害民,难以言说"。他批评官僚集团"利用政治上的权力,修改《公司法》,只要中外二三个人就可以成立有限公司。这样下去,国营事业,成为官营事业的结果,一切归属于几个大家庭了。几个大家庭的利益,是剥夺全国国民的利益而来的"[12]。

尽管刘大钧的工业化思想存在上述弱点,但它毕竟反映了近代中国人对于民族振兴、国家独立、民生富足的艰难追求,比较充分和集中地反映了20世纪30—40年代中国经济结构演变的现实与趋势,把中国近代工业化思想推向了一个新的高度,在中国经济思想史上占有十分重要的地位。

**参考文献**

[1] 刘大钧. 工业化与中国工业建设. 商务印书馆,1946.

[2] 龚鉴尧. 世界统计名人传记. 中国统计出版社,2000.

[3] 聂志红. 民国时期工业化思想研究. 山东人民出版社,2009.

[4] 叶世昌,施正康. 中国近代市场经济思想. 复旦大学出版社,1998.

[5] 孙智君. 刘大钧的产业经济思想述评. 中南财经政法大学学报,2007(3):117—122.

[6] 孙大权. 中国经济学的成长:中国经济学社研究(1923—1953). 上海三联书店,2006.

[7] 孙中山. 孙中山全集(第九卷). 中华书局,1981.

[8] 刘大钧. 确立经济政策以发展国民经济提案. 上海市社会科学院经济研究所企业史资料中心,中国经济统计研究所档案,01—006,1935.

[9] 刘大钧. 中国今后应采之经济统制政策. 经济学季刊,1936,7(1).

[10] 蒋硕杰. 经济制度之选择. 新路,1948,1(3).

[11] 马寅初. 提议对发国难财者开办临时财产税以充战后之复兴经费. 马寅初选集. 天津:天津人民出版社,1988.

[12] 马寅初. 论官僚资本马寅初选集. 天津:天津人民出版社,1988:223—224.

# 服务社会:陈光甫经营管理思想的核心*

陈光甫(1880—1976),江苏省镇江丹徒人,1904年赴美参加世博会,1906年进入宾夕法尼亚大学沃顿商学院,1909年获得商学学士学位后回国服务于银行界,1915年创办上海商业储蓄银行。该银行后发展成为中国最大的私营银行,成为中国近代金融史上的一个奇迹,陈光甫也因此被誉为"中国最优秀的银行家""中国的摩根"。

作为取之于社会(存款)用之于社会(贷款)的金融组织,上海商业储蓄银行能在短时间内发展起来并取得巨大的成就,是与陈光甫"服务社会"的经营理念分不开的。上海商业储蓄银行自成立伊始,就以"服务社会"作为行训。"本行之设,非专为牟利计也,其主要宗旨在为社会服务,凡关于顾客方面有一分便利可图者,无不尽力求之,一面对于国内工商业,则充量辅助,对于外商银行在华之势力,则谋有以消削之,是亦救国之道也。"①本文将以上海商业储蓄银行的存贷款管理为例,剖析陈光甫以"服务社会"为宗旨的经营理念,希冀对当今我国中小银行的发展有所借鉴。

## 一、以服务社会为中心的存款管理

存款是商业银行最主要的资金来源,陈光甫以"服务社会"为根本宗旨,在创办上海商业储蓄银行之初就非常注重储蓄和吸收存款的作用,并特意将银行取名为"储蓄"银行,创造了中国金融史上多个第一,使上海商业储蓄银行在短短的20年间一跃成为全国最大的私营银行。1935年,上海商业储蓄银行已经拥有500万元资本、40多家分支行、1.4亿多元存款②,其存款总额约占全国私营银行存款总额的1/10,遥遥领先于其他民族资本银行,在当时全国银行界中具有重要影响。"银

---

\* 本文发表于《河北经贸大学学报》2012年第6期,与曾京、周建涛合写。
① 陈光甫:《1927年下期发告同人书》,载于上海商业储蓄银行编《陈光甫先生言论集》,第7页。
② 上海市档案馆编《陈光甫日记》,上海书店出版社2002年版,第3页。

行之有储蓄,虽不自本行开始,而努力于储蓄业务,则确由本行首开其端。"①上海商业储蓄银行注重储蓄、大力吸收存款的做法主要有:

(1) 推广银元与银两并用。1933年以前,中国货币不统一,上海市面上银两与银元并用。由于银元易于鉴别,民众日常使用非常方便,一般情况下以银元进行交易,只有在大宗交易的情况下才使用银两,但传统的金融机构——钱庄,却规定储户只能以银两开户,若以银元开户的话,则需要将银元折算成银两再开户,而且还要收取一定的手续费(每元须加减二毫半),颇为烦琐。陈光甫在上海商业储蓄银行初期就允许储户以银两和银元并用,既可以银两开户而用银元支付,也可以银元开户而用银两支付,除免收手续费外,还对银元开户予以付息,以此来推广银元与银两并用的储蓄方式。这种做法虽使银行减少了洋厘手续费收益,还须保有银元与银两两种存款准备,但是便利了客户,得到了广大民众的认可,"树金融界之先声""不久此项办法,亦成为金融界通常之惯例"②。

(2) 创办 元开户。一般银行大多注意吸收金额较大的存款,这类存款多数来自官僚、买办、地主、资产阶级以及大城市的房产主。上海商业储蓄银行除了吸收这些存款外,还特别注意吸收小额储蓄存款。陈光甫认为大户存款最不稳定,而众多小存户的存款则是最稳定的,因此在推广储蓄事业中提倡"不厌烦碎,不避劳苦,不图厚利,为人所不屑为,从小处做起"③。特别开办以一元为起存点的小额储蓄,不论存额大小,一律热诚接待,很快受到了城市中下层民众的欢迎。上海商业储蓄银行首创"一元开户"的储蓄业务时,曾引起同业的讥笑,"然不数年,同业均依照办理,成为通常之惯例"④。当时国人缺乏储蓄意识,"其虽俭朴多有积蓄,但其所积得之银,不是放在银行生利的,多数是守秘密不为人知"⑤。为了鼓励民众的储蓄兴趣,上海商业储蓄银行还从美国订购了多种储蓄盒,规定即使未满一元的,亦可领用储蓄盒,将零钱逐日积存起来,积攒到一定数量再拿到银行储蓄。陈光甫在上海商业储蓄银行实行的这种鼓励储蓄的做法,影响了大批的民众,更改变了他们的储蓄习惯,影响至为深远。

(3) 创办礼金储蓄。传统中国社会的红白应酬中,向多使用礼券,但多打大折扣。"如券面一千文,而市例只值六百文,又如筵席烛酒冥仪,亦莫不用券,此券只可取货,不能兑钱,且取货时,又有一八折左右之折扣。"⑥陈光甫鉴于各界礼尚往来,馈赠礼物,颇多耗费,为求实惠起见,遂于1924年7月创办礼券储蓄。

---

① 《上海商业储蓄银行二十年史初稿(三)》,《档案与史学》2000年第3期,第12页。
② 《上海银行编:《本行生长之由来》,载中国人民银行上海市分行金融研究所编《上海商业储蓄银行史料》,上海人民出版社1990年版,第11、96、61、16页。
③ 同上。
④ 同上。
⑤ 《储蓄之利益》,《申报》(申报本埠增刊),1926年12月22日。
⑥ 《行务纪要》,载《海光》第2卷,第6期,第3—4页,1930年6月。

上海商业储蓄银行发行的礼券储金面额有一元、二元、四元、十元四种,"此项礼券储金利息,凡凭券兑取现金者,一律照票面填发日起至兑款日止,以周息四厘计息,并以每一券为单位"。如果愿将礼券储金转向银行其他种类定期存款的,"应按照该存券背面填发日期转账,或按照订定之定期存款利率加补利息;但此项定期存款须从转账日期起计算年限"①。上海商业储蓄银行的礼券不仅使用方便,"致各大公司购物,均可收受,此更为破天荒之创举",而且外观装潢漂亮,加之在发行方式上提供优质服务,且"有给息优待办法……故购者颇为踊跃,且各分行处一律发行与收兑,各界俱称便利也"②。

(4)借鉴欧美银行业先进的工作方法扩展储蓄业务。由于实地接受过欧美教育的缘故,陈光甫非常注重借鉴欧美银行的先进经验,并率先运用国际银行业先进的工作方法扩展储蓄业务。一是重视银行信息的公开、透明。陈光甫认为上海商业储蓄银行是为社会服务的,"应令社会明了本行之内容,并无投机及一切危险性质,所投资金,皆甚稳妥,则此后信用可以益臻巩固"③。在这一经营理念的指导下,上海商业储蓄银行规定自1930年9月起,所有该银行储蓄处的借贷对照表,每三个月在各大报刊宣布;而各种投资的类别,也都明晰登载,制成简表并将之放大,张贴于上海商业储蓄银行各储蓄处,使观者能够清晰了解。1931年,又规定每三个月延聘国外专业的会计师查账一次,并登报公布以备各储户参考。同年购用登账机器,"以免收付款项的时候,顾客有久候之苦,字迹亦较前清楚明白许多"④。上海商业储蓄银行是第一家用机器记账的中资银行。二是重视广告宣传,要求通过中西日报、小报、学校年刊、印刷品、电影广告、窗门广告等吸收储户,并规定"凡做广告,均宜因地制宜,随时变化,就观者之趋向地位,及其旨趣,以定广告之词意,如提篮桥分行所在,工人甚多,故对于该行广告,应专向工人做功夫,不宜用意太深,令观者不易了解;静安寺则不然,因所在地之居户,均为豪商富人,宣传之方,又宜迎合彼辈之心理,俾能印入脑筋"⑤。经过上述一系列卓有成效的工作,上海商业储蓄银行的存款业务上升很快,吸收的存款量短时间内跃至国内数一数二的水平。

## 二、以服务社会为中心的贷款管理

发放贷款是商业银行最主要的经济功能。陈光甫本着"服务社会"的经营理

---

① 《行务纪要》,载《海光》第2卷,1930年第6期,第3—4页。
② 中国人民银行上海市分行金融研究所编《上海商业储蓄银行史料》,上海人民出版社1990年版,第113、433、704页。
③ 《行务纪要》,载《海光》月刊,1930年第2卷第10期。
④ 《上海商业储蓄银行二十年史初稿(三)》,《档案与史学》2000年第3期,第12页。
⑤ 中国人民银行上海市分行金融研究所编《上海商业储蓄银行史料》,上海人民出版社1990年版,第113、433、704页。

念,一方面,认为银行应该将社会的资金集中起来投入到现代社会的微观生产基础——工商实业中,提升国民经济实力;另一方面,又认为银行应该稳健经营,注重风险控制,对广大储户负责。所以在贷款业务的经营管理中,陈光甫的特点十分鲜明,"始终于'稳健'中求进展,而于进展中谋稳健"①,即在为工商业服务和风险控制间寻求均衡。陈光甫在上海商业储蓄银行经营过程中的贷款业务经营管理理念表现在如下四个方面。

(1) 对工商业贷款。上海商业储蓄银行成立之时,正逢第一次世界大战,欧美各国无暇东顾,民族工商业如雨后春笋般蓬勃发展,对于资金的需要更甚。陈光甫以"服务社会"为宗旨,积极辅助工商实业,"凡工厂内所存原料与成品,亦设法使之合于受押之范围,谋其营运更为活泼,使民族工业日益发达"②。从表1可以看出,陈光甫对于辅助工商业发展的热诚。

表 1926年末上海商业储蓄银行放款对象统计表

| 项目 | 金额(元) | 占比(%) |
| --- | --- | --- |
| 总计 | 18 127 529 | 100.00 |
| 工矿企业放款 | 3 607 942 | 19.90 |
| 商业放款 | 9 927 614 | 54.77 |
| 政府机关放款 | 250 104 | 1.38 |
| 铁路放款 | 171 168 | 0.94 |
| 个人放款 | 3 771 814 | 20.81 |
| 交通运输事业放款 | 93 127 | 0.51 |
| 文化教育事业放款 | 212 244 | 1.17 |
| 医疗卫生事业放款 | 4 503 | 0.03 |
| 公用事业放款 | 12 196 | 0.07 |
| 其他放款 | 76 817 | 0.42 |

注:其他放款系指对商会、寺庙、及慈善团体等的放款。
资料来源:中国人民银行上海市分行金融研究所编《上海商业储蓄银行史料》,上海人民出版社1990年版,第193页。

由表1可以看出,1926年上海商业储蓄银行商业放款占54.77%,个人放款占20.81%,工矿企业放款占19.90%,而对政府机关的放款只占全部放款总数的1.38%,工商业放款占绝对优势。金城银行1927年主要放款对象统计,工矿企业占25.55%,商业占15.76%,个人占24.33%,铁路占14.64%,军政机关占

---

① 中国人民银行上海市分行金融研究所编《上海商业储蓄银行史料》,上海人民出版社1990年版,第113、433、704页。
② 上海银行编《本行生长之由来》,载中国人民银行上海市分行金融研究所编《上海商业储蓄银行史料》,上海人民出版社1990年版,第11、96、61、16页。

14.36%,其他占5.36%①,其工商业放款比率低于上海商业储蓄银行,铁路和军政机关放款则大大高于上海商业储蓄银行②。浙江兴业银行1926年对工商业放款的比例也只占放款总额的36.00%。可见,上海商业储蓄银行的工商放款情况是非常突出的。

在上海商业储蓄银行早期的放款中,商业放款所占比例远超工业放款,一是因为早期银行资金有限;二是因为"工业所需之资金,多属于长期,商业则恒为短期",运转相对灵活。此后随着中国新设厂矿企业规模和资本的明显增长,工业生产出现高利润率,上海商业储蓄银行遂将更多的放款投资到工业上来。20世纪30年代,上海商业储蓄银行对国货工业的放款占到放款总额的30%以上,远远高于同类商业银行。

(2)农业贷款。陈光甫曾将开展国外汇兑、创办中国旅行社、办理农村放款看作其最值得纪念的三件事。③"的确,在上海(商业储蓄)银行举办农贷之前,如何活跃农村经济,使它们从带有封建色彩的高利贷中解脱出来,从未提到任何一家大银行的议事日程上"④。

20世纪30年代,世界经济恐慌,各国过剩农产品贱价输入中国,再加上东北沦陷,国内政治局势动荡,致使农村经济衰落至极,资金纷纷流入通商口岸,尤以上海为最多。在农业资金益见缺乏、城市资金淤积的情况下,多数银行却认为农村离大都市较远,办理不易,放款收入的利息恐怕不足办理放款的费用,不敢开展农业放款,加上农业贷款利润要比工商业薄,所以许多银行也不愿意办理农业贷款,而将相当一部分资金投入上海租借的房地产和购买民国政府的公债。陈光甫认为向农村放款意义重大,"农村经济……为全国金融界之整个问题"⑤。"金融事业集中都市,将使内地村镇经济日益衰落,结果都市亦受其害"⑥"故于经营商业银行业务之余,颇思以绵力所及,兼办农业金融之辅助事业。"⑦1931年,上海商业储蓄银行与北平华洋义赈会、南京金陵大学合作,试办合作社放款。经过一段时间的实践,陈光甫认为向合作社贷款是最为适合中国农村金融的形式,"盖合作社为农民自助互助之组织,不仅直接可以救济农村,而且可以改良农产,提高品质,甚至可以提倡平民教育,增加农民智识"⑧。考虑到农民文化程度较低,对于新生事物接受慢的特

---

① 中国人民银行上海市分行金融研究所编《金城银行史料》,上海人民出版社1983年版,第155页。
② 中国人民银行上海市分行金融研究所编《浙江兴业银行简史》,1978年,第70页。
③ 《上海文史资料存稿汇编》(第五册),上海古籍出版社2000年版,第173页。
④ 蔡墨屏、潘泰封:《陈光甫的思想和企业简析》,载《陈光甫与上海银行》,中国文史出版社1991年版,第154页。
⑤ 陈光甫:《上海银行提倡农村合作》,《银行周报》,1933年第17卷第7号,第2—3页。
⑥ 姚崧龄:《陈光甫的一生》,台北传记文学出版社1984年版,第53、45页。
⑦ 陈光甫:《上海银行提倡农村合作》,《银行周报》,1933年第17卷第7号,第2—3页。
⑧ 同上。

点,上海商业储蓄银行通过通俗易懂的宣传,帮助农民接受储押放款、运销放款①等形式。"1935年上海商业储蓄银行办理农村贷款的区域分布于10个省的73个县,有906个办事机构,有借贷关系的农民近20万人,农业贷款达608万元,年终余额为332万元。"②而1935年中国农业贷款的总额并不大,"总计投资农村资金,连同普通银行及其他机关之办理农村放款者在内,不过2 000万元"③。上海商业储蓄银行的农业放款占到中国新式银行农村放款的1/3左右。尽管相比工商业贷款来说,上海商业储蓄银行的农业贷款数目并不大,但是为中国农村金融制度的形成所做的努力是非常重要的。"为国内提倡合作努力农村金融者之标准,不图近功,不谋利润,不存奢念,汲汲焉以整个农村金融之制度是务。"④

(3)个人小额信用贷款。一般商业银行的贷款业务均偏向于富户与大工商业,对于小工商业则无暇顾及,至于平民金融更无从谈起,致使都市平民融通资金的渠道,不外乎求之于典当质押及向亲友借贷。典当利息高而且当期短,亲友借贷范围狭窄而又未必可得,一旦遇到经济一时周转不灵,则有告贷无门之苦。陈光甫有鉴于此,于1930年在上海静安寺路分行举办信用小额借款,凡借款人能指定保证人两位,不须提供任何押品,即可向银行商借50—500元的小额借款,分月归还,期限一年。

陈光甫对经营信用小额借款非常重视,指出"本行创办信用小借款,在欲便利社会,使其不至于急遽需要之时,受高利剥削,本行并无牟利之心。诚恐此意,除具有高等知识者外,未必人尽能知"⑤。根据上海商业储蓄银行的统计,小额信用的借款人中以工薪阶层为最多,约占40%,借款用途以还债、婚丧、生产三项为主,借款金额以100—200元为最多。到"1936年年底,信用小额借款总额为27.8万元,借款人数为4 766人。自创办之日起至1936年年底,此项小额信用借款累计金额为320余万元,累积人数为17 000人,呆账成分仅合万分之五"⑥。

(4)贷款管理。人和人之间不仅有利益的统一性,还有对立性,而信息的不对称更强化了这种对立性。为降低贷款风险,保护储户和银行的利益,陈光甫在1933年发表的《以往放款事实的分析》中专门谈到了这一问题。他说:"信用放款为对人的信用,而借款人信用的好坏,多半视其营业的绩效好坏而定。如果营业失败,虽欲顾全信用,清偿债务,银行也难免遭受损失。"为此,陈光甫要求在信用放款之前,必须对借款人的情况调查清楚,严格限定借款额度,贷款发放之后,更要随时注

---

① 储押贷款指以农民储存在合作社粮仓的米、谷、麦、杂粮、丝绸、棉花等而进行的抵押放款,其目的是使农户避免贱卖贵买之苦。运销放款系合作社社员以收获之农产,用合作运销方法运到他地出售,在未出售之前,可将运销中之农产进行抵押借款,其目的是促进农产品的销售。
② 袁熙鉴:《陈光甫的一生与上海银行》,《陈光甫与上海银行》,中国文史出版社1991年版,第108页。
③ 王厚渭:《银行救济农村商榷》,《银行周报》,第19卷,第35号,第6页。
④ 《本行最近农业放款概况》,《海光》,第8卷,第4期,第22页。
⑤ 上海商业储蓄银行编《陈光甫先生言论集》,第71页。
⑥ 姚崧龄:《陈光甫的一生》,台北传记文学出版社1984年版,第53、45页。

意借款人的经营情况。当时一般银行的信用放款往往建立在对借款人熟悉的基础上,只注意"东家资产多寡,开立年限长短,同业有无放款",不注重对借款人实际情况的调查。陈光甫认为熟悉程度根本不足以为据,因为"东家资产虽多,并不足恃,盖有10万元资产者,彼可以其资产为号召,负债或已达20万元"①。所以,他要求银行职员在进行信用放款时务必密切关注借款人的经营状况以及贷款的使用范围。

至于抵押放款,陈光甫认为这是对物的信用,当借款人不能还款时,银行可将抵押品变卖作为抵偿,这有利于弥补银行的损失,正因为如此,抵押放款成为当时各银行的主要放款业务。不过,陈光甫认为抵押放款也有风险,毕竟抵押品的流动性、市场行情的变化、商品折扣等因素都会对其价格产生影响,由此可能对银行造成损失。为了预防这些风险,陈光甫认为抵押放款的抵押品,应以流动易售为主,对于承做的折扣必须审慎订定,此外对于抵押品的市价,应当随时注意,每天都要对抵押品的市价进行审核,以免物价下跌对银行造成损失。此外,陈光甫还制定了一系列制度加以防范:第一,成立放款委员会,提倡集体决策。银行对于放款委员会的工作制定了统一的会章,规定非常严密。每一笔放款都必须经过放款委员会的会议研究,决定数额和责任人,并对会议进行记录。第二,创设调查部,建立企业资讯档案。1919年,上海商业储蓄银行成立了中国银行界最早的调查部。调查部的主要工作是进行信用调查和经济调查。"信用调查注重三个C字,即Capital、Capability和Character,换言之即资产、能力、人格三者不可缺一,有资产能力而无人格,债权债务之收支决不爽直;有人格能力而无资产,亦致心有余而力不足;有人格资产而无能力,事业亦终归失败。"②调查部在银行内部处于非常重要的地位,对于贷款的发放具有举足轻重的作用。至于票据放款,陈光甫认为,中国商人受传统习惯的影响,不愿以押汇的形式,即以货物作抵押向银行融通资金,多数只出一张外埠归收票据,银行凭此票据将款项借出,其实已属于信用放款,风险较大。为此,他要求"嗣后对于此项放款,宜向顾客商做押汇,以减少风险,慎勿避一时之烦忙,而贻未来之患"③。

## 三、对当前我国中小银行发展的借鉴意义

经过十几年的改革,我国金融业以前所未有的速度和规模在成长,但对于商业银行而言,由于其利润仍主要来自存贷款之间的利差收入,而在存、贷款利率缺乏弹性的情况下,在经营方面自然偏重于贷款风险管理,只要能够顺利收回贷款,就

---

① 上海银行档案:陈光甫《以往放款事实的分析》,1933年7月22日。
② 上海银行档案:总经理处九科会议录第16—18页,1929年3月29日。
③ 上海银行档案:陈光甫《以往放款事实的分析》,1933年7月22日。

必然能够盈利。而在美国金融危机爆发之后,商业银行此种偏重贷款风险管理的趋势越发明显,由此带来商业银行服务意识的普遍缺乏。相对内部风险管理而言,银行对外的服务意识较为淡薄。但是,银行业本质上属于服务行业,提供良好的服务是社会对银行的基本要求。尤其是在中国市场化程度逐步提高、市场竞争日益激烈的未来,我国银行特别是中小银行应把"服务社会"放在经营管理的首位。陈光甫以"服务社会"为宗旨创办上海商业储蓄银行的经历以及一系列以服务社会为根本的经营管理方法,包括稳健经营等,对当前银行业尤其是中小银行的发展无疑具有很大的借鉴意义。

(1) 注重创新,努力提高服务质量。加强服务,便利顾客,是银行在激烈的市场竞争中取胜的主要手段。对于中小银行来说,由于资金规模的狭小,对有实力的大客户的吸引力有限,更要树立为基层大众服务的意识。在当前中小企业贷款难、广大工商个体户贷款难、农民贷款难的情况下,上海商业储蓄银行基于"服务社会"的经营理念所推出的一系列创新无疑会给中小银行以很多的启发。

上海商业储蓄银行成立之初,规模很小,但是陈光甫却敏锐地发现:当时外商银行由于其在中国金融界巨大的优势,一般只服务于中国政府和外国商人,而中资银行当时也只注重官僚大户的存款,因此,广大的小商平民得不到良好的服务,使得他们不愿意将资金存入银行。陈光甫认为能够吸引人数众多的小商平民,就能为银行带来足够的放贷资金。于是,陈光甫创办银行之时,即以服务社会为第一行训,并在服务社会的经营理念下推出了多项创新举措,创造了中国金融史上的多个"第一"。在存款方面,首创"一元开户",开办零存整取等定期储蓄,创办礼金储蓄,创办各种教育储蓄;在贷款方面,创办个人小额信用贷款,创办面向农民的合作社放款,创办调查部,借鉴欧美银行先进经验,采用机器记账,每半年聘请国外专业的会计师为银行查账,并定期公布,等等。

"服务社会"的经营理念,使上海商业储蓄银行以善于创新而闻名于民国金融界,并最终赢得了广大小商平民的青睐,以致在短短的20年间便发展成为当时全国最大的私营银行,而其"服务社会"的宗旨也被其他银行争相效仿。

(2) 稳健经营,确保资金安全。中小银行在服务社会的过程中还应注重风险控制,稳健经营,这样才能实现银行和社会的双赢,提高银行持续为社会服务的能力。在传统社会向现代社会的转型时期,对于主要面向基层大众的中小银行而言,如何破除面子、人情对贷款工作的影响,确实是一个大问题。在这方面,上海储蓄商业银行稳健的经营作风无疑会给中小银行的经营很多的启发。

陈光甫一生谨慎,在贷款方面始终崇尚稳健的经营作风。首先,陈光甫认为银行是社会性的机构,"对于社会人士之资金付托者,具有相当责任,故谨慎将事,力求其服务之有用于社会"[1],这是银行稳健经营的外部要求。其次,陈光甫认为"欲

---

[1] 上海银行档案:总经理第21号通函,1935年5月21日。

求服务社会,吾人必须力求资金之安全。资金之来源,小部分为股本,大部分为存款,存款增加,资金充实,而后服务社会之功能,可以扩大。将如何增加存款,必须采取最稳健之经营方法,使存款人士对本行之经营有不可动摇之信仰。谚谓'桃李不言,下自成蹊',但求本行信誉与年俱增,服务范围自能逐渐扩大。故一切经营之方法,以资金安全为第一要义"①,这是银行稳健经营的内部约束。相应地,陈光甫在上海商业储蓄银行采取了一系列的经营管理措施,如首倡对物信用即货物抵押放款;首设调查部;厚积存款准备金等。"1931 年后将存款准备提高到25%,有时超过30%。"②"正是因为陈光甫的谨慎和固执,上海商业储蓄银行仅仅十年就与浙江兴业银行和浙江实业银行被并称为'南三行'"。③

(3) 既要重视"服务社会",还要注重风险控制,其中前者是第一位的,后者是第二位的,这就是陈光甫和上海商业储蓄银行给后人留下的宝贵财富。尽管上海商业储蓄银行存贷款管理的种种经验在今天看来都已司空见惯,"服务社会""一元起存""审慎原则"等都成为当今银行发展的主要经营理念、经营方式,但对当前的金融界来说,如何将陈光甫的"服务社会"的经营理念真正贯彻下去,仍然是一个有待解决的大问题。从这一点来说,陈光甫作为民国金融界的奇才,他的"服务社会"的经营理念,他为中国金融界所做的贡献和上海商业储蓄银行在银行史上的发展神话将被永远载入史册,为后人所学习和揣摩。

---

① 1945 年 9 月 5 日陈光甫在纽约所定本行战后经营方针,《陈光甫先生言论集》,第 200 页。
② 上海商业储蓄银行:《本行历年存放款情形》,全行押款统计表,1931 年 11 月。
③ 萧国亮:《追忆陈光甫的谨慎与固执》,《21 世纪经济报道》,2006 年 1 月 9 日,第 35 版。

# 新中国成立后薛暮桥的物价思想探析*

物价水平的高低关系着每一个人的生活,关系着每一个经济主体的营运,关系着国家经济部门的决策。而谈及中国当代物价问题,就不能不提到在此领域卓有建树的新中国第一代经济学家薛暮桥先生。

薛暮桥是我国老一辈马克思主义经济学家的杰出代表,也是我国改革开放进程中经济决策咨询工作的卓越开拓者和组织领导者。1949—1966年,薛暮桥直接参与了新中国成立初期消除严重通货膨胀的斗争,参与了第一、第二个五年计划和若干重要文件的起草和执行工作,参与了数次经济调整的领导工作,创建了新中国最初的统计制度和物价管理体系。改革开放后,薛暮桥从旧的物价管理体系的坚决拥护者变成质疑者和否定者,价格改革和价格管理体制改革成为该时期薛暮桥物价思想的主旋律。

薛暮桥从事物价管理工作几十年,不断在实践中探索创新,并善于将认识上升到理论高度。他的物价思想不仅对当时的社会产生了重要的影响,对今日中国的物价管理照样有着重要的借鉴意义。

## 一、计划经济时期薛暮桥的物价思想

计划经济时期,薛暮桥的物价思想更多地体现在制定价格、稳定价格、调整价格等方面,旨在为新中国创立一套物价管理制度。

### 1. 制定价格必须以价值规律为基础

新中国成立后很长一段时间,各类产品的生产和流通是在国家计划指导下进行的,商品的价格也是在国家计划指导下形成的。如何制定各种商品的价格呢?薛暮桥在《价值规律和我们的价格政策》一文中指出,只要一个社会内存在商品生产和商品交换,人们在制定商品价格时就必将受到价值规律的制约。他将决定商

---

\* 本文发表于《经济学家》2011年第1期,与孙淮宁合写。

品价格的客观因素归纳为以下三点:

第一,商品的价格主要由商品的价值决定,而价值是在生产中消耗的社会必要劳动。价值是价格的基础,价格是价值的货币形态。商品的价格只有在大体符合于它们价值的情况下才能保证各类商品基本上按照等价交换的原则进行相互交换。在社会主义社会中,国有经济、集体经济和个体经济之间,也应当进行等价交换。欲等价交换,就必须使各种工业品和农业品的价格,都大体符合它们的价值。

第二,货币所代表的价值。货币所代表的价值如果发生变化,各类商品的价格也将相反地发生变动。如果货币发行量超过市场对货币的需求量,货币就会大幅贬值,物价紧接着也普遍上涨。货币所代表的价值主要决定于市场的商品供应和货币流通数量。如果货币发行数量超过市场流通数量的需要,货币所代表的价值就会按照货币发行数量反比例地下降,物价普遍持续地上升,这就是通货膨胀。如果社会购买力超过商品供应量,即货币发行数量超过市场流通需要,市场供应就会紧张,物价也会相应地上升。

第三,各类商品的供求关系,会在一定程度上使价格背离价值。若价格可以自由地波动,商品供不应求就涨价,供过于求就跌价。计划经济时期,我国对一些重要产品统一定价,摒弃市场的自发调节作用,因此纳入国家计划的相关产品的价格基本不受供求关系的影响。在某些重要产品供不应求的时候,我国往往选择采取计划收购和计划供应的办法来强制压制价格的上涨,这样做会妨碍生产的发展和人民生活的改善,只能是不得已而采用的临时举措,不适宜长期使用。对于大多数次要的农产品和小商品,国家应该允许价格随着供求关系的变化而自由涨落,以保持供求之间的平衡。

在明确了决定商品价格的因素后,如何计量各类商品的价值和价格,就成为规定各类商品价格的关键。按照马克思的政治经济学的观念,商品价值由三个部分组成,即"生产中所消耗的生产资料的转移价值(C),职工为自己的劳动所创造的价值(V)和为社会的劳动所创造的价值(M)"[1]。在这三部分中,M 部分的计量最为困难。当时在这个问题上主要有三种意见,分别主张以工资赢利率、成本赢利率、资金赢利率来计算商品的 M。薛暮桥对这三种观点分别进行了分析,认为如果各生产部门和各行业的工资能够正确地反映活劳动的消耗,且劳动生产率大体相同,等量的劳动时间创造等量的价值,那么按照平均工资赢利率来规定各类产品的价格是基本合理的。但事实上各生产部门劳动生产率不等,工资水平不同,按平均工资赢利率规定价格,不利于国民经济的技术升级。按平均成本赢利率来规定各类产品的价格,在理论上没有充分的依据。由于物化劳动不能提供"剩余产品",所以按物化劳动的多少来分配赢利是不恰当的。就多数商品而言,按资金赢利率计算得出的生产价格是与价值相背离的。商品价格普遍地、经常性地背离价值,不便于经济核算,同时也不利于节约劳动消耗。因此,"从理论方面来讲,我们似乎应当以各类产品不同的工资赢利率为基础,再参考不同的资金赢利率,从这中间找出一个适当的标准,根据它来调整各类产品的价格"[2]。当然,薛暮桥自己也认为,他的这一意见还是不够成熟的。

2. 物价的稳定必须以人民币的币值稳定为前提

薛暮桥认为,物价制定后能否稳定,避免起伏过大,关键取决于人民币的比值是否稳定。因为在存在商品货币关系的条件下,"货币是衡量各种产品的价值的计量单位,也是经济核算的计量单位。为了保持物价的相对稳定,保证经济核算有高度的准确性,就必须严格保持货币的稳定,像标准计量器那样,经常代表一定的数值"[3]。而要使币值稳定,就必须首先弄清楚人民币的价值基础是什么。

在20世纪五六十年代,许多学者按照传统理论的理解认为人民币的价值基础是黄金。薛暮桥认为这种说法是不符合现实情况的。因为欧美资本主义国家虽然规定了货币的含金量,但货币却不能自由地与黄金兑换。当发生通货膨胀时,货币会迅速贬值,国家就会主动降低货币的法定含金量,从而使货币同黄金在新的基础上恢复一定的联系。可见,黄金是不能稳定货币的价值的,当货币发行量增加时,货币的含金量会随之下降,最终货币会与黄金脱钩。黄金连资本主义国家的货币的币值都稳定不了,又如何稳定人民币的价值?

还有一种观点认为,人民币的价值基础是一定数量的社会劳动。薛暮桥不以为然。他认为,如果人民币的基础是社会必要劳动量,则币值的稳定要求它所代表的社会必要劳动量稳定。这样,随着劳动生产率的提高,单位商品的社会必要劳动量越来越少,商品的价格就只能越来越低。如此会带来三个方面的问题:第一,暂存在仓库中的商品价格会不断下降,导致企业亏损,从而挫伤企业扩大再生产的积极性;第二,物价随劳动生产率提高而不断下降,若职工的货币工资不变,则劳动生产率提高将会全部转化为职工实际收入水平的提高,社会积累保持不变,扩大再生产无法进行;第三,由于价格的不断下降,经济核算因缺乏准确性而失去了一定的意义。物价有升有降的现实告诉我们,让纸币稳定地代表一定的社会必要劳动是做不到的。

薛暮桥认为,人民币经常代表着一定数量的使用价值(社会产品),"社会主义国家掌握着全国绝大部分商品,国家掌握的商品库存常常比货币发行总额多好几倍,这是货币的最可靠的保证,这样的保证比不能自由买卖的黄金要可靠得多"[4]。当然,人民币币值的高低在于它所代表的使用价值的多少。人民币若发多了,每单位人民币所代表的使用价值就少了;人民币若发少了,每单位人民币所代表的使用价值就多了。随着劳动生产率的提高,使用价值的数量也在增加,发行的人民币也应相应地增加。每单位人民币所代表的社会必要劳动量下降,但代表的使用价值数量不变。人民币币值的稳定不是指人民币的含金量不变,也不是货币所代表的社会必要劳动量不变,而是货币所代表的使用价值量不变。

3. 价格政策应体现稳定物价和调整物价的统一

薛暮桥认为,健康的价格政策应体现稳定物价和调整物价的统一。不过,国民党统治后期遗留的天文数字的通货膨胀,新中国成立初期投机势力借机兴风作浪扰乱物价波动,以及20世纪60年代初的物价上涨,使薛暮桥亲身体验到了通货膨胀对经济生活的致命冲击,因而更多地把物价政策的重点放在稳定上。

在《价值规律和我们的价格政策》一文中,薛暮桥认为:"物价问题并不是孤立的,它常常是整个国民经济问题的反映。"[5]这就是说,要想稳定物价,就要首先稳定整个国民经济。进一步说,就是要保持各种商品的供求平衡,特别是要保持社会商品供应总量和社会商品需求总量之间的平衡。而要实现这种平衡,一方面要在发展生产的基础上增加供应,另一方面还要控制总需求。为了说明如何控制总需求,薛暮桥分析了当时中国社会购买力的构成及其决定因素。他认为,社会购买力主要由三个方面构成:职工购买力、农民购买力和社会集团购买力。职工购买力取决于职工的人数和工资水平。农民购买力由农民出售的农副产品数量与价格决定。对职工购买力、农民购买力和社会集团购买力,都要适当控制,以控制社会购买力需求,实现总供给和总需求的平衡。

那么,应以何种商品的价格作参照来判断价格已经趋于稳定了呢?薛暮桥认为,当生产资料受控于计划定价时,物价能够自由涨落的主要是消费资料,所以消费资料的销售价格稳定了,也就标志着物价稳定了。

薛暮桥的这一论断极富价值,尽管他界定的社会购买力和总供求概念仅就消费资料而言,但他对消费资料总需求构成及其决定因素给出了明确分析,并揭示出商品总量平衡对稳定物价的意义,这在当时的中国尚属首例,对研究中国计划体制下的宏观经济运行是一件基础性的工作。在计划体制下,国家管制每一种商品的供求平衡,规定每一种商品的价格,设定每一家企业的产量,指定每一家用户的供应量,却忽视了宏观总量的调控。针对这种认识的偏差,薛暮桥特别强调了总量分析和总量平衡的重要意义。他指出:"对于稳定物价来说,保持社会商品供应总量同社会商品需求总量之间的平衡,比保持个别商品或某些商品的供求平衡更加重要。"[6]个别商品的供求失衡,只会影响该商品本身的价格,而总量失衡会影响整个物价水平,致使每一种商品的价格都难于稳定。薛暮桥是我国总量分析的主要开拓者,他的思想为我国宏观经济运行理论的发展奠定了基础。

薛暮桥不仅强调稳定物价的重要性,也强调调整物价的重要性,要求做到稳定物价和调整物价的统一。他认为,由于生产条件经常发生变化,各种商品的价格必须随时进行一些相应的调整。只有这样,才能使价格符合价值,反映出商品成本的变动,并贯彻等价交换的原则。当时不少人对薛暮桥的观点提出质疑,认为稳定物价就不能使价格水平发生任何变动,不能对价格进行调整,以致把物价的稳定与调整对立起来。薛暮桥指出,物价的稳定并不排除必要的、合理的调整。所谓稳定物价,主要是指保持一定的物价水平,而不是把各种商品的价格冻结起来,即使发现有违常理的迹象也放任不管。另一方面,调整物价也并不意味着会造成物价的大起大落,只要控制好货币发行量,使价格升降有序,完全可以保持物价的稳定。而要在物价基本稳定中实现物价的调整,关键在于物价调整要有计划、有步骤地进行,不搞大量、大幅度的提价或降价。

薛暮桥认为,在短期看来,物价调整可能会对物价稳定有所影响,但从长期看,物价的合理调整又是物价稳定的必要条件。长期放任物价,价格将远离价值,价格也不可能稳定。因此,放弃正常的物价调整,采取冻结物价的措施,不但不利于生产的发展和商品交换,同时也无法维持物价的真正稳定。薛暮桥在担任全国物价委员会主任的几年中,先后主持提出了提高农产品特别是粮食的收购价格,提高粮食销售价格的建议,实施后收效甚好。1964年,我国物价基本稳定之后,他又及时提出今后的主要任务是对物价的调整。1965年,薛暮桥又提出了《第三个五年计划期间全面调整物价的初步设想》,基本思路为:提高农产品(主要是粮食)的收购价格;降低农业生产资料价格;轻工业品价格有升有降;重工业产品中的矿产品提价;加工工业产品可以不断下降。这个设想,既符合客观经济规律的要求,又符合我国当时经济生活的实际,遗憾的是由于"文化大革命"的爆发,这一调整方案最终搁置。

## 二、改革开放时期薛暮桥的物价思想

如果说计划经济时期,薛暮桥的物价思想更多地体现在如何制定价格、稳定价格、调整价格等方面的话,那么到了改革开放时期,薛暮桥已逐渐从一个旧的物价管理体系的坚决拥护者变成质疑者和否定者,他已不满足于暂时的稳定物价,而希望通过价格改革能够使价格逐步走上市场化,价格改革成为这一时期薛暮桥物价思想的主旋律。

1. 改革不合理的价格体系

到了20世纪70年代末期,我国的价格体系已相当不合理,主要表现在以下几个方面:第一,农产品的价格偏低。许多农产品价格只能维持简单再生产,严重阻碍农业的生产发展。低廉的农产品价格还造成农民的劳动收入低到不能满足最基本的生活需要的地步。第二,原材料特别是矿产品价格偏低,加工工业品的价格偏高。原材料的价格低意味着生产工业品的成本低,加工工业品理应低价销售。但工业品的价格却一直偏高,这样养肥了一群工业品的企业,却变相地降低了消费者的生活水平,还助长了一些工业品加工企业在生产过程中的浪费风气。第三,政府补贴过多。从60年代起,国家提高了农产品和矿产品征购价格后,怕影响职工生活而不提高销售价格,采取了财政补贴的方式。当时,我国物价补贴已占财政收入的20%,这给国家增加了很大的财政负担。

在《中国社会主义经济问题研究》等论著中,薛暮桥对价格不合理的危害做了四点总结:第一,导致部门比例失调。尽管国家采取行政命令、指令性计划等手段强制企业从事农业、矿业等,结果仍是无法阻止低价产业逐步走向衰落、高价产业门庭若市的趋势。第二,不利于经济核算。价格体系不合理意味着价格与价值发生严重偏离,成本、收益都被歪曲了,计算得出的经济核算自然不准确。第三,不利于用经济手段管理经济。管理经济的最优方式莫过于利用利润、价格等经济手段,可如果价格已被扭曲,便无法正确地传递经济信号,不合理的经济杠杆只会发挥反向调节的作用。第四,导致通货膨胀。"用财政补贴来稳定物价,只能产生暂时效果,因为财政补贴过了,增加财政赤字,加剧通货膨胀。"[7]

薛暮桥认为不合理的价格体系已经成为我国经济发展和改革的重要障碍,必须对我国不合理的价格体系进行全面、彻底的调整。他提出:"在目前物价体制下,社会主义经济不可能健康地成长。只有下决心调整物价,改革整个经济管理体制,才能够使社会主义经济摆脱目前的畸形状态,健康地向前发展。"[8] 1980年前后,薛暮桥根据多年的实践经验和我国的实际情况,提出了调整不合理价格体系的设想,概括说来有以下几点:

第一,明确方向。我国价格体系不合理的根本原因在于价格背离价值。价格体系的调整,就是要让价格真正符合价值规律的要求,向着这个正确的方向坚定不移地推进。

第二,分期分批。我国的价格体系极其庞大,调整绝非朝夕之事。因此,调整物价应分批分期,循序渐进。

第三,先易后难。薛暮桥把不合理的价格分为四类:第一类是当时迫切需要调整和比较容易调整的机械产品、钢材等生产资料的价格;第二类是对国计民生影响很大的煤炭等生产资料的价格;第三类是农产品的收购价格;第四类是粮、油、棉和各种副食品的销售价格。这四类价格调整的难度从第一类到第四类依次增大。他认为,对不合理的价格体系的调整,要从对人民收入和财政收入影响最小的方面入手,先易后难,步步深入,这样可在不影响人民生活、市场稳定和财政收入的前提下,有升有降地调整第一类价格。第二类价格的调整可能会对企业成本和人民生活造成一定影响,提价步骤应慎重,可分期分步调整。第三类的调整会增加财政支出,需要一定的经济条件。第四类难度最大,既影响财政收支的平衡,又涉及广泛复杂的经济利益关系,可放到最后解决。

第四,综合配套。不合理价格体系的调整,事关国民经济的全局,对其他方面的影响较为明显,所以在调整的同时应辅以其他配套措施。如农产品销售价格提高的同时可提高职工的工资水平。又如,调整煤炭和石油的价格以解决各矿区自然资源条件不同而造成的苦乐不均的现象,可以通过税率的调整以稳定工业品加工的成本。

第五,及早着手,稳步推进。对第一类较容易调整的价格,要迅速制订方案,及早开始。对第二类有一定难度的价格调整,在两三年内逐步进行。对第三、四类价格调整,"在两三年内就应当进行反复研究,提出几种可行的方案(如一次完成还是分批完成)以供中央选择。物价部门既不能因循苟安,也不能草率从事,轻举妄动"[9]。

薛暮桥提出的上述关于不合理的物价体系调整的设想,是符合我国实际情况的。一些比较小的国家采取"一揽子"方式来一步到位地调整物价,这种调整方式不适于中国。中国是一个幅员辽阔,又刚刚从脆弱的国民经济崩溃边缘走出来的大国,无法承受很大幅度的不合理价格体系的调整。

2. 改革旧的物价管理体制

不合理的价格体系是旧的物价管理体制的结果。如果只是调整不合理的价格,而不触动旧的物价管理体制,是不能够从根本上解决问题的。因此,薛暮桥认为必须在调整不合理价格体系的同时改革旧的物价管理体制。

作为我国物价管理工作的主要领导者,薛暮桥在经历过长期亲身实践后深感我国原有价格管理体制存在诸多弊端。

第一,计划定价算不清。原有价格管理体制的一个突出特点是商品价格不由市场自发形成,而由国家计划统一制定。薛暮桥也曾坚信通过物价部门计算得来的价格可以符合价值规律的要求,但通过长时间的实践,薛暮桥慢慢开始发现这条路是走不通的。在1980年出版的《当前我国经济若干问题》中,他指出,"单纯通过国家计划来调整物价,是很难完全解决问题的……原因是物价有几十万、上百万个,每一种产品的成本计算都十分复杂,产需双方从各自的角度出发,常常争论不休。任何一个精明强干的物价管理机关,都不可能通过主观计划来处理好这样复杂的问题"[10]。

第二,价格基础千变万化跟不上。决定商品价值的社会必要劳动时间是一个动态的指标,它随着时间的延伸而处于不断地变化之中。影响商品价格的供求状况更是变化莫测。而物价部门对价格的调整,往往需要一个很长的周期。在价格制定阶段,有可能由于技术进步、劳动生产率提高而使成本大幅度下降,也可能由于生产条件的恶化,使产品成本不断上升,再出台的商品价格又与价值不符了,于是再进行下一轮的价格调整,由于无法克服时滞,造成计划价格往往严重背离价值,成为与国家计划调节唱对台戏的反向调节者。

第三,统一定价控制太死。在原物价管理体制下,物价的制定、调整权集中在中央,地方、部门、企业基本上没有定价权。商品的种类千差万别,质量参差不齐,要统一定价,谈何容易!即便是同一种商品,要它在不同地点以统一的初始价格出售,需求变化了也不能调价,零售和批发也只能标同一个价格销售,都是完全不合理的。高度集权的物价管理体制,使价格变成了千篇一律、僵死凝固的呆滞物。

完全用行政办法高度集权的物价管理体制,否定了社会主义经济是商品经济的事实,排斥了市场调节对价格形成的作用,所带来的必然是价格的僵化,长期大幅度地偏离价值。薛暮桥提出:"我们改革物价管理体制,应当摆脱自然经济思想的束缚,老老实实地承认我们目前的经济还是社会主义商品经济,必须善于利用市场调节作用来保持国民经济的平衡。在这种思想指导下,来逐步完成物价管理体制的彻底的改革。"[11]对物价管理体制的改革,不是在非商品经济基础上的小修小补,而是真正按照商品经济的要求,以市场调节为主,建立以商品经济为基础全新的物价管理体制。这样,薛暮桥就由旧的物价管理体制的构造者,转变为它的否定者,并于1980年提出了他对改革物价管理体制的设想。

第一,在价格形成上,多数商品由国家定价改为市场调节。薛暮桥强调:"30年的经验证明,几万、几十万种产品的价格,决不能只靠物价部门来进行调整。除若干关系国计民生的重要产品外,我们必须学会利用价值规律的调节作用。"[12]物价管理体制改革最根本、最具实质性的内容是在国家计划的指导下充分发挥市场调节的作用。不把价格放回到市场中去,价格就难以发挥其应有的作用。只有充分发挥价值规律、市场调节的作用,才有可能形成合理的价格体系,适应社会主义商品经济的发展要求。

第二,在管理权限上,赋予地方、部门、企业一定的自主权。薛暮桥指出,"完全用行政办法来统一管理价格,事实上是很困难的,可能产生种种流弊。所以,在物价管理上,必须给予各级地方政府、业务部门和企业一定的自主权,并采取多种多样的定价方法"[13]。在加强地方政府物价管理权限方面,薛暮桥主张加强省一级的管理权限。在扩大业务主管部门的物价管理权方面,薛暮桥主张成立各种专业公司,在物价管理部门的指导下,自行规定不同种类、规格、花色产品的价格。薛暮桥认为,企业是最难取得但也是最需要定价权的,他坚持让企业有一定调整价格的自主权,使之对短线产品有权提价,长线产品有权降价,库存积压物资有权削价处理。

第三,在管理方式上,实现多种价格形式。在旧的物价管理体制下,国家采取"一刀切"的统一定价。由于很多商品价格偏低,供不应求,只好采取征购、派购、定量供应等办法来维持低价。商品的无差异定价忽视了销售地点、销售季节、产品规格和产品质量等有差别的因素,是不合理的。薛暮桥认为,少数特别重要的产品,国家统一规定价格;次要产品,可制定最高限价或最低限价,或给出一定的调价幅度,让地方、部门或企业灵活掌握;有的可搞议价收购议价供应;蔬菜等农副产品可以自由定价。

第四,在组织职能上,使物价部门从制定具体价格的机关转变为决定调整物价的方针政策以及监督和指导物价的机关。价格的放开,管理权限的下放,多种价格形式的采取,都会使物价部门的职能发生根本性的变化。物价管理部门,不应该是具体的某一种商品价格的计算者或制定者,而应该是宏观的、总量的管理者和调节者。他特别强调,物价部门不能埋头算账,而应该从这些事务性工作中解脱出来,认真研究方针政策等重要问题。

## 三、薛暮桥物价思想的借鉴意义

综上所述,新中国成立后薛暮桥的物价思想分为两个时期:计划经济时期,薛暮桥的物价思想主要体现在制定价格、稳定价格、调整价格等方面,旨在为新中国的经济建设建立一套健全的物价管理制度;改革开放时期,薛暮桥从旧的物价管理体系的坚决拥护者变成质疑者和否定者,价格改革和价格管理体制改革成为这一时期薛暮桥物价思想的主旋律。

作为老一辈马克思主义经济学家的杰出代表,造成新中国成立后薛暮桥物价思想发生巨大变化的根本原因是社会实践。

众所周知,马克思主义经济学是在解决19世纪中后期频频爆发的经济危机中产生的。它们认为经济危机根源于资本主义基本矛盾,即社会化大生产与生产资料的私人占有之间的矛盾,具体表现是,个别企业生产的有组织性和整个社会生产的无政府状态之间的矛盾,有效需求不足和社会生产无限扩大的矛盾。因此,要消灭经济危机就必须消灭资本主义制度,实行生产资料的公有制,增强全社会范围内生产、消费、分配的计划性。这一理论的合理性在于顺应了社会化大生产的发展趋势,要求生产关系在全社会范围内配置资源,增强生产、消费、分配等的计划性,这就需要以作为全社会代表的国家能够在相当程度上控制、占有资源为前提,这就是为什么马克思主义强烈主张生产资料的公有制,实行计划经济体制的原因。这一理论的局限性在于:第一,对全社会的代表——国家理性的有限性估计不足,包括无法制订各种合理的计划以及受不住手中权力的诱惑犯错误,等等。第二,对于如何促进生产资料的私有制向公有制转变(也称"改造")的过程论述不足,只是强调工人阶级取得政权后即可利用手中的权力完成这一转变,而对其中的条件性尤其是有序转变的条件性考虑不足。苏联、东欧以及中国的社会主义实践,尤其是农业集体化的实践充分反映了这一点。

马克思主义经济学理论的上述不足,使得改革开放前的薛暮桥不相信市场中那只"看不见的手"可以自发地发挥调节的作用,而主张依靠政府宏观调控这只"看得见的手"的力量平抑商品价格的波动,这样的宏观经济调控确实较有效地治理了当时的通货膨胀,对保持物价的稳定起到了积极的作用,但过分强调国家宏观调控这一"看得见的手"的外部强制力量,忽视市场这一"看不见的手"的自身调节作用也不利于提高社会效率。改革开放前的薛暮桥还曾一度相信国家可以准确地计算出各种商品的价值,从而制定每一种商品的价格,但长时间的实践使他慢慢发现这条路是走不通的,因而在改革开放后变成了一个对计划定价的怀疑者、否定者。不过,与一般强调市场"看不见的手"的经济学家不同,薛暮桥在坚持让市场调节价格,发挥"看不见的手"的基础作用的同时,仍不忘发挥政府宏观调控这一"看得见的手"的作用,无疑这是对马克思主义经济学要求顺应社会化大生产的发展趋势,增强全社会范围内生产、消费、分配的计划性的观点的继承和发展。例如,为了保持价格改革中的物价稳定,薛暮桥不仅提出了反对通货膨胀、保持总量平衡的政策主张,还提出了制定价格改革的整体方案和规划的建议。这不仅可以使价格改革有计划有步骤地进行,保证价格改革中市场和物价的稳定,而且可以使价格改革和整个国民经济和社会发展相协调,为价格改革创造有利的社会经济条件,对今天社会主义市场经济下的物价管理仍不失其重要意义。

从计划经济时期新中国物价管理制度的创立者到改革开放时期物价管理制度的改革者,薛暮桥的物价思想既是新中国六十多年经济发展曲折历程的反映,也是马克思主义经济学在实践中不断被深化、发展的反映。研究薛暮桥的物价思想,不但有助于我们深化对新中国六十年经济建设、物价管理实践和理论的认识,对指导今日和未来的物价管理、建立与社会主义市场经济相适应的物价管理制度同样有着重要的借鉴意义。

**参考文献**

[1] 薛暮桥. 价值规律和我们的价格政策. 红旗,1963(7—8).
[2] 余霖. 怎样正确规定各类商品的价格. 经济研究,1964(5).
[3] 薛暮桥. 稳定物价和我们的货币制度. 经济研究,1965(5).
[4] 薛暮桥. 稳定物价和我们的货币制度. 经济研究,1965(5).
[5] 薛暮桥. 价值规律和我们的价格政策. 红旗,1963(7—8).
[6] 薛暮桥. 价值规律和我们的价格政策. 红旗,1963(7—8).
[7] 薛暮桥. 我国国民经济的调整和改革. 北京:人民出版社,1982.
[8] 薛暮桥. 当前我国经济若干问题. 人民出版社,1980.
[9] 薛暮桥. 当前我国经济若干问题. 人民出版社,1980.
[10] 薛暮桥. 当前我国经济若干问题. 人民出版社,1980.
[11] 薛暮桥. 当前我国经济若干问题. 人民出版社,1980.
[12] 薛暮桥. 我国国民经济的调整和改革. 人民出版社,1982.
[13] 薛暮桥. 中国社会主义经济问题研究. 人民出版社,1979.

# 毛泽东的农业合作化思想暨对解决
# 当前三农问题的启迪[*]

## 一、引　言

作为一个农业大国,农村、农业和农民问题一直是新中国经济发展的重要部分。作为解决中国"三农"问题的先驱,毛泽东的农业合作化思想一直是历史学、政治学、哲学以及社会学界探讨的热点。

一些学者对毛泽东农业合作化思想的形成过程及历史演变进行了研究。李禄俊[1]认为毛泽东农业合作化思想萌芽于大革命时期和土地革命时期,形成于抗日战争时期,发展于解放战争时期,成熟于新中国成立以后。陈卫东[2]则提出毛泽东农业合作化思想萌芽于大革命时期,形成于土地革命时期,成熟于抗战时期,进一步发展完善于解放战争时期,似乎新中国成立后只是其实践时期。另外一些学者对毛泽东合作化思想的内容进行了研究。周扬明、张崇康[3]从合作经济的性质、原则、形式、作用等方面归纳了毛泽东合作化思想的基本内容。蒋文常[4]则从农业合作化是我国农业社会主义改造的唯一道路,农业合作化的原则、方针、步骤和途径,农业合作化的阶级路线,先合作化、后机械化,农业合作化与社会主义工业化同时并举五个方面做了更详细的诠释。还有一些学者对毛泽东农业合作化思想与现代经济发展的意义进行了研究。徐黎[5]将毛泽东的农业合作化思想解读为股份合作思想,并进一步阐释了股份合作思想的科学性。张耀奇、孟艳春[6]则从运用合作制改造小农经济这一马克思主义的基本原理出发,结合毛泽东的农业合作化思想,提出了运用合作制解决"三农"问题的主张。李熠煜[7]从农民专业化合作组织与农业合作对比的角度,阐述了农民专业化合作作为毛泽东农业合作化思想在当代的具体实践对于解决三农问题的作用。

本文将运用经济学的分析方法对毛泽东的农业合作化思想进行总结归纳,并

---

[*] 本文发表于《云南财经大学学报》2010年第4期,与叶溪尹、金芙杰合写。

探讨对解决当前三农问题的意义。

## 二、毛泽东农业合作化思想及其评价

1. 农业合作化的目的

随着我国农村土地改革的完成和生产力的发展,我国社会主义农村建设过程中出现了一系列的问题。首先,以小农经济为基础的农业生产率并没有显著提高。由于分散的小农经济在采用新式农具、农业机械、化学肥料等工业产品,以及实施新的耕作制度和其他农业技术改造上没有很大的积极性,因此农业生产率在1953年以后并没有像刚刚土改时期那样有显著的提高。[8]通过合作化的方式促进农业生产率的提高,正是毛泽东农业合作化思想的首要目的。其次,随着城乡人民生活的改善和工业的迅速发展,出现了日益增长的对商品粮、工业原料的需求同现实的主要农作物产量低之间的尖锐矛盾。1953年我国开始了大规模的工业建设。随着大批工厂的创建和城市人口的迅速增加,对粮食的需求也迅速增加。但是,由于小农经济固有的弊端,再加上较为严重的自然灾害,粮食的生产远远赶不上粮食需求的增长速度。不仅如此,由于农民存有惜售(余粮)心理,导致国家对粮食收购量下降,粮食供应的紧张引起了市场混乱,促使国家不得不实行粮食统购统销政策。而个体农民由于以粮食等农产品作为生产和交换的产品,因而对国家的统购统销政策存在自发抵触的心理,这种状况若任其自由发展下去,势必会同国家的工业化政策发生冲突。因此国家对个体农业实行社会主义改造,实现农业合作化,使之纳入国家控制和管理的轨道,正是解决土地改革后比较紧张的农业与工业矛盾的主要途径,这是毛泽东农业合作化思想的第二个目的。除此之外,对小农经济进行社会主义改造,巩固新民主主义革命胜利成果也是毛泽东农业合作化思想考虑的一个重要内容。

2. 农业合作社发展的道路

毛泽东根据中国农业、农民的特点,强调必须遵循自愿互利、典型示范、国家帮助的原则,并提出了积极领导,稳步发展的方针,实行从临时互助组、常年互助组到初级社再到高级社的逐步过渡的形式。他指出:农业合作化要实行逐步发展的原则。"第一步,按照自愿和互利的原则,号召农民组织仅仅带有某些社会主义萌芽的,几户为一起或几十户为一起的农业生产互助组。第二步,在这些互助组的基础上,仍然按照自愿和互利的原则,号召农民进一步联合起来,组织大型的完全社会主义性质的农业生产合作社。"①

可是历史的发展并没有按照毛泽东的意愿来走。应该说,搞互助组、初级社时基本还是遵循农户自愿的原则,但到了高级社、人民公社时,农户自愿的原则就被

---

① 《毛泽东选集》第五卷,人民出版社1977年版,第184页。

强迫所替代，结果在短短几年内全国就进入了人民公社。原因何在？这主要是由于目的和手段的不一致导致的。由于新中国成立初期面临的严重的危机局面——以美国为首的西方国家根本不承认新中国的存在，阴谋扼杀新生的人民政权，这导致毛泽东的工业化思想主要是军事工业化思想，即以国防现代化为中心，带动重化工业、轻工业及农业的发展，目的是抵御外敌入侵，保卫新生的人民政权。因为，国防工业是建立在重化工业发展的基础上的，而重化工业的发展是建立在轻工业能够提供足够的食品、服装等基础上的，这就要求农业必须能够为轻工业的发展提供足量的农产品和劳动力，整个国民经济就是这样被纳入到军事工业先行、重化工业优先的工业化道路上来的，这就要求农业的发展包括合作化的速度、步骤必须严格服从国防现代化这一大局。显然，在这样的工业化路线指导下，农业合作化是不能够按市场的原则自愿进行的，只能是遵循中央的指示硬性开展，走农业合作化运动引导农业生产效率提高的路子。

鉴于当时战争威胁的严重存在，中国必须加速国防现代化，这就要求农业必须为工业化的发展提供更多的粮食、劳动力以及其他产品，为此农业不得不超常规发展，就必须加快开展合作化。这就是毛泽东农业合作化思想的自愿原则在实践中无法执行，以致严重被违背的原因。

造成这种现象的另一个重要原因是紧迫的国际环境。面对帝国主义和社会主义两大阵营对峙的局面，年轻的新中国只有加快工业化才能保卫来之不易的民族独立，而这是需要农业的快速发展，即以合作经济取代个体经济、发展规模农业为前提的。正是这种特殊的历史背景（至少是一个重要的因素），促使党在政策上作出了由农户自愿入社走向强迫农户入社的转变，这是在探讨毛泽东的农业合作化思想时必须要考虑的一个重要约束条件。

基于新中国成立初期的经济现实，合作化的优点表现在以下方面：

第一，提高投资率，促进国家经济快速发展。新中国成立初期，我国可以利用的投资很少，要实现经济的快速发展，提高投资率是一种最为理想、稳健的方法。没有实行合作化之前，农民自己掌握着投资的权利，可以按照农户利益最大化的目标决定投资的项目及步骤。实行合作化以后，农民的投资权被转移到合作社干部手中，而合作社干部是受到党和政府强有力影响的，这样合作社的投入产出就被纳入到国家发展的轨道上去，有利于国家工业化目标的实现。

第二，可以将农闲时处于暂时失业状态的农民有效组织起来，进行道路修建和灌溉工程的建设。农业对劳动的需求有着很明显的季节性波动，农业人口在农闲时可以被认为处于失业状态。在进行农业合作化之前，个体农民在农闲时除非有像加固防洪堤这样紧迫的修建任务，否则是不会自发组织起来进行公共产品的建设的。进行农业合作化后，集体进行公共工程就相当于对基础建设进行投资，既解决了农业人口在农闲时的失业问题，又为经济发展提供了良好的硬件环境。

第三，新技术的采用和推广不再是问题，因为合作社干部会根据上级的指示，采用任何有益于农业生产的新技术。在没有进行合作化的时候,一项新技术的推广通常要经历一个很长的过程。设新技术的采用成本为 $C$,生产函数为 $f(K,L,A)$,农民的预期为 $U[f(K,L,A)]$,其中 $K$ 表示资本,$L$ 表示劳动的投入,$A(1,0)$ 为指示变量,表示新技术的采用与否,$f(K,L,1)-C>f(K,L,0)$。由于信息不对称,大部分个体农民无法正确估计新技术应用之后所带来的效用,即 $U[f(K,L,1)]<U(f(K,L,1))$。新技术的成本对他们而言大于收入,因此新技术只能通过重点优惠推广等方式得到一部分应用。只有当这些应用的效果被观察到,农民对使用新技术的收益预期大于使用新技术的成本时,新技术才会被采用。而这个观察应用的过程是渐进式的,在地域上是逐渐扩散开的,这意味着没有进行合作化的时候新技术的应用是缓慢的。而在合作化的条件下,一旦新技术通过实验过程被证明有效,就能通过合作社干部的快速决策得到立刻的推广,从而节约了观察和模仿中的时间成本,更好地发挥了新技术对经济增长的促进作用。

第四,合作化可以通过消除土地的零碎化而更加有效地使用土地。在以往,由于非食物农作物市场并不发达,无论土地适宜与否,每个农民家庭都会选择在自己的土地上种植大量的谷物产品。比如某些更适宜种植棉花等经济作物的土地,由于土地的零碎化,不得不种植很大一部分的谷物,而这部分谷物并不适宜在这类土地上生长,其收成自然极其有限,这就降低了资源配置的效率。这种由于土地零碎化带来的产品种植上的低效率配置,在合作化后可以被大规模的土地经营所改变。而更大规模的土地也使得各种农业机械的有效利用成为可能,机械化的引入,也将使中国农业经济的效率有所提高。

合作化的最明显的缺点,就是对个人的激励不足。这个问题,在合作化的初级阶段互助组中并不突出。因为它由相邻的4—5个农户组成,他们在农忙时将各自的劳动力、农具和牲畜集中起来。在这一方式下,由于决策仍由单个农户负责,因此个人所面临的激励约束是硬性的。而随着合作化进一步发展为初级社、高级社。由于基础单位所包含的基本农户数量越来越多,个人激励约束遂不断被软化。这是因为,在一个较大的生产单位下,个人的努力与每一工分值之间关联很小。也就是说,在合作社的体制下,他所挣得的工分数可能仍然是与所付出的努力相关的,但是每个工分值却取决于由4 000—5 000个家庭组成的生产单位的净产出。即使一个人的努力是完全非生产性的,他的工分值也只下降很少一点点。[9]鉴于物质所得的内在动力并不是合作社管理的一个充分的约束条件,因此有必要通过强化监督来减低工作上的人浮于事。然而,由于其他社员的劳动与工分值之间的联系很少,因此由同伴社员来进行密切监督也是不可能的。[10] 显然,基本核算单位的下放会使这两方面的问题明显得到改善,使得社员既有能力也有激励来确保每个人做好分内的工作,这就是为什么联产承包责任制更能鼓励农民的生产积极性,更能促进中国农业生产发展的原因。

对个人的激励不足,不仅表现在普通社员没有劳动积极性,还表现在合作社干部有贪污腐败行为。在合作化体制下,合作化组织成为农村生产分配的基层组织,其权利几乎完全集中在基层干部手里。由于社员监督的动力很弱,为合作社干部的腐败大开方便之门。以公共食堂为例。由于公共食堂垄断了几乎所有农村剩余的粮食,广大社员的生路几乎全系于食堂,窘困的经济条件和强制性的制度安排,使公共食堂成了广大农民生存的唯一希望,而管理、控制食堂的农村基层干部和食堂管理人员则掌握了社员的生杀大权,于是种种腐败产生。1957年,谭震林向中央和毛泽东提交了"关于在湖南牧县贯彻民主办社和整风问题的报告",其中提到:"经过摸索实验证明,农业社中各种问题的中心是干部作风不民主。目前社员最关心的,也是社员、社干部之间造成矛盾的主要问题,是社的财务管理不民主、账目不公开,从而引起社员对社干部的很大怀疑。"[11]据1960年11月24日《中共凤阳县委向地委的报告》,该县小溪河公社犯有不同程度的强迫命令错误的干部有391人,占干部总数的39.1%,上自公社党委书记,下至生产小组长,层层都有。[12]到了人民公社时期,尽管控制社员命脉的公共食堂不存在了,但工分制的设置又为公社基层干部牟取私利提供了便利,为农村基层干部少干多占提供了依据和理由,严重影响了社员参加集体劳动的积极性。

由于公社以下的大队、小队干部是不吃公家粮的半脱产或不脱产的农村基层管理人员,如果让他们完全依靠劳动取得工分,这显然不利于调动干部的积极性,于是就有了给干部以工分补贴,亦称"干部误工"制度的出台。对干部在工分总额中的份额,《农村人民公社工作条例修正草案》规定:"生产大队和生产队干部的补贴工分,合计起来,可以略高于生产队工分总数的1%,但不能超过2%。"[13]由于这两级基层干部手中拥有很大的权力,他们一是想方设法把自己的亲属好友安排在可拿"误工"的位置上,使拿"误工"的人数不断增加。例如,人民公社成立初期,山东省泰安县某公社的一个大队,享受工分补贴的只有4—5人,20世纪70年代初则增加到14人。而另一个大队规定凡干部都有补贴,这些人包括大队正副书记、会计、民兵连长、妇女会正副主任、贫协主任、治安委员、大队革委会委员、技术指导员等。二是巧立名目,增加干部误工项目。山东省藤县桑村公社大郭村大队,凡是挂个名称的都有固定补贴工分,正副队长有"操心分"、作业组长有"喊人分"、妇女队长有"职务分"、会计有"业务分"、保管有"责任分"等。这样,农村基层干部往往可以少干活而多分粮,他们的亲戚也因此受益,致使农民和基层干部的矛盾越闹越大,在生产上表现出了更大的被动性,不利于生产的协作和农村经济的发展。[14]

此外,合作化实施过程中,还暴露出了一些其他的问题。由于推进合作化后的公社的技术采用、农业投资、产品分配的权利全部集中在公社干部手上,这样公社干部的决策就成为控制公社产出及效率的重要变量。例如,对于新技术的推广,公社干部对上级的命令一般只有执行这一种选项,这样无论是适合当地农业发展的新技术还是不适合当地农业发展的新技术都可能会得到推广,而新技术的见效周期较长,付出的代价除了新技术的巨额投资外,附带的往往是一年乃至许多年的收成。推广新技术失败的最典型的案例就是双尾双刃犁的推广。1954—1955年,由于这种犁在个别地区工作良好,在合作化高潮时期,有关机构决定,每个有着良好基础设施的合作社都要充分配给这些犁。但在经过了一个很短时期的推广后,却发现这种犁在大多数地区并不适用,以至于到了1956年中期,生产的140万部犁中只有80万部卖出,而被卖出的这80万部中有40%—50%根本没有得到利用。

除了新技术的推广外,对公社所有的土地所种植物品的选择也是一个比较重要的问题。一个公社所涵盖的地域往往包含了各种不同质量、不同性质的土地,公社的领导人未必具有充分的农业知识,就算有着很丰富的农业知识,也很难做到在这样一个广大、复杂的空间范围进行合适的投资分配,在这样的情况下,难免又会出现资源配置的不合理。

## 三、毛泽东农业合作化思想对解决当前三农问题的意义

小农经济无力扩大再生产和采用新的生产技术的弱点,既造成了农民家庭的贫困,也无法为工业化的开展提供足够的原料、劳动力及开辟广阔的市场,因此将个体农民组织起来实行合作化是落后国家走向现代化的必由之路,这正是毛泽东合作化思想的价值和合理性所在。毛泽东合作化思想的不足在于对合作组织适度规模的问题考虑不够,致使合作社的规模太大,造成经营效率的低下和管理成本的提高,也使得它在发展了二十多年后不得不重新回到家庭生产方式的道路上来。不过,联产承包责任制在将个体小农生产积极性高的优点充分发挥的同时,也使其经营成本高的弱点充分暴露出来,正是20世纪80年代以后农业生产出现徘徊,农民的收入增长呈现疲软状态,以至于三农问题成为社会关注的焦点的原因。

要解决当时农业生产发展缓慢、农民收入增长缓慢的问题,根本的途径只能是走合作化道路,即以个体小农的合作来创造规模经济效应,解决融资难、跑市场难、采用先进科技难等问题。中共十七届三中全会明确指出:推进农业经营体制机制创新,加快农业经营方式转变,家庭经营要向采用先进科技和生产手段的方向转变,增加技术、资本等生产要素投入,着力提高集约化水平。统一经营要向发展农户联合与合作,形成多元化、多层次、多形式经营服务体系的方向转变,发展集体经济、增强集体组织服务功能,培育农民新型合作组织,发展各种农业社会化服务组织,鼓励龙头企业与农民建立紧密型利益联结机制,着力提高组织化程度。发展农业合作经济组织是建立现代农业,进一步解放和发展农村生产力,改变农业生产关系,创新农村发展体制和机制的必然要求。

随着市场经济的不断发展,我国农村经济体制改革的不断深入,农民一家一户进市场的问题亟待解决,农村市场主体建设成为农村经济体制改革的重点。建立和发展农业合作经济组织,将农民组织起来,实现统一的生产、管理、经营,提高农业资源利用率、农业生产率和土地产出率,形成规模效益,这是实现农业经济社会

发展的需要,符合广大农民的切实利益。而我国现阶段农业合作组织的状况,主要体现在以下两点:

第一,合作组织的行业覆盖面广,发展迅速。近年来,农民专业合作化组织在全国各地发展迅速,从最简单的农户间的水利、收割互助到养猪、种籽等各类专业协会,进而到农业专业合作社,成为农村社会经济发展中不可或缺的力量。据农业部农民专业合作组织信息网的统计数据显示,全国农民专业合作组织已超过15万个,农户成员3 480万人,占全国农户总数的13.8%。

第二,新型农业合作组织形式不断涌现。不同于以往单一的合作形式,现阶段的农业合作组织表现为多元化的组织形式。一是由生产大户和经纪人组织起来的。生产大户和经纪人带动农民从事专业生产,形成产供销一条龙的规模体系。二是由龙头企业组建起来的。为建立稳定的原料基地,龙头企业通过发展订单农业,增加投入,组建起与其联系紧密的合作组织。三是由农技推广站、科技协会等组织建立的。主要是为广大农民提供生产上的技术指导和服务,建立标准化生产模式,推广先进的农业生产技术。四是农民在自愿的基础上成立的股份合作社。农民自愿以土地、生产资料等入股成立合作社,形成适度的土地规模,进行统一的生产资料采购、统一农业机械化作业、统一农产品销售,按股分红,风险共担,利益共享。

农业合作组织在促进农业经济发展方面,起到了很大作用。它不仅打破了以往农民单家独户的运行格局,提高了农民组织化程度,使农民增强了抵御自然和市场风险的能力,提高了收入,也使政府加强了与农民的联系,改变了从前对千家万户抓工作的局面,提高了工作效率。不过,当前我国农业合作组织的弱点也是很明显的,这就是组织化程度仍然不高,无法适应社会化大生产的挑战,这是造成近年来农产品价格大起大落的重要原因。它不仅严重影响了农业生产的稳定和农民收入的提高,还造成了城市市民生活的不稳定和各种投机风气的蔓延。因此,只有大力发展农业合作组织,才能使农业的发展和工商业的发展相匹配,最终解决三农问题,提高农民收入。显然,这个时候研究毛泽东的农业合作化思想不仅具有重要的学术意义,也具有强烈的现实意义。只是新时期的合作化一定要在借鉴毛泽东合作化思想合理性的同时避免其消极方面的作用。具体来说,在以下三个问题上要牢牢把握。

第一,必须遵循农户自愿的原则。无论是维持小片土地的经营,还是通过合作机制进行规模经营,自愿都是必须遵循的原则。只有让每个生产单位根据自身的成本-收益分析之后进行决策才是有效率的,否则只能重蹈非自愿的人民公社化的覆辙。这是因为,只有合作建立在自愿基础上,合作社成员才能相互熟悉,知根知底,有利于合作社管理成本的降低和经营效率的提高;只有合作建立在自愿基础上,合作社成员才会产生长远利益观点,才会在追求利润最大化的动机支配下,根据有序发展的原则扩大规模;只有合作建立在自愿基础上,合作社成员才能自由退出,对改善合作社的管理,提高经营效率才有帮助。而20世纪七八十年代后,世界形势发生了从对峙、冷战走向和平、发展的重大变化,也意味着中国进行现代化的条件已非五六十年代可比。换言之,约束条件的宽松使得中国政府可以从容地进行农业的现代化改造,可以按照农户自愿的原则引导他们走合作经济之路,而不必像过去那样用行政力量强迫农民入社,这是今天解决农业问题和毛泽东时代解决农业问题的一个很大不同。

第二,国家必须加以积极的引导。考虑到小农理性的局限性,特别需要国家发挥大规模组织的力量引导他们走合作社的道路,并为合作社的发展创造更好的条件。只是国家的引导必须遵循农户自愿原则,否则良性的合作化就很可能发展成为失去生产效率的人民公社化运动。根据20世纪五六十年代合作社的经验、教训,国家在农业的发展过程中所扮演的角色是:脱离"绘图者"的角色,走向良好"护航者"的定位,即通过立法、政策性鼓励将合理的生产模式向单个决策者推广,让每个人在这个完善的体系之上自主做出自己的决策,而不是由国家代替他们做出决策,这样就可以使经济更好地达到最有效率的资源配置状态。目前,政府提出的既要坚定不移地走种粮大户道路,又要坚持联产承包责任制,就是政府既遵循农户自愿原则又积极引导农户走合作经济之路的反映。

第三,国家除了立法、示范引导外,还应该通过教育的方法,培养与规模化生产方式相适应的经营人才。根据舒尔茨的人力资本理论,人力资本的存量越高,经济增长的速度越快。而当人力资本的增长速度与物质资本的增长速度相一致时,经济就能实现稳态发展。一种新的经营模式,必须要有相适应的人力资本来执行。合作化时期,新中国也重视对公社干部即集体企业经营者的培训,但主要集中在思想政治领域,在经营管理方面的培训可以说严重缺乏。经营管理知识的缺乏,使公社干部并不能成为合格的经济体领导者,这也是造成合作化后期低效率的一个重要原因。当前,随着各类农民专业合作团体的建立,如何提高他们的管理能力、协调能力成为当务之急,作为政府部门必须高度重视这一问题,这是农民合作团体能够发展壮大的保证。

**参考文献**

[1] 李禄俊.毛泽东农业合作化思想的历史演变.四川行政学院学报,2002(6).

[2] 陈卫东.试论毛泽东农业合作化思想及其现实意义.中国优秀硕士论文全文数据库,2002.

[3] 周扬明、张崇康.论毛泽东的合作经济思想.山西师范大学学报:社会科学版,1993(20).

[4] 蒋文常.论二十世纪50年代毛泽东农业合作化思想.中国优秀硕士论文全文数据库,2003.

[5] 徐黎.论毛泽东股份合作经济思想的科学性.毛泽东思想研究,2002(1).

［6］张耀奇、孟艳春.毛泽东农业合作经济思想及其当代意义.毛泽东思想研究,2007(1).

［7］李熠煜.毛泽东农业合作化思想与当代农民专业合作化组织的发展.马克思主义与现实,2009(2).

［8］Dwight H. Perkins. Centralization and Decentralizationin Mainl and China's Agriculture, 1949—1962[J]. The Quarterly Journal of Economics,1964,78(2):208—237.

［9］Dwight H. Perkins and Yusuf Shahid. Rural Developmentin China. Baltimore, MD:Johns Hopkins Univ. Press(for the World Bank),1984.

［10］Lin, J. Y. Rural Reform and Agricultural Growthin China. American Economic Review. 1992, 82(1):34—51.

［11］武力、郑有贵.解决"三农"问题之路——中国共产党三农! 思想政策史.北京:中国经济出版社,2004.

［12］王耕今、杨勋、王子平、梁晓东、杨冠三等.乡村三十年——凤阳农村社会经济发展实录(1949—1983):上卷[R].北京:农村读物出版社,1989:201—202.

［13］中共中央文献研究室　建国以来重要文献选:第15册.北京:中央文献出版社,1997:634.

［14］辛逸.农村人民公社分配制度研究.北京:中央党校出版社,2005:157.

# 国外有关农业合作化的研究暨对当前
# 发展农业合作组织的启示*

鉴于农业为人类提供了最根本的消费资料,因此对农业生产效率的研究一直是学界研究的重要课题,其中,农业合作化由于增加了实物、人力资本规模和技术可用性,对农业产出理论的发展有很大的促进作用,而我国 1978 年以前的农业合作化实践则为这个理论提供了一个很好的自然实验,这引起了国内外学者强烈的研究兴趣。本研究试图从提高农业合作效率的视角,对国内外有关农业合作化的文献,做一个系统的梳理与总结,以推进国内学术界在该领域研究的深入,同时也希望为当前我国的农业改革提供一些借鉴。

## 一、合作化的进程及其不断加快的动因

新中国成立初期,我国面临严峻的发展建设问题。截至 1949 年,中国工业产值只占国民收入的 12.6%,大约 89.4% 的人口生活在农村(Lin,1990)。随后国家进行了三大改造,以实现生产资料的国有化。其中,农业改造到 1955—1956 年冬天基本完成,这意味着延续两千多年的私有土地制度基本被废除,基层干部领导下的农民合作社开始成形,基层干部在农业生产和其他政治事务上被赋予完全的权威(Perkins,1964)。此后,合作化成为我国农村的一项基本政策,直到 1978 年被家庭联产承包责任制替代。

1. 合作化的进程

在 1979 年采用以家庭为基础的农作制度之前,中国的合作化进程可概括如下:20 世纪 50 年代初,合作化只是民间自愿的选择,但在 1958 年秋后变成国家主导的集体化进程。其中,1958—1960 年合作化程度逐渐加深的过程,被称为"大跃进"(Great Leap Forward)(Li and Yang,2005)。

---

\* 本文发表于《河北经贸大学学报》2014 年 5 月,第 35 卷第 5 期。

Lin and Yang(2000)认为,1958年以前的合作化由于建立在志愿的基础上,呈现出渐进而缓和的特点,因而具有提高资本使用效率,便于新技术推广,以及使劳动力的配置趋于合理化的功效,大大推动了农业生产力的发展。以1952年的价格来计算,1958年的农业产出增长了27.8%(Lin,1990)。但接下来的合作化进程由于其激进、迅速的特征,结果在导致集体农场规模急剧扩大的同时也带来了管理成本的大幅增加,这导致了农业产出的减少,直接引发了1959—1961年的农业危机。

2. 合作社的主要形式

合作化的组织形式若就规模和公有化程度而言,可分为四个阶段:

(1) 互助组。它由4—5个相邻的农户组成,在农忙时集中各家的劳动力、牲畜、农具等以形成规模的力量应对紧张的农业生产,至于生产决策、日常运营仍由农户各自负责。

(2) 初级合作社。它由20—30个相邻的农户,按照统一的生产计划集中使用农户的资产。至于收入分成,或按土地、牲畜和农具分红,或按劳动完成情况付报酬。

(3) 集体农场或"高级社"。最初大约由30个农户组成,但很快变成包括一个村的全部农户,有150—200户。在这种合作形式下,所有的生产资料,包括土地、牲畜、农具和劳动力等都集中在高级社中,以劳动的贡献为基础进行分配,主要采取的是工分形式,也采取过以劳动时间作为计算劳动贡献,但不是主要方式(Li,2005)。

(4) 人民公社。根据Lin(1990)、Lin and Yang(1998,2000)的说明,中央政府1958年制定了一项新政策以作为工业中的"大跃进"的一部分,这就是将之前20—30个约含150个农户的集体农场集中成一个更大的单位——人民公社。单个公社的平均规模大约由5 000户、10 000个农民和10 000亩土地构成。过大的规模使得人民公社的管理成本太高。Lieberthal kenneth(1987)指出,由于把社员收入的基础放在以好几万农民为单位的总产量上,这种尝试给个人努力的基础太少,是引发1959—1961年农业危机的重要原因。之后,集体农场的规模开始缩小,最先的演变是促成大队的建立,然后是设立叫作队的更小的单位,农民个体的收入取决于这些相对变得更小的单位总产量。到了1962年,公社自身也缩小了规模,公社总数由原来的2.5万个增加到7.5万个。与此同时,公社在生产上开始强调现代化技术的推广和增加资本的规模投入(Lin and Yang,2000)。

3. 合作化速度不断加快的动因

关于实行合作化的原因,Perkins(1964,1983)认为,增加投资率、将农闲时失业的农民有效组织起来进行公共工程的建设、推广新技术以及消除土地细碎化等原因使得合作化成为当时政府的选择。土地集中之后,农作物可以在最适合其生长的土地上得以耕种,而不像过去那样,农民出于生存的考虑,无论土质如何,都不得不种植足够的谷物。同样地,在农闲时其将富余劳动力组织起来进行公共工程的建设,在一定程度上解决了劳动力的季节性失业问题,同时公共工程的建设又为改善生产条件和实现工业化做了准备。而通过将生产单位行政化,可以快速通过行政命令推广新技术,从计划者的角度看,这是件方便和能够提高生产效率的事情。这些由 Perkins(1964)首先提出的观点在之后经济学者的研究中基本达成了共识。

但是更多的学者认为,实行农业合作化的动因不完全在经济方面,政治方面即优先发展重工业的工业化路线,在推动合作化不断加快方面起的作用最大。新中国成立后,严峻的国际形势使其制定了优先发展重工业的工业化路线。为了使更多的资源,诸如人力、资金、粮食等能够顺利地向工业尤其是重工业领域转移,势必要把分散的小农组织起来,以便发挥规模经济的力量增加粮食生产,但更重要的是以垄断对垄断,保证粮食征购任务的完成。John King Fairbank(1989)指出,1952—1957 年中国城市人口增加了大约 30%,但是政府征集到的粮食几乎没有任何增加。正是在这种情况下,中国政府改变了过去和缓的、建立在自愿原则上的合作化办法,而走上了违背自愿原则、快速推进合作化的道路。

实行引发中国农业大灾难的"大跃进"运动(这表现在农业上,就是实行人民公社制度)的原因,国外学者特别强调优先发展重工业的工业化路线的作用。Lardy Nicholas(1987)指出,优先发展重工业的工业化路线使更多的人力、物力转移到了城市,而剩余农村劳动力中又有相当部分投入到了水利建设中,这样就导致了真正投入到农田生产上的农村劳动力的极度缺乏,于是从中央到地方纷纷产生出将合作社合并为更大的农业基层生产单位,以发挥规模经济的强大动力。可以说,为水利工程而大规模地动员劳动力导致了 20 世纪 50 年代后期农村的重要体制改革——成立人民公社。

Lardy Nicholas R(1987)和 Lieberthal Kenneth(1987)还认为,在导致引发中国农业灾难的"大跃进"的发生问题上,中国统计制度的混乱可谓罪魁祸首。在他们看来,当时的统计制度已经坏到让人不可能有任何信心去了解实际产量的水平。Lardy Nicholas R(1987)明确地指出,"大跃进"是以毛泽东对中国农业面临的紧张状况的误解作为根据的。本来集体化并没有使粮食产量提高,甚至还有所下降,但来自地方政府干部的夸张汇报使毛泽东相信较大的农业生产单位可以产生更好的经济效益。

至于造成这些极不真实数字的原因,Lieberthal Kenneth(1987)认为,1957 年的"反右"运动大大损伤了城市知识分子的声誉,这个运动强加给"右派分子"的严厉惩罚使他们不得不从原来制订各种规划的中央经济机关退出,从而被缺乏读写能力、统计技能和抽象概括能力但非常忠诚的农民党员所替代,这改变了政府的人力资源参数,从而影响了政府所采用的发展策略的正确性。当时,浓厚的群众动员氛围使得几乎所有的领域都形成了蔑视技术规范和技术专家的风气。比如,鞍钢就提出用政治动员的管理方法取代以前仿效的马格尼托哥尔斯克的钢铁企业的管理方法。Lardy Nicholas R(1987)进一步指出,由于基层统计资料的收集工作和监督制度遭到破坏,又有来自上级的要求引人注目的突破产量的强大压力,公社一级的政府便呈报高度夸大了的产量数字,这些数字的准确性未经认真检验便又上报各级行政机关,这些材料在北京刚一汇总出来就被接受,借以证实毛泽东对农业发展速度可能引人注目地加快的判断是正确的。

Lardy Nicholas(1983)认为,上述这些有关农业产量的数据在几个方面产生了较大的影响。首先,它影响了国家领导人的判断,误认为给日益增加的城市人口提供足够口粮这个老问题已经得到解决。不仅如此,农业产量激增还为大幅度加快筹措投资基金提供了基础,以至于在农村饥荒出现的1959年,投资额进一步提高到国家收入的43.4%,达到空前的高峰。其次,农村繁荣的假象使人们设想能在成功地实行公社食堂的同时实行配给制。再次,错误地缩小谷类作物的播种面积,导致1959年的总播种面积比1957年少10%,粮食播种面积下落13%,而总产量下降13%。最后,导致在粮食产量实际下降的情况下,出口到苏联的农产品数量却日益增多,用以支付逐渐增加的、占较高投资额的进口机械和设备。

Lieberthal Kenneth(1987)指出,尽管这些虚假的数字最终被中央政府发现,但由于以下两个原因,被发现的时间大大被延搁:一是1958年的气候异常良好,非常有利于给人以农业成绩良好的印象;二是第一个五年计划期间着手的许多工业项目在1958年开始取得效益,显示出惹人注目的工业产量的增长。上述两个因素使得在1958年年初和年中的几个月里,无论在中国共产党内还是在广大民众中,都形成了对"大跃进"的日益增强的支持。1958年秋,一些国家领导人,如陈云、彭德怀的视察旅行表明问题正在形成,农民食物短缺的情况证明官方统计提供的几乎所有地方都相当富裕的报告是虚假的,这使中央政府在1958年年底开始着手纠正"大跃进"的激进策略,但遭到了来自地方政府的激烈抵制。这使中央政府的纠偏遇到很大困难。此后本准备纠偏的1959年7月的庐山会议,又由于毛泽东和彭德怀的激烈冲突,而走上了继续"大跃进"的道路,并迅速扩大到引起灾难的程度。

综观上述国外学者的论述,可以看出正是优先发展重工业的工业化路线,使得大量的人力、物力,尤其是粮食从农村到了城市,为了解决农村人手不足的问题,不得不将他们组织起来,这就是合作化运动不断加快、升级,直至实行人民公社,实行公共食堂的原因。而合作化运动的加快进行,带来了和传统生产生活方式的很大冲突,这就是中国政府为什么在知识分子阶层开展"反右"的原因。"反右"使大量的知识分子离开制订计划的中央经济机关,并在社会上形成了蔑视技术规范和技术权威的风气,由此造成"大跃进"期间统计制度的整体混乱,统计数字的全面失真,直至走向灾难性的1959—1961年农业危机。

## 二、合作化与1959—1961年农业危机

伴随合作化的深入和"大跃进"运动的出现,中国于1959—1961年出现了前所

未有的农业危机。对于危机产生的原因,国内外学术界业已做了很多的研究,概括来说,可以分为三种。而这三种解释,都与当时的合作化运动存在一定的相关关系。

1. 食物供应量的下降

毫无疑问,食物供应量的下降(FAD—Food Availability Decline)与农业生产率之间存在一定的相关关系。至于引起 FAD 的原因,既可以是自然因素,也可以是制度因素。

(1) 自然因素。根据官方对 1959—1961 年农业危机的描述,认为这三年连续的坏气候导致了农业的大范围减产,而农业的大范围减产自然导致了人均粮食供应量的下降。Eckstein(1966)、Lardy(1978)、Yao(1999)、Li and Yang(2005)认为天气与政策因素是农业危机的主要原因,激励问题是引发农业危机的重要原因但却不是最主要的原因。

(2) 组织制度因素。Perkins and Yusuf(1984)首先提出公社由于规模不当所产生的激励问题似乎是农业突然滑坡的最可信原因。McMillan et al.(1989)在对家庭联产承包责任制的效率研究中,通过对于制度转型的全要素生产率测算,也得出了人民公社及合作化后期缺乏足够激励这一观点。

沿着这条思路,Lin(1990)用退社权来解释农民在合作化中面临的激励不足,以及农业生产率下降并一直徘徊不前的原因。他认为,退社权是一种替代对合作者监督的可行权力,随着农民退社权的丧失,他们不可能继续使用它来保护自己,更不可能以此制止其他合作者的机会主义行为,这直接导致粮食产出下降,食物供给也随之下降。

2. 食物获取权的丧失

Sen(1977,1981)和 Bernstein(1984)认为中国政府 1959 年、1960 年过高的征购率——分别达到 39.7% 和 35.6%,使得农民手中存粮急剧减少,乃至无法满足最基本的生存需要而发生大饥荒。

Lardy Nicholas(1987)认为,造成中央政府过高的粮食征购率的原因来自地方夸张的汇报,这使得即使灾荒已经发生,地方干部却禁止把当地粮食短缺的信息传播出去,因为这种信息和他们先前报告的"丰收"前后矛盾。由于这个原因,通常能缓和粮食短缺的地区之间农产品的流通量被削减,总产量严重不足的地区便不可能指望从外地调拨粮食,从而进一步加剧了灾荒的程度。

3. 制度因素

Yang(1996)认为,饥荒的造成与公共食堂有密切关系。他指出,公共食堂作为公共财产,以至于民众过量消费,最终导致公地悲剧,此乃引致饥荒的重要原因。至于各地区不同的死亡率,Yang 认为主要是政治因素导致,他将党员密度(PMD)作为影响因素,用计量方法得出党员密度大的地区更倾向于贯彻中央政策。沿用这条制度解释的思路,Kung and Lin(2003)用计量方法将 Yang 的 PMD 与他们提出的另一个变量,即解放时间的早晚(Time of Liberation,TOL)作为影响因素,认为更早解放的地区,中央政府的威信在这些地区更大,贯彻中央政策的力度也更大。他们的计量结果显示,后者要比前者更为显著。

纵观国外学者的论述,可以将1959—1961年农业危机的原因进一步集中于自然灾害和政治决策失误两个方面,其中,政治决策失误起的作用更大。至于导致中央政府作出严重失误决策的原因,则主要归咎于统计制度混乱所导致的信息的严重失真,它使中央政府做出了提高粮食征购率,减少种植面积,实行"敞开肚子吃饭"的公社食堂等一系列决策,加剧了由自然灾害所造成的灾荒程度。

## 三、关于合作化的其他方面的研究

1. 关于 Lin(1990)文章的争论

国外学术界对于合作化以及农业危机原因的研究非常繁复,其中 Lin(1990)的文章及其之后的一系列文章中所提出的以退社权的丧失来解释人民公社激励不足的观点,在学界引起了比较大的争论。

MacLeod(1984)提出了一个分析问题的新框架,在这个新框架下,他得出的结论是,即使在退社权缺失的情况下,合作体系内部的人仍可以采用可信的威胁来降低其他合作者偷懒的倾向。也就是说,一个良好的相互监督体系是可以做到对激励的完全替代,即在良好的相互监督体系存在的情况下,一个合作体系内部的合作者是可以做到完全有激励努力工作的。依据这个新的框架,Putterman and Skillman(1992),Dong and Dow(1993)进一步指出了退社权其实并不能作为监督的良好替代品,退社权在某种程度上并不构成可信的威胁。Kung and Putterman(1997)提供了更多的事实证据对 Lin(1990)的文章所提出的观点进行了质疑。他们认为在1956年时,农民虽然具有名义上的退社权,但是这样的"退社权"其实是没有任何实际效力的。同时,许多事实证据也表明在1958年时,虽然财产权已经在合作化的进程中丧失,但农民仍然对最终的农产品享有一定的分配权,从这一点出发,Lin(1990)的退社权的解释也站不住脚。

而 Yao(1999)通过建立一个新的计量模型反驳了 Lin(1990)提出的由于农民没有退社权,缺乏工作动力而导致农业危机的观点,认为 Lin(1990)的观点不足在于将复杂的因素集中在了退社权被剥夺这一解释力并不是很强的因素上。从这个角度出发,他认为农业危机最大的成因仍然是政府的错误决策。通过计量分析,他得出结论说,官方文件所展示的自然灾害问题与政策因素是农业危机的主要原因,至于公社的激励问题则是引发农业危机的重要原因但却不是最主要的原因。

2. 对于合作化与政府计划的启示

Chinn(1980)利用之前学者通过调查建立的1920—1925年座落在华北17个地区的2 886个乡村样本数据作为模拟合作农场的数据来源,建立了一个模拟的合作化模型。通过对合作与非合作模式的探讨,他研究了技术共享等问题在多种情况下的发展路径。他的研究结论是,模拟农场的合作虽然表明不同农场的个体收入变化程度将会增大,但合作模式无疑有显著的好处。尽管无法仅仅在一个案例的基础上概括出合作化的好处,但是通过对合作化初期尤其是互助组和初级社的组织形式并没有遭到农户的抵触来看,合作化实际上通过允许产出分配的不平均化给农户带来收入的提高。也就是说,在合作化的初期,合作带来了帕累托改进,一部分人收入增加而同时没有损坏另一部分人的利益。但是这样的情形随着高级社的强制引入获得了改变,此时的平均分配带来了个体农户的抵触,受到利益损害最多的农户将选择抵触生产活动来使自己获得平衡。最后他得出一个结论,由于北方乡村自然结构的特性以及资本投入等的局限,在政府没有提出快速建立高级社这样激进的指导性政策的情况下,中国北方广大的乡村是非常适合进行合作化的。

Dong(1998)提出了一个动态模型,重点分析了监督机制在合作化运动中没有对农户提供足够激励的原因,他还分析了农业政策、粮食配给计划、动态自执行合同等因素对于合作化的影响。Dong and Dow(1993)研究表明,合作化体系下由于剩余索取权是相对平均的,因此对剩余索取权的要求会使得社员的相互监督成为激励的有效替代。换言之,只要有一个高的折旧因子和足够的租金,在缺失退社权的重复博弈下激励机制仍是有效的,当然这样的假设与当时的政治体制并不相容。不过,这样的"中国经验"也给了政策制定者一个宝贵的教训,即作为一个有效和可持续的社会保障计划的设计者,必须充分注意其政策对工作人员激励的影响,这对我国当前的农业改革显然有着非常重要的借鉴作用。

Li and Yang(2005)建立了一个动态模型,试图理顺计划体系与实践结果之间的动态关系。他们对于"大跃进"的研究表明,通过向农村提取更多的农业剩余并将之向工业转移,固然是加速工业化的一种有效途径,但是这样的过程通常是不能成功的。因为当农业的资源向工业转移过多时,农业的基本投入由于无法保证,将带来粮食生产率的急剧下降,这会从根本上削弱工业化的基础。这样的理论预测和1959—1961年的农业危机的动态演变是一致的。Li and Yang(2005)还从经济体制与经济发展关系的视角深度阐述了自己的结论:动态模型表明计划经济体制存在重大弱点,集中决策的存在使得任何一个简单的决策都会被动态模型无限放大。当一个决策被从上到下有效贯彻的情况下,任何一个小的政策失败都会带来整个经济范畴的巨大影响,从而引发出经济中新的系统性风险,这对于一个正在发展中的经济体而言,无疑是危险的。

Chen and Zhou(2007)则是从健康经济学的视角出发,试图拓展出一个长时段的包括健康资本因素在内的衡量模型。他们认为,人民公社化运动与其相伴而来的农业危机所带来的影响并不仅包括当时损失的人口,在那段时间受到饥荒影响的人口健康因素也应作为考量变量放入一个长时段的模型中。经历过饥荒的人群,尤其是婴幼儿所受到的身体机能的损伤,对之后的经济增长无疑存在一个负面的影响。

## 四、对当前我国发展农业合作组织的启示

1. 必须遵循农户自愿的原则

只有建立在自愿基础上的合作,才能使合作社成员相互熟悉,树立长远利益观点,并加强彼此的监督,从而避免出现20世纪五六十年代那种短时期内迅速扩大规模,结果造成效率严重下降的现象。也就是说,在自愿原则的框架下,就是考虑到退社权对激励的重大影响。

2. 国家必须加以积极的引导

考虑到小农理性的局限性,特别需要国家发挥大规模组织的力量,即通过立法、政策性鼓励将合理的生产模式向单个决策者推广,让每个人在这个完善的体系中自主做出自己的决策,而不是由国家代替他们做出决策。这里说的"积极引导",正与Dong(1998)得出的结论相一致:作为社会计划者的政府必须考虑到合适的激励来处理合作化中面临的矛盾。

国家还应该通过加强教育的方法,培养与规模化生产方式相适应的经营人才。合作化时期,国家也重视对合作社干部即集体企业经营者的培训,但主要集中在思想政治领域,在经营管理方面的培训可以说是严重缺乏。经营管理知识的缺乏,使合作社干部并不能成为合格的经济体领导者,这也是造成合作化后期低效率的一个重要原因。当前,随着各类农民专业合作组织的建立,如何提高他们的管理能力、协调能力成为当务之急,政府必须高度重视这一问题,这是农民合作组织能否发展壮大的保证。

**参考文献**

[1] Alexander Eckstein. "Communist China's Economic Growth and Foreign Trade: Implications for U.S. Policy". New York: McGraw-Hill (for Council Foreign Relations),1966.

[2] Amartya K. Sen "Starvation and exchange entitlements: a general approach and its application to the great bengal famine". Cambridge Journal of Economics,1977,No.1,pp.33—59.

[3] Amartya K. Sen, "Ingredients of famine analysis: availability and entitlements". Quarterly Journal of Economics,1981,Vol.96,No.3,pp.433—64.

[4] Ansley J. Coale. "Rapid Population Change in China,1952—1982". Report no.27, Committee on Population and Demography,Washington D.C.: National Academy Press,1984.

[5] Bentley MacLeod. "A theory of cooperative teams". CORE Discussion Paper,1984,No. 8441,Universite Catholique de Louvain.

[6] Carl Riskin. "Seven Questions about the Chinese Famine of 1959—61", China Economic Review,Vol.9,No.2,1998,pages 111—124.

[7] Dennis L. Chinn. "Cooperative Farming in North China." The Quarterly Journal of Economics,Vol.94,No.2,1980,pp.279—297.

[8] Dwight H. Perkins. "Centralization and Decentralization in Mainland China's Agriculture, 1949—1962", The Quarterly Journal of Economics, Vol. 78, No. 2, 1964, pp. 208—237.

[9] Dwight H. Perkins. "Research on the Economy of the People's Republic of China: A Survey of the Field", The Journal of Asian Studies, Vol. 42, No. 2, 1983, pp. 345—372.

[10] James Kai-sing Kung. and Putterman, Louis. "China's collectivization puzzle: A new resolution." Journal of Development Studies, Vol. 33, No. 6, 1997, pp. 741—763.

[11] Join K. Fairbank. "China: Tradition and transformation" Boston, Mass. Houghton Mifflin Co., 1989

[12] Justin Yifu Lin. "Collectivization and China's Agricultural Crisis in 1959—1961." The Journal of Political Economy, Vol. 98, No. 6, 1990, pp. 1228—1252.

[13] Justin Yifu Lin and Dennis Tao Yang. "On the Causes of China's Agricultural Crisis and the Great Leap Famine." China Economic Review, Vol. 9, No. 2, 1998, pp. 125—140.

[14] Justin Yifu Lin and Dennis Tao Yang. "Food Availability, Entitlements and the Chinese Famine of 1959—61", The Economic Journal, Vol. 110, No. 460, 2000, pp. 136—158.

[15] Louis Putterman, Gil Skillman. "The role of exit cost in the theory of cooperative teams". Journal of Comparative Economics, 1992, Vol. 16, No. 4, pp. 596—618.

[16] Xiao-Yuan Dong. "Trigger Strategies in Chinese Agricultural Teams", The Canadian Journal of Economics, Vol. 31, No. 2, 1998, pp. 465—490.

[17] Li Huaiyin. "Everyday Strategies for Team Farming in Collective-Era China: Evidence from Qin Village", The China Journal, No. 54, 2005, pp. 79—98.

[18] Roderick MacFarquhal and Join K. Fairbank. "The Cambridge History of China Vol. 14: The People's Republic, part1 The E mergence of Revolutionang China, 1949—1965". Cambridge University Press 1987

[19] Roderick MacFarquhal. "The origin of the Cultural Revolution, 2: The Great Leap Forword 1958—1960". London: Oxford University Press; New York : Columbia University Press, 1983

[20] Scott Rozelle and Johan F. M. Swinnen. "Success and Failure of Reform: Insights from the Transition of Agriculture", Journal of Economic Literature, Vol. 42, No. 2, 2004, pp. 404—456.

[21] Wei Li and Dennis Tao Yang. "The Great Leap Forward: Anatomy of a Central Planning Disaster", The Journal of Political Economy, Vol. 113, No. 4, 2005, pp. 840—877.

[22] William A. Joseph. "A Tragedy of Good Intentions: Post-Mao Views of the Great Leap Forward", Modern China, Vol. 12, No. 4, 1986, pp. 419—457.

[23] Xiao-yuan Dong and Gregory K. Dow. "Monitoring Costs in Chinese Agricultural Teams", The Journal of Political Economy, Vol. 101, No. 3, 1993, pp. 539—553.

[24] Xiao-Yuan Dong, Gregory K. Dow. "Does free exit reduce shirking in production teams?". Journal of Comparative Economics, 1993, Vol. 17, No. 2, pp. 472—484.

# 瑞蚨祥的经营之道*

沃尔玛公司创始人山姆·沃尔顿生前曾说:"我创立沃尔玛的最初灵感,来自中国的一家古老的商号,它的名字来自传说中的一种可以带来金钱的昆虫。它可能是世界上最早的连锁店,它干得很好。"这个古老的商号,就是瑞蚨祥。

据说瑞蚨祥创始人的祖上可以追溯到战国时期的孟子。作为影响中国数千年的儒家思想的代表人物,孟子并不排斥经商。只是基于人的欲望的无限性和资源的有限性之间的矛盾,强调要见利思义,反对无节制地、贪婪地追求财富,这为他的后人做买卖找到了"理论依据"。清代中期,棉布流通发生了较大变化,山东有六十多个州县生产棉布,并形成了几个重要的商品输出区,山东淄博的周村就是其中的一个。瑞蚨祥的创始人孟兴智、孟兴泰先在山东章丘旧军镇开设鸿记布店,以贩布起家,之后又分别在北京设立了瑞生祥绸布店,在周村建起敢恒祥染。孟兴智的儿子孟鸿升,在济南城内创建了瑞蚨祥商号,而使孟氏家族经商之道享誉海外的则是孟洛川——辛亥革命前后中国商界的风云人物,被誉为"东方商人"。

瑞蚨祥开业后仅近7年就已拥有了40万两白银的资金,居当时著名的"八大祥"之首。民国初年,孟洛川在大栅栏西口内又开设了瑞蚨祥西鸿记绸布店和鸿记皮货店。不久,在大栅栏东口和西口,分别开设了东鸿记茶店和西鸿记茶店。后来又在天津、烟台、青岛开设分号。瑞蚨祥逐渐发展成为遍及大半个中国的连锁商号。

## 一、瑞蚨祥的经营特色

1. 创造顾客忠诚的品牌

作为中国近代闻名遐迩的著名商业品牌,瑞蚨祥在品牌建设上下了很大功夫,有很多值得我们借鉴的经验。

---

\* 本文发表于《企业管理》2008 年第 6 期,与王希合写。

一个著名商业品牌所代表的首先是高质量的产品及服务。

为了保证产品的质量,瑞蚨祥的绸缎呢绒都在丝绸制作中心——苏州定织,并在每匹绸缎的机头处织上"瑞蚨祥"的字样。产品出厂时由瑞蚨祥的技术人员仔细查验。刚出染坊的布匹严禁上市,必须包捆好在布窖里存放半年以上,待染料慢慢浸透每根纱线方可出售,这种工艺叫"闷色"。虽然这种做法影响资金周转,但经过"闷色"的布缩水率小,布面平整,色泽均匀鲜艳,不易褪色,所以瑞蚨祥一直一丝不苟地坚持,并以重金聘用技艺高超的大师傅,选用上等布坯,上等颜料,不准偷工减料,严格操作,专人检查,发现瑕疵立即返工。

1927年,质量、价格都非常低的日本布料在华北大量倾销。当时,有好多商家大量购进日本布料,瑞蚨祥怕砸了自己的老店牌子,坚持用质量牢靠、当然价格也比较高的英国布料,严禁各地分号购进日本货。有的分号经不起诱惑,购进了日本布料,济南总号大为恼火,狠狠地训斥了这些分店掌柜。

采购是重要的,但对于一家商号而言,最关键的还是销售。作生意的人都会说,顾客是财神。但有几人能够身体力行,长时期地加以实践呢?瑞蚨祥之所以能够成为著名品牌,不仅因为它能将这句商业箴言落实到具体工作中去,还在于它能长期一丝不苟地加以实践。在瑞蚨祥,对于财神——顾客,不仅要敬烟、敬茶,而且顾客买东西多了,时间坐久了,店员夏天还要敬西瓜、汽水等。农村老百姓为儿女办喜事来购买大笔布料,瑞蚨祥还要招待酒饭,目的是让他们购货安心,高兴。这些做法,在当时可都是为顾客广为传颂的,等于为瑞蚨祥做了免费广告。

在瑞蚨祥,顾客一进门就能看到专为顾客设立的茶座,顾客可以在这里一边歇脚、聊天,一边享用免费的茶水。茶的质量绝不含糊,哪怕做的是一笔小买卖,赚不到一壶茶钱,也绝不敷衍。在价格不稳定的年景,如果当天有顾客以某一价格买回了绸布,第二天又回来买同样的布,尽管此时的价格已经提高,那么瑞蚨祥宁肯赔本,仍会以昨天的价格卖给这位顾客。对于瑞蚨祥给予的这些恩惠,顾客自然心知肚明,今后有了什么要购买的,当然还是要来瑞蚨祥。瑞蚨祥就是这样赢得顾客的心,不断创造出顾客忠诚的。

俗话说"一招鲜,吃遍天"。瑞蚨祥之所以能够成为闻名遐迩的著名品牌,仅仅靠对顾客服务态度好、产品质量牢靠,还是不够的,还必须有自己的"独门法器",这就是官服和戏服生意。

京城同行业的人都知道,京城瑞蚨祥的经营特色产品之一就是官服。官服的顾客自然是达官贵人,其特点是对价格不太敏感,讲究的是质量,要求服装能体现出其身份。瑞蚨祥的昂贵官服主要是向绣织作坊定做的,有时也通过"中介"环节找人加工。由于瑞蚨祥进货渠道多,质量可靠。再加上官服最后"组装"环节的诀窍一直无人透露,这就使得瑞蚨祥的官服生意具有"垄断"性质,利润颇高。

瑞蚨祥作为丝绸零售行业的著名品牌,自然要引起生产商的高度重视和特殊关照,这使它在激烈的市场竞争中又多了一份竞争优势。每次丝绸新货一出现,各大公司和洋行都首先送往瑞蚨祥驻沪办事处,让他们先行挑选,随后再让其他丝绸商"入场"。瑞蚨祥紧紧抓住这一"时间差",火速运货到北京,这种"时鲜货"一上柜台,自然能卖个好价钱。京城其他丝绸店号还未见到过,等醒悟过来,才急匆匆去上海进货。而瑞蚨祥又悄悄地开始做"新行情",又比人家快了一步。

同时,瑞蚨祥注重市场信息调查,特别注重了解时尚的动向。逛游艺场和公园时,首先注意戏剧界女伶的衣着装饰,及时根据"反馈"意见不断创新。梅兰芳、荀慧生都是瑞蚨祥的老客户,他们走南闯北,无形中为瑞蚨祥做了"活广告"。梅葆玖珍藏的许多戏服和道具,有些已属于"国宝级",其中有些就是当年瑞蚨祥的精品。

这些具有相当垄断性质的特色业务,为瑞蚨祥赢利甚多。

2. 建立稳定长远的供应商网络

瑞蚨祥的绸缎呢绒都在苏州定织,当瑞蚨祥的当家人孟洛川初到这个天下大商埠时,各家丝织作坊老板都对这个山东人抱有怀疑审视的眼光,生怕孟是欺诈之人,提出要有担保人,并要签订条款繁多的商业合同。当孟洛川坚定地承诺订货付全款时,苏州的供应商大为震撼。瑞蚨祥的"信用"二字迅速传播开来,苏州各地大大小小的丝绸商都迫不及待地上门洽谈,瑞蚨祥就是这样一举打进苏州市场的。

孟洛川打破生意场的陈规,时常故意"逆向思维",以拉近与客户之间的距离:当客户缺少资金,无法生产时,则先付资金;客户货还未到齐,则付足定金等。孟洛川就是运用这些手段作为"敲门砖",在亏与赚的因果长链上大做文章,从而赢得了供应商的信赖,既保证了产品的质量,也保证了按照市场需要随时生产特制用品的需求。

3. 让合适人的在合适的岗位上

孟洛川亲自负责安排具体人事,在订货、买货、运货的各个环节上则指定专人负责,沙文峰与孟觐侯是孟洛川得力的"左右臂"。随着瑞蚨祥的全面发展,其内部组织管理层上设全局经理、地区经理、商号经理等。孟洛川为总座,第一任全局经理是沙文峰,第二任是孟觐侯。孟觐侯的交际能力特别强,上通王府权贵,中连朝廷各部委办,下结三教九流士农工商。在验货的关键岗位上,瑞蚨祥重金聘请经验丰富的老师傅,并专门为他租了一辆骡车,车篷上写着"瑞蚨祥"三个大字,类似于如今的公司专用车,兼有广告宣传功能。

## 二、瑞蚨祥的内部管理体系

1. 人事管理

瑞蚨祥内部存在六种不同身份的人:(1) 东家,即资方;(2) 掌柜,即资方代理人,直接管理企业;(3) 内伙计,即在本企业学徒满师的人,他们被称为"本屋徒";(4) 外伙计,即企业雇用的售货员,但被尊称为"大掌柜";(5) 学徒;(6) 后司,即勤杂、炊事人员的总称。这六种人分属于两类，东家、掌柜为高层管理者，后四种为基层管理者和一般员工。由于六种人身份不同，在企业的地位和待遇也不同。

一般来说，东家不直接参与经营店号，而是把资本委托给掌柜（代理人）来管理，但在运营的过程中各企业并非千篇一律。瑞蚨祥当家人孟洛川就直接插手企业的经营管理。他亲手拟定具体的经营方式，包括拟定旬报、月报、半年总结、年终结算制度等，发现问题，直接裁处。盘点的时候，不仅要清查出各类财产的数量和价值，而且还要把人欠、欠人的往来总结清楚，在此基础上形成各地企业的"结账清谱"。每年年底，各地总理都要到东家家里，通过"写账"把瑞蚨祥系统的整个盈亏统一起来，然后再进行利润分配。

作为出资者，孟洛川建立了由业绩评价（会计信息系统）和激励机制（分配制度）构成的管理控制系统，对企业的经营管理、财务管理和人事管理进行全面管理。在瑞蚨祥，主管每一地区工作的是地区经理，信楼（信房＋账房）则是地区经理开展工作的有利助手。

信楼除了负责地区总号的会计工作外，还负责地区总理交办的工作，如每天听取各分号汇报，总管和联号的通信联系、企业的财务和人事考勤等工作。总理通过信楼掌握这一地区各个企业的经营善，结算出地区的盈亏，以便年终出席在东家家里举办的"写账"活动。瑞蚨祥的东家和掌柜们都很重视会计工作，孟洛川1924年时已年逾七十，还经常到北京瑞蚨祥柜上的信楼查看。一年一度的"写账"总是在他家由他亲自主持召开。直到九十岁，他还以翻阅账册为消遣。北京瑞蚨祥在孟觐候担任总理的后期，副总理姚秀岩兼任信楼。总之，在瑞蚨祥，会计工作不仅反映和监督企业的经营管理和财务善，甚至连人事提升也管起来了。

2. 分配制度

瑞蚨祥将每年的盈亏按照"钱七人三"或"东七西三"分配（东指东家，西指掌柜）。"西三"按"份子"或称"股"或称"厘"进行分配。这是掌柜在盈余中分取报酬所依据的份额。比如北京瑞蚨祥掌柜约100人，"份子"总额为20个整股，每股10厘，共200厘，拥有"份子"的掌柜称"吃股掌柜"。"顶本"是资方激励掌柜的手段，是东家根据掌柜工作好坏而增加的分红办法。例如，规定每吃一厘份子就附带"顶本"若干元。如果掌柜干得好，可以增加一个或两个"顶本"，这部分额外奖励由东家应得的七成中支付。另一种掌柜从"东七"中分取利润的形式称为"顺带"，就是在确定分配的利润中，提取一部分存留在企业，到次年年终，"顺带"也和东家的资本一样分取利润。

普通员工的工资分为三个部分：（1）月薪与束金（年薪），即固定货币工资；（2）馈送，即临时性货币工资，类似于今天的奖金；（3）福利，即实物工资。月薪用于外伙计，束金用于内伙计、学徒、后司人员。东家通过学徒制度与内伙计建立起封建宗亲关系，他们是瑞蚨祥掌柜队伍的后备军。相对于内伙计，外伙计由于与东家只是单纯的雇佣关系，而位于瑞蚨祥最底层。对于这些随意性较强的劳动者，东家则是用高于同行业水平的月薪和"福利"等激励手段进行管理。

瑞蚨祥对员工的管理十分严格,订有27条店规,大致分为职业道德、上班纪律、享受待遇等方面。

瑞蚨祥很重视店员素质的提高。规定店里同行,不管地位高低、职务优劣、资历深浅,都必须互相以礼相待。对于顾客,更要突出一个"礼"字。瑞蚨祥闻名遐迩的优质服务就是建立在人和人之间"以礼相待"的基础上的。

瑞蚨祥的店规还有一条特殊的规定,即"不准无故纳妾"。如因无子纳妾者,须事先声明,经考察属实后方准实行,其用意是防止店员生活腐败,从而做出有损于瑞蚨祥名声的事情。

## 三、瑞蚨祥的衰落

虽然瑞蚨祥在经营管理方面有许多值得后世商人学习的地方,但其本身的一些"硬伤"也使其在后来的发展过程中遭受很大的挫折。当然,这些"硬伤"是传统商号普遍存在的,非瑞蚨祥一家独有。

1. 政治大环境的改变

1928年,南京国民政府成立。随着中国政治、文化中心的南移,北京作为昔日辉煌的政治舞台的地位逐渐黯淡,瑞蚨祥失去了以往"左右逢源"的各种靠山,大宗生意一下子跌落低谷。

到了抗战时期,瑞蚨祥的经营环境变得更差。战争造成了粮价的飞涨,日伪出于稳定经济秩序的需要,严禁商家按市场供求关系自由定价,由此造成了许多店号"低价售出,高价买入"的恶性循环。瑞蚨祥的流通资金干涸了,百年老店元气大伤。

抗战胜利后,国民党当局的苛捐杂税、敲诈勒索更是厉害,通货膨胀法币和金圆券贬值。使得瑞蚨祥仅存的一点老底,被耗尽了一大半。

2. 缺乏得力的接班人

1939年,孟洛川89岁时忧郁病逝于天津。他死后,下一代更加无法无天,都把瑞蚨祥看作任意支取的金库,竞相伸手捞取,将瑞蚨祥"大蛋糕"活生生地分割成许多小块,导致大量资金流向小家庭。孟氏大小房之间钩心斗角,谁也不肯吃亏。这直接导致了东家与掌柜之间的矛盾加深,严重影响了瑞蚨祥的业务开展,而这也是中国历史上许多商业家族走向破灭的一个缩影。这正是中国资本主义商品经济发展程度不高,以至于规范的股份制公司难以建立的反映。

3. 高度集权的管理体制的副作用

在长期的经营过程中,瑞蚨祥形成了高度集权的管理体制。须知,任何制度都有两面性。当企业有一个强有力的领导人统领时,高度集权的管理制度可能成为企业发展的得力保证;然而,当企业缺乏这种强有力的领导人时,高度集权的管理制度的弊端就会显露直至带来毁灭性的打击。

比如,在资本运作方面,瑞蚨祥规定,各分号独立经营,但资金由总店统一拨付,盈余结算也在年终统一核算。这样运营的结果等于是账面盈余多的分号把盈余分给了别的分号,不免加剧各号之间的矛盾。东家、掌柜作为企业投资者和代理人的不同身份,使得他们在利润分配上必然持不同的立场。东家作为投资方,为积累资本会用打厚成的方法隐藏部分利润,掌柜则希望有更多可以分红的利润,这种种的矛盾使得瑞蚨祥盈余结算演变成了钩心斗角的斗争。

喻利于义,成就了瑞蚨祥百年经营的辉煌。但中国近代社会环境的急剧变化,加之瑞蚨祥自身管理制度上存在的弊端,也使它难逃衰败的命运。对中国近代的企业家来说,有两大关系是其必须处理又难以处理好的,这就是:第一,与政府关系的处理,第二,与家族内部关系的处理。直到今天,这两大关系也严重影响着中国民营企业的发展,是当前的中国企业必须要面对并寻找解决的办法的。令人高兴的是,当代中国经济的迅速发展,政治领域的不断变革,使得企业与政府的关系正向西方那样正常的官商关系方向迈进,而股份制公司、证券市场的发展也使得企业的制度建设越来越规范,从而避免了老一代企业家年老退休或不在人世后,企业经营大滑坡的现象发生,这是时代进步的反映,是当代企业家的幸运。

**参考文献**

[1] 丁言模.齐鲁商雄.广东经济出版社,2002.
[2] 牛瑾.从美国沃尔玛到中国瑞蚨祥的经营战略.现代企业,2002(5).

# 赵靖先生的中国经济思想史研究及学术贡献*

赵靖先生(1922—2007)是中国经济思想史学科的主要开拓者和奠基人。在半个多世纪的学术生涯中,他拓展了中国经济思想史的研究内容,提出了中国经济思想史特有的研究模式,构建了科学的学科研究体系,在许多方面做出了开创性贡献。赵靖先生的中国经济思想史研究之路是20世纪后半期中国经济思想史学科发展的缩影。

赵靖先生的中国经济思想史研究可以分为三个阶段:第一阶段是创始期(1959—1966),代表赵靖先生对中国近代经济思想史的研究开始性成果是三卷本的《中国近代经济思想史》(1964—1966年初版),这是新中国成立后首次出版的一部关于中国近代经济思想史的系统著作;第二阶段是发展期(1978—1986),代表性成果是《中国近代经济思想史讲话》(1983)、《中国古代经济思想史讲话》(1986),这是赵靖先生中国经济思想史研究体系基本形成的标志;第三阶段是成熟期(1986—2005),代表性成果是四卷本的《中国经济思想通史》(1991、1995、1997、1998年初版)、《中华文化通志·经济学志》(1998)和《中国经济思想通史续集》(2004)。这是赵靖先生一生学术成果的总结,无论是研究内容,还是理论体系,都达到了20世纪中国经济思想史研究的最高水平。

本研究将以赵靖先生1959—2005年发表的70篇论文[①]和24部著作[②]为研究对象,着力探寻他的学术思想发展历程以及学术特色。

---

\* 本文发表于《北京大学学报》2010年第3期,与颜敏合写。
① 这些论文既包括发表在各类期刊上的学术论文,也包括收录在各类专题文集中的学术论文,还包括7篇为他人著作写的序。
② 这些著作既包括赵靖先生的专著,也包括赵靖先生主编的著作;既包括初版的著作,也包括再版的著作。其中,《中国近代经济思想史》(初版本)上、中、下册分别于1964、1965、1966年出版,在数量上则计为3部著作,《中国经济思想通史》(初版本)也采取这样的计算方法。

## 一、确立了中国近代经济思想史的研究模式

赵靖先生对中国近代经济思想史的研究开始于 1959 年,代表性成果是三卷本的《中国近代经济思想史》《中国近代经济思想史讲话》和《中国经济思想通史续集》。

1959 年以前,赵靖先生主要研究现实财政经济问题,先后发表了《社会主义农业中的级差地租问题》《全民所有制内部交换的生产资料和消费品的商品性质问题》《论农业生产合作社劳动力的利用率》等论著。20 世纪 50 年代末,赵靖先生在国内首先开设了中国经济思想史课程,并承担起《中国近代经济思想史》教材的编写工作。围绕这一教材的写作,赵靖先生于 1961—1964 年对严复、冯桂芬、康有为、谭嗣同、包世臣等人的经济思想进行了系统研究,并写成专文发表在《学术月刊》《经济研究》《北京大学学报》等刊物上。赵靖先生研究的一个重要特点是并不把阐释历史人物的经济思想作为目的,而是注重探讨经济思想产生的社会经济关系,从中揭示经济思想本身的性质、特点以及发展规律。

编写一部系统研究中国近代经济思想史的教材,还必须弄清楚中国近代经济思想史的研究方法、研究范围、主要特点等基本理论问题。1962 年,赵靖先生发表了《中国近代经济思想史的几个问题》,指出中国近代经济思想史所研究的是旧民主主义革命时期的经济思想发展的历史,即 1840 年第一次鸦片战争时期到 1919 年"五四运动"为止。研究这一时期的经济思想,必须运用马克思主义的阶级分析和历史分析的方法,联系各种经济思想产生和发展的具体历史条件,同时吸收和借鉴毛泽东关于中国近代的社会性质、中国革命性质、中国文化革命的历史特点以及其他有关中国近代半殖民地半封建社会的相关理论,才能弄清楚各派经济思想的性质、特点与作用,认清中国近代经济思想发展的基本趋向,找到决定这种发展趋向的内在规律。根据这一研究思路,赵靖先生总结了中国近代经济思想的四大特点:第一,向西方寻找真理,力图从西方文化中寻找同外国侵略者和本国封建主义作斗争的理论武器;第二,多是一些要求实现社会经济改革(革命的或改良的)的主张或方案,而很少关于经济理论范畴的探讨;第三,强调发展工商业,同时又重视农业;第四,中国近代的大多数经济思想流派,都具有一定的历史主义观点,希望通过变革使社会达到合理状态。

赵靖先生的这些理论创见,基本上确立了中国近代经济思想史研究的模式。[1] 1964—1966 年,《中国近代经济思想史》分上、中、下三册出版。该书是新中国成立后第一部关于中国近代经济思想史的系统的、完整的教材[2],对中国近代经济思想

---

[1] 赵靖:《赵靖文集》,北京大学出版社 2002 年版,代序第 7 页。
[2] 赵靖:《赵靖文集》,第 4 页。

史的研究和教学有着重要的学术指导意义。

改革开放后,赵靖先生在20世纪60年代研究的基础上,继续深化中国近代经济思想史的研究。与以前不同的是,这时他的研究主要依据国家改革开放战略,从宏观方面系统梳理中国近代经济建设思想,概括和总结中国近代经济思想中"向西方寻找真理"的优良传统,为改革开放、经济建设提供历史借鉴和思想支持。这种思想贯穿在赵靖先生在这一时期出版的《中国近代经济思想史》(修订本)、《中国近代经济思想资料选辑》、《中国近代经济思想史讲话》三部重要著作中。这一时期的论文主要有《孙中山关于在经济发展方面赶超世界先进水平的理想》《中国近代振兴实业思想的总结——论孙中山的〈实业计划〉》《略论中国近代经济思想史的优良传统》《论中国近代经济思想中的"向西方寻找真理"的传统》等。

在中国近代经济思想史的基本理论方面,赵靖先生在也进行了一次重大创新,这主要体现在1983年出版的《中国近代经济思想史讲话》一书中。第一,关于历史分期。在60年代的研究中,赵靖先生根据阶级对立和阶级斗争的状况,将中国近代经济思想史分为四个发展阶段,即第一次鸦片战争前后、太平天国运动至第二次鸦片战争、太平天国失败至义和团运动兴起、资产阶级维新派和革命派;但在《中国近代经济思想史讲话》中,他依据近代经济思想本身的特征和矛盾性,将其划分为两个相继的阶段:序幕阶段从1840年第一次鸦片战争开始到1864年太平天国运动失败为止;主体阶段从1865年太平天国运动失败到1919年旧民主主义革命时期的终结。第二,关于研究主题。在60年代的研究中,赵靖先生将帝国主义经济侵略、封建主义经济剥削、民族资本主义发展等,作为旧民主主义革命时期的根本性经济问题,并将各阶级的思想家对这些根本问题所提出的解决方案作为中国近代经济思想史研究的主要内容。但在《中国近代经济思想史讲话》中,赵靖先生强调指出,如何发展中国,使中国能在经济实力方面赶上西方的发达国家,是中国近代一直寻求解决的问题。人们对这个问题提出的主张、方案以及说明、论证,就构成了中国近代经济思想史的基本内容。也可以说,中国近代经济思想史的基本内容是经济发展思想。

20世纪90年代末,赵靖先生重新审视中国近代经济思想史的研究,开始撰写《中国经济思想通史续集》。《中国经济思想通史续集》共26章(包括序言和卷首语),赵靖先生独自承担了15章的撰写工作,其中对王炳燮、金文榜、陶煦、钟天纬、朱执信、廖仲恺、章太炎、刘师培等历史人物的研究以及辛亥革命前关于土地制度问题的论战、中国共产党成立前夕关于社会主义问题的论战等,都是他首次进行研究。此时的赵靖先生已经年届八旬,但他依然老骥伏枥,壮心不已,其勤奋严谨的精神永远激励着后学者。

《中国经济思想通史续集》于2004年由北京大学出版社出版,它是目前中国近代经济思想史研究领域学术水平最高、研究人物最多的一部著作。该书也是赵靖先生生前最后一部系统性学术专著,它的出版为他半个多世纪的中国经济思想史研究生涯划上了圆满的句号。

在这部著作中,赵靖先生修正了以往学说体系中由于当时条件、环境的限制而存在的种种不足,认识到第一次鸦片战争失败后,中国的根本经济问题是寻求适合于中国的经济发展的道路以解放生产力,中国近代经济思想只能围绕这一根本问题而展开。因此,他强调指出,中国近代的经济发展,包括两个方面的问题:发展的途径和发展的政治前提。中国近代为解决发展途径问题和发展的政治前提所经历的长期艰苦的斗争历程,反映在人们的认识中,就形成了中国近代经济思想的内容。至此,赵靖先生关于中国近代经济思想史研究的思想体系已经成熟。

## 二、构建了中国古代经济思想史的研究体系

从 1980 年开始,赵靖先生将研究的方向转到中国古代经济思想史,代表性研究成果是《中国古代经济思想史讲话》和四卷本的《中国经济思想通史》。

20 世纪 80 年代初期,赵靖先生先后研究了王符、丘浚、刘晏、蓝鼎元、王莽等人的经济思想,并写成专文发表。这些人物并非都是思想文化史上的著名人物,但赵靖先生依然从他们对经济问题的论述和理财实践中挖掘出了许多有价值的经济思想,并给予客观评价。此外,赵靖先生还专门研究了中国经济思想史的特有范畴,如大同思想、治生之学、货币拜物教思想等,丰富和发展了中国经济思想史的研究内容。

关于中国古代经济思想史的研究方法和历史分期问题,赵靖先生在 1981 年发表的《中国经济思想史的对象和方法》中提出了自己的看法。关于研究方法,赵靖先生强调指出,将辩证唯物主义和历史唯物主义的方法运用到中国经济思想史研究中,需要注重分析以下几个方面的问题:经济思想所反映的经济关系;经济思想所反映的阶级利益;政治制度和其他社会思想对经济思想发展的影响;经济思想的不同发展阶段之间的联系和各自的特点。在历史分期上,赵靖先生摒弃了以往学者按照社会形态或王朝顺序划分中国经济思想史发展阶段的做法,而依据中国经济思想自身的特点和性质进行历史分期。最为典型的是,他将汉昭帝始元六年盐铁会议的召开作为中国古代经济思想形成的重要标志。赵靖先生认为,先秦是中国古代经济思想最为丰厚的时期,各派学说不断斗争和融合,奠定了传统社会经济思想的基调,但经济思想上的"百家争鸣"的局面并没有随着秦统一而结束,而是一直持续到西汉中期封建政权巩固为止。这一独创性观点的提出,迅速获得学界的广泛赞同,对中国经济思想史学科的发展有着重要的理论意义。

1986 年,赵靖先生在《中国古代经济思想史讲话》一书中,对中国古代经济思想史研究的基本理论问题的探索又向前大大推进了一步。赵靖先生指出,"西方学者写的经济思想史或经济学说史,通例都是按照人们对商品、价值、货币、工资、利润、利息、地租等范畴的认识的发展来写的,或者说是商品—资本各有关范畴的认

识来写的。这是因为,西方经济思想史研究的主要对象是资本主义时代经济思想发展的历史",资本主义时代的经济关系"在理论上是通过资本、雇佣劳动、剩余价值等范畴以及它们的具体形式——产业资本、商业资本、借贷资本、利润、利息、地租等范畴来表现的"①。因此,西方经济思想史主要是商品—资本各有关范畴的认识发展史。然而,中国古代的情况与此不同,封建主义生产是一种以生产使用价值为经济目的、自然经济占主要地位的制度。封建地主土地所有制是中国封建经济制度的基础,地租和赋役是封建社会中剩余劳动分割的两种主要形式。在封建社会中,对任何经济问题的探讨必然会涉及地产和地租、赋役问题,一切经济思想的代表人物和一切有关著作、文献,都不免直接或间接地接触地产和地租、赋役的问题。"封建土地所有制问题,更具体一点说是封建土地所有制和地租、赋役问题,是中国封建社会一切经济问题的中心;对这些问题的探讨、议论,自然也成为封建时代经济思想的中心。"研究中国古代经济思想史,必须"紧紧抓住封建土地所有制这个中心,才能正确地揭示中国古代经济思想的发展规律"②。

《中国古代经济思想史讲话》以新的理论体系和理论模式,研究了中国古代近四十位历史人物的经济思想以及某些时期所特有的经济思想。这部书的出版标志着赵靖先生"已经初步确立了自己研究中国古代经济思想史的体系"③,为日后更系统、更深入地研究中国经济思想史做好了充分的理论准备。

《中国古代经济思想史讲话》出版之后,赵靖先生立即成立编写组,开始撰写多卷本的《中国经济思想通史》。编写组的成员都是赵靖先生不同时期的学生,在他的带领下,师生精诚合作,于1991、1995、1997、1998年出版了《中国经济思想通史》第一、二、三、四卷。2002年,赵靖先生对原书进行了全面修订,把原四卷合为一部书,并正式命名为《中国经济思想通史》修订本。该书系统整理并论述了自夏、商、周三代至1840年第一次鸦片战争约四千年间中国传统经济思想的形成、发展和演变的历史,并在此基础上深入探索了支配中国传统经济思想发展变化的规律。

从研究的广度和深度上看,《中国经济思想通史》是目前最为全面、系统的著作,对史料的发掘、整理也是迄今为止最为丰富精到的。首先,它发掘、整理、丰富了许多新人物或小人物,如东汉的桓谭、王充、班固,五代宋元的郭威、柴荣、康与之、苏云卿、耶律昭、高如砺、刘秉忠,明清之际的李雯、陆世仪等。其次,它还爬梳、新解了一批有价值的经济思想史文献资料,如古籍《周礼》《大学》《列子》《太平经》《四民月令》《齐民要术》等,前人多是从其他角度解读这些文献资料,而《中国经济思想通史》却深入挖掘其中潜藏的经济思想。再次,《中国经济思想通史》特

---

① 赵靖:《中国经济思想史述要》,北京:北京大学出版社1998年版,第15页。
② 赵靖:《中国经济思想史述要》,第17页。
③ 赵靖:《中国经济思想史述要·自序》。

别重视研究宗教中的经济思想,如特辟专章对禅宗的农禅思想进行研究,这在系统性专著中是一项填补空白之作,极大地丰富了中国经济思想史的研究内容。①

如果说《中国古代经济思想史讲话》的出版标志着赵靖"已经初步确立了自己研究中国古代经济思想史的体系"②,《中国经济思想通史》的出版则标志着他研究中国经济思想史的方法、理论模式和思想体系等已经成熟。《中国经济思想史》出版后,受到学界的广泛好评,认为它是"目前中国经济思想史研究领域最全面、最系统、内容最丰富、具有最高水准的权威性的大型学术专著,是在前人基础上又超越前人的鸿篇巨作,它不仅把中国经济思想史的研究推上了一个新的高峰,又必将对中国经济思想史学科的发展产生积极的影响,起到重要的带动和推进"③。它的问世"标志中国经济思想史的研究已步入成熟的阶段"④。

## 三、开拓了中国经济管理思想的研究领域

在研究中国经济思想史的同时,赵靖先生还开拓了中国经济管理思想史的研究,代表性成果是《中国古代经济管理思想概论》和《中国经济管理思想史教程》。

1984年,国家经委召开"中国古代管理思想和管理现代化问题"的座谈会,赵靖先生应邀做了题为"中国古代经济管理思想论略"的学术报告。这次学术报告开启了他对中国经济管理思想的探索和研究。1985年,赵靖先生发表《学一点中国古代的管理思想为管理现代化服务》,这是他发表的第一篇有关中国经济管理思想史的研究论文。此后,他相继发表了《应当重视我国民族实业家的管理经验》《中国近代经济管理思想遗产中的珍品——纪念孙中山诞辰120周年》《开拓中国经济管理思想史学科建设的新阶段》《〈管子〉和企业经营谋略》《诸葛亮的〈隆中对〉和现代经营决策》《〈老子〉管理哲学的启示》《〈三国演义〉中诸葛亮的管理艺术》《谈孔子的管理艺术》等17篇文章,以及《中国古代经济管理思想概论》《中国历史上优秀的经济管理思想》《中国近代民族实业家的经营管理思想》《中国经济管理思想史教程》4部著作,对中国经济管理思想进行了深入的总结,做出了许多开创性的贡献。

第一,以"富国之学"和"治生之学"为线索,叙述中国经济管理思想发展演变史。赵先生认为,中国古代既有丰富的宏观经济管理思想,也有大量微观经济管理思想。前者主要体现在国民经济管理思想中,可称之为"富国之学";后者主要体

---

① 叶坦:《二十世纪中国经济思想史研究的鸿篇巨制——评〈中国经济思想史〉修订本》,《燕京学报》新十四期。
② 赵靖:《中国经济思想史述要·自序》。
③ 王同勋:《中国经济思想史学科研究的新高峰——评介赵靖教授主编的〈中国经济思想通史〉》,《经济研究》2003年第4期。
④ 朱家桢:《究古今之变成一家之言——评〈中国经济思想通史〉》,《中国经济史研究》2003年第3期。

现在个别生产单位或经营单位的管理思想中,可称之为"治生之学"。第二,将"轻重论"和"善因论"作为中国古代国家干预主义和放任主义思想的两种典型代表,并认为这两种对立思想的出现是中国传统国家经济管理思想发展到成熟阶段的标志。第三,对近代民族实业家的经营管理思想进行了概括和总结,例如,张謇的利润积累思想、成本管理思想、供销管理思想、人事管理思想、精神管理思想;穆藕初的计划及运筹思想、人才思想、制度建设思想、销售思想,等等。

严格地说,对中国管理思想遗产的专门探讨并不始于赵靖先生,早在20世纪80年代初期,对该领域进行研究的学术论文已经出现,但早期的这些成果只是对中国管理思想遗产中的某些材料做若干零星、片段的考察,或者尝试用其中的某些内容来为改善企业的经营管理服务。真正对中国经济管理思想的性质、特点和发展规律作比较系统和深刻的研究,并努力将其发展成为中国经济思想史的一门分支学科,则是从赵靖先生开始的。1986年,赵靖先生撰著的《中国古代经济管理思想概论》由广西人民出版社出版,这是我国第一部系统论述中国古代经济管理思想发展的专著,填补了我国学术研究的一项空白,为中国古代经济管理思想的研究建立了一个科学、系统的理论模式。1993年,赵靖先生主编的《中国经济管理思想史教程》出版,该书虽然是为了配合中国经济管理思想史的教学而出版的一部教材,实际上也是赵靖自1984年从事中国经济管理思想史研究以来重要成果的系统总结。

除以上学术成就外,赵靖先生在中国人口经济思想史、中国经济思想史文献史料学、史学史等方面也做出了开创性贡献。在中国人口思想史方面,赵靖先生发表了《庶富关系论——中国传统人口思想的核心》和《中国传统人口思想探微》,对中国历史上有关人口问题的思想观点进行了系统梳理。在中国经济思想史文献史料学方面,赵靖先生主编的《中国近代经济思想资料选辑》《中国古代经济思想名著选》《穆藕初文集》都是中国经济思想史领域不可多得的文献资料选辑,为后学者查阅史料提供了极大便利。

## 四、创立了中国经济思想史的学科体系

从《中国近代经济思想史》到《中国近代经济思想史讲话》《中国古代经济思想史讲话》,再到《中国经济思想通史》及《中国经济思想通史续集》,赵靖先生在叙述方法上主要采取的是历史法,即以历史顺序为主线,以历史上有典型代表性的经济思想作为研究对象,揭示其内容及其与前后历史时期的经济思想之间的联系。这是以往撰写中国经济思想史专著的常用方法。赵靖先生晚年的一项重大贡献就是突破了近百年来中国经济思想史以人物为中心的研究框架,采取具体的历史事实和抽象的经济范畴相结合的方式,撰写了《中华文化通志·经济学志》,这是对数千年的经济思想进行的高度系统化、理论化的总结,是一次划时代意义的创新和

尝试。

1993年，中华炎黄文化研究会组织十典百志《中华文化通志》项目，并公开向国内外招标。由于学术典中的"经济学志"长期没有满意的中标者，组织者便慕名邀请赵靖先生担纲撰写。此时的赵靖先生虽已年逾古稀，但为了把中国传统文化发扬光大，毅然接受了邀请。赵靖先生认为，《经济学志》"是一部概述中国人在经济学领域中所作出过的历史成就的著作"，它的"研究的基点必须放在'学'上，即按照经济学说、观点以及有关的经济范畴由简至繁、由浅及深、由不完整到完整或较为完整的发展、演进的轨迹来加以把握"。因此，在撰述方法上，他突破中国经济思想史的传统写法，以思想、理论为纲，以历史顺序为目，"论述一个个经济思想、经济学说的形成、发展过程"。

赵靖先生把中国古代经济思想概括为"富国之学"，把中国近代经济思想概括为"发展之学"。在"富国之学"中，他围绕"富国"这个中心，以富国与富民、富家、分工、分配的关系，货币、赋役和国家政权在富国中的作用等问题为范畴展开论述，揭示了中国传统经济思想形成、发展和演变的规律。在"发展之学"中，他以"发展"为主题，按照发展的途径、发展的社会历史前提、发展目标模式以及工业、农业、商业、人口、对外开放与经济发展的关系等问题为线索，对鸦片战争后中国先进人士关于中国发展之路的认识、思考以及由此形成的各种发展方案和相应的理论说明进行剖析、概括，作为一个完整的、有规律的过程加以把握。

赵靖先生认为，"富国之学"和"发展之学"是中国经济思想发展史的两大体系，二者不是孤立存在的，而是存在一定的继承关系。第一次鸦片战争之后，一代代有识之士苦心焦虑的一个问题就是如何使中国富强；在经济领域中，就是要解决富国、富民的问题。但是，"富国之学"和"发展之学"无论从性质还是从内容上，都有根本区别。"富国之学"是在中国传统的经济、文化土壤上孕育起来的，具有独特的民族特色；而"发展之学"则是西方经济学说移植在中国的土壤上发展起来的，受西方经济文化的影响较深。"富国之学"是在传统的社会经济结构中要求富国、富民，而"发展之学"则要求必须对传统的经济结构实行根本变革，才能将中国发展成一个富强的国家。

《经济学志》的撰写突破了近百年来中国经济思想史以人物为中心的研究框架，使中国历史上繁杂多变的经济思想在这里真正形成了一以贯之的体系。该书作为《中华文化通志》的一部分，和《中国经济思想通史》及《中国经济思想通史续集》一样，在中国经济思想史研究史上树立起了一座巍巍丰碑。

《中国经济思想通史》《经济学志》和《中国经济思想通史续集》三部著作是赵靖先生一生学术成果的总结，无论是研究内容，还是理论体系，都达到了20世纪中国经济思想史研究的最高水平。

赵靖先生在中国经济思想史研究领域之所以能硕果累累，与他熟练掌握并灵活运用马克思主义这一学术研究的"犀利工具"有重要关系。在总结中国经济思想史学科历史时,赵靖先生曾指出,"解放后中国经济思想的历史遗产的整理和研究工作之所以能取得远远超迈解放前的成就,原因固然不止一端;但是,其中的一个有决定意义的因素,则是有了正确的研究方法,这就是历史唯物主义的方法"。正是因为将马克思主义经济理论、辩证唯物主义和历史唯物主义方法具体运用到中国经济思想史研究中,赵靖先生才在汗牛充栋的古代、近代典籍中挖掘出丰富的经济思想,构建了研究中国经济思想史的独特理论体系,揭示了中国经济思想史的发展规律。

赵靖先生坚持学术创新,不断进军新领域。他凭借坚实宽广的经济学理论和系统深入的专业知识,系统研究了中国古代、近代的人口思想、土地思想、财税思想、钱币思想、漕运思想等,开拓了不少新的研究领域,发前人之未发。在中国经济管理思想史方面,他是学界公认的拓荒者和奠基人之一,他撰写的《中国古代经济管理思想概论》一书,填补了我国学术研究的一项空白;在人口思想史方面,他的《中国传统人口思想探微》是较早研究中国人口思想史的开创性成果。

赵靖先生在学术研究中非常讲求群体奋斗,发挥集体力量和智慧。他认为,要使一门学科迅速发展并走向成熟,只靠几个人单干是不行的,必须群策群力,要有学术队伍,有学派,有争鸣。因此,他将学术研究和人才培养有机结合起来,带领学生编纂《通史》,带动他们尽快成长,经过长时间的学术历练,当年的学生现在已经成长为中国经济思想史研究的中坚力量。

赵靖先生自20世纪50年代末开始,数十年如一日地坚守在中国经济思想史这个"冷门"领域。他勤勉治学,潜心研究,在自己的斗室里心无旁骛地挖掘原始史料,从浩瀚的文献典籍中梳理中国经济思想。赵靖先生这种不为外界所动的坚守精神,在学术风气日益浮躁的今天,尤其值得我们学习。